○干勝道 /領 著

# 股東特質與
## 企業財務行為研究
### 第二版

財經錢線

# 領著者簡介

　　干勝道，字悅之，男，漢族，1967年生，安徽天長人，經濟學博士，四川大學商學院教授、博士生導師。現任四川大學會計與財務研究所所長，四川大學金融研究所副所長，兼任中國會計學會理事、四川省會計學會常務理事、四川省審計學會理事、中國民主建國會中央委員、四川省政協委員、西南財經大學會計學博士生導師等職。以獨著、第一作者在《會計研究》、《審計研究》、《經濟學家》、《光明日報》（理論版）等報刊發表論文100多篇，出版《所有者財務論》、《公司財務戰略》、《企業融資財務》、《創業財務規劃》、《企業資金安全性控製研究》、《基於預期的績效管理》、《自由現金流量專題研究》等著作24本；主持國家社科基金1項；主持國家自然科學基金項目2項，主持教育部課題2項；獲得四川省科技進步二等獎1項，四川省哲學社會科學優秀科研成果二等獎2項，三等獎4項，中國會計學會年度優秀論文三等獎2項，四川省會計學會優秀科研成果一等獎8項，四川省財務成本研究會優秀科研成果一等獎2項，四川省社會科學界聯合會社科優秀成果獎3項，並被授予「教育部新世紀優秀人才」、「四川省有突出貢獻的優秀專家」、「四川省做出突出貢獻的博士學位獲得者」等光榮稱號。在學術界首次提出「所有者財務」範疇並構建了較為嚴密的理論體系，在財務分層監控、財務管理再造、財務質量評價、財務安全控製和財務行為優化等領域取得了富有特色的科研成果。

# 前言

　　經濟學上有一句名言：股東所有企業，企業所有資產。目前的財務教科書除在財務目標、利潤分配、發行股票融資時提及股東，其他地方則將股東甩在一邊。本書在所有者財務理論基礎上，嘗試將股東特質與企業財務行為相聯繫進行研究。眾所周知，中國的股東除自然人股東和法人股東外，還有國務院國有資產監督管理委員會（以下簡稱：國資委）這一特殊股東，它是如何影響下屬中央企業、地方國有企業的財務預算、財務監督、財務決策、財務評價、管理層變更、利潤分配、再融資、投資決策等行為的，值得學術界深入研究。本書僅起拋磚引玉之作用，期待同行專家學者及讀者的批評指正！

　　本書分為八章。第一章為基本理論研究，為后面七章提供理論支持。第二章討論不同特質股東下勞資財務關係是否協調，國有背景下是否存在「工資侵蝕利潤」現象，民營背景下是否存在「利潤侵蝕工資」現象。第三章研究股東特質與社會責任承載問題，國有企業與民營企業在社會責任承載的額度、方向等方面是否有差異，央企在社會責任承載方面是超載還是不足。第四章探索控製權轉移過程中，不同股東特質是否會採取盈餘管理手段，其程度如何，差異性如何等問題。第五章對不同股東特質下的收益分配差異性進行分析，以揭示分紅連續性、穩定性等方面存在的問題。第六章揭示不同股東特質下，上市公司虧損扭轉的主要依賴手段的差異性，比如在政府政策、盈餘管理、主觀努力等方面。第七章重點討論國有控股上市公司在財務監督方面的組織建設、有效性、存在的問題及對策等。第八章重點討論不同股東特質下併購財務決策上的差異性。

　　本書的主要學術創新是：

　　1. 在所有者財務理論的基礎上，首次提出股東特質範疇，並結合中國特殊的國資委股東研究其對國有企業財務行為的影響，具有重要的學術價值和應用價值。

　　2. 研究了股東特質在企業薪酬上的具體表現，將拉克爾系數嘗試性地應用到中國上市公司中的中央企業、地方企業和民營企業的分析之中，拓展了財務分析的內容，對維護員工和中小股東的財務權益具有重要的實踐意義和理論意義。

3. 從中國資本市場中大股東變更的現實背景出發，通過實證研究，揭示了不同特質的大股東之間控製權轉移中的盈余管理動機、方式、方向、幅度及對控製權溢價的影響力，具有重要的創新性。

4. 考察了國資委股東對下屬國有企業財務監督、社會責任承載、現金分紅、虧損扭轉、併購決策等管理方式，提出了優化國資委所有者財務主體監管的具體建議，對深化國有資產管理體制改革和國有企業治理結構改革具有重要的現實價值。

本書由四川大學商學院博士生導師干勝道教授負責策劃、總體構思，以四川大學博士生、碩士生為主體完成。各章的撰寫分工是第一章干勝道，第二章段華友（海南師範大學、四川大學博士生）、杜榮飛，第三章田超（中國遠洋運輸集團總公司高級會計師，四川大學博士生），第四章劉博博士（安徽財經大學副教授），第五章鄭蓉（西華大學講師，四川大學博士生），第六章杜勇博士（西南大學副教授），第七章李越冬博士（西南財經大學講師），第八章李田香（廣西民族大學講師、四川大學博士生）。最后由干勝道教授對全書進行總纂、修改、定稿。

特別感謝教育部新世紀優秀人才支持計劃資助項目的厚愛和經費支持！十分感謝四川師範大學副研究員梁勇（四川大學博士生）對本書初稿的審閱！誠摯感謝西南財經大學出版社董事長馮建教授的關心與支持！由衷感謝汪淼、李佩燊、莊軍、歐瓊、陳誼、龔勛、楊舒、干潔等多年來對我學術事業的關注與鼓勵！同行專家北京大學王立彥教授、上海財經大學潘飛教授、廈門大學劉峰教授對拙著給予了充分肯定與高度評價，也一併致謝。由於水平、時間、精力的制約，本書難免有錯漏之處，懇請讀者批評指正！

干勝道

# 目 錄

**第一章　概論** ……………………………………………………………… 1
　第一節　所有者財務與財務分層理論 ……………………………………… 1
　第二節　股東特質與企業財務行為 ………………………………………… 10

**第二章　股東特質與勞資財務關係** ……………………………………… 17
　第一節　國內外研究現狀 …………………………………………………… 17
　第二節　國有企業與國資委 ………………………………………………… 23
　第三節　股東特質在企業薪酬制度上的反應 ……………………………… 29
　第四節　不同股東特質下的上市公司勞資財務關係的實證研究 ………… 42
　第五節　不同股東特質下上市公司拉克爾系數的研究 …………………… 66

**第三章　股東特質與社會責任承載** ……………………………………… 84
　第一節　企業社會責任基本內涵 …………………………………………… 85
　第二節　股東特質與企業社會責任承載 …………………………………… 86
　第三節　中國中央企業社會責任承載中存在的問題及政策建議 ………… 112

**第四章　股東特質、盈余管理與控製權轉移** …………………………… 123
　第一節　引言 ………………………………………………………………… 123
　第二節　國內外研究綜述 …………………………………………………… 124
　第三節　制度背景、股東特質與理論基礎 ………………………………… 140
　第四節　第一大股東變更和盈余管理：基於股東特質的分析 …………… 152
　第五節　股東特質、盈余管理和控製權溢價 ……………………………… 164

**第五章　股東特質與收益分配** …………………………………………… 187
　第一節　國內外研究綜述 …………………………………………………… 188
　第二節　國有上市公司與民營上市公司收益分配的實證研究 …………… 196
　第三節　不同股東特質下股利政策的選擇動因研究 ……………………… 220

## 第六章　股東特質與上市公司扭虧 ………………………………… 237
### 第一節　引言 ………………………………………………… 237
### 第二節　國內外研究綜述 …………………………………… 240
### 第三節　股東特質與虧損扭轉實證研究 …………………… 249

## 第七章　國有控股與財務監督 ……………………………………… 271
### 第一節　國有控股企業的監事會與財務監督 ……………… 271
### 第二節　國有控股上市公司的審計委員會與財務監督 …… 292
### 第三節　國有控股企業的財務總監與財務監督 …………… 299

## 第八章　控股股東特質與上市公司併購行為研究 ………………… 310
### 第一節　國內外併購研究綜述 ……………………………… 310
### 第二節　控股股東特質與上市公司併購績效 ……………… 322

# 第一章 概論

## 第一節 所有者財務與財務分層理論

近年來，隨著中國資本市場的發展和社會主義市場經濟的大力推進，公司財務理論也獲得了長足的發展。其中，財務分層理論便是一例。

### 一、所有者財務的提出

提到財務分層理論不能不提及老一輩財務學家郭復初教授。郭復初教授在 1988 年《財經科學》第 3 期發表的《社會主義財務的三個層次》一文中，明確提出了社會主義財務體系包括國家財務、部門財務和企業財務。郭教授從本金和基金的資金性質區分上出發，將國家為主體的理財區劃為國家財務與國家財政，這是一個重大的理論創新。雖然郭教授的財務分層理論是基於計劃經濟條件提出的，但只要國有資本沒有完全淡出競爭性領域，國家財務理論仍然有存在的必要。當前國家正在大力構建國有資本的營運和監督體系，致力於國有資本的整合，建立國有控股和獨資企業的董事會，這些舉措正是國家財務理論的應用。市場經濟下的部門財務雖無存在的必要，但對企業集團財務體系的構建、行業協會管理具有指導作用。

受國家財務是從所有者角度考察財務活動的啓發，干勝道於 1995 年明確提出所有者財務理論，並根據現代企業制度兩權分離的實際，將公司財務分層為所有者財務與經營者財務。發表於《會計研究》1995 年第 6 期的《所有者財務：一個全新的領域》一文，從歷史、現實和邏輯角度創造性地提出了與經營者財務（或受託者財務）相對應的所有者財務（或委託者財務）這一新範疇，

1

並對二者的關係及財務的本質做了全新的詮釋。所有者財務理論的誕生是由改革開放大環境所決定的，是基於現代企業制度的必然需要，基於保護所有者權益的現實需要，也是財務學縱深發展的必然結果。俗話說「你不理財，財不理你」。所有者不行使財務權力，不注意解決信息不對稱問題，不建立激勵與約束機制，必然面臨權益被侵犯的問題。近年來，國有資產的大量流失問題，國有控股企業的經營者駭人聽聞的貪污、浪費、隨意決策等問題都與所有者財務監控不力緊密相關。在隨后的系列論文《試論創建所有者財務學》（見《財經科學》1997年第6期）、《對所有者財務的若干理論問題研究》（見《經濟學家》1997年第6期）及專著《所有者財務論》中形成了關於所有者財務的較為嚴密的理論體系。

## 二、所有者財務的發展及財務分層理論進展

將財務分層為所有者財務與經營者財務，最初並未被學界重視。所有者財務提出一年后，《會計研究》1996年第8期發表了杜勝利的《現代企業制度下的產權資本管理》一文，其中引用了有關所有者財務的觀點，並列入了參考文獻。1997年《會計研究》同時刊登了北京商學院（現更名為北京工商大學）會計系謝志華、湯谷良（現就職於對外經貿大學）、王斌三位教授關於現代財務管理理論探討的文章，分別從出資者財務、經營者財務、財務經理財務三個層次，討論了現代企業財務分層管理的構架等財務問題。可以說，此種「三層次說」與所有者財務論者1995年提出的財務分化為所有者財務與經營者財務或稱委託者財務與受託者財務（以下簡稱「二層次論」）有異曲同工之妙。謝志華博士在論文中使用的「出資者財務」與「所有者財務」的大意相同。但出資者一般理解應包括貸款提供者，所有者財務對應於資產負債表的所有者權益，使用「所有者財務」更為合適。《出資者財務論》中對所有者財務論有不少發展，如：在兩權分離的過程中會出現出資者系列和經營者系列等。趙德武教授在其博士論文中提出了另一種「三層次說」——「與財務資源的所有權結構相適應，財務問題包括債權人財務、出資者財務和企業財務」。需要說明的是，中國的經營者往往指的是企業高級管理人員，是一個團隊，具體包括總經理、副總

經理、總會計師（或財務總監）及董事會秘書，是集體領導體制；而美國等市場經濟發達國家往往是職業經理人，崇尚「個人英雄主義」。之后，一些學者對所有者財務做了深化研究和應用研究，如：王建星在其《現代企業制度下財務管理問題探討》（見《財會月刊》1998年第7期）一文中，提出所有者財務應分為國家終極所有者財務與國有資產授權投資（經營）所有者財務。高嚴等學者在《論財務主體與財務改革》（見《財務與會計》1998年第3期）一文中認為：「資本締造了財務，財務活動……進入高級階段，相應出現了兩個財務主體，兩個層次的財務活動。資本終極所有者財務層次高於資本法人所有者財務層次。」胡振興在其《試論國家所有者財務》（見《財會月刊》1999年第5期）一文中提到：「所有者財務具有一般性。通常所有者分為兩類：一類是原始所有者或終極所有者，如國家所有者和自然人所有者；二類是派生所有者或中間所有者。」羅飛教授等人認為：「研究國家作為出資者對國有企業的財務管理當然應屬於國有企業構建所有者財務機制的範疇，因此應借鑑所有者財務管理理論的研究成果，」「那種認為所有者財務只是一種監控機制的觀點實質上是對所有者財務管理的目的和內容的混淆。」（《論國家作為出資者對國有企業的財務管理》，《會計研究》2001年第4期）

沿著財務分層的分析思路，一些學者提出了「利益相關者財務」，將「三層次說」擴展為「五層次說」。李心合教授於2003年在《會計研究》第10期上發表了《利益相關者財務論》一文，文中指出：「財務層次包括外部利益相關者財務（含出資者財務、債權人財務和政府財務）、經營者財務、職能部門財務（或財務經理財務）、分部財務、員工財務等5個層次，」「經營者財務處於核心地位。」

由此可見，所有者財務理論的提出和發展引發了從財務主體角度對財務進行分層研究，形成了不少觀點及理論成果。從某種意義上講，財務分層理論的提出在財務理論界掀起了一場革命，它直接帶動了財務起點、財務主體、財務本質、財務職能、財務理論體系、國有資本管理路徑依賴等問題的重新思考，這對中國財務理論的發展與繁榮具有重要的推動作用。

### 三、關於所有者財務的爭論

所有者財務提出時間不長，自身也需要有個完善的過程。目前對所有者財務讚同的有之，質疑的聲音也不少。圍繞所有者財務的爭論主要有以下幾場：

第一場爭論發生在1998—1999年，主題是所有者財務有無特殊性，研究的意義何在。爭論的發起者是解群鳴（見《評所有者財務》，《四川會計》1998年第9期）和伍中信（見《產權與會計》，立信會計出版社，1998年）。他們明確指出，所有者財務沒有特殊性，財務的精華在經營者財務上，因此，財務分層研究沒有多大意義。而應對者認為（見干勝道：《所有者財務再探——兼與解群鳴、伍中信商榷》，《四川會計》1999年第5期）：「在現代企業制度下，所有者與經營者作為矛盾的雙方既有對立的一面，也有統一的一面……正因為要制約『內部人控製』局面，才需要所有者財務發揮其監督和調控作用。」「所有者運行的是虛擬資本，經營者運行的是實體資本，這就使得所有者財務有不少特殊規律需要探索。」比如：2010年4月14日，國務院國資委要求中央企業按季上報對外捐贈情況，就是行使所有者權力，引導央企積極參與社會公益事業，規範開展對外捐贈活動，合理合法履行社會責任，明確對外捐贈支出限額和權限，列入年度預算管理，以有效維護股東權益，防止經營者慷國家股東之慨，行個人獲取名利之實。再如：國務院國資委2010年發文要求各央企及其子公司6月底前將2004—2009年對外投資細節上報，重點檢查併購是否有利於突出主業、是否存在投機性併購事項、是否符合國家產業政策和宏觀調控政策、是否履行了必要程序、是否併購價大於評估價、併購后是否存在資產負債率居高不下或盈利水平低下等情況。以上兩條舉措，從所有者角度是其財務監督（目前更多的是事后財務監督）職能的行使，而推動央企的整體上市、海內外招聘職業經理人、要求部分央企退出房地產行業、對央企實行經濟增加值考核評價、要求壟斷國有企業將每年利潤15%上繳等舉措則屬於所有者調控職能的履行。將股東架空，試圖脫離股東控製，所有者是不會答應的。與美國的上市公司股權極端分散不同，中國大多數上市公司明確存在大股東，所有者財務明顯存在而且有現實意義。

第二場爭論發生在 2001—2002 年，發起人是伍中信教授，爭論的主題是所有者財務與經營者財務的邊界。伍教授在《試論股份公司財務主體的一元性》（見《財會月刊》2001 年第 24 期）一文中指出：股份公司財務主體的二元性（即財務主體分為兩個層次）會「使出資者容易損害其他利益相關者的利益」或者「任意插足股份公司日常事務的管理」。所有者財務論者認為（見干勝道《兩權分離與財務主體的二元性研究》，《財會月刊》2002 年第 4 期）：「所有者與經營者的權利、義務通過公司章程來限定，在《中華人民共和國公司法》（以下簡稱《公司法》）等法律的約束下進行各自的財務活動。任何一方的越權行為都會遭到對方的阻擊，但經營者想搞『個人帝國』也是辦不到的。兩者的關係應是，經營者財務必須接受所有者的合法監控，所有者財務目標的實現要依賴於經營者的有效經營。合理的財權劃分，完善的規章制度，有效的治理結構加上適當的激勵約束機制是處理所有者財務與經營者財務的基點。」

第三場爭論發生在 2003 年，爭論的主題是常態下所有者財務存在有無必要。楊君偉在《動態的財務主體觀》（見《財會月刊》2002 年第 9 期）一文中指出：所有者只有在其認為「經營者經營不善時」，才能「成為所有者財務主體」。所有者財務論者對這種「動態財務主體觀」進行了回擊（見劉陽、干勝道等《所有者財務運行的新思路》，《四川會計》2003 年第 5 期）：認為「動態財務主體觀」過於消極，所有者在是否需要取代經營者，轉而自己親自上陣時需要做財務決策，事前、事中也要行使所有者對於資本的各種權利，像經營者財務一樣，所有者財務也是一個完整的財務系統。在常態下所有者財務與經營者財務同時並存，各自進行自身的財務活動。在分析中，還運用了四象限分析法，指出所有者與經營者之間強弱對比有四種情況，既反對經營者搞「個人帝國」架空所有者，也反對大股東「一股獨大」非法獲取控製權私利，理想的模式是所有者與經營者都理性、成熟、守法、行為能力強，共同維護股東與利益相關者的合法權益。

第四場爭論發生在 2005—2006 年，爭論的主題是財務主體二元性還是財權主體多元性。王躍武在《財會月刊》（會計）2005 年第 10 期的《論財務主體的一元性與財權主體的多元性》一文中指出：企業外部利益相關者都是財權主體，

財權主體具有多元性，但財務主體是一元的。所有者財務倡導者認為（見干勝道《論財權分割與財務主體二元性》，《財會月刊》（理論版）2006）：財權是特指概念，是指資本價值運動的控制權，它根植於產權；財權是由資本派生出來的，只能在所有者與經營者之間進行分割，利益相關者對企業沒有財權，不能因為工人領取工資、債權人收回本息、政府收取稅收就稱他們對企業擁有財權。在兩權分離的條件下，所有者擁有的財權是對企業的重大決策權和監督權等，經營者擁有日常財務管理權等財權，對法人財產權進行完整管理，確保其增值。財權沒有絕對的獨立性，財權分割是相對的，是基於法律和公司章程的。

從中國的資本市場來看，優質上市公司所有者之間控製權爭奪十分激烈，部分上市公司的大股東「掏空」現象也時有發生，國有控股上市公司經常被曝光經營者巨額職務消費，這些都是所有者財務的現實案例。有關所有者財務的爭論也不會停止。是否存在財務經理財務、利益相關者財務呢？所有者財務論者認為，財務經理受經營者制約，沒有獨立的財權，是不能成為一個獨立的財務主體的。公司的所有者與其他利益相關者是完全不同的，所有者從公司獲得的收益事先完全無法確定，而其他利益相關者與公司簽訂的是固定或相對固定收益合同，因此其他利益相關者的經濟行為只能稱為理財活動，與將錢存入銀行獲取活期或定期利息收益是類似的，不能稱為財務活動。這涉及對財務本質的理解，財務投資從整體上來說是一種風險投資（公司可以將暫時閒置的資本用於購買其他公司發行的股票、債券及國債，甚至存入銀行，但股東是不允許公司將所有資本都投資於固定收益證券的，因為股東自己在家就可以做這些事）。因此，所謂的債權人財務、債務人財務、勞動者財務等範疇是不能成立的。經營者財務要為所有者財富最大化而工作，不可能有利益相關者利益最大化之類的目標。因為，公司創造的收益總是有限的，如果員工利益最大化、債權人利益最大化、政府利益最大化、環境利益最大化、債務人利益最大化，那麼降低採購成本、控制工資水平、進行納稅籌劃等就毫無意義了，最終所有者獲得剩餘收益是根本不可能的。這樣的話，剩餘索取權就完全被架空了，誰還願意冒險辦公司？進一步說，黨的十六屆三中全會報告中的「誰投資、誰決策、誰收益、誰承擔風險」的原則就只能是空談了。

## 四、所有者財務理論展望

所有者財務及相應的財務分層理論這棵幼苗能夠茁壯成長，離不開財務前輩們的關心、扶持和高度評價。當然，持不同看法的學者的批評意見也使這一理論不斷完善。所有者財務理論倡導者感謝財務學界眾多學者從不同角度對這一理論的發展所做的貢獻。中國人民大學王慶成等在《中國近期財務管理若干理論觀點述評》（見《會計研究》2003年第6期）一文中提到：「這一理論（指財務分層理論）的提出，是中國財務學者的一個創造，對完善中國公司財務治理結構，構建中國財務管理理論體系都有重要的意義。」上海財經大學孫錚教授認為（見《國家出資者財務管理研究》，《會計研究》2004年第9期），干勝道（1995）提出所有者財務的概念將討論的範圍擴大到全部所有者，其貢獻在於將所有者財務從經營者財務中分離出來，明確提出所有者財務的目標是本金最大增值，並且特別強調了分配活動的重要性。他們還認為，出資者和所有者的概念完全一致。中國海洋大學羅福凱教授認為（見《財務理論專題》，第16頁，經濟管理出版社，2004）：「干勝道……在中國首次發現和提出所有者財務問題，同時相應地提出經營者財務的概念，創造性地開闢了財務理論研究的新領域。」應該說，在中國不斷推進社會主義市場經濟的進程中，財務分層理論尚有很多課題等待研究，期待更多的學者關注。本書試圖對所有者的不同特質如何影響公司財務行為展開研究，深化所有者財務內容。

## 五、所有者權利行使

股東權利有廣義和狹義之分。廣義的股東權利泛指股東得以向公司主張的各種權利，包括股東依據合同，侵權行為、不當得利和無因管理對公司享有的債權；狹義的股東權利則僅指股東基於股東資格而享有的，從公司獲取經濟利益並參與公司經營管理的權利。中國《公司法》第四條規定：「公司股東依法享有資產收益、參與重大決策和選擇管理者等權利。」所以從立法的角度來講，公司法規定的股東權利一般指狹義的股東權利。

中國《公司法》對股東權利的規定有哪些內容呢？從權利行使的目的角度

來看，股東權分為自益權與共益權。所謂自益權，是指股東以從公司獲得經濟利益為目的的權利，易言之，是股東為維護自己的權益而行使的權利。其往往體現為經濟利益，但並非限於直接接受金錢的形式。自益權主要包括股利分配請求權、剩餘財產分配請求權、新股認購優先權、退股權、股份轉讓權、股東名冊變更請求權、股票交付請求權等。所謂共益權，是指股東以參加公司經營為目的的權利，或者說是以股東個人利益為目的兼為公司利益而行使的權利，該種權利行使所獲得的利益使股東間接受益。共益權主要包括表決權、代表訴訟提起權、臨時股東大會召集請求權、臨時股東代表大會自行召集權以及主持權、提案權、質詢權、股東會和董事會決議無效確認請求權和撤銷請求權、公司合併無效訴訟提起權、累積投票權、會計帳簿查閱權、公司解散請求權等。

　　從財務角度研究，所有者的權利包括單獨行使的權利、合併行使的權利。單獨行使的權利指單個股東就可以行使的權利，比如上市公司的流通股股東對未來不看好或者認為股價高於其認定的合理價格因而轉讓其股票的權利、依法獲取股息紅利等收益的權利、公司破產時獲取剩餘財產的權利、在股東大會上對各項議案投票的權利等。所有者在行使某些特殊權利時是受到一定限制的，比如查詢公司帳簿需要提出書面申請、說明目的、有適當的理由並取得同意。合併行使的權利，指多個股東（一般通過徵集投票權來進行）或者某股東持有表決權的股份達到一定比例以上才可以行使，一般限於特殊權利，比如請求解散公司的權利、異議股東請求股票被收購的權利、起訴公司高管董事監事侵犯公司利益或損害股東權益等。小股東從成本的角度考慮，一般都不會行使投票權（即「用手投票」），喜歡「搭便車」；機構投資者一般信奉價值投資、長期投資等理念，有可能積極行使投票權，對上市公司的重大決策積極參與，從而對公司的財務產生重大影響，當然，小股東也分享或分擔「用手投票」的結果。

　　在《所有者財務論》一書中（見第91頁），所有者的權利被歸納為經營者選擇權、重大決策參與權、收益獲取權、財務監督權、資產最終處置權等。所有者財務具有兩大基本職能：一是監督，二是調控。這兩個職能都建立在所有者權利的基礎上，是由資本派生出來的，其對象是經營者財務活動（見第35頁）。

湯谷良教授在《現代企業財務的產權思考》（見《會計研究》1994年第5期）一文中認為：財權是法人財產權中與產權資本化運動相關的權能，是法人財產權的核心，它在企業內部具有明顯的層次劃分，是企業其他經營權的保證和前提，它具體包括籌資決策權、投資決策權、資金使用權、成本費用開支權、定價權、收益分配權等權能。伍中信教授在《現代財務理論的產權基礎》（見《財政研究》2000年第7期）一文中認為：財權表現為某一主體對財力所擁有的支配權，包括收益權、投資權、籌資權、財務預決策權等權能。並認為，這一支配權起源於原始產權主體，與原始產權主體的權能相依附、相伴隨。在財權歸於產權的內容中，主管價值形態的權能，並構成法人財產權的核心。郭復初教授在《中國財務改革實踐與理論發展》（見《財會通訊》2000年第5期）一文認為：1999年9月，黨的十五屆四中全會做出《中共中央關於國有企業改革和發展若干重大問題的決定》，標誌著中國經濟體制改革進入一個新的階段。預計到21世紀初葉，將形成比較完善的社會主義市場經濟體制，要對國有企業基本完成戰略性調整與改組，建立比較完善的現代企業制度，建立以社會主義公有制為主體、多種所有制經濟共同發展的基本經濟制度。與較完善的社會主義市場經濟體制相接應，也必須構建起企業財務自理、自負盈虧的現代財務管理體制。這一體制的基本內容是：從財權分割看，在符合國家宏觀調控要求和所有者重大決策要求的前提下，企業擁有進行自主經營的籌資權、投資權、成本開支權（財務成本與納稅成本分離）、工資決定權、定價權和留用利潤分配權等，企業財權大為擴大；從財務責任劃分看，企業要承擔投資責任、籌資責任、資產損失責任、彌補虧損責任和清償債務責任（以法人財產承擔有限責任），真正實行破產法；從利益分配看，企業按國家稅法納稅，稅後利潤由企業分配。企業在遵守國家關於工資增長的宏觀調控政策的條件下，自行決定工資總額與工資形式。企業財務自理、自負盈虧的體制將從根本上解決國家統收統支、統負盈虧體制的問題，全面促進生產力的發展。

從上市公司來看，所有者與經營者財權分割主要體現在公司章程中，股東大會、董事會、總經理分割了所有財權。常見的情形是：經營者在投資額占淨資產10%以下的有決策權，10%以上由董事會起草，股東大會決定；經營者擁

有利潤分配草案的起草權，所有者擁有否決權和另行決定權；公司併購、分立、股票發行、債券發行等權力歸於股東大會，銀行貸款（在一定額度內）及相關擔保事宜由總經理相機決定。

在中國，機構投資者有社保基金、保險基金、開放式基金、封閉式基金、合格境外機構投資者等形式，目前處於發育階段，所有者權利行使偶爾為之，有時他們也像散戶一樣不行權。國有資產管理監督委員會及其所屬的國有資產仲介經營公司作為國有企業的股東，會行使所有者的基本權利，比如經營者選擇權、財務監督權（大多是事后性質）、收益分配權等，在重大決策方面更多地授權給經營者。所有者有時通過發出信號要求國有企業在金融危機下盡量不裁人，在通貨膨脹時盡量不率先提價，國有企業效益增長下員工工資有適當增長，經營者的薪酬應該不超過員工平均工資的20倍等方式來影響其財務決策。在國有企業陷入財務困境時，所有者會通過政府隱形擔保幫助其獲得四大國有控股銀行的銀行貸款，提供政府補貼、出口退稅、資產重組等多種方式對其加以形式「溺愛」，從而影響國有企業的財務決策。

## 第二節　股東特質與企業財務行為

經濟學上有句名言：股東所有企業，企業所有資產。現有的財務教科書似乎忘了股東的存在，只在財務目標、利潤分配及股票分類等少數地方提到股東及其權利。股東被架空了！企業的財務管理似乎沒有股東什麼事。果真如此嗎？最近的國美控製權之爭給大家上了精彩的一課。即使在牢房裡，黃光裕也要在特別股東大會上對撤銷陳曉董事會主席、取消增發股份授權等5項決議投讚成票。由於股東掌管企業的重大財務決策，直接影響企業的財務行為（比如併購、發行股票與債券、決定分紅與否等），所以，股東與企業財務行為之間的關係是一個繞不開的話題，值得深入研究。本章拋磚引玉，擬首先對股東特質與企業財務行為之間的關係展開討論。

### 一、特質與股東特質；行為與財務行為

所謂特質，英文Traits，是指用來描述個人人格特點的描述詞。股東有兩種

基本形態：自然人和法人。自然人也好，法人也罷，都是有特質的。筆者理解的特質是特點、性質、行為能力、風險偏好的綜合詞。

由於股份制的具體組織方式以及融資要求存在差異，股東實際上有很多種。可以從不同的角度對股東進行分類：

按照股東是否是發起人可以分為發起人股東與非發起人股東。發起人股東對企業的成立和上市承擔較多的責任和風險，其股票在上市後往往有一定的鎖定期。

按照股東的權利不同可以將股東區分為普通股股東和優先股股東，有時普通股股東表決權還有差異。另外還有潛在的可轉換股東。

按照股權轉讓自由度可將股東分為股權自由轉讓股東和股權轉讓受限制股東。

按照股東是否是人格化代表可將股東區分為自然人股東和法人股東。根據中國上市公司法人股東現狀，可以細分為基金投資者、保險資金投資者、社保投資者等。

按照投資的目的來分，股東可分為投資型股東和投機型股東，其在持股時間長短上有明顯差異。

中國特有的分類：國有股東、非國有股東。

不同類型的股東，其特質不一樣，關注的受資公司側重點也不一樣。比如，在股權分置條件下，非流通股東由於其股票不能流通，不能獲得資本利得，他們比較關注受資公司的淨資產和再融資資格，在行權方式上通過用手投票，追求的利益是控制權私有收益，在公司治理上積極參與（安排代表自己利益的人進入董事會、管理層），與受資公司信息對稱，對受資公司產生強勢影響，有可能通過嚴重有失公允的關聯交易等方式侵犯流通股股東利益。

行為是生物適應環境變化所做的行動和作為，有目的性。對人而言，行為受主、客觀因素影響，受主體意識支配，有相應的心理活動。在人們從事經濟活動時，行為受到主體風險偏好、行為能力、思考能力等制約。財務行為，包括投資、籌資、分配、預算、控制、評價等，均會受到主體的心理活動、風險偏好等制約。

## 二、股東特質對企業財務行為的影響

在兩權分離的現代企業制度裡，股東遠離了企業，但並非完全不管企業事務，只管坐享其成。在西方發達國家，特別是美國，上市公司的股權很分散，職業經理人控製著公司。但即使是這樣，股東也並非任人宰割的羔羊，他們通過各種方式影響著公司的財務決策，甚至直接行動起來罷免經理人。1992年機構投資者迫使通用汽車的首席執行官斯坦普爾（Robert Stempel）下臺。國際商用機器公司（IBM）、美國電報電話公司（AT&T）的首席執行官在20世紀90年代中期都迫於股東的壓力而辭職。在過去的10年中，對公司經營感到不滿的機構投資者逐漸成了有發言權的行動主義者。不管這些機構是想更換公司的高層管理者，還是壓迫影響經營決策，他們現在都不會靜靜地坐在一邊等待管理者來實現「最大化股東財富」目標了。實際上，他們在公司的經營決策中已變成了積極的參與者。

日本的股份制企業與歐美的股份制企業在股權特徵上有明顯的差異。在日本，經營者持股比例一般很低，股份大量為主辦銀行和關聯企業持有。這些股東在特質上講，對受資企業的情況比較熟悉，信息不對稱程度低，持股目的是為了與對方保持長期連續性的業務夥伴關係，對投資收益關注度低，一般不輕易轉讓股份。這種股東被稱為「安定投資者」（Stable Investors），也叫「準內部人」（Semi-insiders）[①]。在中國，家族控製的上市公司、國有控股的上市公司的大股東往往是集團公司，一般也不會輕易轉讓股份，實際上也是「準內部人」。

從股東的權利來講，股東有經營者選擇權、重大決策權、收益獲取權、財務監督權、剩餘財產分配權、轉讓股票權等。除了轉讓股票權（一般稱為「用腳投票」），其他權利行使稱為「用手投票」。中小股東更為看重「用腳投票」，大股東、機構投資者等主要通過行使投票權來影響受資公司的財務決策。在黃光裕與陳曉的對決中，與其說第一大股東輸給了管理層，不如說敗給了其他股

---

[①] 羅琦. 日本企業的股權特徵與現金持有量[J]. 中大管理研究, 2006 (1)：139.

東。機構投資者一般信奉價值投資、長線投資、理性投資，他們更關心管理層是否穩定，經營者能力是否強大，公司盈餘是否穩定，是否按期分發現金股利，激勵機制是否有效，經營者是否偷懶、偷竊，公司治理是否適宜，內部控製是否有效，風險是否可控等一系列問題。

以國資委這種特質的國有股東為例，它是為了改變國有企業內部人控製而產生的。然而，由於國有企業數量龐大，國資委對國有企業的管理難免粗放，難免採取一些行政或財政的思路。以利潤分配為例，從財務上講，應該根據企業的營利水平與穩定性、流動性、投資機會等情況來做決策。國資委未能根據各國有企業的具體情況和財務規律進行「一企一策」的利潤分配管理，而採取的被簡單化的「三刀切」辦法，即按10%、5%和0%對所管轄國有企業進行強制性的利潤分配或者暫不分配。2010年實施的第三屆任期考核中，國資委對央企負責人全面推行經濟增加值辦法進行業績評價，其中的「資本成本率」也被簡單化為三種：對於承擔國家政策性服務較重的、資產通用性較差的央企，資本成本率定為4.1%；對於資產負債率在75%以上的工業企業和80%以上的非工業企業，資本成本率上浮0.5個百分點，即為6%，以引導央企控製財務風險，盡可能穩健經營；其他大量的央企則按5.5%計算資本成本率。理論上講，資本成本率應該有行業差異，這裡就淡化了。2010年4月14日，國資委要求央企按季上報對外捐贈情況，要求6月底前將2004—2009對外投資細節上報，則屬於事后財務監督。

可以這樣說，國資委這種特質的股東對其所轄國有控股企業在財務上採取間接管理、事後管理、分類管理的辦法，而對私人控股的上市公司，家族成員及其一致行動人股東一般採取直接管理、全程監控、適當分權的財務管理模式。

公司的重大財務決策背后必然有所有者的影子，經營者的財務行為在很多方面受到所有者的左右。與其說在股權分置下上市公司偏好股權融資，追求淨資產最大化，還不如說這是控股股東的財務意志的體現。目前，大多數上市公司的經營者對股價變動不感興趣，其原因自然是所有者未能建立與股價相關的激勵制度。經營者之所以進行盈餘管理，其原因更多地與所有者對經營者的考核評價與盈餘關聯度大有關係。本書認為，研究企業的財務行為或者說經營者

的財務行為,不能脫離股東特質,而純粹去研究經營者的心理。結合股東特質研究企業財務行為才能使研究綱舉目張,標本兼顧。

就風險偏好而言,國有企業所處行業大多帶有壟斷性質,其所有者屬於風險厭惡型,希望公司不要面臨法律風險,不要面臨假帳風險,管理層不要凌駕內部控製制度之上存在操作風險;希望公司具有較強的系統風險防範能力,公司經營風險低,財務風險適度;致力於核心能力提高反對公司多元化經營,投資要適度,反對過度投資和投資不足。在行為能力上,國務院國資委一般強於地方國資委,私人控股大多能力也強。當然國資委這種特質所有者有時採取行政或財政思路對所屬公司進行管理,但財務思路尚未能得到熟練使用。

## 三、第一大股東與上市公司的財務關係

根據第一大股東持股比例的情況,可以將其與上市公司的財務關係分為絕對控股、相對控股和分散控股三類控股模式。第一大股東可以根據自身需要增持或減持股份,因此這三類控股模式是動態調整的,不是一成不變的。

(一) 絕對控股模式

第一大股東如果持股超過50%以上,其他股東就無法動搖其控製權。這種「一股獨大」可以讓上市公司安心生產經營,不必擔心控製權爭奪。董事會、監事會、股東大會幾乎形同虛設,重大決策、財務監督、人事安排等全部被第一大股東所控製,當然第一大股東可能有機會侵犯其他股東的財務利益,掏空上市公司。在這種情況下,經營層的職業能力、敬業精神、管理水平等因素成為影響上市公司發展前途的唯一因素。第一大股東擁有絕對的控製權,對於支持公司發展,激勵和約束經營者肯定上心,這些都是有利於企業發展的。但如果第一大股東戰略失誤、行為能力弱、決策水平低、意欲掏空上市公司、獨斷專行,完全忽視其他股東的建設性意見,對公司的發展將造成致命性的損害。2010年3月11日,在海南椰島的股東大會上,第一大股東海口市國有資產經營有限公司對董事會提交的要求涉足房地產的議案投了棄權票,就是一個非常典型的案例。第一大股東應該掌握企業的發展方向,其他股東一般是「搭便車」。如果第一大股東也「搭便車」,則企業將陷入「無人駕駛」的處境,非常危險!

在中國，存在大量的國有企業，國資委或國有資產經營公司是其第一大股東，這種第一大股東現象是由中國國情歷史演變下來的，但如果不提高第一大股東的行為能力、管理水平，其不演練成專業化、職業化、企業化和市場化的競爭主體，肆意揮霍擁有的經營者選擇權、重大決策權、財務監督權等資本派生的財務權利，極有可能的情況將是內部人員將把控這些公司，股東將被架空，經營層有可能偷懶，甚至偷竊公司財產、盲目投資、肆意揮霍公司財產等，這是值得所有者警惕的！

(二) 相對控股模式

一般而言，第一大股東持股比例為20%～50%，則屬於相對控股。對第一大股東來說，如果企業業績不好，可以撤退，降低持股比例，放棄控製權。如果公司控製權受到威脅，而第一大股東不想失去控製權，則會發生類似國美電器的控製權爭奪戰。在這種模式下，第一大股東與上市公司管理層關係比較微妙，與前幾大股東關係也很微妙。上市公司的交易成本高，各方關係處理不好對企業長期發展不利。相對控股模式下，控製權會面臨來自外部市場併購的壓力，經理層如果經營不力，可能面臨被替換的壓力。

(三) 分散控股模式

如果第一大股東持股比例在20%以下，相當數量的股東持股非常接近，單個股東的作用非常有限，則屬於分散控股模式，企業的實質控製權可能轉移到經理層手中。股權的高度分散使惡意接管的潛在危險隨時都存在，從而對管理層形成了較強的制約作用。侯德尼斯等（Holderness et al.）在1999年發現：美國企業董事和執行官整體持有的普通股比例的平均值從1935年的13%上升到1995年的21%[1]。所以，在分散控股模式下，不可忽視管理層持股對公司控製權的現實影響。股東由於信息不對稱和對行權成本的考慮，往往對公司的財務監督和財務決策不重視，管理層偷懶、盜竊、濫用等增加自身效用的行為經常發生，股東與管理層之間的代理成本往往很沉重。

---

[1] HOLDERNESS C. G. Were the good old days that good? Changes in managerial stock ownership since the Great Depression [J]. The Journal of Finance, 1999, 54: 435 - 69.

筆者認為，研究股東特質對企業財務行為具有重要的理論價值和現實意義，對於加強國有資產管理，降低第一大股東、中小股東、管理層之間的交易成本和代理成本，維護資本各方的合法權益，提高企業的效益具有重要的價值。

## 主要參考文獻

【1】干勝道. 所有者財務論 [M]. 成都：西南財經大學出版社，1998.

【2】林樂芬. 中國上市公司股權集中度研究 [M]. 北京：經濟管理出版社，2005.

【3】王洪偉. 公司股利分配法律制度研究 [M]. 北京：中國民主法制出版社，2009.

【4】趙德武. 資本市場與公司財務有關問題的理論分析與實證研究 [M]. 成都：西南財經大學出版社，2006.

【5】趙德武. 財務經濟行為與效率分析 [D]. 成都：西南財經大學，1998.

# 第二章　股東特質與勞資財務關係

## 第一節　國內外研究現狀

### 一、國外研究現狀

　　國外的相關研究首先是建立在西方所有制及西方資本主義市場特點的基礎上的，不存在區分國家股、法人股、流通股的問題。在股權比較分散的背景下，對股東特質的關注非常少，有部分文獻關注機構投資者與上市公司分紅的關係，研究管理者薪酬與績效關係的論文比較多，涉及基礎的勞資財務關係的成果鮮見。

　　代理理論是現代研究管理者薪酬的起源，它要求管理者薪酬設計的原則是要使管理者利益與股東利益取得一致，以最大限度地減少代理成本。詹森（Jensen）和梅克林（Meckling, 1976）是研究管理者與股東之間利益衝突的先驅，他們將伯利·米恩斯（Berle Means, 1932）最先提出的「所有權與控製權分離」的問題模型化，並定義了「代理成本」，同時確定了包括股權所有制、資本結構、債務契約和薪酬激勵在內的能夠減少這些代理成本的各種制度安排。這些工作奠定了高管薪酬與公司績效相關性研究的理論基礎，開創了關於管理者薪酬直觀上的認識。[1]

　　馬森（Masson, 1971）是首位嘗試確立薪酬績效敏感度與企業績效之間聯繫的研究者，在對航空、化學、電子行業中 39 個公司的薪酬數據進行分析後，

---

[1] 莫冬豔、邵聰. 高管薪酬、股權激勵與公司績效的相關性檢驗 [J]. 科學決策, 2010 (7).

他總結出：有較高的薪酬績效相關性的企業，其將來的績效表現會更好。

墨菲（Murphy，1985）研究了1964—1981年美國的73家製造商樣本，對其500名管理人員的報酬數據與股票收益之間的關係進行研究，研究結果發現其總報酬和現金報酬都與股票收益存在正相關性。此外，他還發現管理者的薪酬隨著營業收入的增加而增加，但股東的收益卻維持不變。

科赫蘭和施密特（Coughlan，Schmidt，1985）選取了《福布斯》公布的1978—1982年間149個公司的執行總監（CEO）薪酬數據，研究CEO的現金薪酬變化與企業績效之間的關係，他們得到了一個與Murphy（1985）相一致的結論——薪酬變化與股票價格績效呈正相關。

詹森和墨菲（1990）對美國7,600多位企業高管人員的薪酬和企業績效的關係予以研究，發現企業高管薪酬與績效之間存在著顯著的正向關係。

羅森（Rosen，1992）總結了關於薪酬與績效關係的理論研究和實證研究成果，並分析了管理者薪酬文獻中最典型的現象：CEO的現金薪酬相對企業規模的彈性，在不同的時期、企業和國家之間具有一致性。①

赫尼曼（Heneman，1994）在總結了大量的研究文獻后指出：績效評定結果與工資水平的變化二者之間存在著某種特定關係，在員工績效等級一定的前提下，將個人實際工資與市場工資比對來調整工資可以適當地控製勞動成本。②

科爾等（1999）通過研究公司治理結構、CEO報酬以及公司績效之間的關係，發現在治理結構不完善的公司中存在CEO報酬偏高的現象，二者具有較大的相關性。

丹尼爾和托馬斯（Daniel，Thomas，2003）對高管薪酬與盈余管理之間的關係做了檢驗，結果發現：當高管的潛在收益與他們所持有公司的股票或期權收益關係密切時，出現盈余管理的機率更大。具體表現為：當公司的盈利增長良好時，高管會大幅度行權獲利，隨之帶來的卻是公司收益的大幅下降。③

可見，在職業經理人制度下，國外的研究關注焦點在經理與業績的關係上，

---

① 楊珂．上市公司CEO薪酬決定研究文獻綜述［J］．中國集體經濟，2010（5）．
② 徐忠豔．工資結構、公平感與組織績效的關係研究［D］．杭州：浙江大學，2004．
③ 莫冬豔，邵聰．高管薪酬、股權激勵與公司績效的相關性檢驗［J］．科學決策，2010（7）．

因為國外的學者大多持管理創造價值之觀點，不讚同剩余價值理論。當然一些學者從企業可持續發展的角度十分關注勞資關係問題。拉克爾（R. W. Rucker）在分析了美國長達 50 年的有關統計資料之后，發現工人工資與增值額是兩個極為相關的經濟變量，即工資應占全部增值額的 39.395%。如果某個企業的工人工資高於這一比例，應採取措施提高勞動生產率；若低於這個比例，則應增加工人工資。否則，企業不會達到最佳經營的境地。這就是所謂的「拉克爾法則」。

## 二、國內研究現狀

國內關於勞資財務關係的研究文獻非常稀缺。近年來，包容性經濟增長理論、利益相關者理論、可持續發展理論的湧現，使學術界越來越關注勞資財務關係。從中國的實際情況出發，研究重點不僅包括高管薪酬對企業績效的影響，還包括股權性質特別是國有股對企業績效的影響。對中國的企業而言，這些研究更貼近中國的實際情況，也更具有參考價值和借鑑意義。

（一）高管薪酬對企業績效的影響

魏剛（2000）在分析了 1999 年 813 家上市公司的數據后發現：高管人員的薪酬與公司績效之間不存在顯著的正相關關係，高管人員的持股數量與公司績效之間也無顯著的正相關關係，但高管人員的薪酬水平會受到企業規模、管理層持股和行業的影響。[1]

李增泉（2000）以 1999 年 4 月 30 日前披露年報的 848 家上市公司中的 799 家、748 家公司為樣本，分別對經理人持股情況、經理人薪酬與公司績效關係進行研究，得出的結論是：中國上市公司經理人薪酬並不與公司的績效相關聯，持股制度雖然對提高公司績效有利，但中國大部分的公司經理人持股比例都較低，因此不能發揮其應有的作用。

林曉婉（2001）通過縱向比較上市公司 1998—2000 年的經營者薪酬和持股狀況發現：經營者薪酬呈增長趨勢，但經營者持股的比例偏低，發揮股票期權

---

[1] 魏剛. 高級管理層激勵與上市公司經營績效 [J]. 經濟研究，2000（3）.

激勵作用的條件尚不成熟。

黃映輝（2001）認為完善薪酬機制和組織文化的引導對於解決組織內部的不公平現象具有非常大的作用，因而很有必要。

陳志廣（2002）以滬市上市公司為樣本，對高管人員的薪酬情況進行了研究，發現高管人員薪酬與公司績效、企業規模、法人股比例等呈顯著正相關關係。

宋增基、張宗益（2002）通過研究1999年度上市公司年報的相關數據發現，經理人持股對經理人薪酬沒有影響。

李長江等人通過研究2002年公布的1,167家上市公司的年報數據發現在實施年薪制、利潤分享制和所有權制的公司中，公司績效都與高管人員的薪酬呈顯著正相關關係。

林俊青、黃祖輝、孫永祥（2003）的研究表明：影響中國公司薪酬差距的主要因素在於公司的治理結構，而不是公司的外部市場環境因素或是企業自身經營運作的特點。[①]

胡銘（2003）通過分析上市公司2002年年報中披露的相關信息發現中國上市公司高管人員薪酬、持股比例與公司績效之間無正相關關係。

張俊瑞、趙進文、張建（2003）研究上市公司2001年年報中的相關數據發現高管人員的薪酬與公司規模之間存在穩定的正相關關係。

諶新民、劉善敏（2003）從對2001年上市公司相關數據的實證研究結論中發現經營者的持股比例與企業績效呈顯著弱相關關係。

李錫元、倪豔（2004）在對2002年上市公司數據做的截面分析中發現，以EVA為標準的上市公司績效與總經理報酬之間顯著相關。

胡婉麗、湯書昆、肖向兵（2004）通過對2002年生物醫藥類63家A股上市公司年報的相關數據進行統計分析，得出結論：高管持股的增加會導致主營業務收入的減少，從而引起企業績效的減少。

楊漢明（2004）的研究結論：高管人員的平均薪酬與國有股持股比例呈較

---

[①] 林俊清．高級管理層團隊內薪酬差距、公司績效和治理結構［J］．經濟研究，2003（4）．

顯著的負相關關係，為中國的減持國有股提供了實證依據。

王海波、韓素萍、杜蘭英（2006）的研究結論從側面說明了是公司治理結構的不完善導致了高管薪酬差距無法起到激勵作用。

劉斌、劉星、李世新、何順文（2003）利用中國上市公司 1997—2000 年的相關數據進行分析研究，提出了增加高管薪酬對擴大企業規模和績效都有一定程度的促進作用，反之則會產生負面影響。

閆麗榮、劉芳（2006）對上市公司 2001—2004 年的相關數據進行了研究，發現公司規模對經營者薪酬存在著顯著影響，但經營者持股對經營者薪酬則沒有顯著影響。

(二) 國有股對企業績效的影響

在國有股對企業績效的影響方面，中國學者通過研究分析得出的結論並不能達成一致，雖然大多數學者贊成國家股與企業績效呈正相關關係，但仍有其餘學者通過實證研究的方式得出國家股與企業績效之間呈負相關關係，甚至是沒有關係的結論。

許小年（1997）通過對 1993—1995 年間 300 多家上市公司股權結構與績效關係的分析研究，證明了國家股與企業績效呈負相關關係，也就是說企業的國有股比例越高，相應的績效就越差。

許小年和王燕（1997）通過對滬、深兩市 1993—1995 年間 300 餘家企業的股權結構和公司績效進行分析研究，研究的結果表明：國有股比例越高，公司績效越差。

周業安（1999）從 1997 年年底的 745 家上市公司中隨機抽取 160 個樣本做實證研究，得出國有股對淨資產收益率有顯著正面影響的實證結論。①

陳曉和江東（2000）對來自電子電器、商業和公用事業三個行業的數據進行迴歸分析，研究發現只有在競爭較強的電子電器行業中才出現了國有股比例與企業績效呈負相關關係，而在其他兩個行業中都沒有得出該結論。②

---

① 周業安. 金融抑制對中國企業融資能力影響的實證分析 [J]. 經濟研究，1999 (3).
② 楊文婷. 中國上市公司股權結構與公司績效關係的實證研究 [D]. 哈爾濱：哈爾濱工業大學，2008.

施東暉（2000）以1999年滬市公布財務報告的484家企業作為研究樣本，以淨資產收益率和市淨率作為衡量指標，通過研究分析總結出法人控股型公司的績效要優於國有控股型公司；同時他的研究還得出了國有股比例與公司績效之間的關係不顯著的結論。[1]

劉國亮和王加勝（2000）在以淨資產收益率、總資產收益率和每股收益為解釋變量的基礎上進行了實證研究，結果表明國有股比例與企業績效呈負相關關係。[2]

陳小悅和徐曉東（2001）研究發現非國有控股公司相比國有控股公司而言，具有更高的價值和更強的盈利能力。

朱武祥和宋勇（2001）對家電行業20家上市公司進行實證研究，結果表明家電行業的國有股比例對公司績效缺乏影響力。[3]

於東智（2003）對國有股與淨資產收益率兩個指標進行了相關性分析，分析結論支持國有股比例與企業績效呈正相關關係的觀點。[4]

姚俊和呂源（2004）以中國593家上市公司為研究樣本，分析公司多元化程度、股權結構與績效之間的關係，結果發現國有股比例與多元化公司的績效之間無顯著相關關係。

孫菊生、李曉俊（2006）以深交所上市公司為研究對象，實證分析股權構成和股權集中度對公司績效的影響，研究結果表明：國家股比例與公司績效呈顯著的負相關關係。[5]

可見，學術界對業績的研究涉及高管及股權結構，但不同的股東特質下企業內部高管與普通員工薪酬差距是否過大，是否侵犯了員工財務利益（利潤侵蝕工資）或股東利益（工資侵蝕利潤），業績是否受到過高薪酬阻礙？這方面

---

[1] 曹新昌. 中國上市公司股權集中度與公司績效關係實證研究 [D]. 成都：西南財經大學，2009.
[2] 劉國亮，王加勝. 上市公司股權結構、激勵制度及績效的實證研究 [J]. 經濟理論與經濟管理，2000（6）．
[3] 朱武祥，宋勇. 股權結構與企業價值——對家電行業上市公司實證分析 [J]. 經濟研究，2001（12）．
[4] 於東智. 資本結構、債權治理與公司績效：一項經驗分析 [J]. 中國工業經濟，2003（1）．
[5] 孫菊生，李曉俊. 上市公司股權結構與經營績效關係的實證分析 [J]. 當代財經，2006（1）．

的研究幾乎空白。與此同時，現金流量表在中國誕生於 1998 年，目前學術界對其利用主要是用於收益質量分析、支付能力分析，幾乎沒有將之用於與勞資關係是否協調的分析。本章擬介紹開展這方面的研究，以促進企業的可持續發展。

## 第二節　國有企業與國資委

### 一、國有企業

(一) 國有企業的含義與特徵

在國際上通常認為國有企業就是指一個國家的中央政府或聯邦政府投資或參與控製的企業。然而在中國，由於自身情況的特殊性，在國有企業的定義中還包括了由地方政府投資參與控製的企業。股東的特質決定企業的行為，因此國家和政府的意志和利益決定著國有企業的行為。國有企業經營行為的獨特之處在其經營目標上得以明顯體現：不僅具有一般企業的營利目的，更具有國有企業獨具的公益性目的；也就是說不僅要追求國有資產的保值增值，還要協助國家實現調節經濟、調和國民經濟各方面發展的目標，具有行政性的特徵。

國有企業作為多種企業經營形式中的一種，自然具有所有企業的基本特徵，即：從事生產經營活動；由多數人共同組成的組織體；依法設立，並由法律確認一定的權利及義務。

然而國有企業又是一種特殊的企業，因為它的股份全部或主要歸國家所有，因此它還具有一些自身獨特的特點：

1. 國有企業兼具營利性和非營利性雙重目的

一般企業都以利潤最大化為經營目標，即營利性目的是其經營的唯一目的，但國有企業要擔負國家經濟政策、肩負調節社會經濟的職能，因此不能以營利性目的作為其經營的唯一目的。在一些特殊情況下，為了行使國家經濟管理職能，對一些明知不能營利的行業，國家也要投資開辦企業來維持整個社會經濟的良好運行。

2. 國家是國有企業唯一或主要出資人

在這一點上,國有企業顯然與一般企業有很大區別。國家雖然是企業的出資人,卻並不由最高國家權力機關或中央政府直接參與企業具體的經營管理活動,而是按照「統一領導,分級管理」的原則,由國家授權的各級機關或部門代表國家負責具體的經營管理工作。

3. 國有企業與一般企業適用的法律不同

國有企業雖然也適用一般企業相關法律的許多一般性規定,但其營運主要參照的法律是有關國有企業的法律法規。這些法律法規同一般涉及企業的法律法規相比,在國家對企業的管理關係、企業設立程序、企業權利義務等方面的規定均有所不同:國家對一般企業的管理主要是制訂其組織活動的一般規則,要求其遵紀守法、照章納稅;而對國有企業,國家則需要以政權和所有者的雙重身分進行管理。有關國有企業的法律法規的設立程序更為嚴格、複雜,國有企業往往享有許多國家的優惠政策和特權,但同時也會受到國家和有關部門的一些政策性限制,承擔很多特別的義務。

4. 國有企業作為法人同一般企業法人相比也有所不同

企業法人是具有國家規定的獨立財產,有健全的組織機構、組織章程和固定場所,能夠獨立承擔民事責任、享有民事權利和承擔民事義務的經濟組織。一般企業對其財產享有所有權,而國有企業(這裡指國有獨資企業)對其財產只享有經營管理權,無所有權。此外,在所屬法人類型上,國有企業法人也較為特殊。法人類型通常可分為私法人與公法人、社團法人與財團法人、營利法人與公益法人等,一般企業法人都屬於私法人、社團法人和營利法人,而國有企業法人則兼具私法人與公法人、社團法人與財團法人、營利法人與公益法人的多重特性。

(二) 國有企業發展改革史

第二次世界大戰以後,一般壟斷資本主義逐漸向國家壟斷資本主義轉變,新科技浪潮也在不斷推動著企業生產規模的擴大,純粹依靠自由競爭維繫的市場經濟營運體系開始顯露出其造成社會不穩定的劣勢,此時資本主義國家開始了對經濟生活的全面干預和調節。從 1945 年開始,英國將一系列基礎工業和英

格蘭銀行收歸國有；法國將能源、保險、金融部門和一些大公司收歸國家接管；日本政府設立的國有企業數量從戰爭結束時的 7 個激增至 20 世紀 70 年代中期的 114 個；美國政府也集中在基礎設施部門、能源部門和科技開發部門創辦了一些國有企業。此后，廣大發展中國家也緊隨其后掀起了兩次國有化高潮。

20 世紀 50 年代后期至 60 年代中期的第一次國有化高潮是緊隨民族解放運動的高漲出現的，實際上也是民族解放運動在經濟領域上的延續，國有化的目標主要包括銀行、稅務機構、海關和一些原殖民者擁有的足以操縱國計民生的大企業。20 世紀 70 年代的第二次國有化高潮產生於發展中國家收回自然資源主權的浪潮中。一些國家將實際操縱本國經濟關鍵部門的外資企業收歸國有，而發展中國家國有經濟的發展也在維護國家主權、爭取經濟獨立、維護社會經濟正常運行、奠定國民經濟發展基礎、推動科技進步等方面起到了巨大作用。但與此同時，國有經濟發展的弊端也在實踐中逐漸暴露了出來，例如產權不清、政企不分、高度壟斷、管理混亂，等等。

中國在新中國成立初期，為了穩定政權，優先發展重工業和加快實現國家工業化成為黨和國家的頭等任務。以蘇聯經驗為依據，通過轟轟烈烈的社會主義三大改造，國有資產和國有企業全面取代了個體和私營經濟，發揮著自身巨大的優勢和作用，成為國家財政的主要收入來源和主要支出渠道。在這個時期，國有企業被稱為國營企業，也就是由國家或政府直接來經營的企業，國家來具體執行投資、經營、管理職能。但是隨著它的弊端在實踐中不斷暴露，它的不合時宜隨著時間的推移愈發明顯。到了 1977 年前後，傳統計劃經濟體制下的國有企業的經營管理模式已走到極限，國有企業改革之勢已是迫在眉睫，可謂「箭在弦上不得不發」。

中國國有企業改革的歷程始於 1978 年黨的十一屆三中全會以後，迄今為止這段艱難的旅程已走過了 33 年。相對於人類歷史，區區 33 年是彈指一揮間，可相對於新中國成立的 60 多年而言，它卻延續了一半的時間，是中國經濟建設發展過程中的主要矛盾。對於這 30 多年的階段性劃分，理論界存在幾種不同的方法，每一種都有各自的劃分標準，也都有各自的合理性，但從根本上來說它們是大同小異的。總體說來，國有企業改革經歷了 1978—1992 年的計劃體制下

的調整階段，1993—2003年的制度創新階段，2004年至今的戰略調整階段。每一階段都有其標誌性的主題和事件，也有各自的成功與失敗，它們共同鑄就了中國國有企業的改革之路。

從2005年起，以股權分置改革方案的出抬為標誌，中國的股權分置制度改革正式起步，中國的資本市場進入了一個全新的發展階段。

2005年2月，國務院發布了《關於鼓勵支持和引導個體私營等非公有制經濟發展的若干意見》，該政策給予了非公有制經濟更大的發展空間，也化解了人們對非公有制經濟去向問題的擔憂，為非公有制經濟在中國的正常發展打開了門路。

2005年4月，中國證券監督管理委員會（簡稱：中國證監會）正式啓動了股權分置改革的試點工作。

2005年6月16日，中國證監會公布了《關於上市公司控股股東在股權分置改革后增持社會公眾股份有關問題的通知》，該通知明確規定了上市公司的控股股東在股東大會上通過股權分置改革方案后，可以通過二級市場將不上市的國有股轉變為上市的流通股。[1]

2006年國家進一步明確了國有企業改革的主要目標——使國有資本向關乎國家安全和國民經濟命脈的重要行業和關鍵性領域集中（國有資本將在軍工、石油石化、電網電力、電信、民航、海運和煤炭七大行業絕對控股），加快速度形成一批具有國際競爭力的優勢企業……

截至2006年年末，中國的股權分置改革已經基本完成，資本市場的功能逐漸得以迴歸。

股權分置改革成功以後，隨著資本市場的不斷發展壯大，國有企業也都加快了整合上市的腳步，借助這個不斷完善的資本市場平臺，國有企業的資產規模和資產質量都有了翻天覆地的變化。在2008年公布的世界500強企業中，中國國有企業共有25家，較2002年的6家增加了19家之多；而在這25家公司之中，有17家是A股上市公司或者旗下擁有A股上市公司，由此可見股權分置

---

[1] 宋養琰. 國企改革30年 [J]. 經濟研究導刊, 2008（12）.

改革的成功讓國有企業乃至整個中國經濟都獲益良多。

## 二、國資委

(一) 含義

　　國資委是國務院國有資產監督管理委員會的簡稱，是根據第十屆全國人民代表大會第一次會議批准的國務院機構改革方案和《國務院關於機構設置的通知》設置的，為國務院直屬的正部級特設機構。國務院授權國有資產監督管理委員會代表國家履行出資人（即股東）職責。

(二) 發展歷程

　　早在1988年，黨中央和國務院就決定設立國家國有資產管理局，以便統一行使國有資產所有權的管理職能，這是國有資產監管體制的一個歷史性突破。國有資產管理局的設立，對加強國有資產的監督管理起到了一定的積極作用，但由於職能的不到位，影響了監管力度。

　　2002年，黨的十六大會議中明確指出要建立中央政府和地方政府分別代表國家履行出資人職責的國有資產管理體制。

　　2003年3月，國家頒布《企業國有資產監督管理暫行條例》，中央和地方國有資產監督管理委員會相繼成立，即新國資委，分別代表國家履行出資人的職責，而中央和地方兩級監督的體制也第一次從法律上得到確認。此后，黨的十六屆三中全會又提出要建立健全國有資產管理和監督體制，國資委所管轄的大型國有企業要吸引外資和社會資金，可以上市募集資金，而且鼓勵整體上市。

　　至此，新國資委的成立克服了國有資產所有者缺位的弊端，明確了國有資產的監督管理和營運責任，實現了國有資產由行政手段向經濟手段，由實物形態管理向價值形態管理的重要轉變。

(三) 中央國資委所引領的央企與地方國資委所引領的地企之間的關係

　　2006年4月，中央國資委頒布了《地方國有資產監管工作指導監督暫行辦法》，要求各地方國資委根據中央國資委的規定來制定當地具體的執行法規和準則。2007年9月，中央國資委進一步聲明要建設統一的國資委監管網絡系統，與各地方國資委監管系統即時連結。這實質上也就是在要求各地方國資委要更

加嚴格地按照中央國資委的規章行事，地企要全面效仿央企。然而實際上，這種全面效仿的改革調整方針是值得商榷的，地企與央企在很多方面都存在差異。

1. 戰略地位不同

央企肩負著國家戰略發展、國計民生等重大責任，因此央企理應向一些重要的、關鍵性的產業領域集中。此外，鑒於中國現階段非國有企業的實力尚且不足，還需要一定數量的央企分佈在一些核心競爭產業領域，來抵禦來自國際巨頭的衝擊和競爭。而地企則一般情況下不擔負關乎國家戰略發展、國計民生的重大責任，更不會承擔國與國之間戰略性競爭的重任。地企的首要使命只是為所在地區的民生、地方經濟發展等提供所需的支持，因此地企通常主要集中在水、煤、電、熱、氣、糧油、交通等基礎性、公用性、民生性產業領域。

2. 發展情況不同

同樣身為國有企業，央企的發展態勢良好，上市的基礎雄厚。然而地企除了在山東和江浙沿海一帶的少數省份發展狀況相對較好以外，其他絕大部分省份特別是西部地區的地企的發展都是相當困難的。

3. 產權改革的進展程度不同

央企的改革進展速度遠遠慢於地企，因為央企的規模和複雜程度都遠大於地企，改革也不宜過速進行，地企則相對靈活很多，啓動的阻力也小。

4. 發揮功用的程度不同

央企在其應有的功用上為國家所做出的貢獻是毋庸置疑的，然而地企的功用則總體上發揮較弱。長期的實踐結果表明，某地區國有經濟比重的高低與當地經濟發展的程度呈負相關關係，最突出的是西部地區，國有經濟的比重過高，國有企業中國有產權的比重過高，非國有經濟發展緩慢，與之相對應的是地區經濟落後、經濟運行效果不佳的后果。

5. 調整改革的急切性不同

央企具有獨特的優勢，例如規模大、資金雄厚、政策支持、所處的領域多具有壟斷性等，總體呈現良好的發展態勢，因此對於調整改革偏向於穩妥的態度；而地企多為規模較小、實力較弱、處於競爭性領域的企業，整體發展態勢

不容樂觀，因此對於調整改革的需求比較急切。①

綜上理由，地企的調整改革不能也不該機械地套用、盲目地模仿央企的模式，對二者有區別地加以對待才是科學合理的處理方法。

## 第三節　股東特質在企業薪酬制度上的反應

### 一、勞資關係和勞動生產率

隨著改革開放及國有企業改革的不斷推進，中國已經逐步形成了以公有制為主體、多種所有制經濟共同發展的所有制結構。在此期間，非公有制經濟不僅吸納了大量的企業下崗職工，為維護社會穩定做出了巨大貢獻，而且對發展社會生產力、促進國民經濟的快速發展發揮了重要作用，非公有制經濟已經成長為社會主義市場經濟中最具活力的組成部分。各種非公有制經濟的迅速發展、國有經濟改革朝向資產資本化方向邁進以及城市化進程導致農民的大規模遷移這三方面原因，共同促成了勞資矛盾的不斷擴張。加之經濟全球化的進程不斷加快，中國亦融入全球資本化的巨浪之中，更使勞資矛盾加劇日深，勞資矛盾已然成為影響中國經濟發展與社會和諧的重要因素之一。

（一）勞資關係

勞資關係是指勞工和資方之間權利和義務的關係，這種關係依託於勞資雙方所簽訂的勞動契約和團體協約而成立。勞資關係的雙方一方是受雇主雇傭從事勞動而獲得勞動報酬者，另一方是雇傭勞工工作並支付其勞動報酬者，雙方所構築的關係即為勞雇關係，也稱勞資關係。

勞資關係籠統地表現為雇員與雇主之間的衝突與合作，在中國目前的幾類企業經營實體中則具體表現為：

1. 國有企業

國有企業的營運機構主要有管理部門、黨組織、職工代表大會和工會。因其

---

① 藍定香. 國企改革 30 年的紛爭焦點與深化改革的取向［J］. 四川行政學院學報，2008（5）.

具有歸國家所有的特殊企業性質，包括經理、廠長在內的一大批幹部管理人員都是國家這個大雇主的雇員，因此他們和普通工人一樣享有同等的參加工會的權利。

2. 民營企業

在民營企業中，雇員與企業雇主的關係完全依靠雇傭合同來維繫，工會起到的作用很微小。特別是在中國這種勞動力供大於求的經營環境中，企業雇主一方擁有壓倒性的討價還價能力，在勞資談判中占據絕對優勢，因此勞方利益很難得到保障和實現。

3. 外資企業

外資企業有兩種表現：一種是以歐美合資或獨資企業為代表的外資企業，它們與工會和中方經理結成統一戰線，雇主與雇員的關係並非是對抗性的，而是共謀發展、共求利益；另一種是以東亞、東南亞企業為代表的外資企業，這類企業的雇員工資報酬很低，工作條件也相對較差，勞資矛盾較為突出。

雖然在各類企業中勞資矛盾的情況各不相同，但是無論在哪種性質的企業裡，雇員與雇主在履行勞資關係的過程中觸發勞資矛盾都是無法避免的：雙方各自作為獨立的個體，進行勞動生產工作，都期望獲取自身利益的最大化，然而企業獲取的利潤總額有限。通俗地講，雇員獲取的多，雇主剩下的就少，反之亦然。因此雇員獲取自身利益最大化的行為勢必會導致雇主利益的減少，如果不能夠尋求到一個可以平衡雙方利益的臨界點，那麼產生矛盾就在所難免。

(二) 勞動生產率

追本溯源，勞動生產率才是「勞」和「資」產生矛盾的癥結點，是決定「資」的關鍵。之所以這樣說，是因為：「勞」是獲取「資」的基礎，「資」是給予「勞」的回報，勞方獲取工資依靠的是勞動生產率，予資方給予工資的評價標準亦是勞動生產率，當勞資產生矛盾時必是因為雙方對於勞方的勞動生產率給予的認定程度不同——勞方認為己方的勞動生產率換來的資酬有失偏頗，予資方認為勞方的勞動生產率不足以求得更高的資酬。所以，矛盾的關鍵點就在勞動生產率。

勞動生產率是指勞動者在一定時期內創造的勞動成果和與其相對應的勞動消耗量的比值。目前中國的全員勞動生產率是將工業企業的工業增加值除以同一時期全部從業人員的平均人數來計算的。計算公式為：

全員勞動生產率＝工業增加值/全部從業人員平均人數

即單位時間內生產的產品數量越多則勞動生產率越高，或生產單位產品消耗的勞動時間越少則勞動生產率越高。勞動生產率狀況是由整個社會的生產力發展水平決定的。影響勞動生產率高低水平的因素主要有：

（1）勞動者的平均熟練程度。這裡主要包括了勞動者的實際勞動操作技術和接受新的生產技術手段、適應新的工藝流程的能力。

（2）科學技術的發展水平。科學技術越是發展，越是被廣泛地應用於勞動生產過程中，勞動生產率就越高。

（3）生產過程的組織和管理。主要包括勞動生產過程中勞動者的分工協作和勞動組合，以及與之相適應的工藝流程和經營管理方式。

（4）生產資料的規模和效能。主要是指能夠有效使用勞動工具的程度和對原材料、動力燃料等合理利用的程度。

（5）自然條件。這裡主要是指與社會生產相關的資源分佈、氣候條件、土壤肥沃程度等因素。

勞動生產率分為個別勞動生產率和社會勞動生產率。顧名思義，按照個別勞動者的勞動效率計算出來的勞動生產率就是個人勞動生產率，按照全社會的平均勞動效率計算出來的勞動生產率就是社會勞動生產率。社會勞動生產率才是衡量整個社會生產力先進落后水平的根本尺度。如果某個雇員的個別勞動生產率高於社會勞動生產率，則其單位時間內生產出來的產品數量就多於社會平均數量，相應地就該獲得較豐厚的薪資回報，如果他獲得的薪資回報與個人的預期值有較大出入，而這種出入又無法得到合理解決，勞資矛盾就極易觸發。

## 二、現階段中國勞資狀況及薪酬制度

(一) 現階段中國勞資狀況的主要表現

勞資關係的核心是勞方與資方權利義務的辯證關係：一方的權利是另一方的義務，一方的義務又是另一方的權利。在市場經濟環境下，勞資雙方的關係天生是不對稱的，雇主憑藉其享有的資本權利占據了勞資關係中的主導地位，但雙方各自代表的資本權與勞動權之間的較量又永遠無法息止。資方追求的是

利潤的最大化和企業的永續存在，因此會以利潤最大化的經營理念作為行動指導，盡可能地壓縮勞方的實際收入以節約成本，勞資雙方的貧富差距不斷加大，矛盾也愈發明顯。中國自1978年實行改革開放以來，勞資矛盾日益凸顯、不斷升級，雇員與雇主之間力量對比的不平衡主要源於以下幾個方面的原因：

（1）中國勞動力市場長期處於供大於求的狀態，雇主常憑藉這種主導地位壓低薪資價格、壓榨雇員。自由主義經濟學理論的原理也說明了這一點：工資水平是由勞動力市場決定的，只要勞動力市場存在供過於求的狀況，工資水平就無法得到提高。

（2）雇員組織形同虛設，不具備與雇主談判的條件。各類企業都不重視工會等雇員組織的建設，雇員本身更是缺乏這方面的意識，自身維權意識薄弱，皆是採用一對一的形式同雇主進行談判，而不能形成一個有效、有力度的組織來同雇主進行平等的談判協商，這樣雇員顯然處於弱勢地位，加大了勞資雙方力量的差距，即便是提倡所謂的平等也不過是一句空話罷了。

（3）政府對於勞資關係的協調力度不夠。這不僅表現在政府乃至整個社會在態度上都以物質資本為尊，人力資本未受到足夠重視。各級政府從擴大就業角度招商引資，對資方有事實上的遷就行為，因此在處理勞資矛盾時對資方「護短」行為就在所難免。

（4）社會輿論指引了錯誤的導向。為中國經濟高速發展做出巨大貢獻的無疑是勤勞的廣大勞動者，然而社會輿論卻過於誇大物質資本的作用，導致人力資本受到過度壓榨。

黨和國家早已認識到構建和諧勞資關係的重要性，並在國家政策中將這一認識不斷升級、制度化：黨的十四大提出收入分配的原則是要「以按勞分配為主體、其他分配方式為補充」；黨的十四屆三中全會提出了「允許屬於個人的資本等生產要素參與收益分配」；黨的十五大提出了「允許和鼓勵資本、技術等生產要素參與收益分配」；黨的十六大鞏固了勞動、資本、技術和管理等要素按照貢獻大小參與分配的原則；黨的十七大又將十六大所鞏固的原則進一步健全和深化。黨和國家從制度和法律的層面上為勞資關係的正當性做出了根本保

障，這是保證勞資關係和諧的一項重要基礎。①

(二) 薪酬制度

勞資矛盾的難題將社會的目光都吸引到如何去構建和諧的勞資關係上來了，各類企業作為雇主和資方，在如何對待雇員、給予雇員公平的薪酬方面受到了社會各界的廣泛關注，而雇主給雇員的勞動報酬最主要就是體現在企業的薪酬制度上。

1. 薪酬制度的作用

隨著科學和經濟的不斷發展，人事管理的理論也在與時俱進，新型的人力資源管理理念已經發展為將支付給工人的工資視作勞動者基於個人自由意志而向企業出售勞力和智力所應當獲取的對價，並將其看作一種吸納人才、調動人員積極性的重要手段，而不是簡單地把薪酬看作勞動用工所應當支付的報酬。合理的薪酬制度對企業的健康發展有著多方面的重要意義：

（1）科學合理的薪酬制度能夠幫助企業吸納員工、激勵員工、留住員工、減少勞資糾紛，員工從合理的薪酬制度中能夠獲得自我價值的實現感和被尊重的喜悅感，從而增加對公司的歸屬感。

（2）科學合理的薪酬制度是企業實施成本控製的重要手段，這一點對於企業來講極其關鍵，因為它直接與企業的經營目標掛勾。企業為了留住員工，可以採取的報酬手段有很多種，並不僅僅局限於最傳統的給付金錢報酬這一種。如果員工只能獲得足夠的金錢報酬，而聲譽、職業技能培訓、職位升遷、公司入股等方面的需求無法得到滿足，他們一樣會離職。相反，如果企業能夠平衡好各種報酬方法，以其他層面上的給予代替一些不必要的現金支出，反而能收到最佳的效果——企業減少了現金支出，提高了資金利用率和企業利潤率；員工獲得了各方面需求的滿足，更好更高效地為企業繼續創造價值。

（3）科學合理的薪酬制度本身就是企業制度建設的重要環節，關乎企業的聲譽和形象。薪酬制度科學合理的企業，它們聲名在外，能夠吸引並留住大量的人才。

---

① 李春奉，萬永霞. 從辯證法談談如何構建和諧勞資關係 [J]. 金卡工程：經濟與法，2010（4）.

2. 合理的薪酬制度及其制定方法

那麼怎樣的薪酬制度才可謂合理呢？

企業員工和企業所有者作為兩類不同的利益相關方，不管是投入人力還是投入財力，都希望通過自己的投入盡可能多的獲取利潤分配。假設用 A 來代表員工獲得的利潤分配額，B 代表企業所有者獲得的利潤分配額，C 代表公司的經營利潤總額，則 A+B=C，C 是相對固定的，A 和 B 就存在著一個此消彼長的矛盾關係：如果 A 值大，B 值就小，反之若 B 值大，那 A 值就小。權衡 C 在 A 和 B 之間的分配問題也就成了制定薪酬制度中的關鍵，能夠科學妥善地解決這個分配問題的薪酬制度即為合理的薪酬制度。

在利潤分配上，A 與 B 是競爭關係，但在利潤生成上，A 和 B 卻是合作關係。企業的員工與所有者在為企業創造利潤價值的過程中，相互依賴、相互合作、優勢互補。同時，創造利潤和分配利潤組成了一個利潤循環週期，在一次利潤分配完成後緊接著是下一週期的利潤創造，A 和 B 經歷著合作—競爭—合作這樣循環的關係變化，因此在利潤分配過程中員工與所有者關係的核心是：競爭是合作下的競爭。利潤分配只要能實現以下兩個目的，即可稱為合理：要體現利潤分配過程中的公平合理性，利潤的分配要以能夠促進下一輪利潤創造過程的效率的提高為前提。企業只要把握住這兩個前提，再結合當前的經濟環境特點和企業自身的實際情況，就能夠制定出合理的薪酬制度。

雖然每個企業都有各自不同的特點，對於各自薪酬制度的制定也有自己特殊的考量，但是制定薪酬制度都會無一例外地要經歷如下幾個步驟：

（1）依據企業自身的特點和要求，確定其薪酬制度制定的原則與策略。

（2）結合企業的經營目標進行職位分析，以此明確各部門的職能和職位之間的關係。

（3）通過嚴謹的職位評價來解決薪酬的內部公平問題。

（4）通過廣泛有效的市場薪酬調查來解決薪酬的外部公平問題。

（5）通過薪酬結構的設計為不同的職位確定相應的薪酬標準。

（6）薪酬制度的實施與修訂。

3. 中國現階段薪酬制度的種類及其優缺點

科學有效的激勵機制能夠激發員工更大的潛能，促使他們為企業創造盡可能多的價值。激勵有很多種方法，薪酬制度是這些方法中最重要、最無可替代、也是最易使用的一種。它是企業對員工對企業所付出的時間、學識、經驗、技能、創新等所給予的最直接的回報和答謝；它的主要任務是將有限的薪酬資源盡可能公平、合理、有效地進行配置，以激發員工的工作熱情；它的核心是科學、量化地根據員工對企業的貢獻來確定員工的薪酬差別，制定公平、公開、公正的薪酬制度。[1] 對員工來說，企業給予自己的薪酬不僅僅是自己的勞動回報，它更在某種程度上代表著企業對自身工作的認同，代表著自身價值、代表著自身的發展前景，[2] 因此薪酬對於員工個人而言意義非常重大。企業的管理層為了緩解勞資矛盾，引導員工以積極健康的心態為企業的發展多做貢獻，勢必要在薪酬制度的制定上多花工夫。迄今為止，在各類企業中應用率最高的薪酬制度主要有崗位工資制、績效工資制、混合工資制、年薪制四類，它們各自的含義、特點以及優缺點如表2-1所示：

表2-1　　　四種薪酬制度的含義、特點以及優缺點對比表

| 薪酬制度名稱 | 含義 | 特點 | 優點 | 缺點 |
| --- | --- | --- | --- | --- |
| 崗位工資制 | 崗位工資制是以員工在企業中擔任的職位和崗位為基礎來確定工資等級和工資標準，進行工資支付的工資制度。 | ①對崗不對人，工資水平的差異來源於員工崗位的不同；②其下存在多種細分制度，但在每種細分制度下崗位工資的比重都應占到整個工資收入的70%；③崗位劃分嚴格，按崗位確定工資，調度彈性小。 | ①能夠較為準確地反應員工工作的質量和數量，操作簡便；②有利於貫徹同工同酬的原則，能夠在一定程度上調動員工的勞動積極性；③有利於按照職位進行工資管理，將責、權、利有機結合起來。 | ①無法反應出同崗上因技術、能力、責任心等不同而引起的貢獻差異；②容易激起由於職位缺乏而得不到晉升的員工的不滿情緒。 |

---

[1] 侯玉娟．國企薪酬制度淺議 [J]．今日科苑，2007 (18)．
[2] 彭雨．國企薪酬制度設計淺議 [J]．科技信息，2009 (4)．

表2-1(續)

| 薪酬制度名稱 | 含義 | 特點 | 優點 | 缺點 |
|---|---|---|---|---|
| 績效工資制 | 績效工資制是以員工的工作業績為基礎支付工資,支付的主要依據是工作業績和勞動效率,員工工資與績效直接掛勾,隨績效而浮動。 | ①將雇員的薪酬收入與個人業績掛勾;②包括基本工資、獎金和福利等幾項主要內容,彼此之間不是獨立的,而是有機地結合在一起的。 | ①用激勵機制將企業目標和個人業績聯繫在一起,有利於將雇員的工資與可量化的業績掛勾;②有利於工資向業績優秀者傾斜,提高企業效率,節約不必要的工資成本;③有利於突出團隊精神和企業形象,增加激勵力度和對雇員的凝聚力。 | ①容易造成對績優者激勵有方,對績劣者約束欠缺的現象;②容易造成雇員為獲取高薪而瞞報業績,對業績的準確考核和監督造成障礙;③績效評價缺乏科學依據和規範操作,且主觀隨意性大。 |
| 混合工資制 | 混合工資制也稱結構工資制,是指由幾種職能不同的工資結構組成的工資制度。 | 對不同的工作人員進行科學分類,加大了工資中活的部分,各個工資單元分別對應體現勞動結構的不同形態和要素。 | 較為全面地反應了按崗位、按技術、按勞分配的原則,對調動員工的積極性、促進企業生產經營的發展和經濟效益的提高,起到了積極的推動作用。 | 難以確定工資結構以及各部分的相對權重。 |

表2-1(續)

| 薪酬制度名稱 | 含義 | 特點 | 優點 | 缺點 |
|---|---|---|---|---|
| 年薪制 | 年薪制是以年度為單位，依據企業的生產經營規模和經營業績，確定並支付經營管理者年薪的分配方式。經營管理者年薪由基本年薪和風險年薪兩部分組成。 | ①年薪制的主要對象是企業的經營管理人員；②確定年薪的依據通常有三種：依照利潤指標、依照股票市場、依照所有者的評估。 | ①能夠有效促使管理人員從公司戰略高度出發，為企業長遠發展制定政策，在一定程度上避免出現短視行為和急功近利的心理；②對高層管理者來說，年薪制代表了身分和地位，能夠促進人才的建設，同時提高年薪者的積極性；③可以起到限制灰色收入和冰山薪酬的作用。 | ①高級管理人員年薪的上下限沒有客觀標準；②年薪制的普遍推行需要企業內部和外部條件的全方面配合，對於不具備推行條件而強行推行年薪制的企業來說弊大於利。 |

以上四種薪酬制度是企業實際應用中最為常見的，然而同樣的薪酬制度在不同的企業中實施，激勵效果會存在很大差異。每個企業都有自身的個性特徵，不能千篇一律地套用某一種或幾種薪酬制度，企業只有根據自身的實際情況量身設計最適合自己的薪酬制度，才能達到最優的激勵效果。

(三) 股東特質差異在薪酬制度上的體現

股東的特質決定了企業各方面的性質和行為，這一點也突出體現在薪酬制度的制定方面——股東的特質不同，企業的薪酬制度就會有很大差異。

中國的企業從所有權的歸屬上主要分為國有企業和非國有企業兩大類，其中國有企業一直以來都是國民經濟的重要支柱，按照政府的管理權限劃分可以分為由中央政府監督管理的央企和由地方政府監督管理的地企。而除了國有獨資、國有控股企業以外，其他類型的企業都屬於非國有企業，主要是人們通常所說的民企。

1. 央企

廣義上的央企包括三類：

(1) 由國資委監督管理的企業，包括提供公共產品的軍工、電力、電信等

行業，提供自然壟斷產品的石油、天然氣、礦產等行業，提供競爭性產品的一般行業。

（2）由中國銀行業監督管理委員會（以下簡稱銀監會）、中華人民共和國保險監督管理委員會（以下簡稱保監會）、證監會管理的金融行業的企業。

（3）由國務院其他部門或群眾團體管理的屬於運輸、廣播、電視、出版、菸草、黃金等行業的企業。

央企的特點是：

（1）央企由國務院國資委直接監督管理，在關係國計民生的行業中佔有壟斷地位，得到國家政策的大力支持，具有其他企業無可比擬的優勢。

（2）央企對社會所做的貢獻與其享有的資源和政策優勢相比，並不相稱，而且央企創造利潤的80%以上來自於中國石油天然氣集團公司（中石油）、中國石油化工集團公司（中石化）、中國海洋石油總公司（中海油）、中國移動通信公司（中移動）、中國聯合網絡通信集團有限公司（中聯通）、中國電信集團公司（中電信）等不到10家壟斷性企業，除此之外的央企整體盈利能力和競爭力並不強。

（3）中央政府作為央企的大股東雖然仍有侵占中小股東利益的可能性，但由於其擔負著特殊的責任和使命，中央政府會自我約束這種侵害行為，且約束力度較大。

大股東風險偏好：國有股東資本雄厚、投資較為分散、抵禦風險的能力較強，對風險的態度是中性的。① 特別是央企，實力更加雄厚，抵禦風險的能力更強，從這些方面來看央企對風險的態度應該是喜好的，屬於風險喜好者；然而實際營運中，由於央企肩負的重大使命和特殊責任，因此要顧全平衡多方利益因素，這又限制了央企對風險的偏好取向，使之對風險的態度維持在一個中性的水平上。

央企的薪酬在國資委的引導安排下，其特點是：

（1）薪酬中固定部分所占比例較高。國有企業素來以穩定著稱，央企更是

---

① 張喜海. 所有者財務行為的比較分析與政策建議［J］. 技術與市場，2006（4）.

典型，薪酬中固定部分的比例高會讓員工有安全感，這也是薪酬激勵發揮作用的基礎。

（2）工資整體水平高，增幅較大。央企中有一半以上都處於壟斷行業，特別是電力、電信、石油等壟斷行業的職工整體工資水平很高，是全國平均工資水平的3倍以上，而且工資的增長速度和增長幅度也都是其他類型企業所無法比擬的。

（3）薪酬中對員工績效部分的考核比較模糊，且所占比重較小，同時非常看重出勤率，並將之視為發放薪酬最主要的衡量標準之一。

2. 地企

地企一般包括：

（1）以地方骨幹企業為主組建的行業企業集團公司。組建基礎是當地有一大批同行業的中小型企業，又有一兩家經營管理較好的龍頭企業，地方政府出於整體發展的考慮運用行政手段，以優質企業帶動中小企業的發展，形成規模優勢、壯大地方經濟實力。

（2）以地方骨幹企業為中心，以產業關係為原則，組建混合企業集團。組建形式是以地方骨幹企業為中心，把與之有生產聯繫的關聯企業拉入地方企業集團，形成跨行業的混合企業集團，以發揮協同優勢。

（3）以地方骨幹企業為中心，組建複合多元化的地方企業集團。此種組建形式打破了行業之間的區劃，通常面臨較大的經營風險，而且集團內部的整合難度較大，耗時也較長。

地企的特點是：

（1）地企由當地的各行政部門和地方國資委監督管理，在其組建過程中地方政府主要考慮的是地方的整體利益和政府的意願，企業自身的利益與意願並不被重視。相對於央企而言，地方政府在營運過程中對地企的干涉更多，因此地企較難按照市場化機制運行，股權分離給地企帶來的好處也更為明顯。

（2）由於各級政府對於利益的考量不同，作為地企的控股股東，地方政府比中央政府更傾向於侵占公司利益。地方政府一方面大力推進地企上市，同時配以各方面的支持和優惠政策，另一方面又無可避免地要侵占公司利益，而且

由於地方政府所面臨的支出壓力更大、收入來源更少，因此侵佔的程度可能更重。①

（3）地方保護主義色彩在地企參與競爭的領域體現得尤為明顯。雖然相比較而言，央企所依靠的中央政府和國務院國資委更具有權力，但在參與地方競爭時也是「強龍難壓地頭蛇」，地方政府會支起一把地方保護主義的大傘，來保證地企在競爭中的優勝。

大股東風險偏好：同屬於國有控股的企業，但相對於央企而言，地企無論是資本雄厚程度還是投資分散程度都要弱一些，因此對風險的態度相對保守。

地企的薪酬特點：

（1）「論資排輩」的現象尤為嚴重。「論資排輩」是大多數國有企業的通病，但是在地企中這種現象尤為嚴重。央企雖然在很多關係國計民生的重要行業中佔據壟斷地位，但是仍需肩負參與和抵禦國際競爭的重任，因此企業的核心競爭力至關重要，制定薪酬制度時必然要考慮盡可能充分發揮其激勵效果來留住人才。地企則不然，沒有競爭的壓力，官僚主義較為嚴重，薪酬分配多以資歷為首要參照，個人貢獻的影響作用反而比較小。

（2）重保障功能，輕激勵功能。② 由於地企特有的企業性質，在制定薪酬制度時並不會很在意對員工的工作熱情和積極性的調動，而能夠起到調動員工工作熱情和積極性作用的就是薪酬制度的激勵功能。大部分地企在設計薪酬方案時激勵部分所占的比例很低，這樣的薪酬制度也使得地企的薪酬給付在市場經濟條件下喪失競爭力，無法吸引和留住高水平、高能力的員工。

（3）薪酬差距較小、層次區分不明顯。國有企業普遍有「平均主義」的弊病，地企在這方面承襲得尤為明顯：員工的薪酬數額較為平均，薪高者與薪低者的薪酬差距不大，薪酬層級扁平，且層級之間的差別也較小。這樣的薪酬制度雖然照顧了績效落後者的感受，卻給優秀員工帶來了負面激勵效應。

（4）激勵手段較為單一，絕大部分的激勵都以物質形式來實現，對員工的

---

① 彭冰．中央和地方關係中的上市公司治理［J］．北京大學學報：哲學社會科學版，2008（11）．
② 彭雨．國企薪酬制度設計淺議［J］．科技信息，2009（4）．

心理需求則關注較少。

3. 民企

民企是與國有企業相對的一類企業的總稱，它是指在中國境內除國有企業、國有資產控股企業和外商投資企業以外的所有企業，包括：個人獨資企業、合夥制企業、有限責任公司和股份有限公司。

民企的特點是：

（1）民企的股東多為自然人或私人企業，公司的資產歸少數大股東所有，而且家族企業經營模式較為普遍。

（2）民企在發展過程中一般沒有國有企業享有的優惠政策和資金支持，資金成為制約其發展的主要瓶頸，因此上市融資的需求較為強烈。[①]

（3）民企與有政府支持的國有企業相競爭在起點上就處於劣勢，因此想要在競爭中不被淘汰甚至勝出，對自身的要求就格外嚴格，這種要求體現在預算、支出、收益、效率等方方面面。

民企大股東風險偏好：民企的大股東資本相對較少、投資又很集中、抵禦風險的能力較弱，因此對風險持厭惡的態度，屬於風險厭惡者。

民企的薪酬特點：

（1）薪酬分配直接與績效掛勾。民企的薪酬分配形式主要有三種：一是底薪＋提成制（或效益獎）；二是底薪＋提成＋年底分紅制（或贈股份）；三是無底薪，完全採取業績提成制。形式雖然不同，但核心卻一樣，就是以績效為根本出發點。民企的薪酬機制非常靈活，一切用績效說話，講究效率，優質才能優價。

（2）自主性強。由於不存在上級主管部門，民企受到的牽絆和制約相對較少，因此在決定雇員薪酬時可以不考慮他們的身分、資歷等因素，依據自身條件和市場行情自主決定發放的薪酬數目。

（3）隨意性較大。這也是民企薪酬制度中比較明顯的一個缺陷，特別是在

---

[①] 王鵬，秦宛順. 控股股東類型與公司績效——基於中國上市公司的證據 [J]. 統計研究，2006（7）.

一些中小型的民企，缺乏規範性的管理制度，也在薪酬發放方面表現出了較大的隨意性，老板或經營者「一言堂」的現象較普遍。

（4）保障性較差。民企在管理和薪酬分配等方面的隨意性較大，因此必然會影響到僱員獲取薪酬的保障性，當前在民企中無故拖欠、克扣工資獎金的現象較為常見。

# 第四節　不同股東特質下的上市公司勞資財務關係的實證研究

## 一、研究背景

根據前文對三類企業所具有特徵的分析情況可知，以政府作為控股股東的國有上市公司與以其他非政府控股的上市公司有不同的追求目標。政府股東首先是一個政治組織，其次才考量作為上市公司股東的商業性質。非政府股東則是一個純粹的商業化組織，商業組織的唯一目標就是追求利潤的最大化。兼具政治性質和商業性質的政府股東卻需要保持並平衡其多元化的目標，包括擴大就業、收入平等、環境保護、維護社會穩定等，而利潤最大化也就只能是政府眾多的考慮因素之一。[①] 根據曾慶生、陳信元（2006）對 1999—2002 年健康營運的上市公司僱員人數的研究發現，國家控股的上市公司比非國家控股的上市公司僱傭了更多員工，超額僱員和高工資率共同導致了國家控股公司比非國家控股公司承擔了更高的人力支出成本。[②] 加之在前文中提及的雖然同為國有企業，地企與央企相比，在經營目標、扶持力度、資金來源等方面均有相當程度的差別，與民企的差別就更大了，因此地企在勞資財務關係方面差異性顯著。下面以企業人力性支出與績效作為反應勞資財務關係的指標展開分析，提出如下假設：

假設相比央企和民企而言，地企呈現出三者之中勞動生產率最低下，績效

---

[①] 彭冰．中央和地方關係中的上市公司治理［J］．北京大學學報：哲學社會科學版，2008（11）．
[②] 曾慶生，陳信元．國家控股、超額僱員與勞動力成本［J］．經濟研究，2006（5）．

產出率最差，人力性支出與企業績效關係最為不合理的特點。

為了驗證上述假設，在構建人力性支出與公司績效的合理關係這個視角上給國有企業改革，特別是地企改制提供一個有力的證據和深入思索的平臺，現進行如下的實證研究檢驗。

## 二、實證研究

1. 指標選取

透析人力性支出與企業績效的關係，涉及兩個變量——薪酬支出和績效，以量化方式考核需要將這兩個變量轉以量化的數據表示，那麼在上市公司年報的眾多報表和數據中選取哪些數據最為合理，得出的結論最有說服力呢？在代表薪酬支出的數據選取上，筆者認為現金流量表中「支付給職工及為職工支付的現金」一項最為可取，因為現金是企業經營存活的命門，而企業在一個會計期間內支付給職工及為職工支付的現金最能反應該時期企業在薪酬方面的直接支出。對於另一個變量績效，可供選取的考量指標更多，考慮到雖然淨利潤最能反應企業的經營效果，但是淨利潤中通常包含了一些非經常性的、與企業主要生產經營項目無關的損益，且影響程度較大，因此筆者選取了年報中「屬於上市公司股東的扣除非經常性損益后的淨利潤」一值來代表企業績效，這也是在筆者看來偏頗最小、滿意度最高的選擇。此外，為了落實個人勞動生產率以及勞資關係的具體情況，筆者從上市公司年報中找到了全公司在崗總人數與需公司承擔的離退休人員總數二者之和作為總薪酬的支付整體。這樣就產生了兩個考查指標——上市公司為單個職工支付薪酬的平均值（簡稱人均薪酬）和上市公司單個職工產生的扣除非經常性損益后的淨利潤的平均值（簡稱人均淨利潤），作為評定上市公司人力支出與企業績效關係的關鍵性指標（Key Indictor）。此外，由人均薪酬和人均淨利潤又引申出了一個新的指標——人工成本投入產出率，即投入的人工成本與獲取的淨利潤之間的比值，用以進一步反應目標樣本給付薪酬的生產效率的高低。

2. 樣本選取

鑒於地企在中國的資本市場上占據了大半壁江山，被視為國企改革的核心

對象，身處央企和民企之間的尷尬境地，自身發展又是問題重重，因此選取地企作為實證研究的主要對象，輔以央企和民企作為地企的對比對象，三者共同構成了樣本總體，來研究地企、央企和民企在人力性支出與績效關係方面的不同表現。為了消除行業因素對公司績效的影響，又鑒於製造業這一行業在國內市場上競爭程度最高，且最能代表上市公司的整體業績，因此本書選取製造業作為樣本的來源行業。考慮到信息的相關性和時效性原則，也為了增強數據的說服力，本研究選取 2007—2009 年的相關數據加以實證研究分析。在滬、深兩個股票交易市場中，筆者又進一步從滬市 A 股上市公司中遴選樣本企業。在剔除了一些 *ST、ST 公司和數據極端或信息含糊不清的企業後，筆者總共選取了地企 169 家、央企 63 家、民企 113 家作為實證研究的樣本總體。特別值得注意的是，所選取的樣本中有些企業的年度屬於上市公司股東的扣除非經常性損益後的淨利潤值為負數，這樣得到的年度人均淨利潤值及人工成本投入產出率值亦皆為負數。在分別統計各類型上市公司人均淨利潤和人工成本投入產出率的平均值時，如不將這些負值剔除在外，將會對最終結果產生非常大的影響，而這些企業的人均薪酬值又是有效且有研究價值的，因此在計算人均薪酬的平均值時含括了所有樣本企業的相關數據。而在計算人均淨利潤的平均值以及人工成本投入產出率的平均值時則將那些相應數據為負值的樣本信息予以剔除，求取算術平均數值時也相應地將分母中的樣本數目予以同等減少，這樣算得的數據信息最具相關性和有效性。

本章實證研究中所涉及的所有相關指標或變量的含義如表 2-2 所示：

表 2-2　　　　　　　　　相關指標、變量的含義

| 指標或變量 | 含義或計算方法 |
| --- | --- |
| 人均薪酬 | 支付給職工及為職工支付的現金／（全公司在崗總人數＋需公司承擔的離退休人員總數） |
| 人均淨利潤 | 屬於上市公司股東的扣除非經常性損益後的淨利潤／（全公司在崗總人數＋需公司承擔的離退休人員總數） |
| 人工成本投入產出率 | 人均淨利潤／人均薪酬 |
| 人均薪酬的平均值 | 同類企業同一年度人均薪酬總數的算術平均數 |

表2-2(續)

| 指標或變量 | 含義或計算方法 |
|---|---|
| 人均淨利潤的平均值 | 剔除所有負值的同類企業同一年度人均淨利潤總數/相應的人均淨利潤值為正數的企業數目 |
| 人工成本投入產出率的平均值 | 剔除所有負值的同類企業同一年度人工成本投入產出率值總數/相應的人工成本投入產出率值為正數的企業數目 |

表2-3、2-4、2-5分別為統計出的樣本中滬市A股製造業169家地企、63家央企和113家民企在2007—2009年三年間的人均薪酬、人均淨利潤和人工成本投入產出率數值：

表2-3　　滬市A股製造業地企2007—2009年人均薪酬、人均淨利潤及人工成本投入產出率值統計表

| 股票代碼 | 年度 | 人均薪酬(元) | 人均淨利潤(元) | 人工成本投入產出率 | 股票代碼 | 年度 | 人均薪酬(元) | 人均淨利潤(元) | 人工成本投入產出率 |
|---|---|---|---|---|---|---|---|---|---|
| 600010 | 2009 | 71,527.73 | (54,276.18) | (0.76) | 600468 | 2009 | 50,432.88 | 8,771.04 | 0.17 |
|  | 2008 | 69,369.17 | 31,586.92 | 0.46 |  | 2008 | 44,505.56 | 9,218.47 | 0.21 |
|  | 2007 | 37,834.08 | 53,559.14 | 1.42 |  | 2007 | 50,619.23 | 16,381.18 | 0.32 |
| 600022 | 2009 | 71,507.65 | 2,356.23 | 0.03 | 600470 | 2009 | 55,155.81 | 38,398.68 | 0.70 |
|  | 2008 | 72,403.20 | 21,352.06 | 0.29 |  | 2008 | 62,191.80 | 44,930.40 | 0.72 |
|  | 2007 | 88,470.49 | 91,101.45 | 1.03 |  | 2007 | 38,718.38 | 76,715.01 | 1.98 |
| 600059 | 2009 | 36,871.33 | 26,342.44 | 0.71 | 600475 | 2009 | 96,339.01 | 60,086.99 | 0.62 |
|  | 2008 | 38,671.34 | 40,827.15 | 1.06 |  | 2008 | 98,685.90 | 66,089.72 | 0.67 |
|  | 2007 | 36,805.68 | 29,711.30 | 0.81 |  | 2007 | 96,428.21 | 72,175.45 | 0.75 |
| 600060 | 2009 | 54,780.94 | 30,400.97 | 0.55 | 600479 | 2009 | 81,920.25 | 76,358.11 | 0.93 |
|  | 2008 | 54,051.09 | 16,262.35 | 0.30 |  | 2008 | 67,202.76 | 58,244.22 | 0.87 |
|  | 2007 | 51,864.98 | 11,087.25 | 0.21 |  | 2007 | 68,778.77 | 53,160.94 | 0.77 |
| 600063 | 2009 | 44,240.15 | 16,338.61 | 0.37 | 600483 | 2009 | 23,857.11 | 2,854.34 | 0.12 |
|  | 2008 | 45,817.37 | 25,277.33 | 0.55 |  | 2008 | 25,089.51 | (1,116.05) | (0.04) |
|  | 2007 | 38,098.17 | 30,566.43 | 0.80 |  | 2007 | 26,463.34 | (5,543.15) | (0.21) |
| 600069 | 2009 | 25,910.29 | 6,377.96 | 0.25 | 600486 | 2009 | 58,024.31 | 129,497.15 | 2.23 |
|  | 2008 | 21,069.80 | 10,925.11 | 0.52 |  | 2008 | 52,229.38 | 166,992.36 | 3.20 |
|  | 2007 | 22,520.63 | 33,337.33 | 1.48 |  | 2007 | 56,455.67 | 93,846.15 | 1.66 |
| 600070 | 2009 | 31,493.46 | 9,098.60 | 0.29 | 600488 | 2009 | 69,559.77 | 43,978.85 | 0.63 |

表2-3（續）

| 股票代碼 | 年度 | 人均薪酬（元） | 人均淨利潤（元） | 人工成本投入產出率 | 股票代碼 | 年度 | 人均薪酬（元） | 人均淨利潤（元） | 人工成本投入產出率 |
|---|---|---|---|---|---|---|---|---|---|
| | 2008 | 33,274.74 | 3,203.80 | 0.10 | | 2008 | 52,265.55 | 27,391.26 | 0.52 |
| | 2007 | 33,428.93 | 5,240.67 | 0.16 | | 2007 | 45,611.04 | 14,317.76 | 0.31 |
| 600071 | 2009 | 25,618.06 | 6,147.86 | 0.24 | 600507 | 2009 | 56,485.61 | 8,243.34 | 0.15 |
| | 2008 | 32,752.82 | 4,470.52 | 0.14 | | 2008 | 41,001.07 | 898.20 | 0.02 |
| | 2007 | 25,132.05 | 5,229.18 | 0.21 | | 2007 | 39,482.73 | 18,442.86 | 0.47 |
| 600073 | 2009 | 34,928.78 | (35,532.34) | (1.02) | 600513 | 2009 | 39,595.87 | 39,848.01 | 1.01 |
| | 2008 | 35,088.39 | (18,674.40) | (0.53) | | 2008 | 33,996.43 | 21,327.48 | 0.63 |
| | 2007 | 37,769.45 | (6,270.10) | (0.17) | | 2007 | 35,110.63 | 6,378.33 | 0.18 |
| 600085 | 2009 | 122,060.86 | 72,472.00 | 0.59 | 600520 | 2009 | 37,572.00 | (48,747.21) | (1.30) |
| | 2008 | 113,642.09 | 68,523.55 | 0.60 | | 2008 | 37,128.73 | 2,658.17 | 0.07 |
| | 2007 | 106,091.91 | 61,575.84 | 0.58 | | 2007 | 31,676.37 | (18,651.95) | (0.59) |
| 600096 | 2009 | 54,129.67 | 6,221.72 | 0.11 | 600526 | 2009 | 45,873.57 | 3,195.89 | 0.07 |
| | 2008 | 52,724.15 | 76,256.39 | 1.45 | | 2008 | 66,176.11 | 4,318.05 | 0.07 |
| | 2007 | 132,237.34 | 259,468.28 | 1.96 | | 2007 | 71,574.55 | (1,318.10) | (0.02) |
| 600102 | 2009 | 51,562.72 | 6,734.37 | 0.13 | 600529 | 2009 | 27,070.66 | 31,981.43 | 1.18 |
| | 2008 | 51,157.24 | 14,105.58 | 0.28 | | 2008 | 26,218.03 | 24,552.44 | 0.94 |
| | 2007 | 49,808.07 | 60,013.77 | 1.20 | | 2007 | 20,502.18 | 19,451.02 | 0.95 |
| 600103 | 2009 | 45,382.38 | (66,094.22) | (1.46) | 600531 | 2009 | 34,601.08 | 39,612.57 | 1.14 |
| | 2008 | 37,187.63 | 249.60 | 0.01 | | 2008 | 44,649.06 | 13,072.17 | 0.29 |
| | 2007 | 34,493.81 | 13,467.84 | 0.39 | | 2007 | 28,898.99 | 77,050.12 | 2.67 |
| 600104 | 2009 | 779,002.03 | 1,334,935.62 | 1.71 | 600532 | 2009 | 16,112.67 | (20,398.84) | (1.27) |
| | 2008 | 634,708.58 | (87,273.93) | (0.14) | | 2008 | 14,017.69 | (36,366.28) | (2.59) |
| | 2007 | 321,015.51 | 407,936.54 | 1.27 | | 2007 | 21,380.22 | 4,773.26 | 0.22 |
| 600111 | 2009 | 97,854.81 | 3,386.17 | 0.03 | 600539 | 2009 | 14,553.33 | 188.90 | 0.01 |
| | 2008 | 71,733.88 | 42,582.22 | 0.59 | | 2008 | 16,449.41 | 521.46 | 0.03 |
| | 2007 | 46,858.25 | 105,923.07 | 2.26 | | 2007 | 12,118.40 | 703.03 | 0.06 |
| 600113 | 2009 | 70,056.39 | 193,812.79 | 2.77 | 600549 | 2009 | 47,393.98 | 26,673.00 | 0.56 |
| | 2008 | 73,055.35 | 288,815.02 | 3.95 | | 2008 | 38,477.83 | 24,773.80 | 0.64 |
| | 2007 | 62,755.53 | 71,117.96 | 1.13 | | 2007 | 33,572.28 | 23,410.04 | 0.70 |
| 600117 | 2009 | 53,599.44 | 1,265.31 | 0.02 | 600553 | 2009 | 29,775.85 | 24,881.03 | 0.84 |
| | 2008 | 44,523.55 | 1,757.91 | 0.04 | | 2008 | 24,820.87 | 4,991.87 | 0.20 |
| | 2007 | 46,899.03 | 37,023.77 | 0.79 | | 2007 | 23,903.61 | 16,330.57 | 0.68 |
| 600126 | 2009 | 95,567.46 | 18,001.05 | 0.19 | 600558 | 2009 | 66,950.48 | 43,292.61 | 0.65 |

第二章 股東特質與勞資財務關係

表 2－3（續）

| 股票代碼 | 年度 | 人均薪酬（元） | 人均淨利潤（元） | 人工成本投入產出率 | 股票代碼 | 年度 | 人均薪酬（元） | 人均淨利潤（元） | 人工成本投入產出率 |
|---|---|---|---|---|---|---|---|---|---|
| | 2008 | 85,605.83 | 4,850.31 | 0.06 | | 2008 | 65,744.37 | 40,791.70 | 0.62 |
| | 2007 | 78,416.57 | 56,376.16 | 0.72 | | 2007 | 56,822.45 | 15,457.18 | 0.27 |
| 600129 | 2009 | 34,235.19 | 1,137.44 | 0.03 | 600559 | 2009 | 33,489.52 | 11,026.48 | 0.33 |
| | 2008 | 62,936.29 | 552.61 | 0.01 | | 2008 | 28,514.22 | 12,041.63 | 0.42 |
| | 2007 | 43,443.19 | 4,398.50 | 0.10 | | 2007 | 20,021.92 | 5,808.49 | 0.29 |
| 600132 | 2009 | 65,890.76 | 45,147.45 | 0.69 | 600567 | 2009 | 101,824.64 | 19,856.14 | 0.20 |
| | 2008 | 64,869.01 | 42,812.20 | 0.66 | | 2008 | 78,035.60 | 1,081.50 | 0.01 |
| | 2007 | 64,937.76 | 45,916.57 | 0.71 | | 2007 | 48,870.18 | 34,176.91 | 0.70 |
| 600141 | 2009 | 29,346.10 | 32,049.35 | 1.09 | 600569 | 2009 | 37,358.31 | 3,454.54 | 0.09 |
| | 2008 | 31,228.48 | 87,537.85 | 2.80 | | 2008 | 40,163.31 | 2,987.11 | 0.07 |
| | 2007 | 24,123.55 | 16,051.29 | 0.67 | | 2007 | 45,083.42 | 37,715.28 | 0.84 |
| 600156 | 2009 | 18,053.17 | (4,575.21) | (0.25) | 600573 | 2009 | 54,194.08 | 42,256.04 | 0.78 |
| | 2008 | 18,394.50 | (4,506.13) | (0.25) | | 2008 | 47,095.88 | 31,308.67 | 0.66 |
| | 2007 | 18,542.51 | (2,273.24) | (0.12) | | 2007 | 42,673.45 | 22,501.04 | 0.53 |
| 600159 | 2009 | 81,033.08 | 1,308,249.22 | 16.14 | 600585 | 2009 | 37,240.92 | 115,905.95 | 3.11 |
| | 2008 | 75,590.80 | 8,625.46 | 0.11 | | 2008 | 37,948.41 | 101,273.54 | 2.67 |
| | 2007 | 73,195.40 | 150,947.25 | 2.06 | | 2007 | 30,955.27 | 110,105.20 | 3.56 |
| 600160 | 2009 | 50,633.66 | 12,327.34 | 0.24 | 600587 | 2009 | 55,239.73 | 29,120.89 | 0.53 |
| | 2008 | 60,003.93 | 5,847.75 | 0.10 | | 2008 | 46,957.94 | 18,459.94 | 0.39 |
| | 2007 | 53,155.29 | 17,831.56 | 0.34 | | 2007 | 39,687.96 | 10,881.97 | 0.27 |
| 600163 | 2009 | 25,017.19 | (117,174.40) | (4.68) | 600592 | 2009 | 62,035.47 | 41,842.52 | 0.67 |
| | 2008 | 25,783.20 | (31,564.62) | (1.22) | | 2008 | 85,173.61 | 94,745.44 | 1.11 |
| | 2007 | 25,140.03 | (16,090.67) | (0.64) | | 2007 | 74,526.65 | 68,878.26 | 0.92 |
| 600165 | 2009 | 32,888.16 | 379.98 | 0.01 | 600597 | 2009 | 165,410.79 | 34,926.21 | 0.21 |
| | 2008 | 29,326.42 | (510.93) | (0.02) | | 2008 | 173,200.23 | (154,932.53) | (0.89) |
| | 2007 | 23,129.83 | (5,834.46) | (0.25) | | 2007 | 198,055.38 | (63,761.25) | (0.32) |
| 600166 | 2009 | 45,625.54 | 34,073.19 | 0.75 | 600600 | 2009 | 51,716.61 | 33,029.78 | 0.64 |
| | 2008 | 41,490.54 | 4,868.11 | 0.12 | | 2008 | 43,006.60 | 16,707.48 | 0.39 |
| | 2007 | 31,044.58 | 14,698.15 | 0.47 | | 2007 | 34,841.83 | 13,175.97 | 0.38 |
| 600169 | 2009 | 94,029.04 | 70,872.17 | 0.75 | 600612 | 2009 | 118,126.81 | 63,328.66 | 0.54 |
| | 2008 | 75,711.76 | 59,128.93 | 0.78 | | 2008 | 93,176.07 | 37,585.54 | 0.40 |
| | 2007 | 86,655.53 | 50,603.82 | 0.58 | | 2007 | 78,600.59 | 46,600.76 | 0.59 |
| 600186 | 2009 | 22,343.45 | 1,386.21 | 0.06 | 600618 | 2009 | 53,174.41 | (54,234.93) | (1.02) |

表 2−3（續）

| 股票代碼 | 年度 | 人均薪酬（元） | 人均淨利潤（元） | 人工成本投入產出率 | 股票代碼 | 年度 | 人均薪酬（元） | 人均淨利潤（元） | 人工成本投入產出率 |
|---|---|---|---|---|---|---|---|---|---|
| | 2008 | 17,088.19 | 971.42 | 0.06 | | 2008 | 38,305.37 | (22,940.56) | (0.60) |
| | 2007 | 17,302.83 | 707.29 | 0.04 | | 2007 | 37,136.07 | (7,546.80) | (0.20) |
| 600191 | 2009 | 20,638.52 | (37,724.91) | (1.83) | 600623 | 2009 | 62,722.66 | 20,562.56 | 0.33 |
| | 2008 | 15,397.63 | (71,999.56) | (4.68) | | 2008 | 63,231.15 | (49,305.64) | (0.78) |
| | 2007 | 24,680.19 | 28,943.35 | 1.17 | | 2007 | 65,422.28 | 19,270.41 | 0.29 |
| 600192 | 2009 | 28,008.83 | 3,000.91 | 0.11 | 600626 | 2009 | 82,100.17 | 12,450.38 | 0.15 |
| | 2008 | 24,845.62 | (4,126.59) | (0.17) | | 2008 | 62,090.74 | 27,643.78 | 0.45 |
| | 2007 | 15,676.59 | 6,185.78 | 0.39 | | 2007 | 59,973.47 | 14,481.51 | 0.24 |
| 600197 | 2009 | 56,926.52 | 65,374.84 | 1.15 | 600629 | 2009 | 111,609.09 | (59,811.20) | (0.54) |
| | 2008 | 55,529.58 | 59,921.72 | 1.08 | | 2008 | 74,209.80 | 130,477.39 | 1.76 |
| | 2007 | 50,245.29 | 60,444.78 | 1.20 | | 2007 | 48,012.98 | 67,446.27 | 1.40 |
| 600199 | 2009 | 28,884.89 | 30,408.97 | 1.05 | 600630 | 2009 | 76,010.04 | (33,741.78) | (0.44) |
| | 2008 | 20,748.63 | 9,208.84 | 0.44 | | 2008 | 77,952.70 | (19,949.82) | (0.26) |
| | 2007 | 11,004.23 | 6,329.91 | 0.58 | | 2007 | 108,180.22 | (49,756.81) | (0.46) |
| 600202 | 2009 | 58,717.07 | 146,175.52 | 2.49 | 600636 | 2009 | 167,720.35 | (3,025.47) | (0.02) |
| | 2008 | 52,310.78 | 284,440.65 | 5.44 | | 2008 | 173,870.18 | (135,006.92) | (0.78) |
| | 2007 | 40,740.71 | 239,949.92 | 5.89 | | 2007 | 156,799.01 | 23,582.12 | 0.15 |
| 600203 | 2009 | 28,645.96 | (161,570.78) | (5.64) | 600651 | 2009 | 41,152.05 | 16,222.55 | 0.39 |
| | 2008 | 40,454.62 | (83,995.01) | (2.08) | | 2008 | 36,231.26 | 10,839.24 | 0.30 |
| | 2007 | 30,750.60 | (92,476.40) | (3.01) | | 2007 | 35,240.28 | (1,382.60) | (0.04) |
| 600213 | 2009 | 39,638.41 | (70,201.24) | (1.77) | 600664 | 2009 | 45,002.49 | 41,157.52 | 0.91 |
| | 2008 | 36,860.50 | (1,809.31) | (0.05) | | 2008 | 51,851.90 | 36,523.36 | 0.70 |
| | 2007 | 32,482.49 | 3,717.73 | 0.11 | | 2007 | 42,693.06 | 24,216.88 | 0.57 |
| 600218 | 2009 | 35,335.52 | 14,806.18 | 0.42 | 600666 | 2009 | 35,295.53 | 14,738.21 | 0.42 |
| | 2008 | 31,260.40 | 2,160.70 | 0.07 | | 2008 | 33,895.17 | 13,674.61 | 0.40 |
| | 2007 | 20,006.73 | (2,135.55) | (0.11) | | 2007 | 24,383.70 | 9,497.30 | 0.39 |
| 600219 | 2009 | 18,139.04 | 69,092.81 | 3.81 | 600667 | 2009 | 52,803.39 | 12,698.00 | 0.24 |
| | 2008 | 17,129.77 | 64,371.74 | 3.76 | | 2008 | 35,937.04 | 21,437.44 | 0.60 |
| | 2007 | 15,722.34 | 131,125.25 | 8.34 | | 2007 | 244,059.69 | (734.55) | (0.01) |
| 600222 | 2009 | 23,653.88 | 20,216.36 | 0.85 | 600668 | 2009 | 33,565.91 | 8,801.79 | 0.26 |
| | 2008 | 25,402.98 | 17,214.91 | 0.68 | | 2008 | 32,588.77 | (1,490.22) | (0.05) |
| | 2007 | 15,954.56 | 11,945.49 | 0.75 | | 2007 | 58,081.38 | (22,495.83) | (0.39) |
| 600226 | 2009 | 44,199.25 | 52,864.69 | 1.20 | 600676 | 2009 | 85,589.52 | 20,036.23 | 0.23 |

表 2-3（續）

| 股票代碼 | 年度 | 人均薪酬（元） | 人均淨利潤（元） | 人工成本投入產出率 | 股票代碼 | 年度 | 人均薪酬（元） | 人均淨利潤（元） | 人工成本投入產出率 |
|---|---|---|---|---|---|---|---|---|---|
| | 2008 | 43,405.69 | 61,302.18 | 1.41 | | 2008 | 48,998.66 | 7,826.99 | 0.16 |
| | 2007 | 28,637.32 | 28,652.58 | 1.00 | | 2007 | 52,502.04 | 9,914.09 | 0.19 |
| 600227 | 2009 | 70,152.66 | 90,476.52 | 1.29 | 600679 | 2009 | 27,266.79 | (3,473.66) | (0.13) |
| | 2008 | 76,716.01 | 99,273.91 | 1.29 | | 2008 | 32,867.28 | (10,492.97) | (0.32) |
| | 2007 | 77,500.55 | 121,523.81 | 1.57 | | 2007 | 41,920.00 | (17,078.38) | (0.41) |
| 600228 | 2009 | 43,253.92 | (46,501.92) | (1.08) | 600686 | 2009 | 65,649.38 | 14,309.09 | 0.22 |
| | 2008 | 45,242.77 | 886.48 | 0.02 | | 2008 | 81,204.24 | 15,039.70 | 0.19 |
| | 2007 | 41,751.96 | 6,277.03 | 0.15 | | 2007 | 77,526.75 | 32,470.58 | 0.42 |
| 600229 | 2009 | 45,640.02 | (71,907.56) | (1.58) | 600689 | 2009 | 49,822.83 | (31,303.35) | (0.63) |
| | 2008 | 51,620.10 | 11,455.88 | 0.22 | | 2008 | 59,862.42 | (18,908.87) | (0.32) |
| | 2007 | 48,242.41 | 15,166.18 | 0.31 | | 2007 | 374,210.04 | (294,207.54) | (0.79) |
| 600231 | 2009 | 47,812.58 | 37,225.07 | 0.78 | 600702 | 2009 | 26,788.41 | 16,403.00 | 0.61 |
| | 2008 | 52,642.00 | 801.46 | 0.02 | | 2008 | 23,307.46 | 12,267.23 | 0.53 |
| | 2007 | 62,457.03 | 81,097.82 | 1.30 | | 2007 | 16,871.37 | 9,946.04 | 0.59 |
| 600235 | 2009 | 45,764.11 | 45,512.55 | 0.99 | 600713 | 2009 | 44,876.14 | 2,660.87 | 0.06 |
| | 2008 | 62,838.28 | 6,614.87 | 0.11 | | 2008 | 41,979.43 | 3,492.40 | 0.08 |
| | 2007 | 58,235.80 | 12,895.95 | 0.22 | | 2007 | 289,404.53 | 12,881.69 | 0.04 |
| 600238 | 2009 | 105,394.76 | 6,385.93 | 0.06 | 600720 | 2009 | 48,178.45 | 74,029.39 | 1.54 |
| | 2008 | 105,974.25 | (418,476.83) | (3.95) | | 2008 | 37,941.90 | 35,525.33 | 0.94 |
| | 2007 | 54,462.89 | 45,827.40 | 0.84 | | 2007 | 20,799.47 | 4,272.61 | 0.21 |
| 600243 | 2009 | 39,113.63 | 2,037.21 | 0.05 | 600725 | 2009 | 61,602.99 | 28,597.15 | 0.46 |
| | 2008 | 35,729.94 | 5,366.72 | 0.15 | | 2008 | 85,444.93 | 49,720.89 | 0.58 |
| | 2007 | 25,037.94 | 6,680.28 | 0.27 | | 2007 | 59,053.24 | 111,011.25 | 1.88 |
| 600249 | 2009 | 79,224.32 | (49,578.64) | (0.63) | 600731 | 2009 | 21,218.79 | (3,118.12) | (0.15) |
| | 2008 | 55,380.96 | (29,552.65) | (0.53) | | 2008 | 24,577.41 | (2,275.30) | (0.09) |
| | 2007 | 47,663.04 | (84,007.24) | (1.76) | | 2007 | 25,263.14 | (105,270.74) | (4.17) |
| 600266 | 2009 | 258,131.47 | 1,566,551.36 | 6.07 | 600741 | 2009 | 203,707.79 | 185,942.26 | 0.91 |
| | 2008 | 220,898.23 | 485,761.27 | 2.20 | | 2008 | 59,539.75 | (4,740.92) | (0.08) |
| | 2007 | 172,713.97 | 483,783.09 | 2.80 | | 2007 | 51,023.01 | 1,917.00 | 0.04 |
| 600267 | 2009 | 65,101.03 | 68,615.75 | 1.05 | 600746 | 2009 | 27,414.99 | 22,592.69 | 0.82 |
| | 2008 | 57,831.49 | 54,604.62 | 0.94 | | 2008 | 28,659.45 | (16,536.78) | (0.58) |
| | 2007 | 63,296.76 | 52,568.72 | 0.83 | | 2007 | 27,136.01 | 15,168.42 | 0.56 |
| 600272 | 2009 | 133,336.30 | (12,516.95) | (0.09) | 600747 | 2009 | 134,004.55 | 7,973.71 | 0.06 |

表 2-3（續）

| 股票代碼 | 年度 | 人均薪酬（元） | 人均淨利潤（元） | 人工成本投入產出率 | 股票代碼 | 年度 | 人均薪酬（元） | 人均淨利潤（元） | 人工成本投入產出率 |
|---|---|---|---|---|---|---|---|---|---|
| | 2008 | 127,625.54 | 75,625.74 | 0.59 | | 2008 | 99,584.26 | (256,707.76) | (2.58) |
| | 2007 | 80,813.87 | (15,969.98) | (0.20) | | 2007 | 91,753.27 | (320.64) | (0.01) |
| 600281 | 2009 | 29,974.90 | (38,538.38) | (1.29) | 600750 | 2009 | 37,420.68 | 61,477.36 | 1.64 |
| | 2008 | 29,497.78 | 2,498.19 | 0.08 | | 2008 | 35,451.90 | 60,756.35 | 1.71 |
| | 2007 | 30,679.59 | 9,749.30 | 0.32 | | 2007 | 39,863.03 | 46,260.97 | 1.16 |
| 600285 | 2009 | 34,471.70 | 13,370.35 | 0.39 | 600761 | 2009 | 55,876.66 | 17,468.67 | 0.31 |
| | 2008 | 31,883.47 | 5,517.42 | 0.17 | | 2008 | 59,274.87 | 30,114.74 | 0.51 |
| | 2007 | 22,148.64 | 10,862.93 | 0.49 | | 2007 | 55,990.48 | 63,998.43 | 1.14 |
| 600293 | 2009 | 25,807.20 | 13,271.91 | 0.51 | 600782 | 2009 | 35,557.91 | 5,949.17 | 0.17 |
| | 2008 | 25,721.58 | (23,233.74) | (0.90) | | 2008 | 35,997.32 | 26,369.24 | 0.73 |
| | 2007 | 19,593.78 | 2,173.25 | 0.11 | | 2007 | 13,039.10 | 8,486.65 | 0.65 |
| 600298 | 2009 | 110,893.01 | 202,427.10 | 1.83 | 600783 | 2009 | 27,286.78 | (15,266.31) | (0.56) |
| | 2008 | 97,626.49 | 115,867.24 | 1.19 | | 2008 | 31,287.71 | (214.83) | (0.01) |
| | 2007 | 90,062.93 | 91,250.21 | 1.01 | | 2007 | 36,625.71 | 749.77 | 0.02 |
| 600302 | 2009 | 53,175.43 | (26,105.35) | (0.49) | 600784 | 2009 | 43,343.49 | 9,546.24 | 0.22 |
| | 2008 | 55,415.04 | 247.79 | 0.01 | | 2008 | 36,574.90 | 6,503.62 | 0.18 |
| | 2007 | 56,094.23 | 52,661.97 | 0.94 | | 2007 | 25,944.81 | 6,748.94 | 0.26 |
| 600305 | 2009 | 55,104.74 | 16,056.86 | 0.29 | 600789 | 2009 | 37,050.81 | 5,293.90 | 0.14 |
| | 2008 | 59,533.77 | (44,521.27) | (0.75) | | 2008 | 38,363.79 | 5,226.84 | 0.14 |
| | 2007 | 53,087.84 | 15,360.47 | 0.29 | | 2007 | 31,774.50 | 4,817.66 | 0.15 |
| 600307 | 2009 | 114,775.46 | 7,656.27 | 0.07 | 600796 | 2009 | 43,436.15 | (3,896.02) | (0.09) |
| | 2008 | 73,774.25 | 31,473.02 | 0.43 | | 2008 | 46,624.59 | (61,300.29) | (1.31) |
| | 2007 | 97,924.76 | 239,310.77 | 2.44 | | 2007 | 42,703.81 | (23,791.92) | (0.56) |
| 600312 | 2009 | 53,149.31 | 36,980.93 | 0.70 | 600802 | 2009 | 26,328.53 | (48,812.46) | (1.85) |
| | 2008 | 47,888.07 | 57,951.72 | 1.21 | | 2008 | 27,797.11 | (10,956.37) | (0.39) |
| | 2007 | 37,982.58 | 46,981.67 | 1.24 | | 2007 | 30,877.92 | 11,093.90 | 0.36 |
| 600315 | 2009 | 167,183.71 | 164,733.53 | 0.99 | 600806 | 2009 | 76,373.61 | 73,397.28 | 0.96 |
| | 2008 | 136,894.97 | 130,745.94 | 0.96 | | 2008 | 74,207.90 | 91,748.04 | 1.23 |
| | 2007 | 130,608.59 | 86,728.97 | 0.66 | | 2007 | 47,594.15 | 70,817.54 | 1.49 |
| 600319 | 2009 | 33,310.80 | (58,458.01) | (1.75) | 600809 | 2009 | 38,320.77 | 72,738.82 | 1.90 |
| | 2008 | 28,708.71 | (9,773.19) | (0.34) | | 2008 | 34,190.26 | 58,229.15 | 1.70 |
| | 2007 | 31,537.06 | 6,463.86 | 0.20 | | 2007 | 35,396.69 | 77,156.53 | 2.18 |
| 600329 | 2009 | 63,577.34 | 31,031.38 | 0.49 | 600810 | 2009 | 59,881.63 | 2,173.12 | 0.04 |

第二章　股東特質與勞資財務關係

表 2-3（續）

| 股票代碼 | 年度 | 人均薪酬（元） | 人均淨利潤（元） | 人工成本投入產出率 | 股票代碼 | 年度 | 人均薪酬（元） | 人均淨利潤（元） | 人工成本投入產出率 |
|---|---|---|---|---|---|---|---|---|---|
| | 2008 | 52,050.53 | 14,752.39 | 0.28 | | 2008 | 53,393.13 | (24,449.31) | (0.46) |
| | 2007 | 35,003.71 | (19,460.85) | (0.56) | | 2007 | 42,650.70 | 12,614.60 | 0.30 |
| 600332 | 2009 | 114,954.77 | 28,147.40 | 0.24 | 600812 | 2009 | 32,506.80 | (20,769.34) | (0.64) |
| | 2008 | 76,768.87 | 10,932.19 | 0.14 | | 2008 | 31,084.91 | 15,779.66 | 0.51 |
| | 2007 | 102,708.15 | 36,792.83 | 0.36 | | 2007 | 25,955.77 | 3,741.07 | 0.14 |
| 600336 | 2009 | 36,346.79 | 8,082.33 | 0.22 | 600815 | 2009 | 59,064.83 | 24,737.39 | 0.42 |
| | 2008 | 43,838.54 | (23,188.18) | (0.53) | | 2008 | 49,926.18 | 37,277.75 | 0.75 |
| | 2007 | 30,314.69 | (148,271.44) | (4.89) | | 2007 | 69,256.77 | 60,880.86 | 0.88 |
| 600339 | 2009 | 70,688.14 | (37,527.20) | (0.53) | 600829 | 2009 | 49,125.35 | 59,804.56 | 1.22 |
| | 2008 | 48,904.36 | 7,095.73 | 0.15 | | 2008 | 52,014.27 | 61,250.57 | 1.18 |
| | 2007 | 43,340.93 | 7,076.44 | 0.16 | | 2007 | 44,720.77 | 62,367.83 | 1.39 |
| 600346 | 2009 | 40,084.07 | 1,470.50 | 0.04 | 600839 | 2009 | 32,346.91 | 642.03 | 0.02 |
| | 2008 | 38,526.63 | 1,609.54 | 0.04 | | 2008 | 35,137.31 | 566.54 | 0.02 |
| | 2007 | 33,047.30 | 1,658.33 | 0.05 | | 2007 | 33,314.35 | 409.72 | 0.01 |
| 600351 | 2009 | 45,738.96 | 39,414.00 | 0.86 | 600841 | 2009 | 111,913.82 | 17,956.13 | 0.16 |
| | 2008 | 41,846.26 | 27,679.81 | 0.66 | | 2008 | 102,157.21 | (1,642.09) | (0.02) |
| | 2007 | 32,211.55 | 18,496.84 | 0.57 | | 2007 | 105,873.91 | (2,581.23) | (0.02) |
| 600356 | 2009 | 35,994.03 | 53,004.94 | 1.47 | 600843 | 2009 | 334,107.55 | (160,675.63) | (0.48) |
| | 2008 | 35,386.36 | 34,125.04 | 0.96 | | 2008 | 273,464.68 | (22,966.32) | (0.08) |
| | 2007 | 33,195.65 | 18,793.94 | 0.57 | | 2007 | 270,042.16 | (25,715.15) | (0.10) |
| 600362 | 2009 | 56,708.26 | 97,029.72 | 1.71 | 600844 | 2009 | 10,515.94 | (31,997.66) | (3.04) |
| | 2008 | 56,452.06 | 124,800.47 | 2.21 | | 2008 | 54,579.20 | (27,511.77) | (0.50) |
| | 2007 | 79,013.97 | 292,236.99 | 3.70 | | 2007 | 44,750.46 | 119,777.09 | 2.68 |
| 600363 | 2009 | 30,944.09 | 4,686.57 | 0.15 | 600848 | 2009 | 79,720.94 | 997.31 | 0.01 |
| | 2008 | 29,946.22 | 6,764.39 | 0.23 | | 2008 | 78,063.34 | 3,382.57 | 0.04 |
| | 2007 | 41,785.21 | 11,932.84 | 0.29 | | 2007 | 60,696.76 | 2,582.06 | 0.04 |
| 600367 | 2009 | 25,963.11 | (3,225.69) | (0.12) | 600862 | 2009 | 40,835.70 | 12,719.02 | 0.31 |
| | 2008 | 27,752.82 | 8,609.02 | 0.31 | | 2008 | 29,895.54 | (14,694.70) | (0.49) |
| | 2007 | 21,678.48 | 14,103.03 | 0.65 | | 2007 | 42,155.97 | 4,431.88 | 0.11 |
| 600375 | 2009 | 45,696.25 | 65,220.48 | 1.43 | 600866 | 2009 | 38,863.37 | 77,078.93 | 1.98 |
| | 2008 | 43,130.67 | 18,710.11 | 0.43 | | 2008 | 26,953.66 | 12,172.93 | 0.45 |
| | 2007 | 35,236.34 | 32,919.00 | 0.93 | | 2007 | 23,938.37 | (52,471.86) | (2.19) |
| 600397 | 2009 | 31,420.64 | (1,736.15) | (0.06) | 600889 | 2009 | 25,293.22 | 322.45 | 0.01 |

表 2-3（續）

| 股票代碼 | 年度 | 人均薪酬（元） | 人均淨利潤（元） | 人工成本投入產出率 | 股票代碼 | 年度 | 人均薪酬（元） | 人均淨利潤（元） | 人工成本投入產出率 |
|---|---|---|---|---|---|---|---|---|---|
|  | 2008 | 30,332.94 | (13,371.66) | (0.44) |  | 2008 | 32,349.14 | (37,540.53) | (1.16) |
|  | 2007 | 33,243.80 | 166.90 | 0.01 |  | 2007 | 37,938.86 | 15,952.32 | 0.42 |
| 600398 | 2009 | 29,689.39 | 11,049.46 | 0.37 | 600894 | 2009 | 46,969.04 | 3,920.68 | 0.08 |
|  | 2008 | 30,966.68 | 16,110.18 | 0.52 |  | 2008 | 47,911.08 | (124,852.37) | (2.61) |
|  | 2007 | 24,112.60 | 24,185.53 | 1.00 |  | 2007 | 44,465.41 | 2,242.98 | 0.05 |
| 600399 | 2009 | 43,121.83 | 3,137.21 | 0.07 | 600960 | 2009 | 40,248.00 | 14,249.93 | 0.35 |
|  | 2008 | 41,524.37 | 4,201.67 | 0.10 |  | 2008 | 42,760.75 | 8,677.05 | 0.20 |
|  | 2007 | 34,538.82 | 2,791.83 | 0.08 |  | 2007 | 37,352.34 | 10,960.51 | 0.29 |
| 600416 | 2009 | 67,887.95 | 22,930.95 | 0.34 | 600961 | 2009 | 37,215.08 | 8,742.98 | 0.23 |
|  | 2008 | 58,774.42 | 531.53 | 0.01 |  | 2008 | 40,505.22 | (12,453.97) | (0.31) |
|  | 2007 | 54,443.38 | 11,037.75 | 0.20 |  | 2007 | 40,742.45 | (2,952.33) | (0.07) |
| 600418 | 2009 | 62,114.69 | 27,019.76 | 0.43 | 600963 | 2009 | 43,658.78 | 18,723.88 | 0.43 |
|  | 2008 | 52,549.21 | 3,800.79 | 0.07 |  | 2008 | 42,318.15 | 29,552.35 | 0.70 |
|  | 2007 | 59,530.42 | 31,650.84 | 0.53 |  | 2007 | 40,583.41 | 18,986.21 | 0.46 |
| 600423 | 2009 | 49,886.11 | 4,586.65 | 0.09 | 600983 | 2009 | 124,782.19 | 125,793.63 | 1.01 |
|  | 2008 | 42,336.04 | 35,105.38 | 0.83 |  | 2008 | 112,680.38 | 115,198.13 | 1.02 |
|  | 2007 | 44,952.66 | 53,708.53 | 1.19 |  | 2007 | 54,356.31 | 89,038.67 | 1.64 |
| 600425 | 2009 | 47,738.27 | 57,391.71 | 1.20 | 600985 | 2009 | 123,368.95 | 69,310.46 | 0.56 |
|  | 2008 | 38,339.69 | 32,113.73 | 0.84 |  | 2008 | 78,507.03 | 40,078.04 | 0.51 |
|  | 2007 | 52,387.18 | 32,203.38 | 0.61 |  | 2007 | 68,617.71 | 12,658.89 | 0.18 |
| 600426 | 2009 | 52,031.81 | 152,952.91 | 2.94 | 600987 | 2009 | 30,011.75 | 19,917.88 | 0.66 |
|  | 2008 | 50,472.09 | 173,176.53 | 3.43 |  | 2008 | 29,110.91 | 15,808.98 | 0.54 |
|  | 2007 | 44,725.08 | 163,646.44 | 3.66 |  | 2007 | 24,556.62 | 12,755.12 | 0.52 |
| 600429 | 2009 | 24,916.97 | (10,612.28) | (0.43) | 600991 | 2009 | 53,086.04 | 3,747.53 | 0.07 |
|  | 2008 | 30,987.48 | 6,574.57 | 0.21 |  | 2008 | 41,314.86 | 16,963.62 | 0.41 |
|  | 2007 | 23,978.16 | 4,929.82 | 0.21 |  | 2007 | 38,161.28 | 33,408.87 | 0.88 |
| 600432 | 2009 | 44,194.16 | 19,098.68 | 0.43 | 600992 | 2009 | 41,931.46 | 8,571.50 | 0.20 |
|  | 2008 | 48,100.49 | 51,310.03 | 1.07 |  | 2008 | 35,714.07 | 10,231.29 | 0.29 |
|  | 2007 | 42,790.11 | 168,609.58 | 3.94 |  | 2007 | 30,103.04 | 13,850.99 | 0.46 |
| 600436 | 2009 | 55,129.21 | 134,001.30 | 2.43 | 601003 | 2009 | 89,836.04 | 28,310.60 | 0.32 |
|  | 2008 | 56,486.05 | 116,637.17 | 2.06 |  | 2008 | 80,241.06 | 8,731.72 | 0.11 |
|  | 2007 | 80,037.82 | 160,613.77 | 2.01 |  | 2007 | 93,023.91 | 102,397.58 | 1.10 |
| 600456 | 2009 | 64,068.25 | 3,694.07 | 0.06 | 601005 | 2009 | 53,282.56 | 5,438.72 | 0.10 |

第二章　股東特質與勞資財務關係

表 2-3（續）

| 股票代碼 | 年度 | 人均薪酬（元） | 人均淨利潤（元） | 人工成本投入產出率 | 股票代碼 | 年度 | 人均薪酬（元） | 人均淨利潤（元） | 人工成本投入產出率 |
|---|---|---|---|---|---|---|---|---|---|
|  | 2008 | 55,524.60 | 102,322.91 | 1.84 |  | 2008 | 74,991.16 | 52,081.43 | 0.69 |
|  | 2007 | 43,234.21 | 232,774.11 | 5.38 |  | 2007 | 58,897.03 | 40,040.80 | 0.68 |
| 600459 | 2009 | 99,340.43 | 19,907.39 | 0.20 |  |  |  |  |  |
|  | 2008 | 60,921.23 | (110,729.45) | (1.82) |  |  |  |  |  |
|  | 2007 | 62,241.80 | 106,798.85 | 1.72 |  |  |  |  |  |

表 2-4　　滬市 A 股製造業央企 2007—2009 年人均薪酬、
人均淨利潤及人工成本投入產出率值統計表

| 股票代碼 | 年度 | 人均薪酬（元） | 人均淨利潤（元） | 人工成本投入產出率 | 股票代碼 | 年度 | 人均薪酬（元） | 人均淨利潤（元） | 人工成本投入產出率 |
|---|---|---|---|---|---|---|---|---|---|
| 600005 | 2009 | 89,872.27 | 34,843.40 | 0.39 | 600391 | 2009 | 55,793.62 | 21,041.42 | 0.38 |
|  | 2008 | 81,214.42 | 153,614.84 | 1.89 |  | 2008 | 46,884.60 | 29,450.62 | 0.63 |
|  | 2007 | 79,519.69 | 207,930.11 | 2.61 |  | 2007 | 44,227.41 | 27,127.90 | 0.61 |
| 600006 | 2009 | 73,167.99 | 27,070.92 | 0.37 | 600420 | 2009 | 157,310.55 | 125,665.84 | 0.80 |
|  | 2008 | 62,724.64 | 36,286.91 | 0.58 |  | 2008 | 132,182.57 | 85,871.31 | 0.65 |
|  | 2007 | 60,382.81 | 62,596.30 | 1.04 |  | 2007 | 100,867.03 | 151,721.23 | 1.50 |
| 600019 | 2009 | 178,268.10 | 129,141.26 | 0.72 | 600435 | 2009 | 57,528.94 | 57,471.01 | 1.00 |
|  | 2008 | 161,988.59 | 158,898.35 | 0.98 |  | 2008 | 55,415.05 | 30,588.23 | 0.55 |
|  | 2007 | 163,309.48 | 313,163.08 | 1.92 |  | 2007 | 109,508.11 | (27,770.44) | (0.25) |
| 600038 | 2009 | 49,862.54 | 23,634.95 | 0.47 | 600448 | 2009 | 24,434.59 | (42,245.02) | (1.73) |
|  | 2008 | 45,539.13 | 30,624.24 | 0.67 |  | 2008 | 32,793.25 | (2,763.31) | (0.08) |
|  | 2007 | 30,405.32 | 26,716.96 | 0.88 |  | 2007 | 28,740.39 | (27,810.37) | (0.97) |
| 600055 | 2009 | 83,831.27 | 26,765.24 | 0.32 | 600458 | 2009 | 69,459.88 | 57,816.66 | 0.83 |
|  | 2008 | 87,206.38 | 18,906.67 | 0.22 |  | 2008 | 73,643.18 | 42,228.46 | 0.57 |
|  | 2007 | 63,251.59 | 19,064.59 | 0.30 |  | 2007 | 72,031.35 | 44,791.82 | 0.62 |
| 600061 | 2009 | 37,660.94 | (817.89) | (0.02) | 600469 | 2009 | 31,662.82 | 48,211.66 | 1.52 |
|  | 2008 | 36,351.85 | (2,087.60) | (0.06) |  | 2008 | 35,548.20 | (20,558.63) | (0.58) |
|  | 2007 | 27,811.05 | 946.21 | 0.03 |  | 2007 | 32,329.45 | 25,410.03 | 0.79 |
| 600062 | 2009 | 47,757.96 | 38,796.02 | 0.81 | 600480 | 2009 | 150,787.61 | 170,749.98 | 1.13 |
|  | 2008 | 45,911.72 | 33,969.74 | 0.74 |  | 2008 | 138,626.66 | 104,042.95 | 0.75 |
|  | 2007 | 33,897.44 | 24,863.81 | 0.73 |  | 2007 | 112,201.43 | 73,059.70 | 0.65 |
| 600072 | 2009 | 105,297.06 | 51,235.14 | 0.49 | 600482 | 2009 | 25,177.92 | 5,820.98 | 0.23 |

表 2-4（續）

| 股票代碼 | 年度 | 人均薪酬（元） | 人均淨利潤（元） | 人工成本投入產出率 | 股票代碼 | 年度 | 人均薪酬（元） | 人均淨利潤（元） | 人工成本投入產出率 |
|---|---|---|---|---|---|---|---|---|---|
| | 2008 | 89,815.74 | 46,152.15 | 0.51 | | 2008 | 20,187.17 | (43,272..87) | (2.14) |
| | 2007 | 88,800.85 | 48,912.54 | 0.55 | | 2007 | 25,557.10 | 20,669.86 | 0.81 |
| 600081 | 2009 | 35,495.37 | 6,383.19 | 0.18 | 600495 | 2009 | 236,699.80 | 47,047.92 | 0.20 |
| | 2008 | 32,448.08 | (12,718.04) | (0.39) | | 2008 | 151,884.75 | 108,145.14 | 0.71 |
| | 2007 | 32,990.56 | (835.53) | (0.03) | | 2007 | 150,357.38 | 93,583.16 | 0.62 |
| 600099 | 2009 | 23,541.37 | (3,156.84) | (0.13) | 600501 | 2009 | 88,910.14 | 15,812.49 | 0.18 |
| | 2008 | 28,771.93 | 4,729.98 | 0.16 | | 2008 | 85,859.07 | 14,269.77 | 0.17 |
| | 2007 | 39,757.91 | 13,392.81 | 0.34 | | 2007 | 68,576.79 | 11,853.28 | 0.17 |
| 600107 | 2009 | 23,508.12 | 3,077.89 | 0.13 | 600550 | 2009 | 91,597.72 | 198,978.63 | 2.17 |
| | 2008 | 23,298.17 | 3,605.33 | 0.15 | | 2008 | 89,761.51 | 406,926.75 | 4.53 |
| | 2007 | 18,087.38 | 1,859.41 | 0.10 | | 2007 | 66,033.68 | 199,008.40 | 3.01 |
| 600135 | 2009 | 43,122.02 | (3,092.63) | (0.07) | 600552 | 2009 | 62,671.59 | 22,038.83 | 0.35 |
| | 2008 | 39,353.74 | (2,918.60) | (0.07) | | 2008 | 43,893.07 | (37,575.94) | (0.86) |
| | 2007 | 46,174.98 | 768.35 | 0.02 | | 2007 | 45,820.26 | 23,326.37 | 0.51 |
| 600148 | 2009 | 35,854.70 | (28,291.07) | (0.79) | 600560 | 2009 | 106,163.18 | 67,636.54 | 0.64 |
| | 2008 | 32,781.40 | 7,094.48 | 0.22 | | 2008 | 103,850.96 | 54,557.61 | 0.53 |
| | 2007 | 32,517.79 | 5,230.24 | 0.16 | | 2007 | 75,514.88 | 44,545.72 | 0.59 |
| 600150 | 2009 | 110,101.36 | 191,399.11 | 1.74 | 600581 | 2009 | 56,299.64 | 13,234.35 | 0.24 |
| | 2008 | 115,665.90 | 357,513.60 | 3.09 | | 2008 | 50,592.90 | 37,332.68 | 0.74 |
| | 2007 | 102,231.25 | 150,634.71 | 1.47 | | 2007 | 54,779.36 | 82,578.79 | 1.51 |
| 600151 | 2009 | 63,401.60 | 2,891.25 | 0.05 | 600582 | 2009 | 98,714.61 | 64,197.72 | 0.65 |
| | 2008 | 92,507.90 | 9,231.00 | 0.10 | | 2008 | 86,901.19 | 71,078.61 | 0.81 |
| | 2007 | 82,095.55 | 11,921.19 | 0.15 | | 2007 | 83,640.33 | 84,929.45 | 1.02 |
| 600161 | 2009 | 96,216.33 | 64,758.97 | 0.67 | 600685 | 2009 | 114,558.84 | 75,399.88 | 0.66 |
| | 2008 | 83,005.69 | 73,167.38 | 0.88 | | 2008 | 108,373.50 | 120,235.87 | 1.11 |
| | 2007 | 76,845.47 | 77,866.46 | 1.01 | | 2007 | 64,992.08 | 136,059.23 | 2.09 |
| 600171 | 2009 | 134,383.00 | (270,269.41) | (2.01) | 600707 | 2009 | 32,953.34 | (143,430.21) | (4.35) |
| | 2008 | 145,873.64 | (36,273.32) | (0.25) | | 2008 | 27,538.02 | 3,989.13 | 0.14 |
| | 2007 | 96,910.85 | 2,887.14 | 0.03 | | 2007 | 19,719.31 | (8,290.00) | (0.42) |
| 600178 | 2009 | 51,632.31 | 62,752.95 | 1.22 | 600710 | 2009 | 63,609.82 | 52,645.94 | 0.83 |
| | 2008 | 42,822.98 | 25,022.61 | 0.58 | | 2008 | 63,868.69 | 37,824.95 | 0.59 |
| | 2007 | 32,796.14 | 28,508.26 | 0.87 | | 2007 | 57,587.59 | 65,470.33 | 1.14 |
| 600184 | 2009 | 52,764.58 | 4,523.04 | 0.09 | 600737 | 2009 | 47,639.74 | 34,007.65 | 0.71 |

第二章　股東特質與勞資財務關係

表 2-4（續）

| 股票代碼 | 年度 | 人均薪酬（元） | 人均淨利潤（元） | 人工成本投入產出率 | 股票代碼 | 年度 | 人均薪酬（元） | 人均淨利潤（元） | 人工成本投入產出率 |
|---|---|---|---|---|---|---|---|---|---|
| | 2008 | 44,357.66 | 5,945.52 | 0.13 | | 2008 | 43,478.54 | 41,187.86 | 0.95 |
| | 2007 | 34,724.68 | 1,634.90 | 0.05 | | 2007 | 20,333.87 | 21,796.86 | 1.07 |
| 600195 | 2009 | 114,347.53 | 105,652.29 | 0.92 | 600742 | 2009 | 42,297.43 | 66,242.89 | 1.57 |
| | 2008 | 98,506.96 | 83,665.32 | 0.85 | | 2008 | 40,615.91 | 35,003.68 | 0.86 |
| | 2007 | 107,489.34 | 94,700.88 | 0.88 | | 2007 | 31,140.46 | 7,389.81 | 4.21 |
| 600206 | 2009 | 57,593.73 | (62,522.89) | (1.09) | 600760 | 2009 | 28,557.61 | 20,017.97 | 0.70 |
| | 2008 | 70,830.49 | 107,306.68 | 1.51 | | 2008 | 23,862.53 | (8,897.89) | (0.37) |
| | 2007 | 69,372.21 | 90,638.03 | 1.31 | | 2007 | 17,778.49 | 2,603.08 | 0.15 |
| 600262 | 2009 | 77,972.27 | 34,221.94 | 0.44 | 600765 | 2009 | 50,233.09 | 18,110.42 | 0.36 |
| | 2008 | 76,235.11 | 32,616.34 | 0.43 | | 2008 | 35,861.82 | 11,269.32 | 0.31 |
| | 2007 | 57,529.75 | 25,738.43 | 0.45 | | 2007 | 27,505.82 | 13,963.24 | 0.51 |
| 600263 | 2009 | 84,056.85 | 24,348.07 | 0.29 | 600855 | 2009 | 65,415.20 | (25,481.20) | (0.39) |
| | 2008 | 75,244.20 | 20,927.01 | 0.28 | | 2008 | 63,225.26 | (24,672.44) | (0.39) |
| | 2007 | 69,479.23 | 21,154.51 | 0.30 | | 2007 | 52,950.26 | (812.83) | (0.02) |
| 600268 | 2009 | 101,310.15 | 25,115.75 | 0.25 | 600875 | 2009 | 74,394.99 | 48,868.59 | 0.66 |
| | 2008 | 80,464.84 | 25,523.07 | 0.32 | | 2008 | 65,331.74 | 49,704.08 | 0.76 |
| | 2007 | 104,993.33 | 30,870.63 | 0.29 | | 2007 | 59,302.68 | 30,915.92 | 0.52 |
| 600316 | 2009 | 45,759.47 | 32,210.48 | 0.70 | 600877 | 2009 | 52,807.42 | (20,064.93) | (0.38) |
| | 2008 | 37,556.12 | 21,032.49 | 0.56 | | 2008 | 61,049.66 | (132,532.55) | (2.17) |
| | 2007 | 34,120.23 | 22,200.09 | 0.65 | | 2007 | 38,357.28 | (226.73) | (0.01) |
| 600320 | 2009 | 285,659.70 | 144,935.31 | 0.51 | 600879 | 2009 | 72,405.68 | 21,853.01 | 0.30 |
| | 2008 | 230,615.12 | 302,938.64 | 1.31 | | 2008 | 69,653.39 | 28,154.41 | 0.40 |
| | 2007 | 273,029.58 | 581,124.31 | 2.13 | | 2007 | 57,789.71 | 32,363.68 | 0.56 |
| 600328 | 2009 | 45,666.72 | 2,087.16 | 0.05 | 600882 | 2009 | 20,339.90 | (5,538.33) | (0.27) |
| | 2008 | 43,583.85 | 19,402.19 | 0.45 | | 2008 | 12,751.68 | (26,546.89) | (2.08) |
| | 2007 | 37,270.01 | 18,234.52 | 0.49 | | 2007 | 14,263.27 | (706.05) | (0.05) |
| 600335 | 2009 | 70,197.96 | (95,161.12) | (1.36) | 600893 | 2009 | 65,226.39 | 14,516.50 | 0.22 |
| | 2008 | 51,086.55 | (9,826.90) | (0.19) | | 2008 | 66,339.55 | 10,870.83 | 0.16 |
| | 2007 | 60,304.66 | 8,526.57 | 0.14 | | 2007 | 237,596.19 | 35,848.72 | 0.15 |
| 600343 | 2009 | 27,683.45 | 7,735.56 | 0.28 | 600967 | 2009 | 127,365.86 | 31,743.27 | 0.25 |
| | 2008 | 20,948.88 | 7,244.23 | 0.35 | | 2008 | 106,471.22 | 25,407.63 | 0.24 |
| | 2007 | 25,277.74 | 15,683.11 | 0.62 | | 2007 | 33,725.40 | 8,978.25 | 0.27 |
| 600378 | 2009 | 77,290.38 | 27,041.06 | 0.35 | 600980 | 2009 | 116,171.45 | (189,627.70) | (1.63) |

55

表 2-4（續）

| 股票代碼 | 年度 | 人均薪酬（元） | 人均淨利潤（元） | 人工成本投入產出率 | 股票代碼 | 年度 | 人均薪酬（元） | 人均淨利潤（元） | 人工成本投入產出率 |
|---|---|---|---|---|---|---|---|---|---|
|  | 2008 | 77,530.09 | 36,921.21 | 0.48 |  | 2008 | 93,082.63 | (94,586.71) | (1.02) |
|  | 2007 | 79,593.91 | 23,616.24 | 0.30 |  | 2007 | 96,898.37 | (133,025.01) | (1.37) |
| 600389 | 2009 | 58,214.74 | (41,451.41) | (0.71) | 601600 | 2009 | 54,886.37 | (46,759.40) | (0.85) |
|  | 2008 | 38,903.18 | 65,639.45 | 1.69 |  | 2008 | 56,610.10 | (1,139.57) | (0.02) |
|  | 2007 | 39,585.75 | 27,104.54 | 0.68 |  | 2007 | 58,421.87 | 105,194.88 | 1.80 |
| 600390 | 2009 | 139,212.21 | (207,967.43) | (1.49) |  |  |  |  |  |
|  | 2008 | 130,760.02 | 54,456.88 | 0.42 |  |  |  |  |  |
|  | 2007 | 102,647.23 | 65,924.80 | 0.64 |  |  |  |  |  |

表 2-5　　滬市 A 股製造業民企 2007—2009 年人均薪酬、
人均淨利潤及人工成本投入產出率值統計表

| 股票代碼 | 年度 | 人均薪酬（元） | 人均淨利潤（元） | 人工成本投入產出率 | 股票代碼 | 年度 | 人均薪酬（元） | 人均淨利潤（元） | 人工成本投入產出率 |
|---|---|---|---|---|---|---|---|---|---|
| 600031 | 2009 | 41,861.51 | 92,105.37 | 2.20 | 600408 | 2009 | 24,197.84 | (89,960.39) | (3.72) |
|  | 2008 | 48,881.22 | 85,521.61 | 1.75 |  | 2008 | 26,418.78 | 2,823.57 | 0.11 |
|  | 2007 | 60,009.26 | 127,899.31 | 2.13 |  | 2007 | 21,987.67 | 42,545.68 | 1.93 |
| 600066 | 2009 | 135,343.62 | 126,741.53 | 0.94 | 600409 | 2009 | 48,045.64 | 5,924.57 | 0.12 |
|  | 2008 | 97,283.95 | 96,976.18 | 1.00 |  | 2008 | 57,441.83 | 35,440.03 | 0.62 |
|  | 2007 | 109,140.50 | 92,968.73 | 0.85 |  | 2007 | 48,612.55 | 63,000.35 | 1.30 |
| 600067 | 2009 | 260,466.75 | 1,156,285.01 | 4.44 | 600422 | 2009 | 46,255.88 | 19,352.18 | 0.42 |
|  | 2008 | 212,380.13 | 531,629.04 | 2.50 |  | 2008 | 87,948.05 | 19,519.84 | 0.22 |
|  | 2007 | 144,553.09 | 478,853.46 | 3.31 |  | 2007 | 71,704.03 | 15,799.38 | 0.22 |
| 600074 | 2009 | 36,441.90 | (142,286.21) | (3.90) | 600439 | 2009 | 29,183.64 | 10,897.72 | 0.37 |
|  | 2008 | 35,600.81 | (104,714.32) | (2.94) |  | 2008 | 23,135.87 | 21,504.88 | 0.93 |
|  | 2007 | 35,810.33 | (97,611.04) | (2.73) |  | 2007 | 17,476.89 | 18,906.20 | 1.08 |
| 600078 | 2009 | 25,402.51 | 9,571.32 | 0.38 | 600449 | 2009 | 43,287.65 | 127,822.92 | 2.95 |
|  | 2008 | 24,226.15 | 45,091.02 | 1.86 |  | 2008 | 38,975.10 | 86,149.67 | 2.21 |
|  | 2007 | 20,100.20 | 19,531.32 | 0.97 |  | 2007 | 28,864.93 | 29,343.63 | 1.02 |
| 600079 | 2009 | 41,182.71 | 30,369.23 | 0.74 | 600466 | 2009 | 38,046.58 | 10,928.19 | 0.29 |
|  | 2008 | 35,847.24 | 25,155.07 | 0.70 |  | 2008 | 34,218.54 | 9,074.68 | 0.27 |
|  | 2007 | 31,815.53 | 25,639.40 | 0.81 |  | 2007 | 27,498.44 | (13,670.80) | (0.50) |
| 600086 | 2009 | 34,330.72 | 36,839.91 | 1.07 | 600478 | 2009 | 23,051.68 | 2,016.67 | 0.09 |

表 2-5（續）

| 股票代碼 | 年度 | 人均薪酬（元） | 人均淨利潤（元） | 人工成本投入產出率 | 股票代碼 | 年度 | 人均薪酬（元） | 人均淨利潤（元） | 人工成本投入產出率 |
|---|---|---|---|---|---|---|---|---|---|
| | 2008 | 38,326.65 | 24,587.87 | 0.64 | | 2008 | 25,285.98 | 817.72 | 0.03 |
| | 2007 | 29,951.01 | 4,044.84 | 0.14 | | 2007 | 69,574.17 | 51,263.06 | 0.74 |
| 600089 | 2009 | 58,056.19 | 145,129.30 | 2.50 | 600481 | 2009 | 48,104.09 | 187,619.08 | 3.90 |
| | 2008 | 54,715.75 | 98,383.07 | 1.80 | | 2008 | 49,853.04 | 58,480.93 | 1.17 |
| | 2007 | 44,098.35 | 55,717.01 | 1.26 | | 2007 | 39,009.09 | 71,824.51 | 1.84 |
| 600090 | 2009 | 45,214.38 | 8,385.54 | 0.19 | 600493 | 2009 | 24,080.23 | 2,240.88 | 0.09 |
| | 2008 | 37,685.04 | 22,714.18 | 0.60 | | 2008 | 23,786.00 | 3,334.34 | 0.14 |
| | 2007 | 24,658.01 | 13,602.30 | 0.55 | | 2007 | 33,797.67 | 11,158.23 | 0.33 |
| 600095 | 2009 | 24,720.82 | (75,820.70) | (3.07) | 600499 | 2009 | 44,403.06 | 50,917.32 | 1.15 |
| | 2008 | 23,754.62 | 2,999.55 | 0.13 | | 2008 | 53,029.20 | 54,645.08 | 1.03 |
| | 2007 | 20,687.70 | 21,736.82 | 1.05 | | 2007 | 44,356.60 | 37,336.77 | 0.84 |
| 600110 | 2009 | 28,500.00 | 263.22 | 0.01 | 600516 | 2009 | 48,176.87 | 4,825.06 | 0.10 |
| | 2008 | 39,806.48 | 27,722.68 | 0.70 | | 2008 | 44,388.93 | 81,319.18 | 1.83 |
| | 2007 | 22,774.21 | 50,174.51 | 2.20 | | 2007 | 29,958.25 | 46,664.42 | 1.56 |
| 600112 | 2009 | 46,342.33 | 57,909.86 | 1.25 | 600517 | 2009 | 53,329.25 | 201,724.16 | 3.78 |
| | 2008 | 59,946.39 | 54,447.56 | 0.91 | | 2008 | 44,147.95 | 199,809.50 | 4.53 |
| | 2007 | 50,835.44 | 22,790.73 | 0.45 | | 2007 | 54,718.77 | 255,169.92 | 4.66 |
| 600137 | 2009 | 19,202.46 | 40,075.77 | 2.09 | 600518 | 2009 | 24,315.58 | 220,391.33 | 9.06 |
| | 2008 | 21,032.96 | 58,693.02 | 2.79 | | 2008 | 25,461.88 | 196,885.50 | 7.73 |
| | 2007 | 15,837.65 | 30,569.21 | 1.93 | | 2007 | 22,440.69 | 135,625.12 | 6.04 |
| 600143 | 2009 | 56,865.81 | 104,154.05 | 1.83 | 600521 | 2009 | 42,179.31 | 49,315.26 | 1.17 |
| | 2008 | 51,436.48 | 100,512.50 | 1.95 | | 2008 | 36,593.61 | 57,886.98 | 1.58 |
| | 2007 | 44,918.77 | 152,696.71 | 3.40 | | 2007 | 35,081.34 | 54,067.05 | 1.54 |
| 600146 | 2009 | 83,361.83 | (364,210.17) | (4.37) | 600525 | 2009 | 39,260.89 | 35,526.80 | 0.90 |
| | 2008 | 99,179.53 | (90,370.33) | (0.91) | | 2008 | 50,950.92 | 30,682.52 | 0.60 |
| | 2007 | 73,279.69 | (102,523.97) | (1.40) | | 2007 | 32,248.92 | 38,258.30 | 1.19 |
| 600152 | 2009 | 31,182.13 | (2,630.52) | (0.08) | 600527 | 2009 | 26,491.62 | 154,421.78 | 5.83 |
| | 2008 | 28,020.60 | (4,083.62) | (0.15) | | 2008 | 29,405.11 | 141,139.56 | 4.80 |
| | 2007 | 26,085.76 | 2,984.83 | 0.11 | | 2007 | 26,703.94 | 163,830.88 | 6.14 |
| 600172 | 2009 | 21,167.06 | 6,374.59 | 0.30 | 600535 | 2009 | 76,002.69 | 90,357.07 | 1.19 |
| | 2008 | 26,416.34 | 9,724.59 | 0.37 | | 2008 | 70,753.66 | 78,338.53 | 1.11 |
| | 2007 | 22,100.27 | 11,886.53 | 0.54 | | 2007 | 46,892.15 | 44,102.71 | 0.94 |
| 600173 | 2009 | 43,026.21 | 395,037.02 | 9.18 | 600537 | 2009 | 78,964.33 | (30,038.44) | (0.38) |

表 2-5（續）

| 股票代碼 | 年度 | 人均薪酬（元） | 人均淨利潤（元） | 人工成本投入產出率 | 股票代碼 | 年度 | 人均薪酬（元） | 人均淨利潤（元） | 人工成本投入產出率 |
|---|---|---|---|---|---|---|---|---|---|
| | 2008 | 46,580.78 | 376,752.44 | 8.09 | | 2008 | 89,712.46 | (15,706.75) | (0.18) |
| | 2007 | 69,126.23 | 334,267.61 | 4.84 | | 2007 | 102,222.05 | 8,640.66 | 0.08 |
| 600176 | 2009 | 34,740.46 | (26,709.95) | (0.77) | 600543 | 2009 | 17,732.62 | 21,887.31 | 1.23 |
| | 2008 | 33,008.02 | 21,514.15 | 0.65 | | 2008 | 20,457.49 | 32,801.26 | 1.60 |
| | 2007 | 22,481.56 | 20,886.64 | 0.93 | | 2007 | 14,652.43 | 17,274.87 | 1.18 |
| 600177 | 2009 | 32,022.84 | 34,870.77 | 1.09 | 600557 | 2009 | 57,714.91 | 48,185.33 | 0.83 |
| | 2008 | 32,358.03 | 19,461.15 | 0.60 | | 2008 | 63,738.41 | 52,579.68 | 0.82 |
| | 2007 | 35,150.35 | 32,526.56 | 0.93 | | 2007 | 48,474.30 | 37,620.85 | 0.78 |
| 600196 | 2009 | 45,776.75 | 37,842.66 | 0.83 | 600563 | 2009 | 45,616.27 | 47,264.92 | 1.04 |
| | 2008 | 41,937.53 | 37,272.42 | 0.89 | | 2008 | 57,344.36 | 56,202.26 | 0.98 |
| | 2007 | 40,877.13 | 38,704.65 | 0.95 | | 2007 | 32,373.63 | 45,932.27 | 1.42 |
| 600200 | 2009 | 33,605.58 | (12,448.68) | (0.37) | 600565 | 2009 | 51,620.45 | 31,238.91 | 0.61 |
| | 2008 | 30,576.49 | (17,242.94) | (0.56) | | 2008 | 54,628.27 | 142,311.71 | 2.61 |
| | 2007 | 26,415.73 | (25,240.26) | (0.96) | | 2007 | 43,231.29 | 64,852.50 | 1.50 |
| 600210 | 2009 | 46,328.75 | 76,859.65 | 1.66 | 600566 | 2009 | 21,594.07 | 8,387.29 | 0.39 |
| | 2008 | 39,112.61 | 23,216.65 | 0.59 | | 2008 | 21,207.25 | 10,305.98 | 0.49 |
| | 2007 | 332,629.43 | 406,260.31 | 1.22 | | 2007 | 20,434.27 | 7,040.47 | 0.34 |
| 600211 | 2009 | 33,121.47 | 7,322.59 | 0.22 | 600572 | 2009 | 28,767.62 | 17,832.84 | 0.62 |
| | 2008 | 28,551.86 | 4,011.36 | 0.14 | | 2008 | 30,474.06 | 13,121.93 | 0.43 |
| | 2007 | 35,704.17 | (116,923.75) | (3.27) | | 2007 | 29,428.29 | 15,652.60 | 0.53 |
| 600216 | 2009 | 43,802.42 | 293,834.82 | 6.71 | 600576 | 2009 | 29,376.40 | (11,458.65) | (0.39) |
| | 2008 | 45,381.97 | 236,316.96 | 5.21 | | 2008 | 25,614.04 | 7,514.01 | 0.29 |
| | 2007 | 35,090.05 | 5,599.16 | 0.16 | | 2007 | 20,285.56 | 24,308.96 | 1.20 |
| 600220 | 2009 | 52,967.39 | 15,288.25 | 0.29 | 600577 | 2009 | 40,366.01 | 35,796.20 | 0.89 |
| | 2008 | 45,597.49 | 14,294.74 | 0.31 | | 2008 | 41,217.75 | 74,490.72 | 1.81 |
| | 2007 | 42,065.88 | 21,908.51 | 0.52 | | 2007 | 32,963.22 | 62,407.27 | 1.89 |
| 600233 | 2009 | 22,413.89 | 12,532.09 | 0.56 | 600580 | 2009 | 30,475.53 | 38,197.86 | 1.25 |
| | 2008 | 31,443.00 | 8,113.47 | 0.26 | | 2008 | 27,227.12 | 27,065.26 | 0.99 |
| | 2007 | 30,027.89 | 8,301.51 | 0.28 | | 2007 | 21,124.94 | 22,964.79 | 1.09 |
| 600237 | 2009 | 37,610.79 | (63,547.30) | (1.69) | 600584 | 2009 | 63,399.83 | 4,215.09 | 0.07 |
| | 2008 | 38,982.61 | (9,110.75) | (0.23) | | 2008 | 65,834.91 | 15,834.69 | 0.24 |
| | 2007 | 38,337.48 | (24,086.24) | (0.63) | | 2007 | 52,895.30 | 29,772.52 | 0.56 |
| 600255 | 2009 | 29,108.72 | 21,174.07 | 0.73 | 600586 | 2009 | 92,531.27 | 96,467.87 | 1.04 |

第二章　股東特質與勞資財務關係

表 2-5（續）

| 股票代碼 | 年度 | 人均薪酬（元） | 人均淨利潤（元） | 人工成本投入產出率 | 股票代碼 | 年度 | 人均薪酬（元） | 人均淨利潤（元） | 人工成本投入產出率 |
|---|---|---|---|---|---|---|---|---|---|
|  | 2008 | 32,661.44 | (35,111.05) | (1.08) |  | 2008 | 52,948.49 | 106,814.33 | 2.02 |
|  | 2007 | 28,399.11 | 30,946.71 | 1.09 |  | 2007 | 33,193.92 | 181,687.53 | 5.47 |
| 600260 | 2009 | 27,331.72 | 17,282.07 | 0.63 | 600589 | 2009 | 9,058.39 | 83,820.93 | 9.25 |
|  | 2008 | 31,229.74 | 33,259.65 | 1.06 |  | 2008 | 8,086.99 | 82,650.27 | 10.22 |
|  | 2007 | 15,872.12 | 37,197.38 | 2.34 |  | 2007 | 8,706.46 | 107,988.75 | 12.40 |
| 600261 | 2009 | 25,701.54 | 12,772.09 | 0.50 | 600590 | 2009 | 62,684.84 | 32,786.75 | 0.52 |
|  | 2008 | 27,031.99 | 15,266.52 | 0.56 |  | 2008 | 77,896.76 | 36,706.28 | 0.47 |
|  | 2007 | 27,312.71 | 14,410.11 | 0.53 |  | 2007 | 71,658.26 | 34,238.89 | 0.48 |
| 600273 | 2009 | 18,439.04 | (9,693.35) | (0.53) | 600595 | 2009 | 28,960.92 | 44,831.67 | 1.55 |
|  | 2008 | 23,814.13 | 547.01 | 0.02 |  | 2008 | 26,059.16 | 35,148.71 | 1.35 |
|  | 2007 | 20,894.72 | 3,284.50 | 0.16 |  | 2007 | 25,373.09 | 180,449.45 | 7.11 |
| 600276 | 2009 | 48,419.38 | 150,592.69 | 3.11 | 600596 | 2009 | 162,840.98 | 134,082.98 | 0.82 |
|  | 2008 | 51,216.48 | 169,907.44 | 3.32 |  | 2008 | 164,044.11 | 894,943.13 | 5.46 |
|  | 2007 | 36,713.49 | 94,710.26 | 2.58 |  | 2007 | 127,566.94 | 225,342.65 | 1.77 |
| 600277 | 2009 | 47,088.00 | 26,814.48 | 0.57 | 600599 | 2009 | 59,321.30 | 41,299.19 | 0.70 |
|  | 2008 | 47,078.39 | 18,350.19 | 0.39 |  | 2008 | 56,454.15 | 34,596.31 | 0.61 |
|  | 2007 | 23,514.01 | 11,338.33 | 0.48 |  | 2007 | 22,410.63 | 124,361.99 | 5.55 |
| 600282 | 2009 | 80,891.38 | 19,916.35 | 0.25 | 600614 | 2009 | 25,976.17 | 27,244.17 | 1.05 |
|  | 2008 | 73,866.94 | 17,394.97 | 0.24 |  | 2008 | 21,444.31 | (6,650.69) | (0.31) |
|  | 2007 | 61,979.64 | 156,379.94 | 2.52 |  | 2007 | 26,845.40 | 13,667.39 | 0.51 |
| 600290 | 2009 | 39,467.50 | 72,186.82 | 1.83 | 600615 | 2009 | 82,716.96 | 70,111.42 | 0.85 |
|  | 2008 | 43,906.83 | 76,625.20 | 1.75 |  | 2008 | 80,887.02 | 144,071.31 | 1.78 |
|  | 2007 | 29,913.05 | 83,739.04 | 2.80 |  | 2007 | 32,191.91 | 36,450.46 | 1.13 |
| 600295 | 2009 | 26,682.08 | 13,105.12 | 0.49 | 600660 | 2009 | 31,615.41 | 111,139.87 | 3.52 |
|  | 2008 | 25,448.47 | 22,122.37 | 0.87 |  | 2008 | 33,135.44 | 19,062.70 | 0.58 |
|  | 2007 | 17,492.11 | 21,516.51 | 1.23 |  | 2007 | 27,711.25 | 84,753.19 | 3.06 |
| 600297 | 2009 | 41,845.69 | 10,338.21 | 0.25 | 600671 | 2009 | 37,959.40 | (50,436.76) | (1.33) |
|  | 2008 | 32,982.40 | 15,094.31 | 0.46 |  | 2008 | 28,082.74 | (6,753.99) | (0.24) |
|  | 2007 | 33,062.48 | 9,321.28 | 0.28 |  | 2007 | 27,491.48 | (9,049.37) | (0.33) |
| 600300 | 2009 | 91,885.64 | (20,686.74) | (0.23) | 600673 | 2009 | 22,919.41 | 8,888.92 | 0.39 |
|  | 2008 | 58,506.10 | 6,776.65 | 0.12 |  | 2008 | 24,584.59 | 7,194.80 | 0.29 |
|  | 2007 | 66,661.67 | 32,287.19 | 0.48 |  | 2007 | 2,888.58 | 7,614.54 | 2.64 |
| 600308 | 2009 | 26,700.75 | 23,126.66 | 0.87 | 600735 | 2009 | 25,432.41 | 6,602.51 | 0.26 |

表 2-5（續）

| 股票代碼 | 年度 | 人均薪酬（元） | 人均淨利潤（元） | 人工成本投入產出率 | 股票代碼 | 年度 | 人均薪酬（元） | 人均淨利潤（元） | 人工成本投入產出率 |
|---|---|---|---|---|---|---|---|---|---|
| | 2008 | 34,634.01 | 36,925.46 | 1.07 | | 2008 | 23,362.95 | 1,230.97 | 0.05 |
| | 2007 | 33,262.00 | 62,720.18 | 1.89 | | 2007 | 13,968.23 | 3,492.60 | 0.25 |
| 600311 | 2009 | 12,439.45 | (67,019.15) | (5.39) | 600777 | 2009 | 30,202.03 | (15,108.80) | (0.50) |
| | 2008 | 17,655.78 | (15,260.38) | (0.86) | | 2008 | 33,215.13 | 8,474.50 | 0.26 |
| | 2007 | 8,124.07 | 11,302.90 | 1.39 | | 2007 | 24,577.78 | (43,671.36) | (1.78) |
| 600318 | 2009 | 32,499.54 | (16,519.76) | (0.51) | 600779 | 2009 | 58,087.73 | 208,100.00 | 3.58 |
| | 2008 | 24,089.24 | (55,824.45) | (2.32) | | 2008 | 58,801.68 | 213,773.62 | 3.64 |
| | 2007 | 24,368.30 | 3,243.49 | 0.13 | | 2007 | 35,307.05 | 119,096.15 | 3.37 |
| 600321 | 2009 | 15,687.69 | 18,279.78 | 1.17 | 600781 | 2009 | 23,493.94 | 18,653.37 | 0.79 |
| | 2008 | 14,353.29 | 18,296.08 | 1.27 | | 2008 | 18,089.09 | 25,224.39 | 1.39 |
| | 2007 | 22,104.63 | 32,040.19 | 1.45 | | 2007 | 12,027.70 | 21,579.97 | 1.79 |
| 600330 | 2009 | 49,959.08 | (89,672.39) | (1.79) | 600803 | 2009 | 30,511.94 | (17,270.93) | (0.57) |
| | 2008 | 63,486.58 | (20,701.41) | (0.33) | | 2008 | 26,588.93 | 159.70 | 0.01 |
| | 2007 | 28,664.87 | 16,022.93 | 0.56 | | 2007 | 22,194.91 | 2,695.86 | 0.12 |
| 600331 | 2009 | 47,958.53 | 19,729.49 | 0.41 | 600818 | 2009 | 35,638.40 | (22,671.27) | (0.64) |
| | 2008 | 42,660.34 | (51,805.59) | (1.21) | | 2008 | 24,126.32 | (14,212.23) | (0.59) |
| | 2007 | 38,830.86 | 55,707.41 | 1.43 | | 2007 | 25,635.21 | 272.86 | 0.01 |
| 600337 | 2009 | 107,232.78 | 10,738.52 | 0.10 | 600836 | 2009 | 43,787.20 | 5,224.41 | 0.12 |
| | 2008 | 107,287.13 | 10,770.52 | 0.10 | | 2008 | 42,268.34 | (3,219.50) | (0.08) |
| | 2007 | 88,313.92 | 30,821.23 | 0.35 | | 2007 | 32,173.37 | 2,307.38 | 0.07 |
| 600352 | 2009 | 38,797.19 | 83,072.19 | 2.14 | 600867 | 2009 | 21,787.62 | 28,688.43 | 1.32 |
| | 2008 | 42,502.55 | 69,643.92 | 1.64 | | 2008 | 23,875.50 | 20,427.64 | 0.86 |
| | 2007 | 26,365.51 | 66,590.19 | 2.53 | | 2007 | 17,396.34 | 13,471.24 | 0.77 |
| 600353 | 2009 | 18,822.05 | 7,012.15 | 0.37 | 600869 | 2009 | 27,018.31 | (35,520.27) | (1.31) |
| | 2008 | 18,384.42 | 4,357.20 | 0.24 | | 2008 | 27,513.70 | (39,083.70) | (1.42) |
| | 2007 | 37,217.36 | 5,038.74 | 0.14 | | 2007 | 23,989.84 | (463.93) | (0.02) |
| 600360 | 2009 | 54,201.59 | (4,796.44) | (0.09) | 600873 | 2009 | 37,587.96 | 5,961.57 | 0.16 |
| | 2008 | 50,718.60 | 24,135.29 | 0.48 | | 2008 | 29,554.79 | 3,801.37 | 0.13 |
| | 2007 | 40,858.36 | 70,016.15 | 1.71 | | 2007 | 26,035.25 | 5,598.49 | 0.22 |
| 600365 | 2009 | 18,561.73 | (58,604.46) | (3.16) | 600884 | 2009 | 34,102.15 | 5,164.83 | 0.15 |
| | 2008 | 17,673.26 | 3,104.75 | 0.18 | | 2008 | 34,755.74 | 4,898.52 | 0.14 |
| | 2007 | 19,898.70 | (338,827.39) | (17.03) | | 2007 | 33,529.00 | 6,902.96 | 0.21 |
| 600366 | 2009 | 38,003.44 | 17,716.74 | 0.47 | 600888 | 2009 | 48,438.69 | 50,272.69 | 1.04 |

表 2-5（續）

| 股票代碼 | 年度 | 人均薪酬（元） | 人均淨利潤（元） | 人工成本投入產出率 | 股票代碼 | 年度 | 人均薪酬（元） | 人均淨利潤（元） | 人工成本投入產出率 |
|---|---|---|---|---|---|---|---|---|---|
| | 2008 | 36,741.76 | 23,383.29 | 0.64 | | 2008 | 47,421.00 | 34,628.53 | 0.73 |
| | 2007 | 36,103.21 | 24,771.56 | 0.69 | | 2007 | 50,545.87 | 44,910.71 | 0.89 |
| 600370 | 2009 | 22,244.66 | 26,472.06 | 1.19 | 600966 | 2009 | 20,388.62 | 36,944.57 | 1.81 |
| | 2008 | 26,539.19 | 5,201.88 | 0.20 | | 2008 | 20,948.82 | 50,923.30 | 2.43 |
| | 2007 | 15,637.27 | 36,795.72 | 2.35 | | 2007 | 16,612.14 | 36,501.00 | 2.20 |
| 600380 | 2009 | 36,239.36 | 36,564.45 | 1.01 | 600976 | 2009 | 49,484.82 | 23,598.67 | 0.48 |
| | 2008 | 36,129.97 | 24,899.78 | 0.69 | | 2008 | 37,773.08 | (5,247.35) | (0.14) |
| | 2007 | 44,728.42 | 31,579.56 | 0.71 | | 2007 | 42,294.08 | 4,971.99 | 0.12 |
| 600382 | 2009 | 16,251.06 | 29,088.21 | 1.79 | 600978 | 2009 | 19,047.51 | 85,096.41 | 4.47 |
| | 2008 | 18,489.70 | 44,122.68 | 2.39 | | 2008 | 20,514.70 | 68,674.14 | 3.35 |
| | 2007 | 20,050.72 | 34,696.22 | 1.73 | | 2007 | 16,201.53 | 119,446.84 | 7.37 |
| 600388 | 2009 | 47,051.93 | 63,084.69 | 1.34 | 600993 | 2009 | 74,047.54 | 91,235.93 | 1.23 |
| | 2008 | 38,141.47 | 40,856.19 | 1.07 | | 2008 | 66,558.40 | 57,396.30 | 0.86 |
| | 2007 | 33,333.42 | 34,539.10 | 1.04 | | 2007 | 59,822.92 | 33,256.48 | 0.56 |
| 600400 | 2009 | 17,761.84 | 4,772.41 | 0.27 | 601002 | 2009 | 44,709.76 | (3,021.03) | (0.07) |
| | 2008 | 17,418.79 | 8,291.03 | 0.48 | | 2008 | 41,835.19 | 40,926.47 | 0.98 |
| | 2007 | 14,083.13 | 12,102.15 | 0.86 | | 2007 | 31,195.72 | 13,856.10 | 0.44 |
| 600405 | 2009 | 64,285.36 | 28,687.71 | 0.45 | | | | | |
| | 2008 | 58,972.04 | 3,581.18 | 0.06 | | | | | |
| | 2007 | 51,224.09 | (2,078.00) | (0.04) | | | | | |

如果仔細分析表 2-3 中地企的人均薪酬、人均淨利潤數據，不難發現其中有可循之規律：

（1）地企中人均薪酬較高的企業絕大多數屬於上海、北京這兩個全國經濟最發達的直轄市國資委控股。

（2）高薪企業除了在分佈地點上有規律可循以外，在行業分佈上也較為集中，從事鋼鐵、醫藥等行業的企業大多都有較高的年人均薪酬。

（3）在人均薪酬與人均淨利潤的大小對比關係中，對樣本中的三類企業進行了統計。在排除了三年人均淨利潤全部為負值的企業的情況下，三類企業中年人均薪酬大於人均淨利潤的企業所佔比重分佈分別為：地企和央企占 80% 左

右，而民企則不到60%。

　　為了便於更為清楚、直觀地瞭解三類企業在人力支出與績效關係方面的特點和差別，通過對表2-3、2-4、2-5中數據的分析整理和算術平均數的求值計算，分別得出了2007—2009年地企、央企、民企的人均薪酬平均值、人均淨利潤平均值和人工成本投入產出率平均值，如表2-6所示：

表2-6　滬市A股製造業各類企業2007—2009年人均薪酬平均值、人均淨利潤平均值及人工成本投入產出率平均值統計表

| 上市公司類型 | 年度 | 人均薪酬平均值（元） | 人均淨利潤平均值（元） | 人工成本投入產出率平均值 |
| --- | --- | --- | --- | --- |
| 地企 | 2009 | 62,732.15 | 66,055.02 | 0.80 |
|  | 2008 | 57,128.10 | 40,470.85 | 0.71 |
|  | 2007 | 55,961.91 | 50,279.56 | 0.93 |
| 央企 | 2009 | 77,186.98 | 50,420.24 | 0.60 |
|  | 2008 | 70,000.69 | 64,387.00 | 0.74 |
|  | 2007 | 66,059.55 | 61,229.15 | 0.84 |
| 民企 | 2009 | 41,831.95 | 71,582.49 | 1.47 |
|  | 2008 | 42,759.02 | 62,706.58 | 1.36 |
|  | 2007 | 38,832.76 | 57,283.81 | 1.60 |

　　為了更直觀地透視表2-6中所反應的現象，更便於對比地企、央企及民企在人力性支出與績效關係方面的不同特徵，我們用圖2-1、圖2-2、圖2-3、圖2-4和圖2-5加以更直觀的展現：

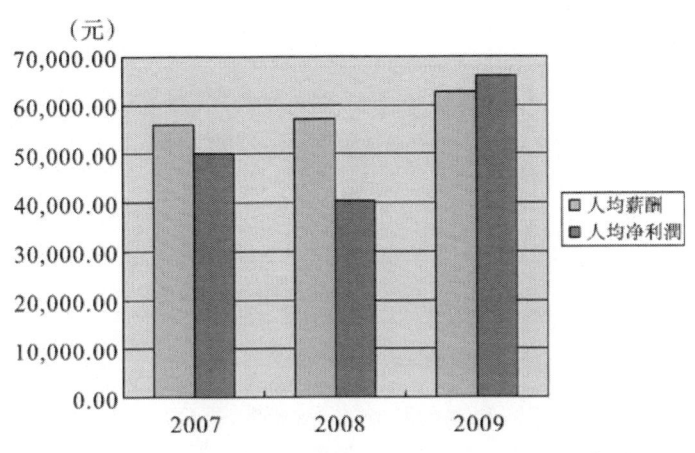

圖 2-1 滬市 A 股製造業地企 2007—2009 年人均薪酬及人均淨利潤統計圖

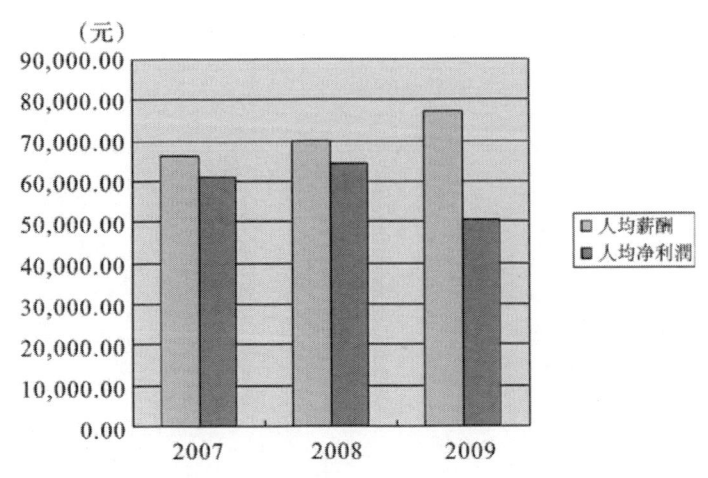

圖 2-2 滬市 A 股製造業央企 2007—2009 年人均薪酬及人均淨利潤統計圖

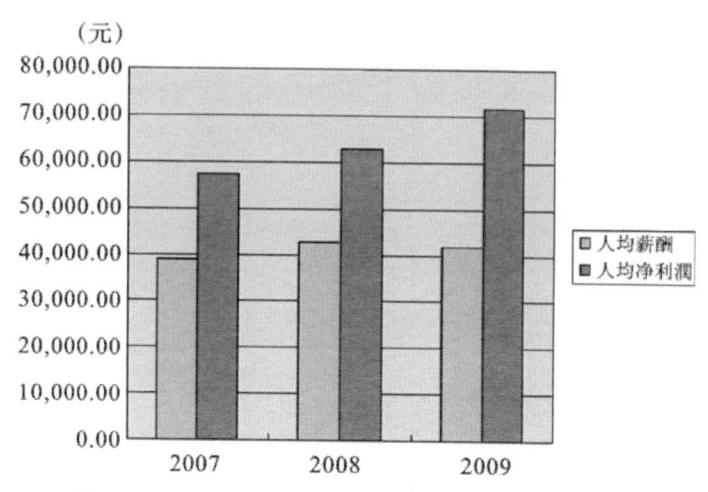

圖 2-3　滬市 A 股製造業民企 2007—2009 年人均薪酬及人均淨利潤統計圖

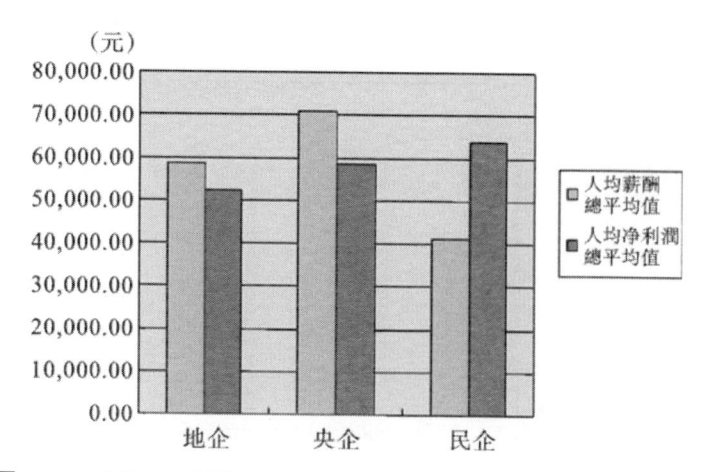

圖 2-4　滬市 A 股製造業地企、央企、民企 2007—2009 年人均薪酬總平均值及人均淨利潤總平均值統計圖

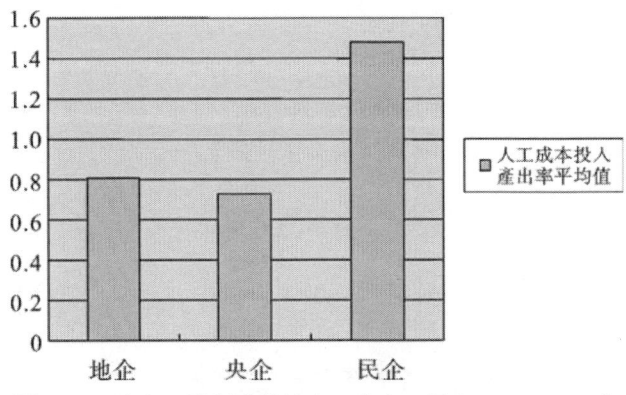

圖 2-5　滬市 A 股製造業地企、央企、民企 2007—2009 年
人工成本投入產出率平均值統計圖

最后，計算整理出地企、央企、民企 2007—2009 年人均薪酬、人均淨利潤和人工成本投入產出率值三年總的平均值，如表 2-7 所示：

表 2-7　地企、央企、民企 2007—2009 年人均薪酬、人均淨利潤和
人工成本投入產出率值三年總的平均值

| 上市公司類型 | 人均薪酬總平均值（元） | 人均淨利潤總平均值（元） | 人工成本投入產出率總平均值 |
| --- | --- | --- | --- |
| 地企 | 58,607.39 | 52,268.48 | 0.81 |
| 央企 | 71,082.41 | 58,678.80 | 0.73 |
| 民企 | 41,141.24 | 63,587.63 | 1.48 |

## 三、結論

由圖 2-1～圖 2-5 可以看出，將人均薪酬值由高到低降次排列，這三類企業的排列順序為：央企、地企、民企；再將人均淨利潤值由高到低降次排列，這三類企業的排列順序為：民企、央企、地企。有地方政府扶持、國家政策照顧的地企，拿著遠高於民企人均薪酬數目的工資，卻產出了最少的人均利潤；相反民企卻支付著最少的人均薪酬，產出著最高的人均利潤。這樣的結論說明了在人力性支出與企業績效的關係方面，民企表現最優，央企次之，地企表現最差。而在人工成本投入產出率的對比中同樣能夠印證上述結論：在代表著給

付薪酬生產效率的人工成本投入產出率值的比較中，民企的比值遠遠高於地企和央企。因為人工成本投入產出率代表著投入人工成本和獲得相應產出之間的關係，從計算公式中我們可以知道只有當這個比值大於等於 1 時，企業在人力方面的投入才是值得的，才能獲取利潤，而這三類企業中只有民企的數據達到了這一點——平均 1 元錢的人工成本投入能夠獲取 1.48 元的淨利潤，地企和央企都達不到這一標準。這樣也就檢驗了前文所提出的假設是成立的。

## 第五節　不同股東特質下上市公司拉克爾系數的研究

### 一、拉克爾系數

拉克爾法則在中國國內的知名度不高，學界對它的相關研究也少之又少。拉克爾法則是一個衡量職工收入水平是否合理的準則，由其引申出來的指標，我們予之定義為拉克爾系數。

拉克爾法則的核心就在於增值額的界定，這也是其之所以沒有在中國普遍使用的關鍵因素——長期以來，中國國內一貫沿用的是用淨利潤額衡量工人工資帶來的效益，而增值額的計算則與之略有差異。

增值額＝企業銷售收入－外購商品及勞務－折舊

以增值額為基礎進行利益分配存在多方面的現實意義。第一，從經濟關係來看，職工是國家和企業的主人，不將人工成本當做費用支出正體現了社會主義的這種經濟關係。第二，從經營權責來看，職工作為經營管理者應該對其經營成果負責，他們獲利的多少應與其創造的價值成正比。第三，從控製論的角度來看，將企業目標定位為增值額的增長而不是利潤額的增長，就不會將人工成本視為一種支出，就不會靠壓榨工人工資來增加利潤，有利於提高企業長遠的經濟效益。[①] 因此，依據拉克爾法則，以增值額為核定基礎的拉克爾系數對

---

① 熊楚熊. 增值會計學 [M]. 北京：中國財經經濟出版社，1995.

於衡量工人工資合理與否具有非常高的參考價值。

根據拉克爾法則的定義，拉克爾系數即為同期工人工資總額與增值額之間的比值，即：

拉克爾系數＝工人工資總額/增值額

## 二、數據分析

本節繼續使用上節中所挑選的滬市 A 股製造業 169 家地企、63 家央企和 113 家民企 2007—2009 年三年的數據作為研究樣本，以現金流量表中銷售商品、提供勞務收到的現金減去購買商品、接受勞務支付的現金，再減去固定資產折舊、油氣資產折耗、生產性生物資產折舊，即得到當期增值額總值；同樣以現金流量表中支付給職工以及為職工支付的現金獲取當期工人工資總額，這樣就可得到 2007—2009 年三年間樣本企業的拉克爾系數值，如表 2－8、表 2－9、表 2－10 所示：

表 2－8　　滬市 A 股製造業地企 2007—2009 年拉克爾系數值統計表

| 股票代碼 | 年度 | 拉克爾系數（%） | 股票代碼 | 年度 | 拉克爾系數（%） | 股票代碼 | 年度 | 拉克爾系數（%） | 股票代碼 | 年度 | 拉克爾系數（%） |
|---|---|---|---|---|---|---|---|---|---|---|---|
| 600010 | 2009 | 42.158 | 600231 | 2009 | 79.188 | 600468 | 2009 | 65.269 | 600679 | 2009 | 71.355 |
|  | 2008 | 58.110 |  | 2008 | 26.649 |  | 2008 | 46.633 |  | 2008 | 76.112 |
|  | 2007 | 22.814 |  | 2007 | —— |  | 2007 | 35.586 |  | 2007 | 108.618 |
|  | 均值 | 41.027 |  | 均值 | 52.919 |  | 均值 | 49.163 |  | 均值 | 85.362 |
| 600059 | 2009 | 24.698 | 600235 | 2009 | 28.495 | 600475 | 2009 | 22.807 | 600686 | 2009 | 24.646 |
|  | 2008 | 17.404 |  | 2008 | 35.486 |  | 2008 | 60.833 |  | 2008 | 57.580 |
|  | 2007 | 22.621 |  | 2007 | 27.523 |  | 2007 | 38.423 |  | 2007 | —— |
|  | 均值 | 21.574 |  | 均值 | 30.501 |  | 均值 | 40.688 |  | 均值 | 41.113 |
| 600060 | 2009 | 27.815 | 600238 | 2009 | 11.772 | 600479 | 2009 | 20.402 | 600702 | 2009 | 23.715 |
|  | 2008 | 27.299 |  | 2008 | 19.896 |  | 2008 | 21.608 |  | 2008 | 15.677 |
|  | 2007 | —— |  | 2007 | 17.490 |  | 2007 | 17.585 |  | 2007 | 457.507 |
|  | 均值 | 27.557 |  | 均值 | 16.386 |  | 均值 | 19.865 |  | 均值 | 19.696 |
| 600063 | 2009 | 50.773 | 600243 | 2009 | 121.909 | 600483 | 2009 | 57.673 | 600713 | 2009 | 43.024 |
|  | 2008 | 39.860 |  | 2008 | 69.685 |  | 2008 | 57.420 |  | 2008 | 45.276 |
|  | 2007 | 33.196 |  | 2007 | 33.556 |  | 2007 | 280.203 |  | 2007 | 42.485 |

表 2 - 8（續）

| 股票代碼 | 年度 | 拉克爾系數(%) | 股票代碼 | 年度 | 拉克爾系數(%) | 股票代碼 | 年度 | 拉克爾系數(%) | 股票代碼 | 年度 | 拉克爾系數(%) |
|---|---|---|---|---|---|---|---|---|---|---|---|
| | 均值 | 41.276 | | 均值 | 75.050 | | 均值 | 57.547 | | 均值 | 43.595 |
| 600069 | 2009 | 52.653 | 600267 | 2009 | 23.388 | 600486 | 2009 | 31.521 | 600720 | 2009 | 18.039 |
| | 2008 | 22.872 | | 2008 | 30.047 | | 2008 | 8.293 | | 2008 | 25.903 |
| | 2007 | 18.095 | | 2007 | 21.962 | | 2007 | 20.426 | | 2007 | 24.791 |
| | 均值 | 31.207 | | 均值 | 25.132 | | 均值 | 20.080 | | 均值 | 22.911 |
| 600070 | 2009 | 64.224 | 600272 | 2009 | 47.686 | 600488 | 2009 | 18.396 | 600725 | 2009 | 71.804 |
| | 2008 | 49.349 | | 2008 | 45.887 | | 2008 | 26.336 | | 2008 | 25.039 |
| | 2007 | 63.904 | | 2007 | 41.964 | | 2007 | 31.160 | | 2007 | 21.396 |
| | 均值 | 59.159 | | 均值 | 45.179 | | 均值 | 25.297 | | 均值 | 39.413 |
| 600071 | 2009 | 54.624 | 600281 | 2009 | 420.772 | 600507 | 2009 | — | 600731 | 2009 | 45.493 |
| | 2008 | 65.710 | | 2008 | 41.756 | | 2008 | 21.829 | | 2008 | 43.316 |
| | 2007 | 52.476 | | 2007 | 44.593 | | 2007 | 48.258 | | 2007 | — |
| | 均值 | 57.603 | | 均值 | 43.175 | | 均值 | 35.044 | | 均值 | 44.405 |
| 600085 | 2009 | 27.156 | 600285 | 2009 | 14.008 | 600513 | 2009 | 12.066 | 600741 | 2009 | 24.722 |
| | 2008 | 28.484 | | 2008 | 17.313 | | 2008 | 12.257 | | 2008 | 105.563 |
| | 2007 | 37.519 | | 2007 | 21.758 | | 2007 | 14.794 | | 2007 | 80.610 |
| | 均值 | 31.053 | | 均值 | 17.693 | | 均值 | 13.039 | | 均值 | 70.298 |
| 600096 | 2009 | 36.779 | 600293 | 2009 | 23.165 | 600520 | 2009 | 58.652 | 600746 | 2009 | 49.448 |
| | 2008 | — | | 2008 | 42.624 | | 2008 | — | | 2008 | 28.789 |
| | 2007 | 23.890 | | 2007 | 95.804 | | 2007 | 57.053 | | 2007 | 29.042 |
| | 均值 | 30.335 | | 均值 | 53.864 | | 均值 | 57.853 | | 均值 | 35.760 |
| 600102 | 2009 | 28.940 | 600298 | 2009 | 22.433 | 600526 | 2009 | 102.195 | 600747 | 2009 | 36.968 |
| | 2008 | 36.860 | | 2008 | 17.516 | | 2008 | 19.388 | | 2008 | 63.675 |
| | 2007 | 27.391 | | 2007 | 26.497 | | 2007 | 33.565 | | 2007 | 104.384 |
| | 均值 | 31.064 | | 均值 | 22.149 | | 均值 | 51.716 | | 均值 | 68.342 |
| 600103 | 2009 | 52.442 | 600302 | 2009 | 80.285 | 600529 | 2009 | 23.448 | 600750 | 2009 | 12.553 |
| | 2008 | 30.324 | | 2008 | 61.015 | | 2008 | 32.956 | | 2008 | 11.019 |
| | 2007 | 39.133 | | 2007 | 37.652 | | 2007 | 27.435 | | 2007 | 14.032 |
| | 均值 | 40.633 | | 均值 | 59.651 | | 均值 | 27.946 | | 均值 | 12.535 |
| 600111 | 2009 | — | 600305 | 2009 | 15.933 | 600532 | 2009 | 75.585 | 600761 | 2009 | 35.855 |
| | 2008 | 73.126 | | 2008 | 25.752 | | 2008 | 103.353 | | 2008 | 45.075 |
| | 2007 | 21.821 | | 2007 | 37.189 | | 2007 | 40.560 | | 2007 | — |
| | 均值 | 47.474 | | 均值 | 26.291 | | 均值 | 73.166 | | 均值 | 40.465 |
| 600113 | 2009 | 3.763 | 600307 | 2009 | 53.907 | 600539 | 2009 | 41.941 | 600782 | 2009 | 51.757 |

第二章　股東特質與勞資財務關係

表 2－8（續）

| 股票代碼 | 年度 | 拉克爾系數（%） | 股票代碼 | 年度 | 拉克爾系數（%） | 股票代碼 | 年度 | 拉克爾系數（%） | 股票代碼 | 年度 | 拉克爾系數（%） |
|---|---|---|---|---|---|---|---|---|---|---|---|
| | 2008 | 33.304 | | 2008 | 8.154 | | 2008 | 46.254 | | 2008 | 41.197 |
| | 2007 | —— | | 2007 | 8.645 | | 2007 | 35.673 | | 2007 | 97.290 |
| | 均值 | 18.534 | | 均值 | 23.569 | | 均值 | 41.289 | | 均值 | 63.415 |
| 600126 | 2009 | 44.874 | 600312 | 2009 | 64.260 | 600549 | 2009 | 11.712 | 600783 | 2009 | 70.456 |
| | 2008 | 20.546 | | 2008 | 26.229 | | 2008 | 17.628 | | 2008 | 44.932 |
| | 2007 | 39.136 | | 2007 | —— | | 2007 | 37.972 | | 2007 | 114.497 |
| | 均值 | 34.852 | | 均值 | 45.245 | | 均值 | 22.437 | | 均值 | 76.628 |
| 600129 | 2009 | 38.197 | 600315 | 2009 | 13.071 | 600558 | 2009 | 40.603 | 600784 | 2009 | 43.109 |
| | 2008 | 42.690 | | 2008 | 12.963 | | 2008 | 34.344 | | 2008 | 82.104 |
| | 2007 | 39.083 | | 2007 | 13.421 | | 2007 | 50.728 | | 2007 | 22.365 |
| | 均值 | 39.990 | | 均值 | 13.152 | | 均值 | 41.892 | | 均值 | 49.193 |
| 600132 | 2009 | 18.487 | 600319 | 2009 | 20.528 | 600559 | 2009 | 17.355 | 600796 | 2009 | 61.072 |
| | 2008 | 23.092 | | 2008 | 48.050 | | 2008 | 41.202 | | 2008 | 81.567 |
| | 2007 | 20.486 | | 2007 | 31.959 | | 2007 | 12.795 | | 2007 | 60.435 |
| | 均值 | 20.688 | | 均值 | 33.512 | | 均值 | 23.784 | | 均值 | 67.691 |
| 600141 | 2009 | 15.523 | 600332 | 2009 | 40.911 | 600567 | 2009 | 31.394 | 600806 | 2009 | 42.061 |
| | 2008 | 12.351 | | 2008 | 48.553 | | 2008 | 19.004 | | 2008 | 40.591 |
| | 2007 | 14.673 | | 2007 | —— | | 2007 | —— | | 2007 | 27.107 |
| | 均值 | 14.182 | | 均值 | 44.732 | | 均值 | 25.199 | | 均值 | 36.586 |
| 600156 | 2009 | 187.088 | 600336 | 2009 | 25.688 | 600569 | 2009 | 55.751 | 600809 | 2009 | 9.814 |
| | 2008 | —— | | 2008 | 47.740 | | 2008 | 37.154 | | 2008 | 9.350 |
| | 2007 | 201.362 | | 2007 | 139.930 | | 2007 | 34.670 | | 2007 | 13.028 |
| | 均值 | 194.225 | | 均值 | 71.119 | | 均值 | 42.525 | | 均值 | 10.701 |
| 600160 | 2009 | 48.191 | 600339 | 2009 | 46.552 | 600573 | 2009 | 16.300 | 600810 | 2009 | 806.932 |
| | 2008 | 33.457 | | 2008 | 47.886 | | 2008 | 20.864 | | 2008 | 28.144 |
| | 2007 | 50.110 | | 2007 | 31.962 | | 2007 | 18.819 | | 2007 | 56.497 |
| | 均值 | 43.919 | | 均值 | 42.133 | | 均值 | 18.661 | | 均值 | 42.321 |
| 600165 | 2009 | 37.621 | 600351 | 2009 | 20.212 | 600592 | 2009 | —— | 600815 | 2009 | 28.505 |
| | 2008 | 50.828 | | 2008 | 31.363 | | 2008 | 34.716 | | 2008 | —— |
| | 2007 | 72.845 | | 2007 | 25.736 | | 2007 | 41.833 | | 2007 | 32.025 |
| | 均值 | 53.765 | | 均值 | 25.770 | | 均值 | 38.275 | | 均值 | 30.265 |
| 600166 | 2009 | 16.650 | 600356 | 2009 | 18.280 | 600597 | 2009 | —— | 600829 | 2009 | —— |
| | 2008 | 39.441 | | 2008 | 18.083 | | 2008 | 16.837 | | 2008 | 35.384 |
| | 2007 | 21.836 | | 2007 | 28.316 | | 2007 | 17.530 | | 2007 | 16.875 |

表 2-8（續）

| 股票代碼 | 年度 | 拉克爾系數(%) | 股票代碼 | 年度 | 拉克爾系數(%) | 股票代碼 | 年度 | 拉克爾系數(%) | 股票代碼 | 年度 | 拉克爾系數(%) |
|---|---|---|---|---|---|---|---|---|---|---|---|
| | 均值 | 25.976 | | 均值 | 21.560 | | 均值 | 17.184 | | 均值 | 26.130 |
| 600169 | 2009 | 57.918 | 600363 | 2009 | 50.488 | 600612 | 2009 | 44.809 | 600843 | 2009 | 130.369 |
| | 2008 | 40.192 | | 2008 | 51.418 | | 2008 | 20.717 | | 2008 | 92.196 |
| | 2007 | 47.953 | | 2007 | 59.700 | | 2007 | 25.135 | | 2007 | 96.752 |
| | 均值 | 48.688 | | 均值 | 53.869 | | 均值 | 30.220 | | 均值 | 106.439 |
| 600186 | 2009 | 57.934 | 600367 | 2009 | 35.066 | 600618 | 2009 | 60.789 | 600844 | 2009 | — |
| | 2008 | 82.968 | | 2008 | 35.532 | | 2008 | 28.995 | | 2008 | 20.230 |
| | 2007 | 64.326 | | 2007 | 26.097 | | 2007 | 41.942 | | 2007 | 15.071 |
| | 均值 | 68.409 | | 均值 | 32.232 | | 均值 | 43.909 | | 均值 | 17.651 |
| 600192 | 2009 | 45.295 | 600375 | 2009 | 7.214 | 600623 | 2009 | 25.210 | 600848 | 2009 | 55.934 |
| | 2008 | 43.140 | | 2008 | 39.074 | | 2008 | 50.029 | | 2008 | 59.355 |
| | 2007 | 64.295 | | 2007 | 393.925 | | 2007 | 34.918 | | 2007 | 60.032 |
| | 均值 | 50.910 | | 均值 | 23.144 | | 均值 | 36.719 | | 均值 | 58.440 |
| 600197 | 2009 | 18.952 | 600397 | 2009 | 44.518 | 600626 | 2009 | — | 600866 | 2009 | 21.940 |
| | 2008 | 19.090 | | 2008 | 50.098 | | 2008 | 134.280 | | 2008 | 26.332 |
| | 2007 | 22.752 | | 2007 | 42.924 | | 2007 | 212.768 | | 2007 | 36.737 |
| | 均值 | 20.265 | | 均值 | 45.847 | | 均值 | 173.524 | | 均值 | 28.336 |
| 600199 | 2009 | 9.211 | 600398 | 2009 | 39.403 | 600629 | 2009 | 208.761 | 600894 | 2009 | — |
| | 2008 | 13.175 | | 2008 | 39.748 | | 2008 | 21.014 | | 2008 | 59.459 |
| | 2007 | 13.612 | | 2007 | 34.380 | | 2007 | 22.484 | | 2007 | 80.987 |
| | 均值 | 12.000 | | 均值 | 37.844 | | 均值 | 21.749 | | 均值 | 70.223 |
| 600202 | 2009 | 82.192 | 600399 | 2009 | 19560.799 | 600630 | 2009 | 53.645 | 600960 | 2009 | 58.855 |
| | 2008 | 9.201 | | 2008 | 39.814 | | 2008 | 59.102 | | 2008 | 41.835 |
| | 2007 | 8.530 | | 2007 | 24.456 | | 2007 | — | | 2007 | 67.106 |
| | 均值 | 33.308 | | 均值 | 32.135 | | 均值 | 56.374 | | 均值 | 55.932 |
| 600213 | 2009 | 104.624 | 600418 | 2009 | 14.815 | 600636 | 2009 | 49.954 | 600961 | 2009 | — |
| | 2008 | 88.758 | | 2008 | 33.197 | | 2008 | 30.039 | | 2008 | 20.418 |
| | 2007 | 33.241 | | 2007 | 24.351 | | 2007 | 45.631 | | 2007 | 30.559 |
| | 均值 | 75.541 | | 均值 | 24.121 | | 均值 | 41.875 | | 均值 | 25.489 |
| 600218 | 2009 | 21.521 | 600423 | 2009 | 58.131 | 600651 | 2009 | 45.250 | 600963 | 2009 | 71.998 |
| | 2008 | 71.772 | | 2008 | 75.334 | | 2008 | 41.998 | | 2008 | 21.180 |
| | 2007 | 52.378 | | 2007 | 42.019 | | 2007 | 44.751 | | 2007 | — |
| | 均值 | 48.557 | | 均值 | 58.495 | | 均值 | 44.000 | | 均值 | 46.589 |
| 600222 | 2009 | 35.470 | 600425 | 2009 | 34.228 | 600664 | 2009 | 23.527 | 600983 | 2009 | 22.686 |

第二章　股東特質與勞資財務關係

表 2-8（續）

| 股票代碼 | 年度 | 拉克爾系數（%） | 股票代碼 | 年度 | 拉克爾系數（%） | 股票代碼 | 年度 | 拉克爾系數（%） | 股票代碼 | 年度 | 拉克爾系數（%） |
|---|---|---|---|---|---|---|---|---|---|---|---|
|  | 2008 | 39.590 |  | 2008 | 35.074 |  | 2008 | 36.584 |  | 2008 | 26.862 |
|  | 2007 | 38.720 |  | 2007 | 41.973 |  | 2007 | 29.636 |  | 2007 | 15.521 |
|  | 均值 | 37.927 |  | 均值 | 37.092 |  | 均值 | 29.916 |  | 均值 | 21.690 |
| 600226 | 2009 | 45.624 | 600429 | 2009 | 49.220 | 600666 | 2009 | 38.862 | 600985 | 2009 | 40.633 |
|  | 2008 | 20.696 |  | 2008 | 97.385 |  | 2008 | 68.887 |  | 2008 | 48.041 |
|  | 2007 | 41.903 |  | 2007 | 45.181 |  | 2007 | 31.587 |  | 2007 | 55.941 |
|  | 均值 | 36.074 |  | 均值 | 63.929 |  | 均值 | 46.445 |  | 均值 | 48.205 |
| 600227 | 2009 | 22.016 | 600432 | 2009 | 71.072 | 600667 | 2009 | — | 600987 | 2009 | 42.396 |
|  | 2008 | 23.804 |  | 2008 | 23.940 |  | 2008 | 30.841 |  | 2008 | 42.533 |
|  | 2007 | 37.828 |  | 2007 | 20.778 |  | 2007 | 117.635 |  | 2007 | 54.848 |
|  | 均值 | 27.883 |  | 均值 | 38.597 |  | 均值 | 74.238 |  | 均值 | 46.592 |
| 600228 | 2009 | — | 600436 | 2009 | 20.365 | 600668 | 2009 | 33.092 | 601003 | 2009 | 43.881 |
|  | 2008 | 42.316 |  | 2008 | 31.011 |  | 2008 | 26.243 |  | 2008 | 29.942 |
|  | 2007 | 70.348 |  | 2007 | 20.719 |  | 2007 | 62.316 |  | 2007 | 47.705 |
|  | 均值 | 56.332 |  | 均值 | 24.032 |  | 均值 | 40.550 |  | 均值 | 40.509 |
| 600229 | 2009 | 34.367 | 600459 | 2009 | — |  |  |  |  |  |  |
|  | 2008 | 25.967 |  | 2008 | 96.896 |  |  |  |  |  |  |
|  | 2007 | 40.618 |  | 2007 | 26.264 |  |  |  |  |  |  |
|  | 均值 | 33.651 |  | 均值 | 61.580 |  |  |  |  |  |  |

表 2-9　滬市 A 股製造業央企 2007—2009 年拉克爾系數值統計表

| 股票代碼 | 年度 | 拉克爾系數（%） | 股票代碼 | 年度 | 拉克爾系數（%） | 股票代碼 | 年度 | 拉克爾系數（%） | 股票代碼 | 年度 | 拉克爾系數（%） |
|---|---|---|---|---|---|---|---|---|---|---|---|
| 600005 | 2009 | 26.382 | 600161 | 2009 | 26.087 | 600420 | 2009 | 27.168 | 600582 | 2009 | 33.790 |
|  | 2008 | 15.250 |  | 2008 | 25.513 |  | 2008 | 26.103 |  | 2008 | 37.927 |
|  | 2007 | 15.260 |  | 2007 | 32.756 |  | 2007 | 27.396 |  | 2007 | 36.092 |
|  | 均值 | 18.964 |  | 均值 | 28.119 |  | 均值 | 26.889 |  | 均值 | 35.936 |
| 600006 | 2009 | 17.615 | 600184 | 2009 | 59.427 | 600448 | 2009 | 165.664 | 600685 | 2009 | 437.024 |
|  | 2008 | 65.953 |  | 2008 | — |  | 2008 | 311.596 |  | 2008 | 167.826 |
|  | 2007 | 24.974 |  | 2007 | 53.255 |  | 2007 | 84.241 |  | 2007 | 20.928 |
|  | 均值 | 36.181 |  | 均值 | 56.341 |  | 均值 | 124.953 |  | 均值 | 208.593 |
| 600055 | 2009 | 29.979 | 600195 | 2009 | 38.487 | 600458 | 2009 | — | 600737 | 2009 | — |
|  | 2008 | 38.151 |  | 2008 | 18.611 |  | 2008 | 27.466 |  | 2008 | 43.612 |

表 2-9（續）

| 股票代碼 | 年度 | 拉克爾系數(%) | 股票代碼 | 年度 | 拉克爾系數(%) | 股票代碼 | 年度 | 拉克爾系數(%) | 股票代碼 | 年度 | 拉克爾系數(%) |
|---|---|---|---|---|---|---|---|---|---|---|---|
| | 2007 | 57.295 | | 2007 | 27.756 | | 2007 | 27.108 | | 2007 | 24.113 |
| | 均值 | 41.808 | | 均值 | 28.285 | | 均值 | 27.287 | | 均值 | 33.863 |
| 600061 | 2009 | 97.430 | 600206 | 2009 | 108.348 | 600469 | 2009 | 20.137 | 600765 | 2009 | 110.864 |
| | 2008 | 39.043 | | 2008 | 19.486 | | 2008 | 72.069 | | 2008 | 74.954 |
| | 2007 | 125.604 | | 2007 | 40.262 | | 2007 | 60.349 | | 2007 | 44.289 |
| | 均值 | 87.359 | | 均值 | 56.032 | | 均值 | 50.852 | | 均值 | 76.702 |
| 600062 | 2009 | 27.578 | 600262 | 2009 | 25.158 | 600480 | 2009 | 21.243 | 600855 | 2009 | 58.542 |
| | 2008 | 25.362 | | 2008 | 67.193 | | 2008 | 26.649 | | 2008 | 31.920 |
| | 2007 | 24.764 | | 2007 | 91.849 | | 2007 | 34.045 | | 2007 | — |
| | 均值 | 25.901 | | 均值 | 61.400 | | 均值 | 27.312 | | 均值 | 45.231 |
| 600072 | 2009 | 143.093 | 600263 | 2009 | 34.774 | 600482 | 2009 | 38.576 | 600877 | 2009 | 34.745 |
| | 2008 | 353.955 | | 2008 | 35.323 | | 2008 | 11.933 | | 2008 | 35.464 |
| | 2007 | 30.675 | | 2007 | 65.690 | | 2007 | — | | 2007 | 36.872 |
| | 均值 | 175.908 | | 均值 | 45.262 | | 均值 | 25.255 | | 均值 | 35.694 |
| 600081 | 2009 | 62.441 | 600268 | 2009 | 45.366 | 600495 | 2009 | 41.306 | 600879 | 2009 | 60.035 |
| | 2008 | 54.893 | | 2008 | 43.607 | | 2008 | 43.171 | | 2008 | 81.791 |
| | 2007 | 54.724 | | 2007 | 34.364 | | 2007 | 519.439 | | 2007 | 75.242 |
| | 均值 | 57.353 | | 均值 | 41.112 | | 均值 | 42.239 | | 均值 | 72.356 |
| 600099 | 2009 | 72.712 | 600378 | 2009 | 50.064 | 600501 | 2009 | 49.593 | 600893 | 2009 | 70.090 |
| | 2008 | 55.710 | | 2008 | 46.059 | | 2008 | 39.268 | | 2008 | 78.618 |
| | 2007 | — | | 2007 | 43.705 | | 2007 | — | | 2007 | 25.827 |
| | 均值 | 64.211 | | 均值 | 46.609 | | 均值 | 44.431 | | 均值 | 58.178 |
| 600135 | 2009 | 55.055 | 600389 | 2009 | 189.695 | 600550 | 2009 | 26.342 | 600967 | 2009 | 65.385 |
| | 2008 | 64.780 | | 2008 | 21.900 | | 2008 | 25.263 | | 2008 | 52.743 |
| | 2007 | 56.230 | | 2007 | 35.576 | | 2007 | — | | 2007 | 75.016 |
| | 均值 | 58.688 | | 均值 | 28.738 | | 均值 | 25.803 | | 均值 | 64.381 |
| 600148 | 2009 | 41.090 | 600390 | 2009 | 46.282 | 600552 | 2009 | 38.900 | 600980 | 2009 | 91.451 |
| | 2008 | 64.320 | | 2008 | 37.294 | | 2008 | 55.331 | | 2008 | 206.761 |
| | 2007 | 49.660 | | 2007 | 48.837 | | 2007 | 35.729 | | 2007 | 90.206 |
| | 均值 | 51.690 | | 均值 | 44.138 | | 均值 | 43.320 | | 均值 | 90.829 |
| 600150 | 2009 | 52.601 | 600391 | 2009 | 41.112 | 600560 | 2009 | 45.635 | 601600 | 2009 | — |
| | 2008 | 35.006 | | 2008 | 57.518 | | 2008 | 38.904 | | 2008 | 50.065 |
| | 2007 | 17.594 | | 2007 | 101.890 | | 2007 | 83.876 | | 2007 | 18.411 |
| | 均值 | 35.067 | | 均值 | 66.840 | | 均值 | 56.138 | | 均值 | 34.238 |

表 2-10　滬市 A 股製造業民企 2007—2009 年拉克爾系數值統計表

| 股票代碼 | 年度 | 拉克爾系數（％） | 股票代碼 | 年度 | 拉克爾系數（％） | 股票代碼 | 年度 | 拉克爾系數（％） | 股票代碼 | 年度 | 拉克爾系數（％） |
|---|---|---|---|---|---|---|---|---|---|---|---|
| 600031 | 2009 | 16.635 | 600260 | 2009 | 20.069 | 600409 | 2009 | 65.076 | 600586 | 2009 | 32.530 |
|  | 2008 | 28.857 |  | 2008 | — |  | 2008 | 33.727 |  | 2008 | 15.170 |
|  | 2007 | 25.669 |  | 2007 | 24.300 |  | 2007 | — |  | 2007 | — |
|  | 均值 | 23.720 |  | 均值 | 22.185 |  | 均值 | 49.402 |  | 均值 | 23.850 |
| 600066 | 2009 | 43.810 | 600261 | 2009 | 42.636 | 600422 | 2009 | 20.429 | 600589 | 2009 | — |
|  | 2008 | 18.267 |  | 2008 | 82.180 |  | 2008 | 20.726 |  | 2008 | 5.740 |
|  | 2007 | 21.595 |  | 2007 | 64.345 |  | 2007 | 20.192 |  | 2007 | 10.094 |
|  | 均值 | 27.891 |  | 均值 | 63.054 |  | 均值 | 20.449 |  | 均值 | 7.917 |
| 600078 | 2009 | 10.135 | 600273 | 2009 | — | 600449 | 2009 | 16.091 | 600590 | 2009 | 45.511 |
|  | 2008 | 4.628 |  | 2008 | 54.766 |  | 2008 | — |  | 2008 | 34.747 |
|  | 2007 | — |  | 2007 | 88.094 |  | 2007 | 24.435 |  | 2007 | 35.494 |
|  | 均值 | 7.382 |  | 均值 | 71.430 |  | 均值 | 20.263 |  | 均值 | 38.584 |
| 600089 | 2009 | 15.956 | 600276 | 2009 | 7.184 | 600466 | 2009 | 26.210 | 600595 | 2009 | 30.803 |
|  | 2008 | 12.707 |  | 2008 | 8.878 |  | 2008 | 40.726 |  | 2008 | 9.640 |
|  | 2007 | 18.709 |  | 2007 | 6.660 |  | 2007 | 30.792 |  | 2007 | 8.082 |
|  | 均值 | 15.791 |  | 均值 | 7.574 |  | 均值 | 32.576 |  | 均值 | 16.175 |
| 600090 | 2009 | 26.835 | 600277 | 2009 | — | 600481 | 2009 | 12.504 | 600596 | 2009 | 39.414 |
|  | 2008 | 21.805 |  | 2008 | 58.543 |  | 2008 | 40.555 |  | 2008 | 11.279 |
|  | 2007 | 20.644 |  | 2007 | 13.003 |  | 2007 | 255.941 |  | 2007 | 19.150 |
|  | 均值 | 23.095 |  | 均值 | 35.773 |  | 均值 | 26.530 |  | 均值 | 23.281 |
| 600095 | 2009 | 61.991 | 600282 | 2009 | 34.075 | 600499 | 2009 | 20.358 | 600599 | 2009 | — |
|  | 2008 | 76.386 |  | 2008 | 26.405 |  | 2008 | 47.657 |  | 2008 | 13.702 |
|  | 2007 | 24.392 |  | 2007 | 14.533 |  | 2007 | 33.128 |  | 2007 | 7.198 |
|  | 均值 | 54.256 |  | 均值 | 25.004 |  | 均值 | 33.714 |  | 均值 | 10.450 |
| 600110 | 2009 | 42.391 | 600290 | 2009 | 18.982 | 600517 | 2009 | 15.492 | 600615 | 2009 | 6.163 |
|  | 2008 | 25.105 |  | 2008 | 43.781 |  | 2008 | 8.700 |  | 2008 | 33.885 |
|  | 2007 | 23.022 |  | 2007 | 25.875 |  | 2007 | 11.670 |  | 2007 | — |
|  | 均值 | 30.173 |  | 均值 | 29.546 |  | 均值 | 11.954 |  | 均值 | 20.024 |
| 600112 | 2009 | 42.440 | 600297 | 2009 | 22.804 | 600518 | 2009 | 15.612 | 600671 | 2009 | 35.704 |
|  | 2008 | — |  | 2008 | 32.440 |  | 2008 | 22.780 |  | 2008 | 26.965 |
|  | 2007 | 36.776 |  | 2007 | 32.391 |  | 2007 | 9.515 |  | 2007 | 76.576 |
|  | 均值 | 39.608 |  | 均值 | 29.212 |  | 均值 | 15.969 |  | 均值 | 46.415 |
| 600137 | 2009 | 16.458 | 600300 | 2009 | 34.296 | 600521 | 2009 | 23.645 | 600673 | 2009 | 73.258 |
|  | 2008 | 14.205 |  | 2008 | 33.183 |  | 2008 | 34.334 |  | 2008 | 26.730 |
|  | 2007 | 18.419 |  | 2007 | 33.560 |  | 2007 | 25.633 |  | 2007 | 17.033 |
|  | 均值 | 16.361 |  | 均值 | 33.680 |  | 均值 | 27.871 |  | 均值 | 39.007 |
| 600143 | 2009 | 20.538 | 600308 | 2009 | 23.196 | 600525 | 2009 | — | 600735 | 2009 | — |
|  | 2008 | 32.128 |  | 2008 | 33.299 |  | 2008 | 38.269 |  | 2008 | 71.630 |
|  | 2007 | — |  | 2007 | 17.607 |  | 2007 | 31.885 |  | 2007 | 135.197 |

表 2-10（續）

| 股票代碼 | 年度 | 拉克爾系數(%) | 股票代碼 | 年度 | 拉克爾系數(%) | 股票代碼 | 年度 | 拉克爾系數(%) | 股票代碼 | 年度 | 拉克爾系數(%) |
|---|---|---|---|---|---|---|---|---|---|---|---|
| | 均值 | 26.333 | | 均值 | 24.701 | | 均值 | 35.077 | | 均值 | 103.414 |
| 600146 | 2009 | 44.494 | 600318 | 2009 | 149.888 | 600527 | 2009 | 18.072 | 600779 | 2009 | 6.383 |
| | 2008 | 154.087 | | 2008 | 49.936 | | 2008 | 13.382 | | 2008 | 9.553 |
| | 2007 | 143.715 | | 2007 | 34.157 | | 2007 | 7.980 | | 2007 | 4.941 |
| | 均值 | 114.099 | | 均值 | 42.047 | | 均值 | 13.145 | | 均值 | 6.959 |
| 600173 | 2009 | 1.997 | 600321 | 2009 | 14.400 | 600535 | 2009 | 16.913 | 600781 | 2009 | 19.550 |
| | 2008 | —— | | 2008 | 61.596 | | 2008 | 18.462 | | 2008 | 34.255 |
| | 2007 | 3.140 | | 2007 | —— | | 2007 | 15.275 | | 2007 | 53.141 |
| | 均值 | 2.569 | | 均值 | 37.998 | | 均值 | 16.883 | | 均值 | 35.649 |
| 600176 | 2009 | —— | 600330 | 2009 | 161.807 | 600537 | 2009 | 56.872 | 600803 | 2009 | 41.431 |
| | 2008 | 87.704 | | 2008 | 90.330 | | 2008 | 51.750 | | 2008 | 34.418 |
| | 2007 | 24.711 | | 2007 | 121.347 | | 2007 | 51.741 | | 2007 | 69.821 |
| | 均值 | 56.208 | | 均值 | 124.495 | | 均值 | 53.454 | | 均值 | 48.557 |
| 600177 | 2009 | 34.118 | 600352 | 2009 | 72.233 | 600543 | 2009 | 14.177 | 600818 | 2009 | 46.922 |
| | 2008 | 33.598 | | 2008 | 17.092 | | 2008 | 22.437 | | 2008 | 73.272 |
| | 2007 | 13.893 | | 2007 | 59.218 | | 2007 | 17.023 | | 2007 | 55.312 |
| | 均值 | 27.203 | | 均值 | 49.514 | | 均值 | 17.879 | | 均值 | 58.502 |
| 600200 | 2009 | 54.514 | 600353 | 2009 | 39.500 | 600557 | 2009 | 27.370 | 600836 | 2009 | 66.474 |
| | 2008 | 31.576 | | 2008 | 37.513 | | 2008 | 26.590 | | 2008 | 92.094 |
| | 2007 | 50.264 | | 2007 | 97.275 | | 2007 | 20.306 | | 2007 | 23.029 |
| | 均值 | 45.451 | | 均值 | 58.096 | | 均值 | 24.755 | | 均值 | 59.866 |
| 600210 | 2009 | 18.526 | 600360 | 2009 | 34.843 | 600563 | 2009 | 45.168 | 600867 | 2009 | 11.686 |
| | 2008 | 22.657 | | 2008 | 32.234 | | 2008 | 30.015 | | 2008 | 15.787 |
| | 2007 | 21.899 | | 2007 | 29.480 | | 2007 | 44.014 | | 2007 | 15.478 |
| | 均值 | 21.027 | | 均值 | 32.186 | | 均值 | 39.732 | | 均值 | 14.317 |
| 600211 | 2009 | 18.847 | 600365 | 2009 | 33.414 | 600566 | 2009 | 36.591 | 600869 | 2009 | 30.664 |
| | 2008 | 17.083 | | 2008 | 28.726 | | 2008 | 30.220 | | 2008 | 20.748 |
| | 2007 | 24.301 | | 2007 | 70.479 | | 2007 | 27.798 | | 2007 | 39.479 |
| | 均值 | 20.077 | | 均值 | 44.206 | | 均值 | 31.536 | | 均值 | 30.297 |
| 600216 | 2009 | 9.837 | 600366 | 2009 | 55.424 | 600572 | 2009 | 17.502 | 600884 | 2009 | 55.001 |
| | 2008 | 11.756 | | 2008 | 47.861 | | 2008 | 18.297 | | 2008 | 60.081 |
| | 2007 | 42.673 | | 2007 | 184.814 | | 2007 | 15.214 | | 2007 | 60.430 |
| | 均值 | 21.422 | | 均值 | 51.643 | | 均值 | 17.004 | | 均值 | 58.504 |
| 600220 | 2009 | 23.150 | 600382 | 2009 | —— | 600576 | 2009 | 10.642 | 600966 | 2009 | 16.265 |
| | 2008 | 30.110 | | 2008 | 7.616 | | 2008 | 21.918 | | 2008 | 12.762 |
| | 2007 | —— | | 2007 | 24.210 | | 2007 | 8.744 | | 2007 | 14.441 |
| | 均值 | 26.630 | | 均值 | 15.913 | | 均值 | 13.768 | | 均值 | 14.489 |
| 600233 | 2009 | 35.576 | 600388 | 2009 | 24.773 | 600577 | 2009 | 16.090 | 600976 | 2009 | 23.466 |
| | 2008 | 51.807 | | 2008 | 20.872 | | 2008 | 11.142 | | 2008 | 14.537 |
| | 2007 | 61.772 | | 2007 | 342.740 | | 2007 | —— | | 2007 | 36.660 |

表 2-10（續）

| 股票代碼 | 年度 | 拉克爾系數（%） | 股票代碼 | 年度 | 拉克爾系數（%） | 股票代碼 | 年度 | 拉克爾系數（%） | 股票代碼 | 年度 | 拉克爾系數（%） |
|---|---|---|---|---|---|---|---|---|---|---|---|
| | 均值 | 49.718 | | 均值 | 22.823 | | 均值 | 13.616 | | 均值 | 24.888 |
| 600237 | 2009 | 68.818 | 600400 | 2009 | 11.145 | 600580 | 2009 | 31.660 | 600993 | 2009 | 17.184 |
| | 2008 | 51.666 | | 2008 | 84.807 | | 2008 | 36.305 | | 2008 | 21.059 |
| | 2007 | 63.975 | | 2007 | — | | 2007 | 37.262 | | 2007 | 25.723 |
| | 均值 | 61.486 | | 均值 | 47.976 | | 均值 | 35.076 | | 均值 | 21.322 |
| 600255 | 2009 | 99.874 | 600408 | 2009 | 18.309 | 600584 | 2009 | 121.419 | 601002 | 2009 | 25.033 |
| | 2008 | 48.360 | | 2008 | 14.872 | | 2008 | 38.171 | | 2008 | 92.552 |
| | 2007 | 12.591 | | 2007 | 34.748 | | 2007 | 32.204 | | 2007 | — |
| | 均值 | 53.608 | | 均值 | 22.643 | | 均值 | 63.931 | | 均值 | 58.793 |

計算說明：

1. 部分樣本存在相關數據缺失或是增值額數值為負值的現象，會妨礙獲得相對準確的拉克爾系數值，因此沒有包含在表 2-8、表 2-9、表 2-10 內。含括在表內的某些企業的某些年份也存在上述情況，相應拉克爾系數值就以「—」表示。

2. 在拉克爾系數均值的統計過程中，存在一些特殊情況，處理原則如下：

（1）在所統計的三個年度拉克爾系數數據中僅存在一年有效數據。此時，由於單一數據的偶然性較高，不具有代表性且無法計算平均數，因此視之為無效數據，在總體特徵統計分析時不予採用，也不予陳列在表 2-8、表 2-9、表 2-10 內。

（2）在所統計的三個年度拉克爾系數數據中存在兩年的有效數據。此時，直接取二者的算術平均值，但遇到數值差異懸殊（相差 100% 以上）的情況時，則視之為無效數據，在總體特徵統計分析時不予採用，也不予陳列在表 2-8、表 2-9、表 2-10 內。

（3）在所統計的三個年度拉克爾系數數據中，有兩年數據較為接近但另一年數據差異很大（相差 100% 以上），則認為該數據存在的偶然性較大，在計算均值時不包括在內，直接取另兩個數據的平均數作為該企業拉克爾系數均值。

依照如上處理方法將表 2-8、表 2-9 和表 2-10 中的數據做以統計，即可

得到2007—2009年地企、央企、民企樣本的拉克爾系數平均值，如表2－11所示：

表2－11

| 上市公司類型 | 拉克爾系數平均值（%） |
|---|---|
| 地企 | 42.499 |
| 央企 | 54.693 |
| 民企 | 32.428 |

## 三、結論與政策建議

（一）結論

如拉克爾法則中所述，工資占全部增值額的39.395%為標準比例，如果某個企業的工資高於這一比例，應採取措施提高勞動生產率，增加勞動績效；若低於這個比例，則應增加工人工資，避免勞資矛盾惡化。比對39.395%這個標杆，我們可以發現地企和央企的拉克爾系數都已超過該數值，即意味著這兩類企業都應該採取措施提高勞動生產率；而民企的拉克爾系數低於標準比例近7個百分點，空間比較大，應該提高工人工資待遇，使勞資關係更為融洽。此處關於拉克爾系數的實證研究結果也與之前關於人工成本投入產出率的實證研究結論剛好吻合，更加增強了我們所提出假設的可信度。

（二）政策建議

1. 薪酬制度改革方面地企向民企的借鑑

綜合以上兩節實證研究的結論，較之民企的優良表現，筆者認為地企在薪酬制度方面的改革至少有以下幾點可引以為鑒：

（1）避免薪酬分配水平與市場脫節的現象。長期以來，地企員工的薪酬不能反應「優質優價」的市場價值規律，低質員工的薪酬高於市價，而高質員工的薪酬反而低於市價，這種不健康的薪酬給付制度造就了低質員工緊緊依附於企業，高質員工卻紛紛離開企業的慘痛局面，進而使企業喪失了吸引高質員工

的競爭籌碼，出現了薪酬的逆向調節現象。①

（2）充分重視人力資本，提高薪酬分配的公平性。地企應該改變其工齡決定薪酬的惡性規律，使薪酬分配能夠真正反應員工的能力；同時，減少平均主義對薪酬體系不合理的致命影響，不簡單依靠升職來為員工增加薪酬。薪酬差別能夠體現員工業績貢獻大小、崗位職責差異。切忌以簡單的出勤考核來掩蓋其搞平均主義的落後思想，致使薪酬政策不鼓勵員工提高效率，反倒激勵偷奸耍滑的懶惰思想滋生。

（3）豐富薪酬結構，增加非貨幣化的薪酬形式。地企要改變其名義工資＋隱性工資的全貨幣式薪酬制度，多向聰明靈活的民企學習——懂得用各種非貨幣形式的獎勵來補充員工的薪資收入。員工除了錢之外還能獲得多種其他形式的報酬，例如：在職培訓、崗位輪換、職位晉升、股票期權。此外還有公費出國深造、旅遊，帶薪休假，定期免費發送公司產品等非貨幣薪酬形式。企業選擇貨幣＋非貨幣的組合薪酬機制，能夠充分利用企業自身具有的各種資源，以非貨幣報酬補充貨幣收入，不僅滿足了員工生理和心理兩個層面的需求，而且能夠最大限度地調配公司資金，節約支出，實現雙贏的局面。

2. 包容性增長引發的思考

由拉克爾系數的實證研究，我們知道雖然國有企業在薪酬制度方面存在明顯不合理之處，亟須提高勞動生產率和人工成本的效率，但民企的薪酬制度同樣有待改善，就是需要提高工人的薪酬待遇。面對這樣的研究結論，筆者提議關注近期的熱點話題包容性增長，可以為我們帶來一些關於薪酬管理和薪酬制度改革方面的啟示。

（1）包容性增長的含義。繼 2010 年 9 月 16 日國家主席胡錦濤總書記在第五屆亞太經合組織人力資源開發部長級會議開幕式上發表了題為《深化交流合作，實現包容性增長》的致辭后，緊接著在黨的第十七屆五中全會上，胡錦濤總書記又提倡將包容性增長加入「十二五」規劃內。關於包容性增長的話題一時在國內火熱了起來，關於這個新名詞的研究也蔓延到了各個領域。

---

① 曾愛青，劉智勇．企業人力資本收益分配基本問題探究［J］．會計之友，2009（2）．

總的來說，包容性增長即為倡導機會平等的增長。而實現包容性增長的根本目的就在於讓經濟全球化和經濟發展成果惠及所有國家、地區和人群，在可持續發展中實現經濟社會的協調發展。① 這一思想的提出也對企業薪酬管理方面產生了很大影響，促使企業進行薪酬設計的優化改革。

（2）民企的薪酬要實現包容性增長。對於需要提高工人工資待遇的民企來說，包容性增長為企業優化薪酬設計提供了提高普通員工的利潤分享和工資收入的參考和借鑑：民企現有的薪酬制度中關於利潤分享大多是針對中高層管理者和核心技術人員的，普通員工很少能夠享有，這樣很有可能會增加企業內部的勞資矛盾、緊張勞資關係，從而不利於企業經濟效益的提高。因此對民企來說，應該多增加利潤分享給普通員工，同時考慮提高員工的工資收入，避免只漲利潤不漲工資的現象，實現員工薪酬與企業效益的包容性增長。

（3）國有企業的薪酬要實現包容性增長。對於需要提高勞動生產率、增加勞動績效的國有企業來說，包容性增長為企業優化薪酬設計提供了參考和借鑑：提高人力資本的使用效率和人工成本的投入產出率。包容性增長的思想要求人力資本的使用效率更高，強調人工成本的投入產出率。國有企業普遍具有高工資低效率的特點，提高員工薪酬，增強其歸屬感固然是人性化的舉措，然而國有企業畢竟是營利性組織，需要保證每一份投資都有合理的回報。因此，國有企業需要通過薪酬設計和制度的改革來提高人力資本的使用效率和人工成本的投入產出率，以期實現高績效下的高薪酬。

實施全面薪酬管理，避免單純物質層面激勵。全面薪酬的主要精神是認為任何有助於企業吸引、激勵、保留員工的措施都屬於薪酬範圍，② 它拓展了人們對於薪酬的傳統理解，也拓寬了管理者對於薪酬管理的視角，使可用的激勵方式豐富化、多元化。雖然國有企業給付的工資福利普遍較高，但由於其長期以來較為嚴重的按資排輩現象，大部分員工都很少有機會獲得諸如領導力培訓、職業發展、職位晉升機會等激勵方式，心理層面的需求得不到關注和滿足。這

---

① 田永坡. 加強人力資源開發，實現包容性增長 [J]. 中國人才, 2010（12）.
② 喬依楊，李紅勛. 包容性增長下的薪酬管理 [J]. 人力資源管理, 2011（3）.

樣企業雖然支付了大量的人力成本，卻無法換來理想的效果，甚至還會由於激勵不到位致使人才流失，對企業的經營發展帶來負面影響。

## 主要參考文獻

【1】FAMA E. Agency problems and the theory of the firm [J]. Journal of Political Economy, 1980, 88 (3).

【2】GROSSMAN, OLIVER HART. Take–over bids, the free–rider problem and the theory of the corporation [J]. The Bell Journal of Economics, 1980, 11 (1).

【3】JENSEN M C, MECKLING W H. Theory of the Firm：Managerial Behavior, Agency Cost and Ownership Structure. Journal of Financial Economics, 1976, 3.

【4】QIAN SUN, WILSON TONG H S, JING TONG. How does government ownership affect firm performance? Evidence from China's privatization experience [J]. Journal of Business Finance and Accounting, 2002, 29.

【5】QIAN, YINGYI, ROLAND, GERARD. Federalism and Soft Budget Constraint [J]. American Economics Review, 1998, 5.

【6】SHLEIFER A, VISHNY R. Large Shareholder and Corporate Control [J]. Journal of Political Economy, 1986, 94.

【7】XU XIAONIAN, WANG YAN. Ownership structure and corporate governance in Chinese stock companies [J]. China Economic Review, 1999, 10.

【8】曹書軍，劉星，張婉君．財政分權、地方政府競爭與上市公司實際稅負 [J]．世界經濟，2009（4）．

【9】曹新昌．中國上市公司股權集中度與公司績效關係實證研究 [D]．成都：西南財經大學，2009．

【10】陳亞飛．企業薪酬福利制度的完善與發展 [EB/OL]．[2007–01–15] http：//www.hr.com.cn．

【11】陳曉，李靜．地方政府財政行為在提升上市公司業績中的作用探析

[J]．會計研究，2001（12）．

【12】崔學剛，謝志華，鄭職權．終極控製權性質與公司績效——基於配對樣本的實證檢驗［J］．財貿研究，2007（4）．

【13】鄧之瑋．淺談國有企業人力資源激勵機制中的薪酬和福利制度［J］．科協論壇，2008（11）．

【14】樊小麗．淺析加強國有企業薪酬管理的必要性［J］．中國煤炭地質，2009（4）．

【15】干勝道，杜榮飛，段華友．拉克爾法則及其在財務分析中的應用［J］．財會學習，2011（5）．

【16】侯玉娟．國企薪酬制度淺議［J］．今日科苑，2007（18）．

【17】黃雷，葉勇，藍輝旋．股改后國有控股上市公司股權結構與公司績效研究［J］．統計與決策，2010（10）．

【18】賈存門．國企改革：漫長的博弈［J］．中國改革，2008（11）．

【19】蔣瑾．控股股東與公司業績問題研究評述［J］．中國商界，2009（12）．

【20】藍定香．國企改革30年的紛爭焦點與深化改革的取向［J］．四川行政學院學報，2008（5）．

【21】李春奉，萬永霞．從辯證法談談如何構建和諧勞資關係［J］．金卡工程（經濟與法），2010（4）．

【22】李平．構建企業與員工的心理契約，促進勞動關係和諧穩定發展［J］．天津市工會管理幹部學院學報，2006（4）．

【23】李榮融．不負重托，不辱使命，開創國有資產管理體制改革新局面［J］．國有資產管理，2005（6）．

【24】李增泉．激勵機制與企業績效［J］．會計研究，2000（1）．

【25】梁綺惠．構建和諧勞資關係的三大思路［J］．佛山科學技術學院學報，2008（7）．

【26】林俊清．高級管理層團隊內薪酬差距、公司績效和治理結構［J］．經濟研究，2003（4）．

【27】林毅夫，劉志強．中國的財政分權與經濟增長［J］．北京大學學報：哲學社會科學版，2000（4）．

【28】劉國亮，王加勝．上市公司股權結構、激勵制度及績效的實證研究［J］．經濟理論與經濟管理，2000（6）．

【29】劉芍佳，孫霈，劉乃全．終極產權論、股權結構及公司績效［J］．經濟研究，2003（3）．

【30】莫冬豔，邵聰．高管薪酬、股權激勵與公司績效的相關性檢驗［J］．科學決策，2010（7）．

【31】納麗娜．關於中國國有企業改制問題與對策的思考［J］．齊齊哈爾大學學報：哲學社會科學版，2009（9）．

【32】彭冰．中央和地方關係中的上市公司治理［J］．北京大學學報：哲學社會科學版，2008（11）．

【33】彭雨．國企薪酬制度設計淺議［J］．科技信息，2009（4）．

【34】喬依楊，李紅勛．包容性增長下的薪酬管理［J］．人力資源管理，2011（3）．

【35】宋養琰．國企改革30年［J］．經濟研究導刊，2008（12）．

【36】蘇力．當代中國的中央和地方分權［J］．中國社會科學，2004（2）．

【37】孫菊生，李曉俊．上市公司股權結構與經營績效關係的實證分析［J］．當代財經，2006（1）．

【38】湯發喜，馬卓然，孫琳．股權結構與公司績效的相關性研究——來自中國製造業上市公司的經驗證據［J］．金融教學與研究，2009（2）．

【39】田永坡．加強人力資源開發，實現包容性增長［J］．中國人才，2010（12）．

【40】王捷舒．泰勒的科學管理原理之企業內部勞資關係探討［J］．金卡工程，2010（5）．

【41】王鵬，秦宛順．控股股東類型與公司績效——基於中國上市公司的證據［J］．統計研究，2006（7）．

【42】王鵬，周黎安. 控股股東的控製權、所有權與公司績效：基於中國上市公司的證據 [J]. 金融研究，2006（2）.

【43】王杏芬，劉斌. 企業績效和員工薪酬：社會和諧之源——來自中國上市公司的經驗證據 [J]. 重慶大學學報：社會科學版，2008（6）.

【44】魏剛. 高級管理層激勵與上市公司經營績效 [J]. 經濟研究，2000（3）.

【45】夏立軍，方軼強. 政府控製、治理環境與公司價值：來自中國證券市場的經驗證據 [J]. 經濟研究，2005（5）.

【46】蕭冬連. 國有企業改革的起步及其矛盾 [J]. 中共黨史研究，2008（1）.

【47】熊楚熊. 增值會計學 [M]. 北京：中國財經經濟出版社，1995.

【48】徐忠豔. 工資結構、公平感與組織績效的關係研究 [D]. 杭州：浙江大學，2004.

【49】楊珂. 上市公司CEO薪酬決定研究文獻綜述 [J]. 中國集體經濟，2010（5）.

【50】楊其靜. 國企改革：在摸索與爭論中前進 [J]. 世界經濟文匯，2008（1）.

【51】楊文婷. 中國上市公司股權結構與公司績效關係的實證研究 [D]. 哈爾濱：哈爾濱工業大學，2008.

【52】於東智. 資本結構、債權治理與公司績效：一項經驗分析 [J]. 中國工業經濟，2003（1）.

【53】曾愛青，劉智勇. 企業人力資本收益分配基本問題探究 [J]. 會計之友，2009（2）.

【54】曾慶生，陳信元. 國家控股、超額雇員與勞動力成本 [J]. 經濟研究，2006（5）.

【55】張軍. 薪酬體系：國企VS民企 [J]. 經理人，2010（3）.

【56】張喜海. 所有者財務行為的比較分析與政策建議 [J]. 技術與市場，2006（4）.

【57】張兆國，何微風，梁志鋼. 資本結構與公司績效——來自中國國有控股上市公司和民營上市公司的經驗證據［J］. 中國軟科學，2007（12）.

【58】趙國雄. 國企改革歷史的啟示［J］. 質量與市場，2005（5）.

【59】周克任. 國企改革：歷史、現實與未來［J］. 財經研究，2001（1）.

【60】鄒東濤. 發展和改革藍皮書——中國改革開放30年（1978—2008）［M］. 北京：社會科學文獻出版社，2008.

【61】朱武祥，宋勇. 股權結構與企業價值——對家電行業上市公司實證分析［J］. 經濟研究，2001（12）.

# 第三章 股東特質與社會責任承載

隨著中國經濟發展和社會進步，人們在享受國民收入增長、家庭財富增加、社會物質極大豐富的同時，對企業生產經營活動造成自身生存空間的侵蝕、生命健康和安全的潛在風險等諸多負面現象給予越來越多的關注，對企業積極主動地參與慈善福利事業寄予了較大的期望。特別是近幾年，「三鹿毒奶粉事件」「雙匯瘦肉精事件」「萬科捐款門事件」「富士康跳樓門事件」等一系列有關企業社會責任的事件，更加引發了社會公眾和輿論界對企業社會責任問題的熱烈討論。

在國際上，2010年初日本豐田公司RAV4型汽車因油門踏板和腳墊缺陷，造成全球範圍內無數起交通事故，給消費者帶來生命和財產損失。公司因此在全球召回約800萬輛汽車，還將承擔高達1,700萬美元的賠償責任。同時，這一事件也引發了豐田公司20年來遇到的最大一次信任危機。在美國，2010年4月20日英國石油公司墨西哥灣「深水地平線」鑽井平臺的一聲巨響，引發了世界上有史以來最大的漏油災難，油污給當地生態環境帶來災難性的影響，由此帶來的直接和間接損失更是無法估計。英國石油公司也因此承擔了上百億美元的巨額賠償責任。可見，企業生產經營活動的社會化和全球化趨勢使企業與社會進行全方位接觸，企業與社會的交互影響已經向縱深擴展。事實表明，對於企業社會責任的思考已經不再是要不要承擔的問題，而是如何承擔、承擔多少的問題。

大量的研究者從不同視角來研究企業社會責任問題，如將企業社會責任與實施過程和戰略的進一步研究，發展出了企業社會責任回應的概念；如強調社會責任的決定應該是一個公共參與過程，從而產生公共責任的觀點；如注重對

企業社會責任實施過程和結果的關注，有了社會績效及模型的應用；如研究企業究竟應對哪個群體承擔責任，引起了利益相關者理論的提出；如以資本來促進企業社會責任的實現，有了社會責任投資（SRI）的觀點。

財務與會計方面的研究學者圍繞企業社會責任活動與企業價值的相關性展開了一系列實證性研究，對社會責任報告信息披露的內容、結構提出了研究建議。馮巧根（2009）、張兆國（2009）、李心合（2009）等分別從企業社會責任理論對管理會計框架重構、財務管理變革和財務理論擴展等方面的影響提出了看法。

筆者認為，對企業承擔社會責任的問題應從企業的性質為切入點進行分析。正如科斯（1937）指出的那樣：「現代企業實際上是一系列利益相關者組成的契約聯合體，」契約性質構成了企業的基本屬性。在這個契約體系中，股東與企業經營者間的契約關係決定了企業的行為方式，股東與其他企業利益相關者的契約關係對企業行為產生重大影響。基於這樣的認識，本章進一步對股東特質與企業承擔社會責任的關係展開研究。

## 第一節　企業社會責任基本內涵

英國學者奧利弗·謝爾登（Oliver Sheldon）於1924年第一次從學術角度提出了企業社會責任的概念，其基本含義是指企業應該為受其影響的其他實體、社會和環境的所有行為負責，他把企業社會責任與公司經營者滿足產業內外各種人類需要的責任聯繫起來，認為企業社會責任含有道德因素（任榮明，朱曉明，2009）。該概念自提出以來就得到不斷的發展，國內外權威組織機構和著名學者從不同角度對企業社會責任進行定義，但一直未能達成一致說法。

目前廣為接受的觀點是卡羅爾（Carroll，1979，1991）提出的包括四個方面內容的企業社會責任定義：企業社會責任是指某一特定時期社會對組織所寄予的經濟責任、法律責任、道德責任和慈善責任。他認為：企業是社會基本的經濟單位，企業的社會責任由基本的社會責任和高層次社會責任構成。最底層是經濟責任，即企業作為經濟組織，要生存和要發展就必須有經濟保障，必須

盈利；第二層是法律責任，即企業作為社會公民，必須遵守有關法律的約束與規定，承擔對社會負責的法律義務，在不履行義務或超越法律約束和規定時接受法律的懲戒；第三層是企業的道德責任，即社會期望企業履行的，超出法律、準則等規定的額外的責任，包括企業公平和正義的義務，通過自身的合乎倫理規範的經濟行為來服務社會，創造滿足社會需要的產品和服務；第四層是企業承擔捐贈等慈善責任，即企業從道德角度成為優秀企業公民。

多年來，中國學者和企業人士通過理論研究和實踐總結，為企業社會責任概念的把握提供了有益的補充和高度概括。如王明洋（1989）將企業社會責任定義為：「企業為所處社會的全面和長遠利益而必須關心、全力履行的責任和義務，表現為企業對社會的適應和發展的參與。」吳克烈（1989）指出：「要全面探討企業社會責任的基本含義，必須從企業、社會和責任這三個最基本的範疇出發，一般說來，前兩個範疇人們比較熟悉，即所謂企業是指從事生產、流通或服務活動，並有獨立經濟核算地位的經濟組織；所謂社會是指以共同的物質生產活動為基礎而相互聯繫的人們的總體……所謂責任，從法律上講，是指含義很廣的幾乎包括各種類型的由契約、侵權行為和法律規定所產生的各種義務、債務、職責或風險的一個術語。」劉俊海（1999）提出：「所謂企業社會責任，是指企業不能僅僅以最大限度地為股東們盈利或賺錢作為自己存在的唯一目的，而應當最大限度地增進股東之外的其他所有社會利益。」

總結上述中外學者對企業社會責任的各種定義，可以得到對企業社會責任較為全面的理解。第一，企業社會責任以企業為義務承擔主體；第二，股東、消費者、員工、政府、供應商、社區乃至於自然環境等廣大利益相關者是企業承擔社會責任的權利訴求方；第三，企業社會責任是企業在生產經營和管理中自願而為或者被強制而為（如迫於輿論壓力或者法律規定）的企業行為；第四，企業承擔社會責任的目的是通過企業與各利益相關方的協調，促進企業自身和整個社會的和諧和可持續發展。

## 第二節　股東特質與企業社會責任承載

企業本質上是一系列契約的聯結，股東與其他締約方（特別是經營者的委

託代理關係）的契約關係對企業行為起著關鍵性的作用。因而股東特質的差異也會對企業社會責任承載的內容、額度及形式等方面產生決定性的影響。

## 一、中央企業與民營企業股東特質差異分析

特質是指事物本身所具有的與其他事物不同的特徵。筆者認為股東的特質一方面表現為因股東性質的差異所形成的不同股東間的特殊特徵，如中央企業的股東為國家，並由國資委代為行使股東權利；民營企業的股東為出資者個人或者其他法人。股東特質的另一方面表現為股東作為企業契約締約方，相對於其他締約方所表現的特徵，如股東區別於債權人、雇員以及消費者等。本章主要對第一種類型的股東特質差異進行分析。

在中國《公司法》中，按照企業的資本組織形式劃分企業類型，主要有國有獨資、國有控股、有限責任公司、股份有限公司、合夥企業和個人獨資企業等。因此，可以認為除國有獨資、國有控股外，其他類型的企業中只要沒有國有資本，均應屬於民營企業範疇。中央企業作為國有獨資公司，它的全部資本由國家投入，國家是唯一的股東。國家股東的財產屬於全體人民共有，它的使用要服從和服務於公共利益。民營企業的股東可以是自然人或者其他法人，也可以是一人或者多人。民營企業股東的財產屬於私人財產，它的使用主要為滿足股東個人的利益，具有較強的逐利性。

根據國家統計局披露的 2008 年年末數據，在中國企業資產中，國有企業資產占 23%，私營企業資產占 12.3%；在企業法人中，國有企業法人 14.3 萬家，民營企業 659.42 萬家；企業實收資本中，國家資本占 33.4%，集體資本占 3%，法人資本占 25.5%，個人資本占 22.9%，港澳臺資本占 6.1%，外商資本占 9.1%。因此，從資金實力看，國有股東的資產總量遠高於私營企業股東的資產總量。此外，民營企業股東數量遠多於國有企業股東，但資金實力較為分散，因而民營企業需要股東間較多合作和協調。

經濟全球化帶來的必然是全球化的競爭。國家的核心競爭力無非是人、財、物的競爭。經濟的發展需要利用資源贏得競爭，達到國富民強。可持續的關鍵就在於資源與發展目標的一致性，或者說資源足以長期支撐發展目標。此外，

既然是經濟競爭，一個國家在全球的地位與企業在市場上的地位沒有根本差別。衡量一個國家的競爭力，一個重要的標準是國家生產力（即單位勞動力和資本所創造的產值）。因此，中央企業的股東一方面需要推進被出資企業，提高生產效率、實現國有資本的經濟效益，為其他企業做出榜樣；另一方面又要從國家整體利益考慮來配置經濟資源，為各類型企業的發展創造良好的宏觀經濟環境，並通過自身出資行為引導非國有資本的投向。而且，國有股東的任期遠超過民營企業股東，這樣國有股東既要立足於當前的經濟發展，又要著眼未來的可持續的發展。相比較而言，民營企業股東主要關注短期的私人利益，並在既定的宏觀經濟環境下著力提升自身的經濟效益。

國家代為行使全體人民共有財產的權利，它又通過授權國資委履行國有資本出資人的職責。同時，中央企業又作為國有資本授權投資單位履行國有資本的再次出資。在經營管理方面，各級國有企業經營管理者是通過黨組織進行選拔和任命的，並以年度和任期經營業績責任書的形式確定經營管理者經營管理目標、任務和責任。因此，國有企業的股東是通過授權和委託的形式將經營管理權利和責任轉移給經營管理者的，股東並未參與到經營中。這就增加了人們對中央企業履職信息透明性、及時性和客觀性的要求。當然，這種層層委託和授權隱藏了腐敗和尋租等新的社會問題。對於民營企業股東而言，他們一開始就直接對所出資企業進行經營和管理，對於生產經營中的私人信息，民營企業股東並沒有義務對外披露。

此外，作為中央企業唯一的股東——國家，其代表著全體人民的意志，需要保衛國家安全、維持社會秩序、維護社會穩定、加強政治統治。這些政治性職能勢必通過其所控制的企業來實現。因此，中央企業也是國家實行政治統治、維護社會穩定和國家安全的重要工具。民營企業股東作為自然人或者其他法人，它的自然屬性決定了它的行為動機是自身需求，而它的社會屬性決定了它的行為要受到國家法律法規的約束，不得損害公共利益。

## 二、中央企業與民營企業社會責任承載比較

中央企業股東與民營企業股東上述的股東特質差異決定了被投資單位的經

營領域以及企業社會責任承載的特徵。

　　在經營領域方面：中央企業的股東是國家，擁有最大的資源財富，因而有能力將資金投入到資金需要量大，回報週期長，涉及國計民生、國家安全和公共利益的行業中。截至 2010 年 10 月末，由國資委監管的 127 家中央企業中，石油石化企業 3 家、冶金企業 6 家、機械製造企業 12 家、礦業企業 4 家、電子企業 5 家、軍工企業 10 家、電力企業 9 家、化工企業 2 家、建材企業 2 家、建築企業 8 家、地質勘探企業 2 家、交通運輸企業 6 家、倉儲企業 2 家、通信企業 3 家、商貿企業 22 家、房地產企業 3 家、旅遊企業 1 家、諮詢服務企業 5 家、科研設計研究院 10 家、農林牧漁企業 2 家、投資企業 3 家、境外企業（如華潤、招商集團等）4 家、其他行業企業 3 家。從資產規模看，資產總額大於 2,000 億的企業 37 家、資產總額在 500 億～2,000 億的企業 31 家、資產總額在 50 億～500 億的企業 42 家、資產總額小於 50 億元的企業 17 家。

　　而民營資本主要集中在傳統產業，從事產品價值鏈低端的低附加值產品的生產。黨的十六大后，中國出抬了多項鼓勵民營經濟發展的政策措施，民營資本開始逐漸向金融、公共事業和部分壟斷行業滲透。但是，像軍工、石油、戰略能源等涉及國家安全命脈的產業，法律法規明令禁止民營資本進入。《中國民營企業 100 強社會責任發展指數報告（2009）》顯示：截至 2008 年年底，全國工商行政機關共登記民營企業 659.42 萬家，總資產規模超過 1,000 億元的企業 5 家、總資產規模在 500 億～1,000 億元的民營企業 6 家、100 億～500 億元的民營企業 89 家。從 100 強的行業分佈看，共涉及 19 個行業，其中，金屬製造業 21 家、紡織服裝業 10 家、電氣機械及器材製造業 9 家、食品和石油石化業各 8 家、銀行和零售企業均為 6 家、採礦企業 5 家。此外，國家工商局辦公廳《2009 年第一季度全國市場主體發展報告》顯示：在第一產業的民營企業占全部民營企業的 2.11%、第三產業的民營企業占 67.25%、第二產業的民營企業占 30.64%。

　　在社會責任承載方面：中央企業處於關係國家安全和國民經濟命脈的重要行業與關鍵領域，它們能夠按照國家要求完成生產經營任務，實際上就已經履行了中央企業對社會的基本責任。當然，由於中央企業規模大、綜合實力強，

其利益相關者分佈廣泛、數量眾多，對經濟社會發展具有重要而特殊的社會影響力，並且對其他類型企業起到激勵和表率作用。國資委代表國務院履行國有資本出資人職責，它在中央企業履行社會責任方面起著積極的推動和規範作用。自 2008 年新年伊始，國資委正式發布了第一號文件《中央企業履行社會責任的指導意見》、《關於加強中央企業對外捐贈管理有關事項的通知》、《關於印發〈對外捐贈支出季報表〉的通知》，明確了中央企業履行社會責任的要求。此后，國資委先后下發了《中央企業安全生產監督管理暫行辦法》、《中央企業節能減排監督管理暫行辦法》等具體規範。同時，國資委官網也成為宣傳中央企業履行社會責任的平臺。

據初步統計，該網站 2009 年披露中央企業履行社會責任信息 382 條，2010 年披露中央企業履行社會責任信息 1,014 條。在所披露的 2009 年中央企業承擔社會責任的信息中，涉及履行節能減排和環境保護責任的事件 60 件，占 15.71%；涉及履行生產保障責任的事件 56 件，占 14.66%；涉及國內災區重建援助事項 44 件，占 11.52%；涉及履行國際援助（如社區建設、災后建設等）42 件，占 10.99%；涉及企業推進社會責任工作、主動披露社會責任報告、獲得外界好評事項 29 件，占 7.59%；涉及扶貧、援建西藏和新疆的事件 21 件，占 5.5%；涉及加強產品質量和服務的事件 17 件，占 4.45%。此外，中央企業還承擔了支持地區經濟發展、社區建設，支持教育事業、捐資助學，維護社會穩定，承擔國家政治任務等社會責任。具體情況如表 3-1 所示：

表 3-1　　　　　2009 年中央企業披露社會責任信息分類統計

| 社會責任內容 | 報導事件數量（件） | 比例（%） |
| --- | --- | --- |
| 環境保護和節能減排 | 60 | 15.71 |
| 生產經營和保障民生 | 56 | 14.66 |
| 災區捐助 | 44 | 11.52 |
| 國際援助 | 42 | 10.99 |
| 推進企業社會責任工作 | 29 | 7.59 |
| 扶貧、援建西藏和新疆等 | 21 | 5.50 |

表3-1(續)

| 社會責任內容 | 報導事件數量（件） | 比例（%） |
|---|---|---|
| 關愛兒童、幫助殘疾人事業、擁軍 | 18 | 4.71 |
| 提高產品和服務質量 | 17 | 4.45 |
| 支持地區經濟和社區發展 | 17 | 4.45 |
| 支持教育事業 | 15 | 3.93 |
| 關愛員工 | 14 | 3.66 |
| 服務「三農」 | 14 | 3.66 |
| 承擔國家任務 | 8 | 2.09 |
| 維護治安穩定 | 8 | 2.09 |
| 思想政治教育 | 6 | 1.57 |
| 參加抗險救助 | 5 | 1.31 |
| 促進就業 | 4 | 1.05 |
| 加強基礎研究 | 4 | 1.05 |
| 合計 | 382 | 100 |

　　對於民營企業來講，企業的資本和收益均為股東的私人財產，企業履行社會責任的方式多為股東自發的行為，其實質是對民營企業股東依法取得的私人權益[1]的再次分配。因此，民營企業承擔社會責任的內容是以股東的偏好、道德素質、信仰等為依據的。教育部2007年《中國民營企業社會責任推進機制研究》課題組對浙江民營企業進行的大型面談式問卷調查結果顯示：74.1%的企業認為能很好體現社會責任行為的事項是為消費者提供優質服務和產品，63.7%的企業認為是為員工提供良好的工作環境，46.4%的企業認為是積極參與社會公益活動，42.7%的企業認為是注重環保減少污染，19.8%的企業認為是向政府納稅。民營企業股東數量龐大且分散、行業影響力不高，這樣，民營企業組織、行業自律組織（如工商聯等）就成為推動民營企業履行社會責任的

---

[1] 此處的依法取得的私人權益主要是指民營企業股東按照法律法規要求支付雇員工資，按時足額上繳稅費後由自己支配的權益。

主要力量。

## 三、中央企業社會責任承載的歷史與現狀

通過對比分析，由於中央企業股東與民營企業股東在特質上的差異，影響了各類企業承擔社會責任的行為。中央企業在股東的推動和要求下，承擔了更大的社會責任。

（一）國資委成立前，原國家經貿委對中央企業社會責任的要求

國資委成立前，國家經濟貿易委員會於1999年8月頒布的《國有大中型企業建立現代企業制度和加強管理的基本規範（試行）》（下稱《規範》）中就對國有企業應承擔的責任進行了規範。其中，第一部分第二條明確了企業的經濟責任是「依法自主經營、照章納稅、自負盈虧，以其全部法人財產獨立承擔民事責任」。第三部分要求國有大中型企業加強技術創新。第四部分規範了對雇員承擔的責任，如全面實行勞動合同制度，改革用工制度，人事制度和收入分配制度、維護職工合法權益等。第七部分對企業加強質量管理提出規範性要求，如做好產品開發過程的質量控製，強化生產過程質量管理，建立健全售後服務質量體系等。第八部分第五十四條對企業誠信和維護債權人利益提出要求，要求企業「加強資信管理。企業必須強化法律意識，守合同、講信用，按期交貨、不拖欠貨款。及時瞭解和掌握用戶資信狀況，建立用戶資信檔案」。第九部分對於國有大中型企業的安全生產和環境保護做了規範。提出了「建立健全安全生產規章制度」「改善安全生產條件」「防止重特大事故發生」「加強職工安全生產教育」「依法保護環境」「大力推行清潔生產」「建立健全環境保護責任制」七個方面的要求。第十部分專門就加強對經營管理者和職工培訓工作做了規範。此外，該規範在加強黨建、發揮黨組織政治核心作用、加強職工民主管理、加強企業精神文明建設方面也提出了具體要求。

（二）國資委成立后，對中央企業履行社會責任的有關規定和要求

1. 通過簽訂經營業績責任書，間接提出中央企業應承擔的社會責任

國資委成立后，自2004年起，國資委主要通過與中央企業經營者簽訂年度和任期考核責任書的形式，間接地明確了中央企業在生產經營中應承擔的責任。

其中，對中央企業領導班子提出「按照科學發展觀的要求，推動企業提高戰略管理、價值創造、自主創新、資源節約、環境保護和安全發展水平，不斷增強企業核心競爭能力和可持續發展能力」的總體要求。將企業實現年度利潤和國有資本保值增值作為企業的經濟責任，將「不得從事任何損害企業和國有資產利益的活動」作為明確禁止性要求，對於「因違反國家法律法規和規定，導致重大決策失誤、重大安全與質量責任事故、嚴重環境污染事故、重大違紀事件，給企業造成重大不良影響或造成國有資產流失」的行為，規定了相應的懲罰性條款。在考核評價中，國資委對中央企業承擔的國家任務、科研投入等社會性責任對考核的影響作了考核，這一政策對中央企業承擔社會責任作了肯定。在2011年的考核責任書中，國資委特別對推動中央企業節能減排工作設立了獎勵性措施，提出企業在任期末主要產品單位能耗、污染物排放水平達到國內同行業最好水平，接近或者達到國際同行業先進水平的；任期內，企業單位綜合能耗降低率、主要污染物排放總量降低率在中央企業居於前列的；任期內，節能減排投入較大，在節能減排技術創新方面取得重大突破，在推動全行業、全社會節能減排方面做出突出貢獻的企業，將被授予「節能減排優秀企業獎」。

2. 國資委對中央企業承擔社會責任的綱領性文件出抬

在推動和規範中央企業履行社會責任工作中，國資委於2008年初下發《中央企業履行社會責任的指導意見》（以下簡稱《指導意見》），明確了中央企業履行社會責任的要求，該《指導意見》是中央企業履行社會責任的綱領性文件。它順應國際國內企業履行社會責任的發展趨勢，體現了各利益相關方對中央企業履行社會責任的要求和期望。企業履行社會責任就是要自覺遵守法律法規、社會規範和商業道德，在追求經濟效益的同時，對股東、職工、消費者、供應商、社區等利益相關者和自然環境負責，實現企業和社會、環境的全面協調可持續發展。由於中央企業是中國國民經濟的骨幹力量，在經濟社會發展中具有重要地位和作用，因此中央企業積極履行社會責任具有十分重要的現實意義。

《指導意見》指出，中央企業履行社會責任是全面貫徹黨的十七大精神，深入落實科學發展觀的實際行動，是全社會對中央企業的廣泛要求，是實現中

央企業可持續發展的必然選擇，是中央企業參與國際經濟合作交流的客觀需要。中央企業履行社會責任，要高舉中國特色社會主義偉大旗幟，以鄧小平理論和「三個代表」重要思想為指導，深入貫徹落實科學發展觀，堅持以人為本，堅持可持續發展，牢記責任、強化意識、統籌兼顧、積極實踐，發揮中央企業履行社會責任的表率作用，促進社會主義和諧社會建設，為實現全面建設小康社會宏偉目標做出更大貢獻。

《指導意見》要求中央企業要增強社會責任意識，積極履行社會責任，成為依法經營、誠實守信的表率，節約資源、保護環境的表率，以人為本、創建和諧企業的表率，努力成為國家經濟的棟梁和全社會企業的榜樣。在落實履行企業社會責任時，《指導意見》提出了三項原則：一是堅持履行社會責任與促進企業改革發展相結合，把履行社會責任作為建立現代企業制度和提高綜合競爭力的重要內容，深化企業改革，優化佈局結構，轉變發展方式，實現又好又快發展；二是堅持履行社會責任與企業實際相適應，立足基本國情，立足企業實際，突出重點、分步推進，切實取得企業履行社會責任的成效；三是堅持履行社會責任與創建和諧企業相統一，把保障企業安全生產，維護職工合法權益，幫助職工解決實際問題放在重要位置，營造和諧勞動關係，促進職工全面發展，實現企業與職工、企業與社會的和諧發展。

同時，《指導意見》將中央企業履行社會責任主要內容確定為依法經營誠實守信、不斷提高持續營利能力、切實提高產品質量和服務水平、加強資源節約和環境保護、推進自主創新和技術進步、保障生產安全、維護職工合法權益、參與社會公益事業八個方面。為了積極推進中央企業履行社會責任，保障此項工作持續有效開展，《指導意見》提出，各中央企業要樹立和深化社會責任意識，建立和完善履行社會責任的體制機制，建立社會責任報告制度，加強企業間交流與國際合作，加強黨組織對企業社會責任工作的領導。

3. 國資委對中央企業應履行社會責任的具體規範

《指導意見》頒布后，國資委針對中央企業履行企業社會責任中存在的薄弱環節和重點環節，制定並頒發了安全生產、節能減排、企業捐贈等方面的具體規範和要求。

（1）關於中央企業落實安全生產責任的要求

2008年9月份，國資委頒布了《中央企業安全生產監督管理暫行辦法》（下簡稱《暫行辦法》）以督促中央企業全面落實安全生產主體責任，建立安全生產長效機制，防止和減少生產安全事故，保障中央企業職工和人民群眾財產安全。《暫行辦法》明確了出資人（即股東）對中央企業安全生產工作的指導、監督、檢查和懲罰的職責，並按照中央企業主營業務和安全生產風險程度對中央企業進行分類和動態管理，中央企業主要負責人是企業安全生產的第一責任人。暫行辦法要求中央企業在落實安全生產工作中，建立健全工作組織、制定工作機制、保證企業安全生產投入、加強員工安全培訓、建立應急管理體系等具體措施。《暫行辦法》還明確提出：「中央企業要結合行業和企業實際，建立職業健康安全管理體系，消除或者減少職工的職業健康安全風險，保障職工職業健康。」此外，為動態跟蹤中央企業履行安全生產責任，暫行辦法設置了安全生產報告制度。如第二十四條規定：「中央企業應當於每年1月底前將上一年度的安全生產工作總結和本年度的工作安排報送國資委。」第二十五條規定：「中央企業應當按季度、年度對本企業（包括獨資及控股並負責管理的企業）所發生的生產安全事故進行統計分析並填製報表，於次季度首月15日前和次年度1月底前報國資委。中央企業生產安全事故統計報表實行零報告制度。」同時，《暫行辦法》專門設定了一章的內容，細化了中央企業安全生產監督管理的獎懲制度。

2011年伊始，國資委針對中央企業安全生產工作中存在的突出矛盾和問題，通過對2004—2009年中央企業發生的135起較大生產安全事故的歸類分析，以及近年來一些中央企業還存在遲報、漏報、謊報和瞞報生產安全事故的現象，以國資委令的形式發布了《中央企業安全生產禁令》，明確提出了安全生產堅決禁止的行為，以防範中央企業安全生產違法違規行為，堅決遏制重特大生產安全責任事故的發生。這九條禁令為：一、嚴禁在安全生產條件不具備、隱患未排除、安全措施不到位的情況下組織生產。二、嚴禁使用不具備國家規定資質和安全生產保障能力的承包商和分包商。三、嚴禁超能力、超強度、超定員組織生產。四、嚴禁違章指揮、違章作業、違反勞動紀律。五、嚴禁違反

程序擅自壓縮工期、改變技術方案和工藝流程。六、嚴禁使用未經檢驗合格、無安全保障的特種設備。七、嚴禁不具備相應資格的人員從事特種作業。八、嚴禁未經安全培訓教育並考試合格的人員上崗作業。九、嚴禁遲報、漏報、謊報、瞞報生產安全事故。

(2) 關於規範中央企業對外捐贈管理的要求

近年來，各中央企業認真履行社會責任，積極參與國家救災、扶危濟困等救助活動，進一步增強了企業凝聚力，提升了企業的社會形象，有效推動了中國公益事業發展，也促進了社會主義和諧社會的建設。隨著中國公益事業的快速發展和中央企業履行社會責任意識的不斷增強，中央企業對外捐贈支出的範圍和規模不斷擴大，尤其是2008年中國發生雨雪冰凍和地震災害，企業對外捐贈支出快速增長。但同時也暴露出中央企業捐贈中存在盲目捐贈，企業負責人通過捐贈進行尋租等腐敗的現象。根據中紀委《國有企業領導人員廉潔從業若干規定》要求，國有企業捐贈行為應經履行國有資產出資人職責的機構批准。為此，國資委根據國家有關規定，結合中央企業對外捐贈管理實際情況，於2009年12月16日正式發布了《關於加強中央企業對外捐贈管理有關事項的通知》（以下簡稱《捐贈管理通知》），以實現對中央企業捐贈行為的規範。而後，為及時瞭解和掌握中央企業對外捐贈支出情況，準確發布中央企業對外捐贈信息，接受社會監督，國資委財務監督與考核評價局，於2010年4月13日發布了關於印發《對外捐贈支出季報表》的通知。

發布《捐贈管理通知》的目的是要進一步引導中央企業積極參與社會公益事業，規範開展對外捐贈活動，正確履行社會責任。中央企業通過制定或完善捐贈管理制度、明確捐贈權限與流程、嚴格捐贈審批程序、實施預算管理，並及時向國資委備案等措施。這樣做一是可以有效避免無序、隨意捐贈等行為，有利於提升對外捐贈事項管理的規範性；二是有利於企業聚合內部捐贈資源，更好地支持和保障國家重點公益事業，更好地樹立企業集團整體形象；三是有利於國資委及時瞭解和掌握中央企業對外捐贈的管理與支出情況，更好地引導企業正確履行社會責任，有效維護股東權益。

《捐贈管理通知》對中央企業對外捐贈活動提出了具體管理要求，歸納起

來有四大方面：一是明確企業內部管理的程序。要求各中央企業對集團所屬各級子企業對外捐贈行為實行統一管理、制定和完善制度，明確管理部門，落實管理責任，明確對外捐贈支出限額和權限；嚴格審批程序，每年安排的對外捐贈預算支出應當經過企業董事會或類似決策機構批准同意，超出預算規定範圍的對外捐贈事項，要求履行相應預算追加審批程序等。二是規範確定對外捐贈範圍和規模。企業用於對外捐贈的資產應當是企業有權處分的合法財產，且權屬清晰、權責明確；除國家有特殊規定的捐贈項目之外，企業對外捐贈應當通過依法成立的接受捐贈的慈善機構、其他公益性機構或政府部門進行；對外捐贈應當充分考慮自身經營規模、盈利能力、負債水平、現金流量等財務承受能力，堅持量力而行原則，合理確定對外捐贈支出規模和支出標準。三是明確企業須向國資委實行備案管理的事項。包括對外捐贈管理制度、年度預算、重大支出項目以及需緊急安排的項目。四是強調監督檢查。要求企業規範核算對外捐贈支出，定期向社會公開，及時組織檢查或審計，加強問題整改；國資委開展多種形式的監督檢查，並對違法違紀行為進行責任追究。

國資委作為出資人，它對中央企業的對外捐贈管理採用年度預算總額管理與日常重大捐贈項目備案管理相結合的監管方式，通過年度預算管理掌握企業全年捐贈支出的整體安排，通過重大項目備案程序控製企業的大額捐贈支出。對於重大捐贈項目的備案管理額度，《捐贈管理通知》明確中央企業捐贈行為實際發生時，捐贈項目超過以下標準的，應當報國資委備案同意后實施：淨資產小於100億元的企業，捐贈項目超過100萬元的；淨資產在100億~500億元的企業，捐贈項目超過500萬元的；淨資產大於500億元的企業，捐贈項目超過1,000萬元的。對於突發性重大自然災害或者其他特殊事項超出預算範圍需要緊急安排對外捐贈支出的，規定不論金額大小，應在履行內部決策程序之後，及時向國資委備案。

為及時瞭解掌握中央企業對外捐贈支出情況，準確發布中央企業對外捐贈信息，接受社會監督，在關於印發《對外捐贈支出季報表》的通知中，國資委要求中央企業按季統計匯總實際發生的對外捐贈支出。

（3）關於推進中央企業履行節能減排責任的規範

節約資源、減少溫室氣體和主要污染物排放已成為人類維護賴以生存的地球環境最重要的途徑。近年來，發達國家紛紛將應對氣候變化作為企業轉變發展方式的「標杆」。通過加大技術研發和創新等途徑，搶占低碳經濟和綠色經濟的制高點。中國也將節能減排作為國家發展戰略，提出在「十一五」期間單位國內生產總值能耗降低20％左右，主要污染物排放總量減少10％，到2020年單位國內生產總值二氧化碳排放比2005年下降40％～45％的約束性指標。中央企業在國家節能減排工作中占據十分重要的位置。納入國家重點監控的千家企業中，中央企業及其所屬企業有197家，「十一五」期間承諾節能2,000多萬噸標煤，占千家企業節能總量的近四分之一。中央企業節能減排工作的好壞直接關係到全國節能減排目標是否能如期實現。

為進一步督促中央企業落實節能減排社會責任，建設資源節約型和環境友好型企業，加快經濟發展方式轉變，國資委於2010年4月頒布了《中央企業節能減排監督管理暫行辦法》（以下簡稱《節能減排管理辦法》），指導監督中央企業在節能減排和轉變發展方式中進一步發揮表率作用。在2011年中央企業負責人工作會議上，國資委特別提出對企業加強節能減排工作作為2011年主抓的重點工作內容。

節能減排管理辦法明確提出，對中央企業節能減排工作實行政府主管部門監管和出資人聯繫制度，強調中央企業應依法接受國家節能減排主管部門、所在地縣級以上人民政府節能減排主管部門的監督管理。國資委作為出資人主要督促指導中央企業貫徹落實好國家節能減排方針政策。

國資委對中央企業節能減排工作實行分類管理。依據中央企業實際能耗、污染物排放水平以及所處行業，將中央企業分為重點類、關注類和一般類，並實行動態管理。《節能減排管理辦法》的第五章中，將主業處於石油石化、鋼鐵、有色金屬、電力、化工、煤炭、建材、交通運輸、機械行業，且具備年耗能超過200萬噸標準煤，年二氧化硫排放量超過50,000噸，年化學需氧量排放量超過5,000噸三個條件之一的中央企業劃歸為重點類企業；對重點類企業之外，具備年耗能在10萬噸標準煤以上，年二氧化硫排放量在1,000噸以上，年

化學需氧量排放量在 200 噸以上三個條件之一的中央企業化為關注類企業；其他的中央企業為一般類企業。

《節能減排管理辦法》進一步規範了中央企業加強節能減排的重點工作，不僅著眼於解決當前中央企業節能減排工作中存在的突出問題，更著眼於節能減排長效機制建設。第二章明確了企業節能減排工作的負責人，提出中央企業應當建立健全節能減排組織管理體系，根據分類管理要求建立與生產經營相適應的節能減排協調、監督管理機構，並設立相應的工作機制和內部獎懲機制，加強節能減排預算管理和人員培訓等工作。第三章對中央企業建立節能減排統計監測與報告制度提出了具體要求。第四章完善了中央企業節能減排考核獎懲制度，將中央企業節能減排目標完成情況納入中央企業負責人經營業績考核體系，重點明確了節能減排考核指標和目標的確定原則，考核目標動態監控及考核結果核定程序。第五章細化了節能減排考核處罰措施，規範了獎懲標準。

(4) 國資委對中央企業文化建設、員工隊伍建設的要求

為深入貫徹「三個代表」重要思想和黨的十六大精神，認真落實以人為本，全面、協調、可持續的科學發展觀，充分發揮企業文化在提高企業管理水平、增強核心競爭能力、促進中央企業改革發展中的積極作用，國資委於 2005 年 4 月份制定頒發了《關於加強中央企業企業文化建設的指導意見》，分析了中央企業文化建設的重要意義，提出了中央企業文化建設的指導思想、總體目標和基本內容，並對中央企業落實企業文化建設的具體措施等內容提出了意見。

2010 年 5 月，國資委就加強中央企業職工隊伍建設，提升企業核心競爭力，培養「四個一流」（一流職業素養、一流業務技能、一流工作作風、一流崗位業績）職工隊伍，制定頒布了《關於中央企業建設「四個一流」職工隊伍的實施意見》。明確了中央企業「圍繞發展戰略和生產經營任務，以建設『四個一流』職工隊伍為目標，以尊重職工、激發活力、促進企業與職工共同發展為宗旨，以落實崗位責任制為基礎，以培養愛崗敬業、嚴謹誠實的企業文化為核心，以理論武裝、班組建設、職工素質工程、企業文化建設等為載體，切實加強職工隊伍的教育、培訓、考核、管理、激勵和關愛，不斷提高職工隊伍的思想素質、執行能力、業務技能、知識結構、創新意識和工作理念，著力打造

一支技術精湛、作風過硬的高素質、高層次、現代化的職工隊伍」是中央企業的責任。

綜上，國資委作為國有資本出資人，代表著廣大人民的公共利益訴求，中央企業掌握著國家的經濟命脈，關係到國計民生、國家安全和社會穩定大局，社會影響力巨大，因而國資委對中央企業履行社會責任的各個方面都作了要求和規範，在推動中央企業履行社會責任過程中起著重要的作用。

（三）中央企業社會責任承載情況分析[①]

從近年來中央企業的實踐看，在國資委的要求和推動下，中央企業經營管理者根據與國資委簽訂的委託代理契約（即年度和任期經營業績責任書），妥善處理企業與各利益相關者的契約關係，帶領中央企業履行著出資人賦予的責任。

1. 中央企業對股東責任的履行

中央企業對股東的責任表現為：對國有資產負有保值增值的責任、合法經營照章納稅的責任、向股東真實披露經營信息的責任。國資委《關於中央企業履行社會責任指導意見》（以下簡稱《指導意見》）第八條規定：堅持依法經營誠實守信。模範遵守法律法規和社會公德、商業道德以及行業規則，及時足額納稅，維護投資者和債權人權益……第九條做出了更具針對性的要求：不斷提高持續營利能力、完善公司治理、科學民主決策、優化發展戰略、突出做強主業、縮短管理鏈條、合理配置資源、強化企業管理、提高管控能力、降低經營成本、加強風險防範、提高投入產出水平，增強市場競爭力。

從數據看，2002—2007 年中央企業資產總額從 7.13 萬億元增長到 14.79 萬億元，年均增長了 15.71%；銷售收入從 3.36 萬億元增加到 9.84 萬億元，年均增長了 23.97%；實現利潤從 2,405.5 億元增加到 9,968.5 億元，年均增長 32.89%；上繳稅金從 2,914.8 億元增加到 8,303.2 億元，年均增長 23.29%；總資產報酬率從 4.9% 提高到 8.3%，淨資產收益率從 4.3% 提高到 11.9%。2008 年，面對特大自然災害和國際金融危機，中央企業克服重重困難，資產總

---

[①] 王再文，趙楊．中央企業履行社會責任報告（2010）[M]．北京：中國經濟出版社，2010．

額、營業收入、上繳稅金同比增長15.3%、17.9%和16.3%，實現利潤在扣除自然災害損失、煉油及火電政策性虧損後，與2007年基本持平。2009年中央企業累計實現營業收入12.6萬億元，同比增長6.2%，累計實現利潤7,977.2億元，累計上繳稅費總額10,623.3億元。中央企業淨資產收益率為9.2%。2008—2009年，中央企業營業收入占全部國企的56%，利潤總額占全部國企的6成左右，應繳和已繳稅金占全部國企的55%左右。在2009年《財富》公布的世界500強中，中央企業占據24席。

從數據分析可以看出，中央企業在積極履行對股東的經濟責任，經營效益和生產效率有較大的提升，在履行納稅的社會責任方面表現也比較突出，為經濟社會的發展做出了積極貢獻。

2. 中央企業對雇員的社會責任

雇員是企業最重要、最核心的利益相關者之一，是企業發展進步的重要推動力量。從契約理論觀點看，企業作為各方共同訂立的契約聯合體，應該尊重各方的利益，特別是對於企業的生存和發展起到決定作用的雇員群體。2008年7月11日，國資委黃淑和副主任在中央企業社會責任工作座談會上講話時談到，企業履行社會責任，對促進社會主義和諧社會建設具有重要意義：一方面，保障職工合法權益、加強安全生產、保障職業健康、關心員工職業生涯、理順收入分配關係、豐富職工文化生活，可以實現企業內部的和諧；另一方面，企業依法經營、照章納稅，積極參與社會公益事業，可以促進社會公平正義。中央企業的特殊地位和性質要求中央企業在維護社會穩定和促進社會和諧方面，必須主動承擔更多的責任，發揮更大更好的作用，為其他企業做出表率。

中央企業的特殊性質也決定了其所在的行業是生產過程高度危險的行業，其工作內容對雇員的生命安全威脅較大。中央企業維護雇員生命安全是對雇員責任的重要內容。

在國資委下發的《指導意見》中，第十三條和第十四條對中央企業處理勞動關係中應承擔的社會責任做了規定。

第十三條規定：「保障生產安全。嚴格落實安全生產責任制，加大安全生產投入，嚴防重、特大安全事故發生。建立健全應急管理體系，不斷提高應急管

理水平和應對突發事件能力。為職工提供安全、健康、衛生的工作條件和生活環境，保障職工職業健康，預防和減少職業病和其他疾病對職工的危害。」

第十四條規定：「維護職工合法權益。依法與職工簽訂並履行勞動合同，堅持按勞分配、同工同酬，建立工資正常增長機制，按時足額繳納社會保險。尊重職工人格，公平對待職工，杜絕性別、民族、宗教、年齡等各種歧視。加強職業教育培訓，創造平等發展機會。加強職代會制度建設，深化廠務公開，推進民主管理。關心職工生活，切實為職工排憂解難。」

中央企業對雇員的社會責任具體體現在以下幾方面：

(1) 在保護雇員生命安全方面。以採礦業為例，採礦業是一個高危行業，其生產過程中的人員傷亡事故很難完全避免。中國煤炭產量占世界煤炭產量的37%左右，但事故死亡人數卻占世界煤炭事故死亡總人數的70%左右。中央企業中有4家企業屬於該行業，以神華集團為例，該集團2008年全年投入安全生產資金28億元，主要用於加強信息化和機械化建設。集團下屬的非上市企業採、掘機械化率分別由年初的91%、67%提高到94%、76%，神華股份公司採、掘機械化率均達到100%。中煤集團2008年共投入安全生產費用10.8億元，重點用於礦井「一通三防」（通風、防塵、防瓦斯、防火）、防治水、提升運輸、安全設備設施改造和重大隱患治理，並完成了重大技術改造工程。安全投入帶來了安全水平的提升。據《神華集團2008年社會責任報告》顯示，全國煤炭企業2006年原煤生產百萬噸生產死亡率為2.041人，2008年為1.182人。而同期，神華集團2006年原煤生產百萬噸死亡率為0.064人，2008年則下降到0.017,7人；中煤集團2006年原煤生產百萬噸死亡率為0.66人，2008年下降到0.018人。

遠洋運輸行業也屬於危險行業，2008年中遠集團船舶遭遇海盜襲擊65次。由於集團加強應急管理工作，提高對船員的培訓和防海盜演練，成功阻擊了海盜襲擊，未造成船員傷亡和重大財產損失，有效地保證了中遠集團所有船舶安全通過海盜活動猖獗海域，保障船舶和船員安全。

(2) 雇員身心健康方面。中央企業將員工的健康權作為重點關心的大事，既重視對雇員身體的健康，又通過開展豐富多彩的文體活動、提供心理諮詢等

措施提升雇員心理健康水平。在石油石化行業中，中國石油集團積極開展職業健康監護工作，加強企業職防機構、健康體檢中心建設，重點抓好員工崗前、崗間和離崗職業健康體檢，以及高毒危害作業、放射作業職業健康體檢。2008年全年完成職業健康體檢22.9萬人，體檢率達93%；完成作業場所職業病危害檢測3.3萬余人，檢測率達93%。

（3）保障員工合法權益的責任。企業對雇員支付的工資、福利和保險是雇員的勞動收益。雇員依法取得勞動報酬是其最基本權益。中央企業雇傭的員工眾多，有的企業自身就擁有員工10多萬人。依法支付職工勞動薪酬、建立相應的社會保障等關係到職工自身的生活質量，更關係到社會的穩定。因而，保護雇員依法取得勞動報酬是中央企業的重要社會責任。按照黨中央、國務院關於保增長、保民生、保穩定的總體部署，企業工資工作應以著力建立職工工資正常增長機制和支付保障機制為重點，努力促使廣大職工工資水平進一步提高，總體保持勞動關係和諧穩定。[①]

以中遠集團為例，集團擁有境內外船岸職工8萬多人。2008年，中遠集團勞動合同覆蓋率、集體合同覆蓋率等均達到100%。此外，集團依法為員工建立了各項社會保險，涵蓋養老、醫療、工傷、生育和失業保險以及住房公積金等項目。此外，中遠集團所在的交通運輸業中，農民工占據較大比例。農民工已經成為集團多元化用工的重要組成部分。中遠集團一直把農民工工作作為履行國有重要骨幹企業政治和社會責任的重要內容，集團領導多次就農民工工作展開專題調研，對做好農民工工作做出了重要的指示和部署，專門制訂了《關於做好中遠集團農民工工作的指導意見》，對集團農民工權益的維護和具體措施進行規範。

（4）對雇員職業發展和培訓的責任。企業雇員不僅有權分享企業成長帶來的利潤增長，而且自身發展方面，也應有權和企業一同成長。大部分中央企業非常重視員工發展權利，制訂職業培養計劃，投入大量資金保障對員工的培訓，提升員工職業素質。根據中央企業披露的社會責任報告，如大唐集團2008年共

---

① 陳蘭通．中國企業勞動關係狀況報告（2009）[M]．北京：企業管理出版社，2010.

組織培訓項目 5,705 個，員工培訓率 100%，培訓人員 698,300 人次，培訓學時 5,231,460 個，人均學時 62 個。中國華電集團 2008 年培訓項目 5,170 個，員工培訓率達到 84.2%，培訓人次達到 258,833 人次。2008 年中遠集團對員工培訓投入共 4,100 萬元，公派培訓時間 980,028 小時，自主培訓時間 116,847 小時，高、中、基層員工接受培訓平均小時數分別為 71.96 小時、25.56 小時和 18.14 小時。

3. 中央企業對消費者的責任

中央企業是國有經濟的骨幹力量，對眾多涉及國民經濟命脈的關鍵行業和重要領域享有獨占、壟斷地位，其生產經營活動對人民生活的方方面面有著重大的影響。如果發展不力，會直接損害消費者的權益。隨著中央企業地位不斷提升，作用不斷增強，更多的中央企業認識到自身發展與履行消費者責任的關係。國資委《指導意見》第十條規定：「切實提高產品質量和服務水平。保證產品和服務的安全性，改善產品性能，完善服務體系，努力為社會提供優質安全健康的產品和服務，最大限度地滿足消費者的需求。保護消費者權益，妥善處理消費者提出的投訴和建議，努力為消費者創造更大的價值，取得廣大消費者的信賴與認同。」

中糧集團通力打造全產業鏈糧油食品企業模式，統籌兼顧已有產業規模、競爭態勢和未來發展空間等因素，合理佈局，鞏固了糧食的種植、收儲、加工和物流能力和規模，保證市場供應，並借助縝密完善的制度和流程對糧油食品產業鏈的各環節進行嚴格控制，強化源頭控制和全程監管，建立了可追溯的食品安全管理體系，帶動國內食品行業升級換代，確保食品安全。2009 年集團投資建設了中國最大、最安全、最豐富的食品購物網站，努力使更多消費者享受到便捷購物。同年 10 月，集團主辦第五屆中國國際有機食品和綠色食品博覽會，拉近了消費者與有機、高品質食品距離，為改善消費者生活和消費質量起到積極的推動作用。

4. 中央企業對促進就業的責任

中央企業是國企在各行各業中的領軍企業，是國企的風向標，具有雄厚經濟實力和廣泛的社會影響力，因而有能力和義務在擔保就業方面起表率作用。

2008 年 12 月召開的中央企業負責人工作會上，時任國資委主任李榮融告誡中央企業負責人：「要保持職工隊伍的相對穩定，盡力不裁員，做到減薪不減員，歇崗不失業。各級領導要以身作則，帶頭艱苦奮鬥，節約各項開支，業績降薪酬降，為職工群眾做出表率。」

據不完全統計，截至 2009 年 5 月底，國資委所管的中央企業有 99 戶招收應屆大學生 20.3 萬人，比 2008 年增加 7.09%。其中，中石油集團以業務專業化重組為契機，積極引進應屆大學畢業生就業，當年接收大學生 13,986 人，比 2008 年增加了 3,796 人。中國鐵建 2009 年招收應屆大學生 13,000 人，比 2008 年增加了 4,060 人。

此外，2009 年中遠集團面對全球金融危機給航運業帶來的巨大的不利影響，為保持員工隊伍的穩定，集團回應國資委號召最先提出「不減員、不降薪」的承諾。

5. 中央企業慈善捐贈的責任

慈善事業在國民經濟中起到第三次分配的作用。在西方國家中，慈善資金的來源主要為個人捐贈、基金會捐贈、遺產捐贈和企業捐贈構成。其中個人捐贈占絕大部分。在中國，中央企業慈善捐贈在第三次分配占 50% 以上，100% 的中央企業參與過慈善捐贈，成為中央企業社會責任的有效表現形式。中央企業捐贈涉及的領域也較為廣泛，包括教育、文化、藝術、醫療衛生、扶貧、援藏、援疆等方面。

中央企業的所有者是全體人民，對所有者負責就是對黨、國家和人民負責。中央企業履行慈善捐贈的社會責任與對黨和國家負責的政治責任、對社會和人民負責的社會責任是辯證統一的。國資委《指導意見》第十五條規定：「參與社會公益事業。積極參與社區建設，鼓勵職工志願服務社會。熱心參與慈善、捐助等社會公益事業，關心支持教育、文化、衛生等公共福利事業。在發生重大自然災害和突發事件的情況下，積極提供財力、物力和人力等方面的支持和援助。」

在「5‧12」汶川特大地震災害中，中央企業損失超過 800 億元，2008 年中央企業經濟效益出現 6 年來的首次下滑。然而，在同一年，150 家中央企業

捐款捐物合計 59 億元，捐款捐物金額 1,000 萬元以上的中央企業有 66 家。國資委以部分中央企業委託捐款 3.5 億元，與中國紅十字基金會共同設立「5‧12 災后重建中央企業援助基金」用於災區群眾安置和災后恢復重建工作。此外，地震給中央企業造成直接經濟損失 414 億元，間接經濟損失 401 億元。中央企業在積極投入抗震救災的同時，積極加快自身的災后重建。災后兩天，原中國航空工業第一集團公司成飛集團全面恢復「殲十」的生產；災后 3 天，中國第二重型機械集團恢復生產；災后 13 天，中國電信股份公司北川分公司恢復營運；災后 18 天，中石油在災區的加油站開業率達 98.2%；災后 29 天，國家電網四川省電力公司 10 千伏及以上電力設施恢復運行。除捐贈物資外，許多中央企業還捐贈服務，僅在汶川地震緊急救援和恢復重建階段，各類企業提供交通運輸、通信、保險等價值約 44.36 億元免費服務。

中央企業在慈善捐贈方面還表現為積極投入專項資金設立慈善基金會。截至 2010 年年底，在民政部登記的非公募基金會中，由企業和企業家創辦的基金會有 21 家，約占總數的 51%；其中由央企創辦的有 6 家，約占總數的 13%。這 6 家基金會分別為中遠慈善基金會、寶鋼教育基金會、南航十分關愛基金會、國壽慈善基金會、人保慈善基金會、中國移動慈善基金會。從註冊資金來看，中遠和中移動都為 1 億元左右，人保、寶鋼和國壽分別為 5,000 萬元，最低的南航也有 2,000 萬元。

6. 中央企業在社區服務的社會責任

企業與社區在地域上是相互交叉的，彼此之間是你中有我、我中有你的關係，在功能上是生產經營與生活服務一體化的相互依存、共同發展的關係。企業的社會資本根植於企業所處的社會網絡和社會關係之中，是鑲嵌於一種社會結構中的企業可以在有目的行動中獲取活動元的資源。由於社區與企業存在地理上的重合，因此社區構成企業社區資本的重要組成部分。根據國資委《指導意見》第十五條要求，中央企業要積極參與到對社區建設、社區特殊人群幫扶、社區人員就業服務和社區環保建設等工作中。

中遠集團將「始終維持與社區的良好合作關係」為指導集團社區合作的基本原則。在社區進行營運活動期間，積極推進與社區合作，通過為社區的貢獻

體現企業社會責任理念，履行社會責任。其所屬青島遠洋公司2008年7月派出近千人投入清理海岸線滸苔的活動中，清潔了當地海灘，保障了奧運會奧帆賽的順利舉辦。廈門運輸公司投入21萬元建設「中遠林」，方便了社區市民的生活。中遠物流公司的重大型貨物在物流運輸過程中會途經數個社區，在運輸前，針對貨物運輸所要涉及的社區環境、道路情況進行有針對性的勘查，與當地的道路管理部門、社區的負責人等相關方進行充分溝通，選擇在行人稀少，不擾民的時間段進行運輸，將對社區的影響降到最低。對於每年都要承擔的大量化工危險品及一些放射性危險品運輸業務，中遠物流也進行了大量投入。公司一直在不斷更新物流設備，包括從國外進口一些設備來滿足環境對車輛所提出的特殊要求，以確保運輸安全和環境保護。

7. 中央企業在節能減排、環境保護方面的社會責任

環境保護指的是企業在生產性和非生產性的任何經營活動當中都應該有高度的環保意識和行為，對生態環境承擔相應的責任，不僅在經濟、社會方面，更在環境等領域獲得可持續發展能力。它是企業社會責任的重要組成部分。環境資源是企業公民生產的重要因素，也是企業發展的最重要的基礎性和約束性條件之一。企業既是經濟財富的創造者，同時也是自然資源的消耗者和環境污染的主要角色。企業與社會共生，其行為具有很強的外部性，履行環境保護責任是企業發展的必然要求。中央企業所處行業多為資源性或者資源消耗較大的行業，如採掘、冶金、石化、交通運輸等，而且其生產鏈相對較長、對環境的影響較為廣泛。在保護環境和節能減排中，中央企業責無旁貸，應當切實承擔起與自己地位和影響範圍相匹配的社會責任，並給其他企業樹立榜樣。

國資委《指導意見》第十一條規定：「加強資源節約和環境保護。認真落實節能減排責任，帶頭完成節能減排任務。發展節能產業，開發節能產品，發展循環經濟，提高資源綜合利用效率。增加環保投入，改進工藝流程，降低污染物排放，實施清潔生產，堅持走低投入、低消耗、低排放和高效率的發展道路。」

根據國資委2010年上半年中央企業節能減排工作情況，2010年上半年中央企業萬元產值綜合能耗（可比價）同比下降5.82%，比2005年下降了

18.26%；萬元增加值綜合能耗（可比價）同比下降 1.86%，比 2005 年下降 11.22%；二氧化硫排放量同比下降 2.53%，比 2005 年下降 50.27%；化學需氧量排放量同比下降 0.69%，比 2005 年下降 38.36%，均超額完成了「十一五」減排目標。

　　中央企業通過推廣應用新技術、新產品、新材料、新工藝，進一步推動節能減排工作。中遠集團在船上應用無功功率動態補償和波濾裝置，提高了供配電設備的供電能力和供電末端的電壓質量，減少了電費開支，被交通部授予「交通運輸系統節能減排示範項目」稱號。此外，為了更好地實現降低碳排放的目標，有效地指導節能減排工作的開展，並為客戶提供有效的碳排放計算。目前，中遠集團所屬的中遠集裝箱運輸有限公司碳排放計算器正式投入使用，真正為用戶提供了一款精確統計貨物在海上運輸過程中碳排放總量的工具。其設計理念採用了最先進的動態優化計算模型，得到了第三方權威機構挪威船級社（DNV）的認證。此外，集團採取優化航線以及加船減速等措施，僅 2010 年上半年共節約 18 萬噸標準煤。

（四）與西方發達國家國有企業承擔社會責任的比較

　　西方發達國家的企業社會責任運動起步較早、發展較為成熟。與西方發達國家國有企業承擔的社會責任相比較，能夠為中國國有企業，特別是中央企業履行社會責任提供借鑑。

　　在 2010 年世界財富 500 強名單中共有 21 家在中國大陸上市的企業，全部為大型國有或者國有控股企業，行業涵蓋金融、化工、建築、運輸等。由於美國企業絕大多數為股權多元化的跨國企業，500 強的名單中僅有美國郵政等很少的國有企業。日本入選的企業中也僅有日本郵政一家國有股權背景的企業。這從側面反應出，國外國有企業並非是該國財富創造的主體，它們承擔的社會責任就是為公共事業提供服務。

　　美國社會資產 90% 為私人擁有，他們的國有企業地位一般，影響甚微，其生產總值僅占全國 GDP 的 5%，而且還要受各方面的諸多約束管制。在美國，其國有企業只允許從事私人無法做、做不好或無利可圖的行業，如郵政、公共交通、自來水、污水處理及環保、博物館、公園森林、航空管制、部分跨州電

力水利及公路鐵路、部分港口、部分軍事工業、航天、老人窮人及退伍軍人養老和醫療保險。各級國有企業只向聯邦、州和市鎮議會負責，其建立與撤銷、經營範圍及領域、商品及服務價格制訂、撥款貸款、高管任免及薪酬，均須由同級議會審查批准，政府只能嚴格按議會發布的命令（法案）具體執行對所屬企業的監管。為體現「公私官民平等和政府不與民爭利」的法律原則，國有企業除享受政府經議會批准的固定撥款外，基本沒有其他特權。甚至有明文規定，國有企業不得上市融資。比如，美國最大的國企是田納西河流域管理局，它的資金籌措方式主要是發行債券，其中政府債券占一半左右。政府每年撥款1.3億美元，但明確規定這些撥款只能用在既定的社會事業上。

儘管歐洲的國有企業的比重比美國高得多，但其國企的定位與美國國企差不多，側重於控製國防工業和經濟命脈（如能源、交通運輸、郵政、通信、航空和金融等），並積極發展公益事業（如供水、供電、環衛、市政和文化等社會服務性的部門），這些企業的基本任務就是公共服務，很難盈利，它們不但不是政府財政收入來源，反而多數是政府財政的負擔。各國政府絕對控股企業保持正常運轉的資金來源通常由國家撥款、企業借債（發行債券）和企業自有資金組成。這些企業必須首先滿足政府的社會目標，其次是力爭保本經營。一般情況下，政府與這些企業都簽有3～5年的目標合同，內容包括落實政府政策目標、企業自身發展目標，以及政府對企業應該承擔的財政支持或直接提供的預算資金補貼額，等等。政府對這些企業有權決定其投資計劃、投資方向和提供資金的方式，包括發放貸款、提供補助金等。比如，政府控股的企業為實現政府公共政策而發生虧損，政府按合同規定的數額予以補貼，超過虧損的部分由企業用自有資金、發行債券或向銀行融資補充，政府不額外承擔責任。這些國家的國有企業都按主管部門的指示，以低於市場的價格向市場出售能源、原材料、半成品和運輸服務籌，而同時又以市場價格買進商品和勞務。事實上，這些企業由於代表各級政府賦予為居民提供基本公共服務的使命，政府的政策就是保本經營，按成本確定收費標準，基本不留利潤空間，甚至該虧損時就虧損。例如，城市中的環境治理、市政、給排水和供電企業，政府的考核指標不是利潤，反而是虧損的多少。

以法國為例，該國現有的國有企業大致可以分為三類：一是國有獨資公司，國家擁有公司的全部產權；二是國家控股公司（股份占公司全部股份的51%以上）；三是國家參股公司，國家只擁有公司少部分股份。上述三類企業中，第一、二類企業基本上屬於公共服務性質公司，如航空、電信、鐵路等，第三類企業大多屬於競爭領域的企業。在國有企業改革和資本開放過程中，法國主要是減少國有獨資企業個數，使國有獨資企業成為國有控股公司，國有控股公司則有計劃地轉變為國有參股公司。而在一般性競爭領域，國有企業則盡可能退出，降低國有企業在一般性競爭領域中的比重。以法國航空公司為例，法航原來是國有獨資公司，股權多元化后，公司中國有股的比重下降到56%，成為一個國有控股的公眾公司，但公司的效益則由於企業改制的成功而有較大的增長。在擴大企業自主權的同時，也加強了比較有效的分類監督機制。特別是對第一、二類企業實行了嚴格的監督。政府主要監督措施是：企業主管部門在企業董事會中派駐代表，參與內部決策並監督實施，派駐代表在第一、二類企業的決策執行中擁有否決權；確定企業中期發展的戰略規劃；財政部財務監督處向每個企業派駐監督員，專門監督企業的財務狀況，並及時向主管部門報告企業的經營情況；政府對第一、二類企業的投資、價格、成本等進行較為嚴格的控製，這兩類企業的財政預算、人員招聘和職工報酬等有關事項，都要報主管部門和財政部批准同意。

此外，法國政府嘗試通過簽訂規劃合同的方式，放松國家對企業的監管，通過進一步擴大企業經營自主權，為國有企業創造平等的競爭環境，促進企業經濟效益提高。具體做法是：國家與企業每四年簽訂一份規劃合同，明確企業經營目標和政府應提供的支持條件，國家不再對企業的日常經營活動進行行政干預，由企業在合同框架內自主參與市場競爭。在公用事業領域，由於市場機制難以充分發揮作用，企業普遍效益較低，因而很少有非國有企業進入，這就造成了公用事業大多被國有企業壟斷的局面。在這一領域，如果沒有有效的運作規則，就會損害公眾利益。對這些自然壟斷的企業，法國政府運用行政、法律手段對其進行規劃，並先后制定了符合公用事業自身利益和社會利益的行為規範和法律文件，一方面鼓勵其提高營運效率，另一方面抑制其可能產生的通

過提高價格損害公眾的行為。

與上述國家國有企業相比較，挪威國企的定位則有較大不同。在 2010 年聯合國公布的人類發展指數（HDI）的排名榜上，挪威名列第一，是世界上 182 個國家中生活質量最好的。挪威的國企所占的比例是相當高的，之所以保持較高的國企成分，和挪威對社會發展所持的價值觀有直接的關係。權威的經濟合作與發展組織（OECD）曾對挪威的社會經濟發展作過一個研究報告，分析了挪威的社會價值觀對其公共政策的影響，指出北歐的治理模式和價值體系影響了挪威的政策取向：「（挪威）公共政策強調的價值是平等、凝聚、高社會福利的。這些價值促成了較大的公有部門，高稅收、多國企、重管制，其目的是要保證全社會都能享受到相似的生活水平。」這個價值體系不僅使挪威有較多的國企，也使挪威的國企有較大的企業社會責任感，而不單純追求公司利潤最大化。譬如，挪威國家石油公司努力使石油和天然氣的生產更加「環保」，它在天然氣田中把二氧化碳過濾出來，重新泵回地下，雖然增加了公司的生產成本，但是有益全社會的環保；它還建造了兩個大型回收碳化物的系統，避免廢氣污染大氣。生產石油要排放二氧化碳，世界上每生產 1 桶石油平均要排放 19 千克的二氧化碳，但挪威國家石油公司只排放 7 千克。另一個挪威大型能源國企，致力於研發各種最先進的清潔能源，如海水中的鹽能等。挪威雖然有豐富的石油和天然氣能源，但它使用的電能 98% 以上來自清潔的水電，而不是燃燒油氣的火電。此外，挪威建立了主權基金，其資金來源主要是國有企業的石油收入。它給自己制訂了嚴格的、理性的投資和消費計劃。基金主要用作有利於未來發展的投資，通過將石油資源等不可再生的自然資源帶來的財富做長期的、理性的投資，使財富可以在未來由全社會分享。挪威的主權基金對投資有很嚴格的社會責任要求，設立了專門機構審查投資的公司，不投資那些會危害社會的跨國公司，譬如嚴重破壞生態環境的公司、生產核武器和生化武器的公司、生產菸草等的公司，儘管這些公司可能給基金帶來高利潤的回報，但它絕不染指，不因利忘義。

通過上述分析，可以將西方發達國家國有企業承擔的社會責任歸納為如下幾點：①國有企業首要的責任是提供公共服務。對於這類國有企業，並不以營

利為目標。②以挪威模式為例，對於壟斷資源形成的國有收益要通過國家主權基金等形式回報社會，並投資於可持續發展的事業中。③國家政府在國有企業承擔責任的設定和責任履行過程中起到主導作用。④國有企業的運作必須在公眾的監督下進行，需要建立公開、透明的監管機制。

## 第三節　中國中央企業社會責任承載中存在的問題及政策建議

在國資委的大力推動和中央企業對社會責任問題的日益重視下，近年來中央企業在履行對社會責任方面做了很大的投入，主動自覺地承擔社會責任日益成為企業文化的一個重要內容。但是由於內外部環境的影響，與對西方發達國家國有企業社會責任實踐比較，中國中央企業在履行社會責任中也存在諸多問題。

### 一、中央企業社會責任與企業定位和企業發展不協調

中央企業所處的行業既有自然壟斷性的，也有大部分是公共服務、基礎設施建設的。政府對中央企業的定位是保證國計民生、國家安全和社會穩定，中央企業能夠按照要求，保證自身經營生產就是在履行著人民賦予的責任，就是維護著社會的穩定。雖然自然壟斷性企業的利潤來自於壟斷性收益，而處於公共服務和基礎設施建設方面的利潤率並不是很高，且其雇員較多、人工成本較大，這類企業為滿足社會基礎設施、交通服務網絡建設等項目，對資金需求非常大。如果讓中央企業承擔過多的社會責任，將占用本應用在國計民生領域、發展生產的資金。為解決資金需求，中央企業要麼提高服務產品價格、要麼向國有銀行借款，這樣必將使企業壓力傳導到社會公眾領域，為社會的健康發展和穩定帶來影響。因而，政府部門、社會輿論和企業自身都要結合實際情況，綜合權衡利弊，將全民的財富合理規劃，發揮其使用效率。

## 二、中央企業社會責任缺乏總體協調

中央企業鏈條較長，其子公司遍布全國乃至世界各地。由於央企的背景，各級公司往往受所在地方政府重點關注，也是當地群眾給予較大期望的企業。但是，由於中央企業及其所屬單位的發展並不平衡，有些子企業也僅處於微利或虧損狀態。如果讓其承擔過多的社會責任無疑對企業發展不利、對當地經濟和群眾不利。鑒於此，中央企業需要從集團整體資源配置的角度，統籌規劃、總體協調各級各類企業社會責任方面應承擔的義務。同時，中央企業也需要從企業發展戰略出發，對應承擔的社會責任進行分類管理，明確承擔社會責任涉及的當前必要的費用化支出和著眼於未來的作為無形資產的投資支出，並將企業社會責任承擔與自身的發展階段、行業、規模、盈利水平及波動性等相銜接。

## 三、中央企業社會責任內部控製制度尚需完善

雖然國資委印發了中央企業社會責任的指導意見，但是多數企業並沒有將其納入企業內部控製體系中。按照中國財政部印發的企業內部控製指導意見要求，企業社會責任作為企業內部控製制度的重要組成部分。一方面，需要通過內部控製制度規範企業社會責任行為，建立相關預算、審批和考核制度，規避企業（特別是企業領導）以承擔社會責任為由滿足個別人的私人利益和隨意性支出行為，從而造成企業財產的損失；另一方面，也需要通過內部控製制度，將企業承擔社會責任與企業發展戰略有機地聯繫起來，促進企業的科學的可持續的發展。

## 四、對中央企業社會責任的承擔需要加強外部監管

中央企業的運作應該是透明的，既然主人是全民，全民就有權知道企業的運作。美國、英國、瑞典、芬蘭等國家政府要求，不論是國有上市公司還是非上市公司，都要建立公開透明的財務報告制度，企業的財務報告都要通過網站等方式按期向社會公開，接受全社會的監督。中國目前雖然有越來越多的中央企業自發地披露社會責任報告或者可持續發展報告，並且通過國資委網站或者

企業網站對企業承擔社會責任的諸多事例做宣傳。但是這些報告和宣傳更多是以樹立企業形象為目的，往往是報喜不報憂。因此，需要通過更廣泛的社會輿論、權威仲介機構、政府部門或非政府機構的外部監督對企業的社會責任行為予以客觀的評價，不僅可揭示其已經做了的「好事」，還可揭示其存在的風險。此外，通過加入董事會、股東會等方式參與央企決策程序是從源頭監督企業行為帶來社會影響的可行的治理方式。

## 五、中央企業慈善基金會的合規運作應成為關注點

目前，中央企業已經通過設立慈善基金會的形式參與社會福利事業。但是基金會的管理還缺乏透明性，基金會的運作隨意性較強，缺乏足夠的決策機制。而且中央企業慈善基金會與中央企業基本是一套人馬、兩塊牌子，獨立性較差。國資委關於中央企業對外捐贈的管理辦法不適用慈善基金會，這樣有可能出現中央企業領導者通過慈善基金會來運作對外捐贈，實現自身利益的尋租。因此，相關部門也應將中央企業慈善基金會納入監管，督促其合法、合規地運作。

針對中國中央企業承擔社會責任中存在的問題，為推進中國中央企業社會責任工作健康有序、科學合理地開展，建議中央企業主管部門能夠在如下幾方面予以關注：

第一，建議主管部門對中央企業社會責任工作進行分類管理。結合中國「十二五」規劃，明確各類中央企業戰略定位。對於壟斷型中央企業，應進一步提高其收益的收繳並用之於全民。對於公共服務和公共安全型的中央企業，要為其提供資源（資金）和政策支持，提高其服務的效率和質量。對於參與國際競爭的企業，要給其壓力和動力，而絕非政治資源，讓其公平參與市場競爭。同時，也要將中央企業應該承擔的社會責任與其發展階段、行業、規模、盈利水平及波動性等掛勾。

第二，建議主管部門加強對中央企業社會責任制度落實的監督檢查，要求中央企業結合自身業務實際，明確社會責任行為的風險點和關鍵環節，建立自身社會責任內部控製制度。對於此項內控制度的執行情況，應通過公開、透明的方式要求中央企業定期動態地向社會公布。

第三，建議主管部門進一步完善中央企業治理結構、建立合理的決策機制。嘗試將外部相關利益人引入企業董事會等決策機構中，以此提高重要社會責任利益方在中央企業經營決策中的話語權。

第四，建議主管部門建立完善社會責任工作體系[①]，推進中央企業社會責任工作。①中央和地方各級政府部門加強溝通和協調，在鼓勵中央企業為國家和地方擔當踐行社會責任的表率的同時，還要尊重中央企業的意願和其社會責任規劃，避免讓中央企業及其各級子企業承擔超過自身能力的責任。②在中央企業主管部門內部各職能司局間建立協調溝通機制，對中央企業承擔社會責任工作進行統一管理。

第五，建議在國資委與中央企業負責人簽訂的年度和任期經營業績責任書中，對企業社會責任承擔問題盡量採取明確的量化性描述，以避免企業負責人過多地關注財務績效指標而忽略社會責任指標。

## 主要參考文獻

【1】AGHION, PHILIPPER, PATRICK BOLTON. An Incomplete Contracts Approach to Financial Contracting [J]. Review of Economic Studies, 1992, 59: 473-494.

【2】ARCHIE B, CARROLL. A Three-Dimensional Conceptual Model of Corporate Performance [J]. Academy of Management Review, 1979, 4 (4): 497-505.

【3】BAKER G., R. GIBBONS, K. J. MURPHY. Relational Contracts and the Theory of the Firm [J]. Quarterly Journal of Economics, 2002, 117: 39-84.

【4】BERGOLF, THADDEN. Short-Term versus Long-Term Interests: Capital Structure with Multiple Investors [J]. Quarterly Journal of Economics, 1994,

---

① 2011年中央企業負責人工作會議上，國資委已經將「積極履行企業社會責任、強化節能減排工作、建立完善社會責任工作體系」作為中央企業2011年要著力抓好的八項工作之一。筆者認為，這不應僅僅是對中央企業的要求，也應是對主管部門自身的一項重要要求。

109:1055-1084.

【5】BOWEN H. Social Responsibility of Businessman [M]. New York: Harper and Row, 1953.

【6】CARROLL A. B. The Pyramid of Corporate Social Responsibility: toward the Moral Management of Organizational Stakeholders [J]. Business Horizons, 1991 (T): 39-48.

【7】C. CROUCH. Modeling the Firm in Its Market and Organizational Environment: Methodologies for Studying Corporate Social Responsibility [J]. Organization Studies, 2006, 27 (10): 1533-1551.

【8】CHOATE G. M. The Governance Problem, Asset Specificity and Corporate Financing Decisions [J]. Journal of Economic Behavior and Organization, 1997, 33: 75-90.

【9】COASE, RONALD. The Nature of the Firm [J]. Economical, 1937, 4 (3).

【10】Committee for Economic Development. Social responsibilities of business corporations [J]. Committee for Economic Development, 1971, 15.

【11】C. W. SMITH, WARNER. On Financial Contracting [J]. Journal of Financial Economics, 1979, 7: 117-161.

【12】DAVIS K., BLOMSTROM R. L. Business and Society: Environment and Responsibility [M]. New York: McGraw-Hill, 1975.

【13】DEWATRIPONT, MATHIAS, JEWITT, IAN, TIROLE, JEAN. A Theory of Debt and Equity: Diversity of Securities and Manager-shareholder Congruence [J]. The Quarterly Journal of Economics, 1994: 1027-1054.

【14】DIAMOND, DOUGLAS W. Financial Intermediation and Delegated Monitoring [J]. Review of Economics Studies, 1984, 51: 393-414.

【15】DRUCK, PETER. Management Challenges for the 21st Century [M]. New York: Harper-Collins, 1999.

【16】FREEMAN R., EDWARD, EVAN, WILLIAM. Corporate Governance: A Stakeholder Interpretation [J]. Journal of Behavioral Economics, 1990, 19 (4): 354.

【17】FREEMAN R., EDWARD. Strategic Management: A Stakeholder Approach [J]. Pitman Publishing Inc, 1984, 46.

【18】GALE, DOUGLAS, HELLWIG, MARTIN. Incentive – Compatible Debt Contracts: The One – Period Problem [J]. Review of Economics Studies, 1985, 52: 647 – 663.

【19】GRAY R, OWEN D, MAUNDERS K. Corporate Social Reporting: Accounting and Accountability [M]. London: Prentice – Hall, 1987.

【20】HANGEN, ROBERT A, SENBET, LEMMA W. New perspectives on Information Asymmetry and Agency Relationship [J]. Journal of Financial and Quantitative Analysis, 1979 (4): 671 – 694.

【21】HART O., MOORE. Default and Renegotiation: A Dynamic Model of Debt [J]. Quarterly Journal of Economics, 1998, 113, 1 – 41.

【22】Hart, Oliver, Bengt Holmstrom. The Theory of Contracts, in T. Bewley (ed.) [M]. London: Cambridge Univ. Press, 1987: 71 – 155.

【23】HILL, CHARLES W., JONES, THOMAS M. Stakeholder Agency Theory [J]. Journal of Management Studies, 1992, 29 (2): 131 – 132.

【24】JEAN TIROLE. Corporate Governance [J]. Econometrical, 2001, 69 (1): 1 – 35.

【25】JENSEN M. C., MECKLING W. H. Theory of the Firm: Managerial Behavior, Agent Cost and Ownership Structure [J]. Journal of Financial Economics, 1976 (3).

【26】J. HEATH, W. NORMAN. Stakeholder Theory, Corporate Governance and Public Management: What Can the History of State – Run Enterprises Teach Us in the Post – Enron Era? [J]. Journal of Business Ethics, 2004, 53 (3): 247 – 265.

【27】MANNE, HENRY G.. The High Criticism of the Modern Corporation [J]. Columbia Law Review, 1962, 62 (3): 406-416.

【28】Margaret M., Blair. For Whom Should Corporations Be Run: An Economic, Rationale for Stakeholder Management [J]. Long range Planning, 1998, 31 (2): 195-200.

【29】M. FRIEDMAN. Capitalism and Freedom. Chicago [M]. Chicago: University of Chicago Press, 2002: 1962.

【30】M. FRIEDMAN. The Social Responsibility of Business Is to Increase Its Profits [J]. New York Times Magazine, 1970 (9): 13.

【31】MICTHAEL JENSEN, W. MECKLING. Theory of the Firm: managerial of Behavior, Agency Cost and Capital Structure [J]. Journal of Financial Economics, 1976 (3).

【32】NORTH D. C. Institutional Change and Economic Performance [M]. Chicago: Cambridge University Press, 1990.

【33】ROBBINS S. P. Management [M]. New Jersey: Prentice-Hall, 1994.

【34】SHELDON, OLIVEN. The Social Responsibility of Management, the Philosophy of Management [M]. London: Sir Isaac Pitman and Sons Ltd., 1924.

【35】SMITH, ADAM. The Wealth of Nations [M]. London: Cannan ed., 1930: 420-421.

【36】STANLEY BAIMAN, JOHN H. EVANS, NANDU J. NAGARAJAN. Collusion in Auditing [J]. Journal of Accounting Research, 1991, 29 (1): 1-18.

【37】STEINER G. A, STEINER J. F. Business, Government, and Society: a Managerial Perspective [M]. New York: Random House Business Division, 1980.

【38】STEVEN N. S. CHEUNG. The contractual nature of the firm [J]. The journal of law and economics, 1983 (4).

【39】TOWNSEND R. Optimal Contracts and Competitive Markets with Costly State Verifications [J]. Journal of Economic Theory, 1978, 71: 417-425.

【40】VOGEL, DAVID. The Corporation as Government: Challenges and Dilemmas [J]. Polity, 1975, 8 (1): 5-37.

【41】ZUCKER L. G. Production of trust: Institutional sources of economic structure [M]. Chicago: Cambridge University Press, 1986.

【42】蔡剛, 干勝道. 公司社會責任披露主體特徵研究 [J]. 科學、經濟、社會, 2010 (2).

【43】蔡剛. 中國上市公司社會責任報告披露狀況實證研究 [D]. 成都: 四川大學, 2010.

【44】馮巧根. 基於企業社會責任的管理會計框架重構 [J]. 會計研究, 2009 (8).

【45】干勝道, 田超. 基於股東特質視角的中國中央企業社會責任研究 [J]. 現代經濟探討, 2011 (4).

【46】高漢祥, 鄭濟孝. 公司治理與企業社會責任: 同源、分流與融合 [J]. 會計研究, 2010 (6).

【47】侯若石. 全球生產組織方式變化與企業社會責任 [C] //北京大學國際經濟研究所. 世界經濟與中國, 高層論壇論文, 北京: 北京大學國際經濟研究所, 2003.

【48】胡貴毅, 任榮明, 王漫天. 影響企業社會責任的因素及其與企業治理的關係——基於利益相關者之間的分配博弈 [C] //南開大學公司治理年會論文. 天津: 南開大學公司治理研究中心, 2009.

【49】胡貴毅. 論企業社會責任的本質——兼與李偉先生商榷其他利益相關者在企業治理結構中的地位 [J]. 當代經濟管理, 2008 (1).

【50】倫納德·布魯克斯, 保羅·鄧恩. 商業倫理與會計職業道德 [M]. 5版. 任明川, 改編. 北京: 中國人民大學出版社, 2010.

【51】李大洪. 論關係競爭時代的企業社會責任及其競爭力提升 [J]. 商業時代, 2009 (20).

【52】李文川, 盧勇, 張群祥. 西方企業社會責任研究對中國的啟示 [J]. 改革與戰略, 2007 (2).

【53】李心合. 嵌入社會責任與擴展公司財務理論 [J]. 會計研究, 2009

（1）.

【54】李豔華，凌文輇. 世界企業社會責任研究與實踐概述［J］. 技術經濟與管理研究, 2006（1）.

【55】黎友焕，龔成威. 基於外部性的企業社會責任福利分析［J］. 西安電子科技大學學報, 2008（11）.

【56】黎友焕，劉延平. 中國企業社會責任建設藍皮書（2010）［M］. 北京：人民出版社, 2010.

【57】李占祥. 論企業社會責任［J］. 中國工業經濟研究, 1993（6）.

【58】李正. 企業社會責任信息披露研究［M］. 北京：經濟科學出版社, 2008.

【59】劉長喜. 企業社會責任與可持續發展研究——基於利益相關者和社會契約的視角［M］. 上海：上海財經大學出版社, 2009.

【60】劉俊海. 公司的社會責任［M］. 北京：法律出版社, 1999.

【61】劉新民. 建立系統性公司治理模式——以企業社會責任為指導［J］. 中國社會科學研究院學報, 2008（2）.

【62】樓建波，郭秀華. 現代企業社會責任核心理念和中國實踐之路［M］. 北京：北京大學出版社, 2009.

【63】盧代富. 企業社會責任的經濟學與法學分析［M］. 北京：法律出版社, 2002.

【64】孟曉俊，肖作平，曲佳莉. 企業社會責任信息披露與資本成本的互動關係——基於信息不對稱視角的一個分析框架［J］. 會計研究, 2010（9）.

【65】任榮明，朱曉明. 企業社會責任多視角透視［M］. 北京：北京大學出版社, 2009.

【66】沈洪濤. 公司社會責任和環境會計的目標與理論基礎——國外研究綜述［J］. 會計研究, 2010（3）.

【67】沈洪濤，宋獻中，許潔瑩. 中國社會責任會計研究：回顧與展望［J］. 財經科學, 2010（04）.

【68】沈洪濤，沈藝峰. 公司社會責任思想起源與演變［M］. 上海：世紀

出版集團,上海人民出版社,2007.

【69】沈藝峰,沈洪濤.論公司社會責任與相關利益者理論的全面結合趨勢[J].中國經濟問題,2003(2).

【70】沈占波,杜曉靜.企業社會責任的背景和邊界分析[J].生產力研究,2009(6).

【71】施平.面向可持續發展的財務學:困境與出路[J].會計研究,2010(11).

【72】史際春,肖竹,馮輝.論公司社會責任:法律義務、道德責任及其他[M].北京:北京大學出版社,2009.

【73】帥萍,高杰.企業社會責任動力機制研究——基於不完全契約理論[J].商業現代化,2008(2).

【74】宋獻中.建立中國社會責任會計的總體構思[J].對外經貿財會,1998(04).

【75】宋獻中,龔明曉.社會責任信息的質量與決策價值評價——上市公司會計年報的內容分析[J].會計研究,2007(02).

【76】唐更華.企業社會責任發生機理研究[M].長沙:湖南人民出版社,2008.

【77】田虹.企業社會責任及其推進機制[M].北京:經濟管理出版社,2006.

【78】田超,干勝道.上市公司首次社會責任報告質量分析——基於滬市130家強制披露社會責任報告[J].江蘇科技信息:學術研究,2009(09).

【79】田超,干勝道.企業社會責任的財務學視角研究[J].現代管理科學,2009(7).

【80】田超,干勝道.企業應建立社會責任的資產負債觀[N].中國商報,2009-07-04.

【81】田超,干勝道.基於耗散結構理論的企業社會責任研究[J].現代管理科學,2009(11).

【82】田超,干勝道.企業社會責任內部控製制度研究[J].經濟研究參

考，2010（49）．

【83】王建明．環境信息披露、行業差異和外部制度壓力相關性研究［J］．會計研究，2008（6）．

【84】王明洋．試論企業社會責任［J］．經營管理者，1989（7）．

【85】王陽．基於社會責任的公司治理模式重塑［J］．西北師大學報：社會科學版，2009（1）．

【86】王雪芳，殷筱琴．中國社會責任會計體系的理論框架研究［J］．財會通訊，2004（16）．

【87】王再文，趙楊．中央企業履行社會責任報告（2010）［M］．北京：中國經濟出版社，2010．

【88】溫素彬，方苑．企業社會責任與財務績效關係的實證研究——利益相關者視角的面板數據分析［J］．中國工業經濟，2008（10）．

【89】溫素彬，黃浩嵐．利益相關者價值取向的企業績效評價——績效三棱鏡的應用案例［J］．會計研究，2009（4）．

【90】吳克烈．企業社會責任初探［J］．企業經濟，1989（8）．

【91】許家林．環境會計：理論與實務的發展與創新［J］．會計研究，2009（10）．

【92】楊世忠，曹梅梅．宏觀環境會計核算體系框架構想［J］．會計研究，2010（09）．

【93】張兆國．企業社會責任與財務管理變革——基於利益相關者理論的研究［J］．會計研究，2009（3）．

【94】張兆國，劉曉霞，張慶．環境會計：理論與實務的發展與創新［J］．會計研究，2009（3）．

# 第四章 股東特質、盈余管理與控製權轉移

## 第一節 引言

在中國新興加轉軌的證券市場上，上市公司每年都發生大量的併購、重組、控製權轉移事件。這些活動涉及大額交易，影響公司資產質量、經營狀況和經營業績，關係到資產併購各方以及投資者的利益。上市公司第一大股東變更屬於上市公司控製權轉移的範疇，也是上市公司併購研究的內容之一。在第一大股東變更過程中，上市公司是否進行了盈余管理，會計信息的質量如何，直接關係到各相關者的利益。併購作為企業戰略的一個重大決策，市場對其態度直接影響到企業以後的發展前景，這也使併購中公司管理層有了粉飾報告盈余的動機，因此併購過程中會出現一些操縱利潤的盈余管理現象。

國內外的一些文獻表明，公司可能在併購、重組過程中進行盈余管理。埃里克松（Erikson，1999）發現了換股併購的收購公司在收購前的季度裡，通過盈余管理來提高自身股價。路易斯（Louis，2004）也發現公司在進行換股收購之前進行了正的盈余管理，並且收購期間和收購后的長期市場收益都與盈余管理負相關。伯格斯特拉瑟等人（Bergstraesser et al，2006）發現公司進行盈余管理的動機與收購其他公司、盈余接近關鍵門檻和高管準備執行股票期權有關。白雲霞等（2005）發現，控製權轉移后公司業績低於閾值，通過資產處置來提高業績。何問陶、倪全宏（2005）發現管理層收購前一年公司減少了應計盈余，但不顯著。

目前國內外研究併購、重組、控製權轉移與盈余管理的文獻不多，集中研

究第一大股東變更和盈余管理的文獻更少。筆者於 2009 年 12 月 23 日在中國知網（CNKI）進行了跨庫檢索，首先以題名「控製權轉移」檢索，結果出現 188 項，然后在結果中以關鍵詞「盈余管理」檢索，只有 4 項結果，其中有一篇北京交通大學秦耀林的博士論文《控製權轉移公司的盈余管理研究》。然后又以題名「第一大股東變更」檢索，結果出現 8 項，在結果中以關鍵詞「盈余管理」進行二次檢索，沒有一項結果。可見，第一大股東變更和盈余管理還是一個值得研究的課題。

本章在第一大股東變更與盈余管理問題的研究中欲沿著股東特質與行為差異這一主線，同時借鑑行為財務方面的理論，考察所有者主體「虛擬化」（比如國資委）與「實體化」（私人大股東）對控製權溢價、私有收益和中長期績效的影響，國有股權私有化的過程中有無國有資產流失嫌疑，民營公司股權轉讓中的「理性人」行為，以及國有公司內部人控製個人尋租的可能性等。

在現有的控製權轉移和盈余管理的研究中，尚未發現就不同性質控股股東的盈余管理問題進行系統比較分析的文獻。不同性質的大股東具有不同的經濟屬性和行為特徵，這些屬性和特徵導致了上市公司不同的控製權轉移目的，而不同的轉移目的又決定了其盈余管理的動機、方式不同，從而對轉讓溢價、轉移后業績變化的影響也會不同。按照這一邏輯，本章欲根據第一大股東的所有權性質，把第一大股東變更分為四種不同的類型，即第一大股東由國有變更為國有、國有變更為民營、民營變更為國有和民營變更為民營，來研究不同類型的變更中盈余管理的特徵以及盈余管理行為對轉讓溢價和變更后公司業績變化的影響。

## 第二節　國內外研究綜述

### 一、第一大股東變更和盈余管理

盈余管理的研究已經累積了大量研究文獻，這些文獻主要集中在一般性的盈余管理行為上，同時也有很多文獻對特定事項的盈余管理行為做了研究，

但這些事項主要是首發上市、公開增發、內幕交易、反壟斷監管和其他政府監管等，對控製權變更和盈余管理關係的研究還不多，也不夠深入，更多是關於控製權變更與業績變化方面的研究。

國外學者關於第一大股東變更和盈余管理的研究，大多數是基於控製權變更理論，研究結論還沒有取得一致。

首先，曼尼（Manne，1965）首次提出公司控製權市場理論，他認為公司的控製權是公司的一項資產並且是有價值的，只在公司管理層的管理效率和公司所體現出來的價值，也就是公司股價之間存在較高的正相關的時候，這樣的控製權市場才存在。Jensen（1976）和 Meckling（1979）提出，由於現代公司的所有權與控製權兩者是相分離的，公司股東與管理者之間就存在委託代理的問題。而且由於信息不對稱的存在會加大這種代理成本，因此股東們必須通過制訂相應的機製對管理者們進行激勵與約束，即公司治理機製。從公司治理機製的角度來講，相同行業以及相同規模的公司往往基於趨同的原理採用相同或者相似的公司治理機製，收購方物色收購公司進行收購活動。哈福德和霍爾（Harford，Hall，1997）認為在控製權市場當中，公司想要發生併購活動，只要公司存在大量的現金才會使併購活動得以進行，另外一個公司的現金流量還可以作為預測本公司是否會被其他公司併購的指標進行衡量。

其次，Jensen 和 Rubuck（1983）提出的關於公司之間的兼併與收購活動對公司價值與股東財富的影響研究表明：在公告期，好的成功的公司之間採用兼併方式併購時，目標公司股東享有20%的超常收益，收購公司股東則無法享有顯著的超常收益。他們的研究發表以后引起了許多經濟學家對公司併購活動的關注。公司之間的併購活動對收購方的股票價格有積極影響。施韋爾德（Schwerte，1996）發現在1000多家被併購的公司當中，公司股東們所獲得累計平均異常收益都達到了350%左右。當公司股權發生轉移的時候，目標公司的股東所獲得的超長收益率與公司的資產負債率以及公司法人股所持公司股份比例都成正相關關係（Elias，1999）。波蘭研究者格熱戈日（Grzegorz，2003）發現，在發生控製權轉移的公司中，如果股份的收購方是公司股東並且收購方也期望對收購公司進行重組，被收購公司的股價會明顯上升。也有學者得出了相反的

研究結論，例如英國學者辛格（Singh，1971）提出，主並公司在完成收購事項以后，公司的績效不但沒有上升反而公司的營利狀況顯著下降；學者 Meeks（1997）提出上市公司在發生併購事項后，公司的資產收益率在幾年之內出現了持續下降的狀況；巴加特等（Bhagat et al，2001）也提出，收購活動給收購方帶來的收益並不明顯，甚至會帶來負的收益。

在中國，關於公司大股東變更與盈余管理的研究，主要是與公司治理機制以及公司的績效相關聯的。

首先，許小年（1997）對深滬兩市的上市公司的股本結構和公司的經營績效進行了分析研究，並得出結論：上市公司國有股所占的比重越大，公司的績效就越差，反之就越好，單獨個人所持有的上市公司的股份與公司的績效沒有關係。一些學者（孫永祥、黃祖輝，1999；陳信元、張田余，1999）研究了上市公司發生資產重組的市場反應。研究發現股權轉讓、資產剝離和資產置換事件在公告日之前股票價格上升，在公告日之后股票價格下降，而收購兼併事件對股票價格沒有顯著影響。楊朝軍、蔡明超和劉波（2000）以1998年發生的28起控製權轉移事件為樣本進行了研究，發現上市公司在公告窗口［－40，＋20］內存在顯著的超額收益。一些學者（馮根福、吳林江，2001；陳小悅、徐曉東，2001）研究的結論認為：第一大股東持股比例與公司績效正相關；朱寶憲、王怡凱（2002）研究了1998年所發生的67起控股權轉移事件，利用淨資產收益率和主營業務利潤率作為公司績效的代表指標，對上市公司發生併購的前三年和併購后三年的數據進行研究，研究結果表明大多數發生併購的公司都是出於戰略性的考慮，公司發生併購后的業績得到了改善。張新（2003）以1993—2002年中國A股上市公司的1216個併購重組事件作為樣本，研究了收購公司的併購績效。得出收購公司的超額異常收益為負，但是由於樣本選擇的問題，這一結論具有一定的局限性。

其次，一些學者（徐曉東、陳小悅，2003；李善民、曾昭竃，2003）在研究過程中充分結合了中國控製權轉移的制度，通過對發生控製權轉移的上市公司進行樣本抽樣分析，得出了中國發生控製權轉移的公司存在著股權分散、管理層缺乏高效完善的管理制度等特點。李善民、朱濤、陳玉昆等（2004）以

1998—2002 年上半年發生於滬深兩市上市公司之間的 40 起併購事件為研究樣本，實證研究表明：收購公司績效逐年下降，目標公司績效有所上升，整體而言上市公司併購績效顯著下降。駱柞炎（2005）通過研究 2000 年進行過控製權轉移的 72 家公司發現：其非但沒有在轉移之后業績上升，反而連續四年呈下降趨勢，得出了公司治理不能僅僅依靠資本市場的制約，公司監管也同樣必不可少，二者任缺其一均不能使公司績效獲得提高的結論。姚燕、王化成（2006）的相關研究得出，作為公司併購行為的一種，由於控製權轉移行為會影響到一個公司的重大經營決策和人員變動，與上市公司其他的併購行為相比，併購會對上市公司的績效產生重大的影響。王曉初、俞偉峰（2007）主要研究了上市公司之間的公司併購與公司治理之間的關係，以 A 股和 H/R 股上市公司為樣本，利用事件分析法和迴歸分析的相關實證研究方法，對公司之間的收購績效與公司治理之間的問題進行實證研究，結果表明目前 A 股市場的收購活動對公司績效的影響是負面的，而 H/R 股的收購對績效的影響並不顯著。

## 二、盈余管理計量模型

縱觀近 20 年來國內外的相關研究，計量盈余管理的方法眾多，總地來說，主要包括總體應計利潤法、特定應計項目法和管理后盈余分佈法三種。

（一）總體應計利潤法

總體應計利潤法的思想是：將會計盈余分為經營現金流（Cash From Operations，CFO）和總體應計利潤（Total Accruals，TA，即對現金流量的會計調整）兩部分，即 Earnings = TA + CFO。總體應計利潤是指那些不直接形成當期現金流入或流出，但按照權責發生制和配比原則應計入當期損益的收入或費用或淨資產的增加減少部分，比如折舊費用、攤銷費用、應收帳款增加額，等等。由於並不是所有的應計利潤都代表著盈余管理，所以這種方法又把 TA 劃分為操控性應計利潤（Discretionary Accruals，DA）和非操控性應計利潤（Non-discretionary Accruals，NDA）兩部分。然后，用 DA 來衡量盈余管理的程度。因為要把 TA 分為 NA 和 NDA，所以這種方法又被稱為應計利潤分離法。由於 DA 是不可直接觀測的，通常是先設計一個模型來計算 NDA，然后比較 NDA 和 TA 的

大小，如果 NDA 小於 TA，就證明存在盈余管理，盈余管理的量就是二者之差。因此，運用總體應計利潤法研究盈余管理的關鍵就在於 NDA 的計算。

總體應計利潤法是國外最常用的盈余管理計量方法，在其應用及發展過程中，諸多學者對其進行了多次改進和修正，先後出現了以下幾種計量模型：

1. Healy 模型

希利（Healy，1985）開創了盈余管理實證研究的先河，他構建的計量非操控性應計利潤的模型是通過比較不同樣本的平均應計利潤總額來檢驗盈余管理的。Healy 模型比較簡單，它假定在任意會計期間都會發生系統性的盈余管理行為，對操控性應計利潤和非操控性應計利潤沒有進行區分，直接以平均的總應計利潤代表非操控性應計利潤。其模型可以表述如下：

$NDA_i = (\sum TA_t) / T$

式中，NDA 是預計的非操控性應計利潤，TA 是以資產總額所衡量的應計利潤總額，$t=1, 2\cdots T$ 是估計期的年數，i 是指特定事件發生的年份。

2. DeAngelo 模型

迪安杰洛（DeAngelo，1986）對 Healy 模型做了改進，以應計利潤總額的變化作為操控性應計利潤的表徵變量。其模型可以表述如下：

$NDA_t = TA_{t-1}$

這一模型是非操控性應計利潤的隨機遊走模型，它以上一年度的應計利潤總額作為當年非操控性應計利潤，本年度應計利潤總額與上一年度的差額部分被認為是操控性應計利潤。該模型可以看成是 Healy 模型的特殊形式，只是其對非操控性應計利潤的估計期被嚴格限定在前一年。

3. Jones 模型

瓊斯（Jones，1991）認為，Healy 模型和 DeAngelo 模型都沒有考慮企業規模擴大對非操控性應計利潤的影響，隨著固定資產規模的擴大，相應的應收、應付項目以及折舊額等應計利潤項目會自然增加，非操控性應計利潤是企業銷售收入增加額和固定資產規模的函數。因此，瓊斯使用了一個線性迴歸模型來估計非操控性應計利潤。Jones 模型的主要思想可以用下式表示：

$NDA_t = \alpha_1 (1/A_{t-1}) + \alpha_2 (\Delta REV_t/A_{t-1}) + \alpha_3 (PPE_t/A_{t-1})$

式中，$NDA_t$ 是經過第 t-1 期期末總資產調整后的第 t 期的非操控性應計利潤，$\Delta REV_t$ 是第 t 期收入和第 t-1 期收入的差額；$PPE_t$ 是第 t 期期末總的廠房、設備等固定資產價值；$A_{t-1}$ 是第 t-1 期期末總資產；$\alpha_1$、$\alpha_2$、$\alpha_3$ 是公司特徵參數，可以運用估計期各項數值進行迴歸取得。

4. 修正的 Jones 模型

德肖、斯隆和斯威尼（Dechow, Sloan, Sweeney, 1995）認為 Jones 模型中的主營業務收入變化仍然忽視了企業管理當局對收入進行操縱的因素。他們認為，企業管理當局可以利用應收帳款來對主營業務收入進行操縱，從而達到操縱報告盈餘的目的。因此，Jones 模型低估了盈餘管理，應該在主營業務收入中剔除應收帳款的變化。於是他們提出修正的瓊斯模型為：

$$NDA_t/A_t - 1 = \alpha_1 (1/A_t - 1) + \alpha_2 [(\Delta REV_t - \Delta REC_t)/A_t - 1] + \alpha_3 (PPE_t/A_t - 1)$$

式中，$\Delta REC_t$ 為 t 年與 t-1 年的應收款項之差，$\alpha_1$、$\alpha_2$、$\alpha_3$ 的迴歸值與 Jones 模型計量方法相同。

5. 截面 Jones 模型

截面 Jones 模型由德豐和詹巴爾沃（DeFond, Jiambalvo, 1994）提出，除了模型中參數用截面數據而不是用時間序列數據估計外，截面 Jones 模型與 Jones 模型是相似的。因此，截面 Jones 模型估計非操控性應計利潤的模型如下：

$$NDA_t = \alpha_1 (1/A_{t-1}) + \alpha_2 (\Delta REV_t/A_{t-1}) + \alpha_3 (PPE_t/A_{t-1})$$

式中，$NDA_t$ 是經過第 t-1 期期末總資產調整后的第 t 期的非操控性應計利潤，$\Delta REV_t$ 是第 t 期收入和第 t-1 期收入的差額，$PPE_t$ 是第 t 期期末總的廠房、設備等固定資產價值，$A_{t-1}$ 是第 t-1 期期末總資產。$\alpha_1$、$\alpha_2$、$\alpha_3$ 是不同行業、不同年份的特徵參數，這些特徵參數估計值運用經過行業分組的不同年份數據進行迴歸取得。

6. 行業模型

行業模型由 Dechow、Sloan 和 Sweeney 於 1995 年提出。該模型假設決定非操控性應計項目的因素在同一行業中都是相同的，認為研究公司的非操控性應

計利潤應當與同行業同規模的參考公司的應計利潤之間存在著相應的關係。如果研究公司的非操控性應計利潤與參考公司的應計利潤的中位數之間存在著顯著性差異，則說明研究公司存在著明顯的盈餘管理行為。行業模型中的非操控性應計利潤模型如下：

$$NDA_t = \beta_1 + \beta_2 \text{ medianj}(TA_t/A_{t-1})$$

式中，medianj（$TA_t/A_{t-1}$）是同行業所有非樣本公司經過第 t－1 期總資產調整的第 t 期應計利潤的中值。公司特徵參數 $\beta_1$、$\beta_2$ 用估計期觀測值通過 OLS 估計獲得。

7. 擴展的截面 Jones 模型（陸建橋模型）

中國學者陸建橋（1999）認為，無論是 Jones 模型還是修正的 Jones 模型都忽略了無形資產和其他長期資產的影響，因為無形資產和其他長期資產的攤銷因素是非操控性應計利潤的重要組成部分，忽視這一因素就會使模型低估非操控性應計利潤額，高估盈餘管理行為。因此陸建橋（1999）對修正的 Jones 模型進行了擴展，增加了無形資產和其他長期資產這一變量。模型如下：

$$NDA_t/A_{t-1} = \alpha_1 (1/A_{t-1}) + \alpha_2 [(\Delta REV_t - \Delta REC_t)/A_{t-1}] + \alpha_3 (PPE_t/A_{t-1}) + \alpha_4 (IA_t/A_{t-1})$$

式中，$IA_t$ 為當年無形資產，其餘變量同以上公式。

從 Healy 模型到行業模型，在總體應計利潤法的產生、發展及改進過程中，國外學者運用這些模型進行了大量的實證研究，此處不再贅述。從國內來看，有代表性的研究主要有：

陸建橋（1999）對修正的 Jones 模型進行再修正，提出擴展的 Jones 模型，對中國虧損上市公司的盈餘管理問題進行了研究，得到的結論是：中國上市公司在虧損年度顯著調減盈餘，在虧損前一年和扭虧年度顯著調增盈餘。

林舒、魏明海（2000）運用調整的 DeAngelo 模型，研究了中國 A 股發行公司首次公開募股過程中是否存在盈餘管理行為，其研究結論是：IPO 前兩年和前 1 年，報告盈餘處於最高水平；IPO 當年顯著下降。

徐浩萍（2004）沿用了修正 Jones 模型的思想，認為現金銷售收入的變動、長期資產水平及其增量是影響非操控性應計利潤和經營性應計利潤的重要因素，

## 第四章　股東特質、盈餘管理與控製權轉移

為控製行業因素，將這些變量的行業平均值也一併作為自變量，研究了會計盈餘管理與獨立審計質量的關係。

在總體應計利潤法的幾個模型中，有些屬於時間序列模型，有些屬於截面迴歸模型。這些模型都依賴於一些特定的假設，例如：時間序列模型假設樣本公司的經營週期長短在估計期和事件期保持不變，而截面迴歸模型則假設相同行業中的樣本公司具有同樣的經營週期。然而在現實中，這些假設不一定適合所有的樣本公司。因此，選擇時間序列模型還是截面迴歸模型，意味著選擇權衡，至於哪種模型更優，則是一個實證性問題（夏立軍，2003）。

這些模型最大的缺點就是都存在著一定的估計誤差，其主要原因是它們忽略了一些重要的基本因素對非操控性應計利潤的影響，例如企業的營利能力、增長速度、營運資本政策變化等。具體說來，對 DeAngelo 模型和 Healy 模型而言，如果在估計期內，非操控性應計利潤恒定而操控性應計利潤的均值為 0，則 DeAngelo 模型和 Healy 模型所估計的不可操控性應計利潤都沒有誤差；如果不可操控性應計利潤在各個期間是變化的，兩個模型估計的操控性應計利潤中就都包含著估計誤差。而修正的 Jones 模型假定所有的信用銷售增加都是人為操縱的結果，這樣的假定可能會誇大銷售收入中的操控性應計利潤部分，因為企業的信用銷售與企業信用政策有關，例如：為了降低庫存而延長客戶的付款期限，因此該模型可能會使操控性應計利潤被高估（李清，2008）。此外，在目前的研究中一般採用資產負債表法計量總體應計利潤，但赫里巴爾和柯林斯（Hribar, Collins, 2002）的研究發現，當企業的兼併與分立等活動使報表合併範圍發生變化時，採用資產負債表數據計算的應計利潤中包含一定的計量誤差，從而使估計的可操控性應計利潤的系統性誤差增加。

雖然總體應計利潤法在盈餘管理研究中的應用最為廣泛，並且發展出了多種模型，但是在關於何種模型更加有效的問題上，研究者們意見不一。Dechow、Sloan 和 Sweeny（1995）曾對總體應計利潤法中的六種模型對非操控性應計利潤的測度效果進行了對比分析，實證結果表明，六種模型都能成功測度盈餘管理，其中修正的 Jones 模型效果最好，DeAngelo 模型效果最差。Thomas 等人（2000）發現上述模型在估計盈餘管理的有效性方面是令人失望的，他們認為

目前衡量盈余管理的方法所使用的手段，其精確性均較低。但相對看來，Jones模型在用於衡量不同行業的操控性應計利潤時，仍然表現出較好的預測能力。

現有的模型大部分都是在修正的 Jones 模型基礎上發展而來的，而且在國外的實證研究中，修正的 Jones 模型被認為能夠有效地計量盈余管理。然而 Jones模型、修正的 Jones 模型等的使用前提是假定公司業務處於比較穩定的增長期，適用於比較成熟的企業，而中國上市公司基本上不是成熟型企業。此外，中國轉軌時期的經濟環境和經濟特徵與西方發達國家也有顯著差異，因此在研究中國的盈余管理問題時，不能簡單地套用 Jones 模型和修正的 Jones 模型，要在借鑑這些研究方法和模型的基礎上，結合中國資本市場的特點，做出一些有中國特色的、創新性的研究成果。並且，中國的證券市場存在的歷史較短，上市公司經歷的時間更短，系統的會計信息披露和公司治理結構建立也僅僅從 1998 年開始，中國資本市場所能提供的研究窗口僅為 10 年左右，因此國內研究在運用修正的 Jones 模型時，最好使用橫截面數據代替時間序列數據，實踐研究證明也能夠取得很好的效果。

（二）特定應計項目法

總體應計利潤法是將企業的所有應計利潤項目都納入研究模型中，來測度企業的總體盈余管理水平。而針對具體的會計政策、具體行業時，如對於某個或某類金額很大並且要求大量判斷的特殊應計項目而言，採用特定應計項目法更為有效。

特定應計項目法是通過一個特定的應計利潤項目或者一組特定的應計利潤項目來建立計量模型的，以此來檢測是否存在盈余管理。這種方法一般是針對某一特定行業，在該行業中，某一個（或某一組）應計項目的金額是相當大的，並且公司管理當局在對該項目進行計量時需要做出很大程度的判斷。早期運用特定應計項目法的研究多集中於銀行業的貸款損失準備項目和保險公司的財產與意外事故損失等方面。但現在的研究特別是國外的許多研究者也擴大了特定應計項目法的運用面，在更大產業範圍內（如石油行業等）和更多的應計項目中（如折舊政策的選擇、稅收費用的管理等）來研究盈余管理行為。

特定應計項目法在國外的實證研究中使用得較多，最早運用特定應計項目

法的是 McNichols 和 Wilson（1988），他們用下面的模型對上市公司利用壞帳準備進行盈余管理問題作了研究：

$Prov_t = \alpha + \beta_1 B_g Bl_t + \beta_2 (Write - off_t) + \beta_3 (Write - off_{t+1}) + Resprov_t$

式中，$Prov_t$ 為第 t 年的壞帳準備，$BgBl_t$ 為第 t 年年初的壞帳準備，（Write $- off_t$）為第 t 年的壞帳衝銷，（Write $- off_{t+1}$）為第 t + 1 年的壞帳衝銷，α、$\beta_1$、$\beta_2$、$\beta_3$ 是係數，$Resprov_t$ 表示誤差項，運用 $Resprov_t$ 來檢驗是否存在盈余管理。

此外，彼得羅尼（Petroni，1992）發現保險公司運用風險財產投保人索賠準備進行盈余管理。畢維爾和恩格爾（Beaver，Engel，1996）發現銀行運用貸款損失準備來進行盈余管理以達到監管當局的監管要求。

國內學者在用特定應計項目法進行盈余管理研究時，大多集中於資產減值的研究，其中最有代表性的是代冰彬、陸正飛和張然（2007）採用特定應計項目法研究了上市公司資產減值的計提動機。研究發現，在利用減值準備進行利潤操縱時，盈余管理動機的不同會影響減值類型的選擇。扭虧和大清洗公司會採取各種類型減值準備進行盈余管理，而平滑的管理層變更公司只使用長期資產減值準備，而且不影響營業利潤的減值準備。

與總體應計利潤法相比，特定應計項目法的研究對象更為具體，可以建立更合理的模型，減少盈余管理計量的噪音。並且由於特定應計項目法針對某一具體行業中的某一具體的應計項目，因而區分操控性部分與非操控性部分所依據的假設比包含不同行業、不同應計項目的應計利潤法所依據的假設更切合實際，也更可靠。其缺點是運用這種方法需要研究者對制度背景有深刻的認識，而且由於具體的應計利潤項目研究往往局限於小樣本或具體的行業和部門，因此研究結果難以推廣。

(三) 管理后盈余分佈法

還有一種非常實用的盈余管理計量方法是管理后盈余分佈法。它是通過研究管理后盈余的分佈密度來檢測公司是否存在盈余管理行為的。這種方法不用去設計複雜的計量模型，而是通過直觀的圖形去預測在某些特定時點可能出現的盈余管理現象。該方法假定未經管理的盈余大致呈正態分佈，且其密度函

數是光滑的，如果管理后的盈余明顯不符合這一分佈形式，就說明公司存在盈余管理。常用的檢驗方法有兩種，即直方圖法和密度函數統計檢驗法。

最早運用管理后盈余分佈法來研究盈余管理的是 Burgstahler 和 Dichev（1997），他們運用直方圖和描述性統計研究了公司是否通過盈余管理來避免盈余減少或虧損。研究發現盈余（非操縱）下降的公司有 8%～12% 運用會計判斷來使盈余增加，而輕度虧損（非操縱）的公司有 30%～40% 運用會計判斷的手段使企業扭虧。

德喬治、帕特爾和翟克霍瑟（Degeorge，Patel，Zcckhauscr，1999）通過運用直方圖和密度函數進行統計檢驗的方法，研究了公司是否通過盈余管理來達到報告正的利潤、維持近期的業績、迎合分析師的預期等三個目的，研究結果支持了他們所提出的假設。

蔣義宏、魏剛（1998）運用直方圖方法，研究了上市公司淨資產收益率（ROE）的分佈，其研究結論證實了中國上市公司為了達到配股資格會進行盈余管理，即所謂「10%現象」。

孫錚、王躍堂（1999）通過 ROE 直方圖、Spearman 秩相關分析研究了1997年中國上市公司盈余管理問題。其研究結論是：上市公司盈余操縱表現為微利現象、配股現象及重虧現象，即上市公司為了避免虧損或達到配股資格會進行盈余操縱。

陳小悅、肖星、過曉豔（2000）運用該方法，研究了上市公司盈余管理行為對配股政策的反應，發現上市公司的盈余管理行為是隨著配股政策的變化而改變的。

管理后盈余分佈法的優點是研究者不用估計充滿噪音的操控性應計利潤來檢驗是否存在盈余管理現象，它僅需通過分佈函數在給定閾值處的不連續性來確定盈余管理，而且這種方法還能檢測到通過非應計項目導致的盈余管理。但缺點表現為應用面不廣，僅適用臨界點現象的盈余管理；不能直接得出盈余管理操縱利潤的手段和幅度的大小等。故其只能應用於特定的盈余管理動機研究，如針對監管政策的盈余管理，而不能應用於研究盈余管理與管理人員報酬計劃、債務契約、公司治理關係等領域。

在中國，上市公司的盈余管理很大程度上是為了應付證券市場特殊的監管政策，如首發上市、配股、特別處理以及暫停交易政策等。由於這些特別的監管政策主要依靠特定的財務指標（主要是淨資產收益率）來分配公司的上市資格和配股資格，這就造成了大量的公司圍繞這些特定的財務指標進行盈余管理，從而使得管理后盈余分佈法可以用來很好地計量中國上市公司的盈余管理。

### 三、盈余管理和控製權溢價

大宗股權轉讓溢價水平是一個國家投資者保護程度的重要體現。國外許多文獻都是用股權轉讓的溢價來度量控製權收益，以找出影響控製權收益大小的一系列因素。而中國併購溢價的計量卻截然不同。在充分發育的市場中，企業的價格通過市場參與者對資產評價或預期的競爭性要價和出價得到確定。但在中國企業併購中，由於上市公司的國有股和法人股不能公開上市交易，缺少多個買方和賣方參與競價的公開透明的市場化價格形成機制，大多是買賣雙方在對轉讓股份進行價值評估的基礎上，通過一對一的談判確定股權轉讓價格。國內許多學者以淨資產為基礎對股權轉讓的溢價進行研究，並用大宗股權轉讓溢價來衡量中國控製權收益大小，對其影響因素進行實證檢驗。這些文獻對研究中國的控製權收益做出了有益的探索，但主要強調公司基本面因素，並未考慮盈余管理等因素對併購溢價的影響。

首先，國外關於控製權溢價與盈余管理關係的文獻主要通過以下幾種衡量途徑來實現：

（1）由里斯、麥康奈爾希和米克爾松（Lease, Mcconnellhe, Mikelson, 1983）提出的第一種途徑，適用於發行差別投票權股票的公司。如果具有相同剩余索取權但不同投票權的股票價格有所不同，那麼其價格差額就反應了控製權價值。津加萊斯（Zingales, 1995）通過對美國上市公司不同投票權的價差進行研究，發現美國上市公司投票權股票相對於無投票權股票可以取得約 3.05% 的控製權溢價收益。在歐洲大陸國家和許多發展中國家，由於上市公司所有權結構往往高度集中，小股東利益受法律保護程度相對較弱，公司控製權溢價相對較高。Zingales（1994）通過研究米蘭證券交易所上市公司的投票權股票相對

於無投票權股票的轉讓溢價，發現義大利公司控製權溢價為公司股票市價的16%~37%。

（2）由巴克利和霍爾德納斯（Barclay，Holderness，1989）提出適用於發生大額股權轉讓公司的第二種途徑。他們認為大額股票交易一般代表公司控製權的轉讓的交易，在一個有效的市場上，股票市價反應了大股東進入后所能帶來的公共收益，因此大額交易價格與其公告后股票市價的差額就代表控製權溢價。戴克和德克翟納（Dyck，Zingales，2002）對39個國家的412宗控製權交易進行分析后發現大額股票交易價格比公告后股票市價平均高出14%，其中最低為日本（-4%），最高為巴西（65%）。

（3）由漢羅那、沙林和夏皮羅（Hanouna，Sarin，Shapiro，2002）提出第三種途徑，以控製權交易價格和小額股權交易價格的差額來衡量控製權溢價。他們以西方七國在1986—2000年發生的9566宗收購案例為分析對象，發現控製權交易價格平均比小額股權交易價格高出18%左右。

（4）希利和瓦倫（Healy，Wahlen，1999）認為公司的盈余管理行為是影響併購溢價的一個重要因素。他們將盈余管理定義為企業實際控製者運用職業判斷編製財務報告和通過規劃交易以變更財務報告的機會主義行為，旨在誤導那些以經營業績為基礎的決策行為或影響那些以會計報告數字為基礎的契約后果。非流通股權的轉讓以會計報告中的每股淨資產為重要定價依據，會誘發相關利益人利用會計盈余管理來操縱股權轉讓價格。在中國股權分置改革前，非流通股的轉讓只能在專門的產權交易市場進行，同時為了保證國有股的控股地位不受到影響，國家對以國有股為主的非流通股轉讓制定了嚴格的監管措施，不僅需要符合一定的條件才可以轉讓，而且還需要層層審批，審批的核心就是股權轉讓價格，以及其相對於每股淨資產的溢價率。所以許多公司為了使股權轉讓通過管理部門審批，就利用會計盈余管理，提高每股轉讓溢價率。Healy和Wahlen（1999）指出當會計報告數字影響契約后果時，企業實際控製者在利益目標的驅動下就會進行機會主義盈余管理。

其次，在中國證券市場特殊的股權結構和股票流通制度安排下，由於控製權交易主要針對大宗非流通股進行，所以中國國內的相關研究主要包括控製權

溢價產生的根源、轉讓溢價的變化趨勢和原因，及交易價格是否公平等方面。

姚先國、汪煒（2003）從上市公司治理角度剖析了控製權溢價的來源及本質，揭示了中國證券市場的制度和公司治理缺陷。在中國股權高度集中、大股東具有超強控製權的股權結構中，典型的治理問題將表現為大股東和中小股東之間的利益衝突。大股東通過購並謀求控製權收益以實現自身利益最大化。而控製權收益恰恰是大股東通過各種途徑對小股東實施侵害所得。因此，他們認為對控製權收益的攫取是推動中國企業併購的內在動因。在證券市場分割和投資者成熟度不足的市場背景下，內部人（大股東、利益相關者）憑藉內幕信息從二級市場獲取巨大的流通股差價利益以補償非流通股溢價和併購成本，解釋了中國併購市場存在頻繁併購行為的外在激勵或補償機制。

蔣位、唐宗明（2002）對中國上市公司大股東利用控製權侵害中小股東行為進行實證分析，結果表明：控製權價格與大股東可能從控製權獲得的私有利益成正比關係。他們通過對控製權溢價影響因素進行多變量迴歸分析發現，隨著轉讓股份比例上升，轉讓價格也隨之上升，轉讓價格高低與企業規模成反方向變動，並在統計上顯著。企業獲利能力與溢價高低成反比，但在統計上不顯著。

總體而言，國內學者僅僅對中國控製權溢價理論進行了初步研究，但是中國大宗股權交易主要是針對國家股和法人股的，由於國家股和法人股的非流通性，其價格遠遠低於流通股的價格。股權轉讓溢價基於每股淨資產考慮，這與國外基於流通股市價溢價的含義本質不同。

## 四、盈余管理

迪安杰洛（DeAngelo，1988）檢驗代理權爭奪和管理層盈余操控之間的關聯。她假設管理層會在代理權爭奪時操控盈余，操控性應計項目金額為當期和前期應計項目金額之差，實證研究結果表明無能的管理者會為控股股東向上調整盈余顯示經營業績較佳。

格羅夫和懷特（Groff，Wright，1989）採用多元 Probit 模型檢驗併購目標公司的盈余管理狀況，他們假設存貨成本計量選擇、折舊方法選擇和投資稅貸選

擇都可以用於目標公司的盈餘管理，實證結果顯示併購目標公司比非目標公司更經常選擇增加收益的政策。克里斯蒂和齊默曼（Christie，Zimmerman，1994）也發現併購目標公司的管理者會選擇折舊政策、存貨計價政策和投資稅貸政策來增加收益。

易斯伍德（Easterwood，1997）使用季度盈餘數據、利用修正的 Jones 模型和 DeAngelo 模型估計收購目標公司的盈餘管理行為，她假設公司面臨敵意收購的威脅時會具有盈餘管理的動機，研究結果表明敵意收購目標公司的管理者會在收購發起之前的季度採用增加應計利潤的手段。

庫馬納科斯、斯羅普洛斯和耶奧約普洛斯（Koumanakos, Siriopoulos, Georgopoulos, 2005）採用時間序列 Jones 模型檢驗併購交易宣告和完成之前的年度內管理者是否會進行盈餘操控，結果並沒有發現顯著的操控跡象。

埃里克森（Erickson，1999）對 1985—1990 年間完成的併購公司進行研究，發現換股併購中的主並公司在併購協議達成之前會調高盈餘以降低收購成本，盈餘調整的幅度與併購規模成正比，目標公司則沒有足夠時間在併購前調整盈餘；而在以現金為支付手段的併購中沒有發現顯著的盈餘管理行為。

國內對盈餘管理問題的研究缺乏從契約角度研究管理者的薪酬契約和債務契約對盈餘管理的影響，更多的研究集中在資本市場動機以及迎合或者規避政府監管的動機方面。這方面的研究主要包括為首發上市進行盈餘管理的研究［艾波羅尼、李和艾朗（Abarony，Lee，Along，1997）］、為保配股進行盈餘管理的研究（蔣義宏，2002）、為獲取較好的審計意見進行盈餘管理的研究（李東平，2001）以及為避免退市進行盈餘管理的研究（陸建橋，1999）。

總之，國內對控製權轉移中的盈餘管理問題研究較少，一些學者（葉康濤，2003；吳聯生，白雲霞，2004）關注控製權的隱形收益和控製權轉移後的資產收購問題，認為它是控製權轉移後上市公司盈餘管理的一部分，但並沒有利用已有模型對盈餘管理直接測度，而是將原有資產與新增資產加以分離研究。雖然目前國內對控製權轉移的問題有較多研究，但是從盈餘管理的視角進行分析的較少。

秦耀林（2008）研究了掌握公司控製權的大股東從追求控製權的私有收益

出發，在控製權轉移前進行的盈余管理行為，並深入探討了控製權轉移前的盈余管理行為對控製權轉移前后業績變化的影響。研究證實了營利公司與虧損公司的不同盈余管理方向，同時實證還表明國家控股公司的盈余管理的程度要明顯大於法人控股公司，持股高於30%的上市公司的盈余管理程度要高於持股低於30%的上市公司。研究結果表明，中國控製權轉移公司在控製權轉移后以披露的盈余數字反應的業績變化的原因部分在於盈余被管理了。

劉鳳委、汪輝和孫錚（2005）選取了1998—2001年四年間所有在上海證交所和深圳證交所進行交易的A股公司3,760個觀察值，從盈余管理的角度對股權性質與公司業績的關係進行了考察。研究結果表明：股權性質與上市公司盈余管理程度顯著相關。不同股權性質的公司盈余管理的程度有顯著差異，法人控股的上市公司比國家控股的上市公司存在更多的盈余管理。在未控製盈余管理因素前，法人控股的上市公司業績顯著高於國家控股的上市公司；而在控製了盈余管理的影響后，法人控股公司與國家控股公司業績沒有顯著差異。公司控製權由國家轉至法人后，伴隨著會計盈余的提高，盈余管理程度也相應增加。

羅聲明（2007）研究了1999—2001發生併購行為的上市公司的盈余管理問題。研究發現：收購公司在併購前一年、當年及次年存在著調增收益的盈余管理行為。併購前后盈余管理程度越高的收購公司，在併購后2~4年，其經營業績越可能下滑。併購前期的盈余管理行為非常顯著地影響了上市公司收購后的經營業績。從實證結果可以看出，公司併購前期的盈余管理機會主義行為是導致公司併購后經營業績下滑的主要原因。

以上國內外的研究表明，在併購、重組和控製權轉移活動中，出於不同的動機考慮，盈余管理還是普遍存在的，並且會對以后的業績變化帶來一定的影響。但是由於種種原因，比如樣本選擇、指標設計、模型使用等不同，得出的結論也並不一致。特別是在中國的相關研究中，只有極少數研究將所有權性質和盈余管理方向不同的上市公司樣本進一步細分，而其余研究大都是把併購、重組和控製權轉移的所有樣本混在一起，造成結論上的不夠準確。在中國，根據第一大股東的所有權性質不同，上市公司可以分為國有和民營兩大類。上市公司第一大股東的所有權性質不同時，治理效力也不同（徐曉東、陳小悅，

2003）。因此，上市公司所有權性質不同所導致的公司治理層面的差異勢必對上市公司的各個方面產生影響，包括盈余管理。劉鳳委等（2005）的研究為此提供了一些證據，他們發現股權性質與上市公司盈余管理程度高度相關，股權性質發生變更后，公司的盈余管理程度也發生變化。同樣，孫亮和劉春（2008）的研究也發現了不同所有權性質下公司盈余管理行為的異質性。因此，所有權性質不同會導致盈余管理差異，進而會帶來對業績變化的不同影響。

## 第三節　制度背景、股東特質與理論基礎

### 一、第一大股東變更的制度背景

　　中國全國性股票市場創辦於1990年，當時中國仍處於改革初始階段，而股票市場本質是高度市場化的市場，在改革初始階段建立和發展起來的股票市場不可避免地存在先天的制度缺陷，並由此形成中國上市公司控製權轉移鮮明的制度背景特徵。

　　中國建立股票市場的初衷就是為國有企業增資減債、解決資金短缺和經營效率低下問題找尋一條出路。因此，中國的上市公司主要由國有企業通過股份制改造后上市而來。由於上市公司資產的主體來自原有的國有企業，在股權上也必然是以國有股為主體（包括國家股和國有法人股），國家理所當然地成為第一大股東。國有股的「一股獨大」導致政府常常以大股東身分參與控製權轉移。控製權轉移中的無償劃撥方式正是政府在控製權轉移中的主導作用的體現。黨的十五大以后，中國在競爭性市場實行國退民進的政策，國有股控股股東開始主動對社會法人和個人有償轉讓國有股，但由於上市公司國有股的轉讓必須得到財政部或有關國有資產管理部門的批准，政府仍然決定著控製權轉移的成功與否。而在法人股轉讓方面，地方政府則在稅收減免、裁減人員安置、土地使用等方面給予優惠和幫助，吸引收購方和促成交易。在發達國家和地區，接管者發現上市公司的管理層無效率或通過收購后整合能獲益，即使原控股股東不同意，接管者也可以避開現有的第一大股東而直接在二級市場收集足夠股份，

實現控製權的轉移，從而提高資源的配置效率。二級市場收購僅限於股票全流通的上市公司，當然會受到政府嚴格審查。

　　為保證資本市場的健康發展，政府部門還有意識地控製中國上市公司的質量和數量。無論是以前的審批制還是現在的核准制的首次發行上市制度，獲準直接上市的公司數量都很少。事實上，證券主管部門也偏向於讓國有大企業優先上市，一些民營企業和中小企業直接上市的難度很大。由於流通股票供不應求（這點可由一級市場超額收益的存在來說明），小投資者投資理念和技巧不成熟，上市公司股權結構不合理等原因，上市融資成了企業軟約束的資金來源，而且上市地位能夠帶來各種有利條件（融資、聲譽等），上市公司控製權能夠帶來巨大的利益。企業無論是出自實際經營需要還是「圈錢」需要，都有強烈的獲得上市資格的願望。由於直接上市的難度大，不少企業通過獲得上市公司控製權的方式達到上市目的，這樣的間接上市方式既避開了嚴格的上市條件的約束，又節省了大量的時間和精力。雖然近年來戰略併購的個案越來越多，但在中國上市制度仍然非市場化的模式下，併購上市公司的買殼動機仍占主導。大量伴隨控製權轉移而來的資產置換也表明了收購方真正目的在於獲得上市公司的「殼」。從這些背景特徵可以推論出中國控製權轉移公司的一些特徵：控製權轉移主要是出讓方的主動退出，這些公司多數都經營無效率或者業績較差；政府主動退出的是一些對國家經濟安全影響不大的行業，這些公司的規模一般較小；國家股的轉讓要經國有資產部門的審批，控製權有償轉讓公司的國家股比例較小；收購方的主要動機是買殼，而有配股資格的上市公司越來越少，大量的「殼」公司都是績差小盤公司。

　　2000年以前中國針對併購的相關法律還不完善，上市公司的信息披露也存在很多問題，這使上市公司的併購活動中關聯交易較多，一些上市公司進行假重組，收購方和控股股東聯手操縱市場，通過披露虛假信息，在市場上借機謀取利益，損害了其他股東的利益。自2000年以來，中國政府部門一直致力於對中國上市公司信息披露和資產重組的管理和監督，並頒布了相應的法律法規，這對規範中國上市公司的控製權轉移有著積極的影響，也對推動中國的併購重組從財務性重組逐漸向實質性重組演變起了巨大的作用。不過目前的法律法規

仍有不完善之處，證監會對控製權轉移後的新控股股東事後監管較少，因此我們仍然可以頻頻看到第一大股東變更后控股股東侵占上市公司利益的案件。2005年著名的格林柯爾案件就是很好的例子，格林柯爾收購科龍后，通過種種方式瞞天過海，利用法律法規漏洞，掏空上市公司，使得第一大股東變更后，上市公司的業績更加惡化。

## 二、股東特質

由於投資金額、所占份額、投資目的、投資理念與投資策略的不同，不同類型的股東的投資行為特徵也表現出很大的差異。目前，中國上市公司的股東類型包括國有控股股東、國有法人股、社會法人股和社會公眾股，它們除了內生性的屬性不同之外，外生性也有不同，這是由中國上市公司誕生的特定時期和制度背景所造成的，如不同的企業規模、不同的市場流通性和不同的內在價值等。整體而言，從中國上市公司的總體股權結構來看，突出表現出兩大特點：一是一股獨大，股權高度集中，形成典型的金字塔結構。二是非流通股所占比重過大，尤其是其中的國家控股股比例過大。不同的股東屬性及結構特點使得中國上市公司的股東行為表現出獨特的制度特徵。

（一）國有股股東行為特徵

根據中國《股份有限公司國有股股東行使股權行為規範意見》第二條的規定：「國有股股東也稱國有股持股單位，是指經政府國有資產管理部門按照《股份有限公司國有股權管理暫行辦法》的有關規定確認的，持有和行使公司國有權的機構、部門或國有法人單位。國有股股東包括國家股股東和國有法人股股東。」那麼什麼是國有控股，國有控股是指用國家國有資本投資所形成的股份，為國有股行使股東權力的主體就是國有股股東。目前，在上市公司的股權結構中，行使國有控股權的主體主要包括中央和地方國資委、國有資產經營或控股公司、企業的主管部門、地方財政局和原集團公司等。

中國的上市公司前身多是國有企業，為了使國有企業的存量國有資產保值增值且保持國家在上市公司中的地位，國有股就在國有企業的股份制改造中產生了。國有股來源的資本基礎決定了它存在下面一些制度特徵：一是國有股的

所有權虛置問題，也就是國家股權人格化代表的缺位。從形式上看，國有股的資本基礎是國家所有的可自由支配的資金，但國家是非人格化的，國家的資金實際上是全國人民的共有財產。儘管國家明確了國有股的股權代理主體，但這些國有股的持有者或股東並不是最終財產的所有者，只是國有資產的代理人，國有資產的受益人仍是廣大人民群眾，他們是廣大群眾利益的代理股東。二是國有股目前還不能流通。中國當初在發展資本市場時之所以賦予國有股這個特性，目的是扶持資本市場的發展和保持國有股的控股地位，而這也成為了中國上市公司治理結構進一步優化的最大障礙。三是國有股在公司股權結構中比例普遍太高。中國的國有企業經過幾十年的發展，累積了龐大的存量資產，在進行股份制改造時，國家對相應折股比例的限定，使形成的國有股對比新增股份來說，佔有較大的比重；再加上在股份制發展初期國家對上市公司發行總量的計劃控製，限制了新增股份的發行比例，從而形成了國有股在大多數上市公司股權結構中的優勢地位。國有股東的屬性特點決定了其不可能成為真正履行股東權利的控製主體。國有股東所代表的是一種公共財產，在上市公司的內部制度安排中，他們雖然掌握公司的剩餘控製權，但是他們本人不享有事實上的股東本應享有的剩餘索取權，實際上是「非股東董事」。由於激勵不足，他們缺乏動力去履行自己的職責。國有股東代表由於其身分首先是國家的行政官員，然后才是股東，所以國有股東代表在履行股東職能的時候，其行為動機必然是以政治利益最大化為出發點，而偏離股東經濟利益最大化。儘管政治利益並不排斥經濟利益，有時還以經濟利益為主，但在政治利益和經濟利益發生衝突的時候，國有股東的代表必然以犧牲經濟利益來維護政治利益。

　　國有股的非流通性是中國上市公司在特殊歷史情況和背景下的制度選擇，流通股與非流通股的彼此隔離成為了中國證券市場獨有的一大特色。國有股的非流通性源於中國「雙軌制」的股份發行原則。國家在對原國有企業進行股份制改造並發行上市的過程中，對存量的國有資產和增量的社會資產採取了不同的定價發行方式，對存量的國有資產，按其評估的淨資產值以不超過65%的折股比例進行折股；增量的社會資產股份，則以市場市盈率為基礎定價發行。這就造成了國有股與社會公眾股的持股成本不平等，國有股即使是以最大的折股

倍數進行折股，成本也僅是每股1.528元（1/0.65），而社會公眾股的發行市盈率一般都在10倍以上，兩者相去甚遠，這種本質上的不同決定了國有股的非流通特性。國有股的非流通性使得國有股東與廣大中小投資者——流通股股東形成了兩個不同的利益團體，但由於國有股在上市公司中處於控股地位，其股東行為必然相悖於流通股的社會股東利益。國有股的投票權成本大大低於流通股股東，而且他們投票的利益導向也是廉價的，他們很容易為自己的特殊利益而廉價出賣流通股股東利益。因此中國國有股的積極股東行為並不代表全體股東的整體利益。

中國絕大多數上市公司的第一大股東為國有股東，但由於主體的虛置性及屬性上的政治傾向性，國有股東的控製動機很大程度上演化成了國有股東代表追求政治利益的行動，上市公司成為他們施展政治抱負的舞臺。正是由於如此，在中國上市公司中可以看到在國有股東的積極控製下，控股股東可以採取種種非正常股東行為掏空上市公司，例如通過不正當的關聯交易以不公平的價格向上市公司出售資產，強制上市公司為自己出具擔保從銀行貸款，抽逃上市公司資金，私分上市公司財產等。通過這些非正常手段，國家作為控製股東的利益得到了極大化的維護，而中小股東則成為了利益的犧牲者。

國資委、國有資產經營或控股公司作為中國國有股股東的兩種主要類別，有著自己獨特的行為特質。

改革開放以來，隨著經濟體制改革的不斷深入，我們一直在探索國有資產管理的有效途徑，但有幾個長期困擾我們的問題始終難以解決。

（1）國有資產在國民經濟中分佈範圍的把握與企業國有資產管理和營運模式的選擇問題。這些年來，國有資產如何實行戰略性重組一直是國有資產管理部門的工作重點。對其中一類國有資產，如由預算撥款形成的行政性資產和某些資源性資產而言，管理力度必須加強；而對另一類國有資產，如一般競爭性領域的企業國有資產而言，國有資本可以退出資產所有者序列，即政府將資產轉讓給非國有投資者；至於一些關係國民經濟命脈和國家安全的大型國有企業、基礎設施和重要自然資源等，國家則視當時的政治經濟形勢和自身具體需要，決定國有資產參與的程度。例如，相對於採取國有獨資經營形式並由政府主管

部門直接行使所有權的企業來說，採取股份制形式經營並由國有資產管理專司機構或其授權機構行使股東權的企業，國有資產參與的程度要弱一些；同是股份制企業，國家絕對控股、國家相對控股和國家少量參股企業，國有資產參與的程度依次降低。當然，不存在一種適用於一切類型的國有資產的統一的國有資產管理體制模式。國有資產在國民經濟中分佈範圍的把握與企業國有資產管理和營運模式的選擇，取決於國家對國有經濟功能和範圍的界定，取決於國有經濟戰略性調整目標的設定和政策的實施，取決於國家對國有企業和國有資產分佈行業、領域的進一步明確。而目前對國有企業和國有資產進退的具體行業分佈以及進退的數量，國家尚無明確的規定。因此，國有資產在國民經濟中分佈範圍的把握與企業國有資產管理和營運模式的選擇尚無定論。

（2）國有資產管理專司機構的職能界定。國有資產所有者主體是國家，但國家不可能實際行使所有權，而必須有具體的機構代表國家行使所有者權利。黨的十六大之前，中國國有資產出資人職能一直由多部門分割行使，其中財政部行使收益及產權變更管理職能；大型企業工委或金融工委行使選擇經營者的職能；國家經貿委行使重大投資、技改投資的審批及產業政策的制定、國有企業的破產重組兼併改制等職能；國家計委行使基本建設投資管理職能；勞動部則負責審批企業工資總額，即所謂出資人對經營者的職務待遇管理職能。這種「五龍治水」的管理格局加上地方政府事實上的管理權限，形成政府對國有企業經營多方面的干預。管理各方權力上的充分利用而責任上的相互推諉，使得國有企業經營缺乏自主性並難以承擔最終的責任。

（3）地方政府在國有資產管理體系中積極性的發揮。儘管中國國有資產是全民所有，而且只有中央政府而不是地方政府才能代表全民行使所有權。但事實上，十幾萬家國有企業分別由中央和各級地方政府所控製，這就是我們目前的國家所有、分級管理體制。這種體制有其歷史淵源和歷史合理性，但已經產生了許多問題。一是地方政府在管理國有資產上的道德風險。地方政府雖然缺少法律所賦予的所有權以及由所有權帶來的剩餘索取權，但卻擁有事實上的管理權力，這使得地方在管理國有資產上會利用管理權力最大可能地謀取地方利益。中國國有資本收益（包括出售國有股的收益）的一個重要用途應該用於建

立社會保障制度，而目前基本不可能進行中央一級的社會保障統籌，如果地方政府沒有相應的國有資本所有權和收益權，它們就會拖延甚至推諉社會保障的責任，這對整個社會公平和社會穩定都是不利的。這一點也從證券市場上看得非常清楚。在證券市場上減持國有股的問題反反覆復，最終無功而返，原因之一就在於減持沒有平衡好中央和地方的利益，因此地方缺少積極性推動。二是國有資產交易成本的高企。因為地方政府沒有完全的國有資產交易權，如上市公司國有股的轉讓等只有中央政府才有權批准，而國有資產的交易要按照政府的管理體制層層審批上報，其交易效率是極為低下的，而且交易成本也是很高的，這對資源的合理配置有很大的阻礙作用。

　　國有資產仲介經營公司承擔著直接的國有資產經營職能，其經營目標應該包括兩個方面，即通過實施資產重組實現國有經濟結構和國民經濟結構的優化，努力實現國有資產的保值增值。據此，國資經營公司應該分為兩類，一類是國資重組公司，或者是過渡性的國資公司，這些公司主要由原政府主管部門、行業性總公司改組而成，或者通過政府授權組建跨行業的綜合性國資經營公司而形成。其主要目標是配合政府實施結構調整，推進國有資產的合理流動和資產重組，同時努力做到國有資產的保值增值。它將在今后不斷擴大的產權交易中充當起國有資產出資人的角色，在國有資產專司機構的授權範圍內，對國企進行重組，使國有資產的行業區域分佈結構和經營組織結構合理化。其重組的目的在於退出。這一類經營公司本身將在國家產業結構的持續調整中收縮戰線，最終終結其歷史使命。另一類是國資經營公司，或者叫做國家長期持股的國資公司，其股權投資涉及關係到國家命脈和安全的企業，比如石油、石化、電氣、電力等。這類國資經營公司許多是由大型國有企業集團核心企業經國家授權轉化而來的，它們既從事資本經營，又從事生產經營，主要以營利最大化為目標。為此要借助資產重組活動，調整企業產權結構、組織結構和產品經營結構，建立起規範的以股權為紐帶的母子公司、參股與被參股公司的關係，實現國有資產的保值增值。

　　2005年新修訂的《公司法》規定國有獨資公司不設股東會，由國有資產監督管理機構行使股東會職權。國有資產監督管理機構可以授權公司董事會行使

股東會的部分職權，決定公司的重大事項。但公司的合併、分立、解散、增加或者減少註冊資本和發行公司債券，必須由國有資產監督管理機構決定；其中，重要的國有獨資公司合併、分立、解散、申請破產，應當由國有資產監督管理機構審核后，報本級人民政府批准。

(二) 法人股股東行為特徵

　　法人股東是指法人股的持股主體，法人股是一個企業對另外一個企業投資所持有的股份。中國上市公司中法人股的來源有兩種：一是企業發行上市時企業法人以發起人身分投資所形成的股份；二是股份發行后法人以普通投資者身分受讓或在二級市場購入所形成的股份。

　　股份來源的不同是影響法人股東行為的主要因素，因此可以根據股份來源把法人股東分為三種：以發起人身分投資而持有法人股的企業法人叫做原始型法人股東，以普通投資者身分受讓而持有股份的企業法人叫做受讓型法人股東，通過二級市場購入而持有股份的企業法人叫做購入型法人股東。由於在中國現階段，發起人股尚不能完全流通，所以原始型法人股東和受讓型法人股東所持有的股份均為非流通股。

　　從投資的主觀意願來看，法人股形成的資本基礎是其可自由支配的財產，前述三種不同的法人來源都表現出了法人股東對外投資的主觀思想。作為一種派生股東，法人股東和其所代表資本的原始所有者之間也存在著一定的委託代理關係，法人股東不是最終的利益承受主體。但和國有股東不同的是，企業法人本身是一個具有人格化的經濟實體，它和最終的財產所有者之間不存在中間的委託代理關係，法人股東的行為直接受到財產所有者的監督，法人股東的對外投資是實現企業利潤最大化的戰略行動。法人股東對外投資最本質的目的是實現投資收益最大化。證券投資的收益可以通過三種方式來實現，即資本利得、市場投機和控製收益。資本利得是指投資資本隨著所投資企業淨資產的增加而增加；市場投機是指投資者通過證券市場的價格自然波動，獲取價差收益；控製收益是指通過發揮股東控製行為，降低委託代理成本而獲取收益。嚴格來說，在健全的證券市場上，控製收益不是一種直接的證券收益，其最終仍要通過資本利得和市場投機的方式來實現。但由於中國證券市場上非流通股的存在，控

製收益不能通過市場投機來獲取價差，而現金流量偏好又使獲取資本利得的週期較長，因此控製收益在中國的證券投資中就體現得較為明顯。儘管法人股東投資的最終目的相同，但不同法人股東實現目的的方式卻存在較大差異，從而使得法人股東表現出不同的行為特徵。原始法人股東投資的主要目的是為了追求資產的保值增值，即通過資本利得來實現其投資的最大化收益，這使原始法人股東將會以積極的股東行為來監控上市公司的經營管理。一方面，業務上的相互關聯使得原始法人股東與上市公司成了利益上的共同體，上市公司經營的好壞不僅影響到其自身的業務發展，而且還決定著其投資的收益情況；另一方面，發起人股的非流通性使原始法人股東的投資退出變得十分的困難，只有通過股份轉讓才能夠實現。從這個意義上而言，原始法人股東唯有實施積極的股東控製行為，促使上市公司經營者保持股東利益的最大化，同時對國有股東偏向政治利益的控製行為形成制約，才能盡可能地實現其投資收益的最大化。

從上述分析可以看出，原始法人股東具有發揮積極股東行為的主觀動機，那麼，它的控製行為效果如何呢？由於中國大多數上市公司的前身是國有企業，第一大股東通常是作為發起人的國有投資機構或國有企業，原始法人股東往往是次大股東，股權地位上的差異使得原始法人股東的控製行為受到了限制，因為第一大股東的控股權地位可以使公司按其自己的意願運作。次大股東控製行為的受限制程度取決於第一大股東的持股強度，如果第一大股東處於絕對控股，則次大股東控製行為的影響力就較弱；而如果第一大股東是相對控股，次大股東則有能力和第一大股東相抗衡，次大股東可以通過用手投票來實施控製，必要的時候也可以通過代理投票權競爭、股份轉讓等接管機制來實施控製。

受讓型法人股東是在上市公司經營過程仲介入其股權結構的。一般來說，上市公司在發起設立后，在正常經營過程中其股權結構會保持相對的穩定，但在經營出現問題的時候，往往會發生大股東的變更。在中國，由於原始國有股的存在對上市公司的經營產生著巨大的影響，所以國有股的減持轉讓一直是證券市場中的熱點問題，這給受讓型法人股東提供了投資機會。由於非流通股轉讓市場的局限性，受讓型法人股東並不能很容易地得到其所需的股份。當上市公司經營良好的時候，非流通股股東通常不願在此時轉讓股份，除非有較高的

價格。而在上市公司經營處於困境的時候，受讓型法人股東可以相對容易地得到受讓的股份，但卻面臨著巨大的投資風險。所以單純從投資的角度來看，受讓型法人股東的投資行為並不理性。由此我們可以得出結論，受讓型法人股東的投資行為所追求的是對上市公司的控製性收益。事實上，受讓型法人股東通常都和上市公司的兼併收購聯繫在一起，股份轉讓的最終結果是引起控製權的變更，受讓型法人股東成為了上市公司的控股股東。利用自己的控股地位，受讓型法人股東可以通過控製董事會、決定公司的重組整合方向、與上市公司進行關聯的資產置換等行動來實現自己的控製性收益。

中國發展證券市場的初衷是為國有企業脫貧解困開闢直接融資渠道，並轉變國有企業的經營機制。在企業經營困難、間接融資渠道不暢的情況下，通過上市直接融資成為了一個寶貴的資源。政府為扶持和發展國有大中型企業，主要將上市額度分配給國有大中型企業，從而使一些有潛力的中小型國有企業，特別是一些民營企業的發行上市之路非常艱難。因此通過受讓已上市公司非流通股的途徑來控製上市公司董事會，以資產置換的方式實現借殼上市就成為了一條便捷的上市融資之路。借殼上市作為間接上市的一種途徑，具有週期短、效率高、成本低的優點，符合中國中小型國有企業，特別是一些民營企業上市融資的迫切性，具有繞開高要求上市條件的可操作性。

受讓型法人股東是一種生產經營型的股東，受讓股份的目的是為了擴張自己的經營戰略，實現自身的控製性收益。所以受讓型法人股東會以積極的股東行為來控製上市公司經營管理，並力求把它的經營納入自己的經營戰略。作為一個人格化的經濟主體，受讓型法人股東控製的根本目的是經濟利益的最大化，因此其積極控製行為將有助於上市公司業績的提高。

購入型法人股東是通過市場集中交易而持有上市公司股份的法人股東，和原始型法人股東與受讓型法人股東相比，購入型法人股東持有的是上市公司的流通股。因此，購入型法人股東最接近於成熟證券市場上的法人股東。

中國證券市場上的購入型法人股東包括機構投資者和戰略投資型法人兩種。機構投資者是以公司法人名義開戶註冊的投資者，是證券市場中專職以投資證券來獲取收益的公司法人，一般包括銀行和儲蓄機構、保險公司、共同基金、

養老基金、投資公司、私人信託機構和捐贈的基金組織等金融性機構。

機構投資者的業務性質決定了其收益完全通過股票市場價格的差異來實現。按照傳統的觀點，他們偏好於市場收益性，重點關注股票市場價格的波動，一旦企業經營不好而影響股價，便立即「用腳投票」，不會參與公司的治理。因此機構投資股東不會對上市公司的經營管理實施積極控制。

但隨著投資規模的不斷擴大，特別是當機構投資者作為一個整體成為上市公司占支配地位的股東時，其消極股東行為已不符合其本質屬性。首先，由於機構投資者持有股份的份額較大，當其準備「用腳投票」抛售所持的某家公司股票的時候，市場上很難找到大的接盤。而且大規模的抛售會引起股價的下跌，造成投資收益的損失，所以機構投資者「用腳投票」的行為既不實際也不明智。其次，作為所投資公司的大股東，與個人投資者相比，機構投資者對上市公司具有更強的監督動力而且具有更大的信息優勢，使得其可以扮演有力監督角色。一方面，機構投資者持股比例要大大高於個人投資者，更大的收益要求權使機構投資者更有動力來監管公司的行為和績效，並且擁有較高比例的投票權也可以確保其實現有效的監督［格羅斯曼和海特（Grossman, Hart, 1980）］；瑟弗蘭德（Shleiferand, 1986）。另一方面，機構投資者擁有更多的渠道收集信息，甚至可以獲得個人投資者難以獲取的私有信息［米哈利和肖恩（Michaely, Shaw, 1994）］，加之機構投資者具備更強的專業分析能力、更多的資源，因而機構投資者往往比個人投資者具有更大的信息優勢，可以更有效地實現對公司的監督。鑒於此，機構投資者正在轉變其在公司治理方面的消極行為，日益在公司控製方面表現出積極的行動。

和國外不同的是，中國目前的幾類機構投資者都是財務型的金融性機構，這決定了其投資行為必將以流動性和收益性為標準，投資期相對較短，投機性較強。中國股票市場由於先天不足，成熟度較差，抗風險能力較弱，股市波動頻繁，再加上法制不健全，更加劇了機構投資者的投機動機，因此中國目前的機構投資者並沒有表現出積極的股東監督行為。由此可知，中國機構投資者與國外的機構投資者存在較大差異，這也從側面說明了本節研究的必要性，根據中國上市公司股東特質分析控製轉移的問題顯得很有理論與現實意義。

戰略投資型法人是指以生產經營為主營業務，以證券投資為戰略擴張手段，服務於生產經營的機構投資法人。這種投資動機使戰略投資型法人股東的股東行為會關注於公司治理，對經營者實施積極的監督控製，這將有利於上市公司業績的提高。由於中國證券市場中非流通股占據絕大多數，所以真正的戰略投資型法人股東都只能通過非流通股的轉讓來實現投資目的。當然，他們也可以從流通股市場購入一部分股份，但其購入的目的更多的是維護股價的穩定，配合其受讓非流通股的投資行動，並不以追求股票的市場價差為主要目的。中國證券法規對購入型戰略投資者的投資行為有嚴格的規定，國家希望通過購入型戰略投資者的市場功能來改善中國上市公司治理弱化的體制弊端。但從市場效果來看，這種戰略型的市場投資者如果不是為了配合其非流通股的受讓行動，單純以市場投資者的身分進行流通股的買賣，則其並沒有發揮出積極股東的控製作用。

(三) 社會公眾股股東行為特徵

社會公眾股東是指持有上市公司流通股份的社會個人投資者。相對於國家股東和法人股東，社會公眾股東以個人所擁有的資金進行投資，沒有中間代理環節，因此對投資收益的關切度最高，但受個人資產所限，大多都是小股東。這使得社會公眾股東的投資理念無論是長期投資或是短線投機，對於股東控製行為而言，「搭便車」是最優選擇。因為小股東在干預公司事務時，會遇到幾個障礙：①能力上的障礙。股東若要對公司事務發表正確意見，做出正確判斷，就要對公司的業務情況、目前形勢、未來走向、各種選擇的可能后果有正確的認識和瞭解。但一般股東不是企業家或者投資家，別說發現企業的深層次問題，就連複雜的年報也未必看得懂。②交易成本上的障礙，投資百萬元以上的中等股東不會在乎拿出數千元經費去實地考察公司和參加股東會，但投資幾萬元的小股東是不會拿出數千元去做這種事的。③股東持股比例懸殊，小股東投票也是白投，只能聽任大股東擺布。由於這幾個原因，社會公眾股東不可能有監控企業經理的動機，而國有股東和法人股東的存在使得公眾股東不用履行股東行為也能夠分享到收益。因此，「搭便車」便成為了公眾股東的最優行為選擇。

## 第四節 第一大股東變更和盈余管理：基於股東特質的分析

### 一、引言

中國上市公司的控製權大都掌握在大股東手中，控製權的轉移一般都是以收購者與大股東之間的協議轉讓方式進行的。那麼，在大股東控製上市公司的情況下，控製權轉移交易中是否具有盈余管理的動機呢？

首先，大股東掌握了上市公司的控製權后，由於缺乏有效的監督和制約，他們利用手中的控製權實現其私有收益的動機。而當大股東準備出讓控製權時，控製權的轉讓意味著其私有收益的來源即將失去，控製權轉讓的對價收益是大股東獲取私有收益的最后機會。作為股權轉讓協議中最核心的一項內容，控製權的轉讓價格是在交易的雙方對股權價值進行綜合評估后經過雙方的協商談判確定的。而股權價值的評估是以未來這部分股權所能帶來的現金流的現值來確定的，未來現金流的預測又建立在對已披露的盈余信息為核心的會計信息的分析評價的基礎上，因此，上市公司的盈余報告會通過影響收購者對未來現金流的預期進而影響收購者對股權價值的評估。那麼大股東進行盈余管理且不讓收購者察覺，便可以影響收購者對控製權的估值，從而使收購者願意支付更高的轉讓對價。因此，在控製權轉讓交易中，大股東有通過盈余管理謀取私有收益的動機。

其次，中國上市公司股權高度集中而且往往大股東一股獨大，大股東不僅控製了董事會，而且通過委派自己的代理人到上市公司擔任高管，從而使大股東實際控製了公司的重大事項決策權和日常的經營決策權。上市公司的財務報告由經理人負責組織編製並由董事會表決通過后才能對外公布，大股東基於其對上市公司的控製力，他有能力控製盈余報告的政策，同樣也有能力實施盈余管理行為。

作為會計信息的提供者，大股東擁有潛在投資者無法瞭解的關於企業真實情況的信息，同時應計制會計的特性使得大股東擁有較大的靈活性來決定一個時期的報告盈餘，並且大股東能夠控製投資支出發生的數量和時間，如提前確認通過信用銷售的收入、推遲確認壞帳損失等。大股東在控製權轉移過程中，擁有運用其掌握的盈餘報告政策來管理對外報告的盈餘數字能力。在控製權轉移的預期下，大股東既有通過盈餘管理謀取私有收益的利益誘惑，同時也具備進行盈餘管理的能力。

根據股東的不同特質與行為差異，以及行為財務方面的理論，基於以上分析，本節提出如下假設：

**假設1**：當第一大股東由國有股權轉化為民營股權時，第一大股東有盈餘管理動機，即在國有股權轉變為私有股權前後盈餘管理存在顯著差異。換句話說，即國有股權私有化過程中存在國有資產流失嫌疑。為降低國有股權的轉讓價格，國有企業在國有股權私有化前存在降低收益的盈餘管理行為。

**假設2**：當第一大股東由民營轉變為民營時，預計在第一大股東變更前後盈餘管理存在顯著差異，即第一大股東變更發生在民營企業間時，民營企業是一種理性經濟人，也存在對業績的盈餘管理問題。

**假設3**：當第一大股東變更發生在國有企業之間時，分為兩種情況：

**假設3a**：當第一大股東發生在國有企業之間是無償轉讓時，不存在盈餘管理動機。

**假設3b**：當第一大股東發生在國有企業之間是有償轉讓時，存在盈餘管理動機。

## 二、研究設計

本節對盈餘管理的計量採取的是總體應計的方法，它是對公司盈餘管理行為進行全面分析的一種方法，其基本思路是將盈餘分解為不可操縱的現金流和總應計利潤（TA）兩大部分，繼而將總的應計利潤進一步分解為操縱性應計利潤（DA）和非操縱性應計利潤（NDA），研究者一般假設 DA 即被管理的盈餘。

總應計計算是盈餘管理研究的起點，權責發生制原則下，一些會計科目需

要經理人加以專業判斷，實際上導致這些會計科目的發生額在一定程度上可以被經理人所管理，相比之下按照收付實現制編製的現金流量表則較難進行管理。因此，總的應計利潤（TA）應該等於報告盈餘（Report Earning）與經營現金流（Cash From Operation，CFO）的差，即：

TA = Earnings − CFO

在具體計算時，報告盈餘既可以選擇報告的淨利潤，也可以選擇報告的營業利潤。選擇淨利潤時，計算的結果反應了對經常性盈餘和非經常性盈餘的管理，而選擇營業利潤時計算的結果則只反應對經常性盈餘的管理部分。在本節後續研究中，希望通過研究盈餘管理對上市公司經營效率的影響，以營業利潤計算的總資產收益率更能反應公司的經營效率。因此，本節計算總應計時採用了以報告的營業利潤減去經營現金流。

盈餘管理的主要計量模型是 Jones 模型以及修正 Jones 模型。

$$NDA_i = \alpha_1(1/A_i) + \alpha_2(\Delta REV_i/A_i) + \alpha_3(PPE_i/A_i) \quad (1)$$

式中：$NDA_i$ 是經過上期期末總資產調整後的公司 i 的正常性應計利潤，$\Delta REV_i$ 是公司 i 當期主營業務收入和上期主營業務收入的差額，$PPE_i$ 是公司 i 當期期末固定資產價值，$A_i$ 是公司 i 上期期末的總資產，$\alpha_1$、$\alpha_2$、$\alpha_3$ 是行業特徵參數。這些行業特徵參數 $\alpha_1$、$\alpha_2$、$\alpha_3$ 的估計值是根據以下模型，並運用不同行業分組的數據進行迴歸取得：

$$TA_i/A_i = \alpha_1(1/A_i) + \alpha_2(\Delta REV_i/A_i) + \alpha_3(PPE_i/A_i) \quad (2)$$

當收入確認受到操縱時，基本 Jones 模型在估量非正常性應計利潤時會出現誤差。修正 Jones 模型考慮了針對收入確認的盈餘管理，模型如下：

$$NDA_i = \alpha_1(1/A_i) + \alpha_2[(\Delta REV_i - \Delta REC_i)/A_i] + \alpha_3(PPE_i/A_i) \quad (3)$$

式中：$\Delta REC_i$ 是公司 i 當期期末應收帳款和上期期末應收帳款的差額，其他變量含義和公式（1）相同。

明確了總應計的計算方法和非操縱性應計利潤的計量模型後，本節按照下述步驟對非操縱性應計利潤進行估計：

第一步，根據上市公司年報數據計算所有上市公司的相應指標值。

第二步，將上市公司按照中國證監會《上市公司行業分類指引》進行分

類，各行業當年發生控製權轉移的公司為研究樣本，以該行業未發生控製權轉移的公司為對照樣本。

第三步，以對照樣本數據按照模型（2）進行迴歸估計出模型參數 $\alpha_1$、$\alpha_2$、$\alpha_3$，並應用估計出來的模型參數計算研究樣本的非操縱性應計利潤。

第四步，以研究樣本的實際總應計數值減去估計的非操縱性應計利潤值得到研究樣本的操縱性應計利潤。

從前面對操縱性應計利潤的計算來看，由於人們無法觀測到非操縱性應計利潤的真實情況，所計算的非操縱性應計利潤其實是在一定的假設條件下能被研究者通過會計科目之間的勾稽關係合理解釋的應計利潤部分，而操縱性應計利潤則是不能解釋的部分。因此，將計算出來的操縱性應計（DA）理解為異常應計或者盈余管理的空間或許更為貼切。而異常應計越大，表明盈余管理的空間也越大，經理人進行盈余管理的可能性也就越大。因此，用 DA 來代表盈余管理是合理的。而對於本節應用截面數據計算的控製權轉移公司的操縱性應計利潤，假設上市公司普遍性的進行盈余管理，也可以將估計出來的操縱性應計利潤理解為發生控製權轉移的公司相對於同行業未發生控製權轉移的公司更大的盈余管理空間。

## 三、樣本及數據

按照中國上市公司當前控股股東的性質來劃分，大致可以分為以下四大類：第一類包括國資委、地方政府、財政局等。這類股東的特徵是政府管理部門。第二類是國有資產管理部門下屬的專職資產經營公司。他們代表政府行使所有者的職能。第三類為國有法人。這類股東的典型特徵是自身從事經營並以營利為目的，不僅控製上市公司，還同時控製其他公司，多表現為企業集團的形式。第四類為其他所有制和自然人控製的普通法人。對這部分的分析結合了《公司法》中在股權轉讓過程中對股東權利的要求與限制。為了便於研究，我們將前三類公司合併稱為國有股份公司，最后一類為民營公司。

從《中國股票市場研究數據庫》（CSMAR）選擇了 2002—2009 年非金融行業發生第一大股東變更（控製權轉移）的上市公司，作為控製權轉移樣本。選

擇標準如下：①第一次公告和最后一次公告都在 2002—2009 年內；②第一大股東發生變更並且新的第一大股東擁有上市公司股權超過 30%；③發生多次轉移則取最后一次，且第一次公告年距上一次控製權轉移最后一次公告 1 年以上；④轉讓最終成功。根據以上標準得到樣本公司 227 家。

　　公司財務、股價、股權結構、公司治理等數據來自《中國股票市場研究數據庫》（CSMAR）或中國經濟研究服務中心 CCER 數據庫。為了能夠反應控製權轉移公司的在投資者保護方面的特徵，以及投資者保護與控製權轉移的關係，本節按以下準則選取了對照樣本：選取 2002—2009 年沒發生 5% 以上股權轉讓的上市公司，對每家控製權轉移樣本公司選取同年度同行業中總資產最接近的公司作為對照樣本，剔除數據不完整公司，得到 227 家對照樣本公司。考慮到極端值對迴歸模型的影響，筆者剔除了非控製權轉移樣本中大於 3 個標準差的數據，但由於樣本數量相對較小，並且為了說明樣本的屬性，沒有剔除樣本中數據大於 3 個標準差的觀測值。表 4-1 表示篩選過程，表 4-2 和表 4-3 表示樣本的年度分佈和行業分佈情況。

表 4-1　　　　　　　　　　　樣本篩選過程表

| 樣本篩選過程 | 數目 |
| --- | --- |
| 發生第一大股東變更的公司 | 227 |
| 國有轉為國有 | 136 |
| 　　國有轉為國有（有償） | 59 |
| 　　國有轉為國有（無償） | 77 |
| 國有轉為民營 | 46 |
| 民營轉為國有 | 4 |
| 民營轉為民營 | 41 |

表 4-2　　　　　　　2002—2009 年樣本公司的年度分佈情況

| 年份 | 公司數 | 年份 | 公司數 |
|---|---|---|---|
| 2002 | 28 | 2006 | 46 |
| 2003 | 45 | 2007 | 23 |
| 2004 | 24 | 2008 | 16 |
| 2005 | 33 | 2009 | 12 |

表 4-3　　　　　　　　樣本公司的行業分佈狀況

| 行業 | 公司數 | 行業 | 公司數 |
|---|---|---|---|
| 採掘服務業 | 11 | 生物製品業 | 3 |
| 餐飲業 | 1 | 石油加工及煉焦業 | 1 |
| 電力、蒸汽、熱水的生產和供應業 | 12 | 食品加工業 | 7 |
| 電器機械及器材製造業 | 12 | 水上運輸業 | 1 |
| 房地產開發與經營業 | 16 | 通信及相關設備製造業 | 5 |
| 紡織業 | 5 | 土木工程建築業 | 3 |
| 非金屬礦物製品業 | 10 | 橡膠製造業 | 3 |
| 服裝及其他纖維製品製造業 | 3 | 信息傳播服務業 | 1 |
| 公共設施服務業 | 4 | 醫藥製造業 | 8 |
| 廣播電影電視業 | 1 | 儀器儀表及文化、辦公用機械製造業 | 1 |
| 航空運輸業 | 1 | 飲料製造業 | 5 |
| 黑色金屬冶煉及壓延加工業 | 3 | 有色金屬冶煉及壓延加工業 | 5 |
| 化學原料及化學製品製造業 | 19 | 漁業 | 2 |
| 計算機應用服務業 | 4 | 造紙及紙製品業 | 2 |
| 交通運輸設備製造業 | 21 | 證券、期貨業 | 3 |
| 農林業 | 5 | 植物油加工業 | 2 |
| 零售業 | 7 | 專業、科研服務業 | 2 |
| 旅遊業 | 1 | 專用設備製造業 | 7 |
| 普通機械製造業 | 10 | 裝修裝飾業 | 1 |
| 日用電子器具製造業 | 5 | 自來水的生產和供應業 | 1 |
| 商業經紀與代理業 | 4 | 綜合類 | 9 |

由表4-2和表4-3的樣本在年度和行業分佈情況可以看出，樣本在年度和行業間分佈比較均勻，這樣選擇的樣本具有代表性，便於對第一大股東變更進行分析。

## 四、實證結果分析

(一) 描述性統計分析

由於民營轉國有的樣本很少，在下面的分析中沒有對此分析。主要考察了國有轉為國有的，包括無償和有償的兩種情況，以及國有轉民營、民營轉民營這幾類，分別為每一個事件樣本按照行業、規模等特徵分別找到相應匹配的樣本，也即控制樣本。本節分別考察了在第一大股東變更的當年、前一年、前兩年的盈余管理情況，對盈余管理的估計主要採用基於 Jones 模型和修正 Jones 模型的方法，具體盈余管理的描述性統計分析結果如表4-4和表4-5所示。

由表4-4可知，基於 Jones 模型計算的盈余管理，第一大股東發生變更當年，國有轉國有（無償）、國有轉國有（有償）、國有轉民營、民營轉民營，可操控盈余的均值分別為 0.019,73、0.009,4、0.019,8 和 0.045,49，相對應的控製樣本的均值分別為 -0.006,63、-0.000,33、0.016,37 和 0.007,17。第一大股東發生變更的前一年，國有轉國有（無償）、國有轉國有（有償）、國有轉民營、民營轉民營，可操控盈余的均值分別為 -0.005,66、-0.014,21、0.001,6 和 0.000,96，相對應的控製樣本的均值分別為 0.017,17、-0.045,13、-0.024,46 和 0.017,56。第一大股東發生變更的前兩年，國有轉國有（無償）、國有轉國有（有償）、國有轉民營、民營轉民營，可操控盈余的均值分別為 -0.048,14、-0.029,64、-0.010,07 和 0.064,38，相對應的控製樣本的均值分別為 -0.008,66、-0.032,37、0.043,54 和 0.008,19。

表 4－4　基於 Jones 模型的盈余管理描述性統計分析

| 時間 | 變更類型 | 樣本數 | 事件樣本 |||||| 控制樣本 ||||
|---|---|---|---|---|---|---|---|---|---|---|---|
| | | | 均值 | 中位數 | 最小值 | 最大值 | 標準差 | 均值 | 中位數 | 最小值 | 最大值 | 標準差 |
| t | 國轉國(無償) | 77 | 0.019,73 | 0.021,99 | -0.197,65 | 0.199,62 | 0.072,95 | -0.006,63 | 0.002,33 | -0.618,02 | 0.608,67 | 0.131,89 |
| | 國轉國(有償) | 59 | 0.000,94 | 0.008,56 | -0.700,79 | 0.372,64 | 0.139,16 | -0.000,33 | 0.001,03 | -0.471,55 | 0.466,72 | 0.134,91 |
| | 國轉民 | 46 | 0.019,80 | 0.028,03 | -0.667,23 | 1.049,28 | 0.223,24 | 0.016,37 | 0.007,45 | -0.262,37 | 0.241,16 | 0.110,49 |
| | 民轉民 | 41 | 0.045,49 | 0.035,48 | -1.684,29 | 0.976,80 | 0.368,98 | 0.007,17 | -0.006,81 | -0.151,47 | 0.311,37 | 0.094,63 |
| t－1 | 國轉國(無償) | 77 | -0.005,66 | 0.015,62 | -1.202,60 | 0.439,20 | 0.193,88 | 0.017,17 | 0.019,88 | -0.359,42 | 0.303,76 | 0.099,18 |
| | 國轉國(有償) | 59 | -0.014,21 | 0.002,16 | -0.317,09 | 0.243,25 | 0.107,07 | -0.045,13 | -0.011,54 | -1.072,47 | 0.355,11 | 0.213,97 |
| | 國轉民 | 46 | 0.001,60 | -0.005,51 | -0.407,75 | 0.257,73 | 0.116,21 | -0.024,46 | 0.011,64 | -1.125,94 | 0.186,74 | 0.202,76 |
| | 民轉民 | 41 | 0.000,96 | 0.035,11 | -0.692,40 | 0.166,58 | 0.150,99 | 0.017,56 | 0.012,39 | -0.189,02 | 0.291,92 | 0.096,37 |
| t－2 | 國轉國(無償) | 77 | -0.048,14 | -0.015,63 | -1.070,24 | 0.436,47 | 0.179,06 | -0.008,66 | 0.006,35 | -0.884,91 | 0.181,82 | 0.135,13 |
| | 國轉國(有償) | 59 | -0.029,64 | -0.016,33 | -0.280,23 | 0.233,57 | 0.105,32 | -0.032,37 | -0.004,83 | -0.696,86 | 0.554,03 | 0.182,19 |
| | 國轉民 | 46 | -0.010,07 | 0.008,67 | -0.660,85 | 0.573,15 | 0.157,25 | 0.043,54 | 0.047,33 | -0.142,75 | 0.404,06 | 0.103,61 |
| | 民轉民 | 41 | 0.064,38 | -0.014,71 | -1.018,73 | 0.215,74 | 0.199,45 | 0.008,19 | 0.031,23 | -0.504,00 | 0.419,56 | 0.134,33 |

註：t,t－1,t－2 表示第一大股東變更當年、變更前一年、變更前兩年。

表 4－5  基於修正 Jones 模型的盈余管理描述性統計分析

| 時間 | 變更類型 | 樣本數 | 事件樣本 均值 | 事件樣本 中位數 | 事件樣本 最小值 | 事件樣本 最大值 | 事件樣本 標準差 | 控制樣本 均值 | 控制樣本 中位數 | 控制樣本 最小值 | 控制樣本 最大值 | 控制樣本 標準差 |
|---|---|---|---|---|---|---|---|---|---|---|---|---|
| t | 國轉國(無償) | 77 | 0.022.26 | 0.024.17 | −0.199.99 | 0.212.01 | 0.074.43 | −0.001.46 | 0.001.94 | −0.658.66 | 0.787.24 | 0.148.47 |
|   | 國轉國(有償) | 59 | 0.005.43 | 0.017.18 | −0.702.91 | 0.363.40 | 0.135.57 | 0.008.53 | 0.001.34 | −0.443.38 | 0.521.43 | 0.147.90 |
|   | 國轉民 | 46 | 0.021.70 | 0.035.58 | −0.667.76 | 1.051.13 | 0.226.76 | 0.018.92 | 0.008.81 | −0.268.88 | 0.254.48 | 0.119.26 |
|   | 民轉民 | 41 | 0.055.89 | 0.039.07 | −1.683.96 | 1.139.07 | 0.382.71 | 0.009.23 | −0.008.93 | −0.144.03 | 0.449.08 | 0.107.05 |
| t−1 | 國轉國(無償) | 77 | −0.000.44 | 0.016.12 | −1.277.48 | 0.469.39 | 0.203.19 | 0.013.91 | 0.006.12 | −0.240.45 | 0.265.80 | 0.091.62 |
|   | 國轉國(有償) | 59 | −0.014.66 | 0.000.55 | −0.371.83 | 0.243.82 | 0.108.52 | −0.035.29 | −0.011.63 | −1.015.82 | 0.363.81 | 0.212.49 |
|   | 國轉民 | 46 | 0.004.37 | 0.004.25 | −0.416.65 | 0.225.92 | 0.118.17 | −0.029.06 | 0.011.68 | −1.087.65 | 0.264.30 | 0.200.36 |
|   | 民轉民 | 41 | 0.002.91 | 0.036.33 | −0.635.06 | 0.161.83 | 0.145.40 | 0.007.88 | 0.003.18 | −0.213.60 | 0.276.91 | 0.096.52 |
| t−2 | 國轉國(無償) | 77 | −0.047.35 | −0.014.93 | −1.059.98 | 0.431.98 | 0.177.72 | −0.007.58 | 0.001.83 | −0.891.48 | 0.162.76 | 0.133.85 |
|   | 國轉國(有償) | 59 | −0.028.10 | −0.013.71 | −0.282.41 | 0.249.93 | 0.107.85 | −0.032.88 | −0.003.51 | −0.704.11 | 0.530.07 | 0.179.18 |
|   | 國轉民 | 46 | −0.010.13 | 0.014.17 | −0.661.92 | 0.563.81 | 0.156.35 | 0.042.64 | 0.046.78 | −0.157.36 | 0.400.97 | 0.103.78 |
|   | 民轉民 | 41 | 0.065.22 | −0.026.99 | −1.013.02 | 0.207.57 | 0.198.31 | 0.008.92 | 0.036.34 | −0.517.91 | 0.420.27 | 0.138.75 |

註：t, t−1, t−2 表示第一大股東變更當年，變更前一年，變更前兩年。

同理，由表4-5可知，基於修正 Jones 模型計算的盈余管理，第一大股東發生變更當年，國有轉國有（無償）、國有轉國有（有償）、國有轉民營、民營轉民營，可操控盈余的均值分別為 0.022,26、0.005,43、0.021,7 和 0.055,89，相對應的控製樣本的均值分別為 -0.001,46、0.008,53、0.018,92 和 0.009,23。第一大股東發生變更的前一年，國有轉國有（無償）、國有轉國有（有償）、國有轉民營、民營轉民營，可操控盈余的均值分別為 -0.000,44、-0.014,66、0.004,37 和 0.029,1，相對應的控製樣本的均值分別為 0.013,91、-0.035,29、-0.029,06 和 0.007,88。第一大股東發生變更的前兩年，國有轉國有（無償）、國有轉國有（有償）、國有轉民營、民營轉民營，可操控盈余的均值分別為 -0.047,35、-0.028,10、-0.010,13 和 0.065,22，相對應的控製樣本的均值分別為 -0.007,58、-0.032,88、0.042,64 和 0.008,92。

由以上分析可知，當股東特質發生變化后，事件樣本與控製樣本的盈余管理的差異。第一大股東變更發生在國有股權轉化為民營股權時，可以看出事件樣本和控製樣本的盈余管理還是有很大差異的，在發生股東變更的前一年、前兩年，盈余管理的甚至都是相反的。也就是說正常情況下，事件樣本的盈余管理與控製樣本的盈余應該有顯著差別，但是表4-4和表4-5的結果證明並非如此。初步說明，當國有股權私有化后，確實存在國有資產流失的嫌疑。當第一大股東變更發生在民營企業間時，可以看出在控製樣本與事件樣本之間也存在顯著差異，這也初步說明，當第一大股東變更發生在民營企業間時，由於民營企業理性經濟人的選擇，存在明顯的盈余管理動機。當第一大股東變更發生在國有企業之間時，無論是有償還是無償，盈余管理都沒有明顯差異，這與前面的理論分析基本一致。

(二) 差異顯著性檢驗

為了比較事件樣本和控製樣本的盈余管理之間差異的顯著性，再進一步做了差異顯著性檢驗，具體結果如表4-6所示。

表 4-6

差異顯著性檢驗

| 時間 | 變更類型 | Jones 模型 差值均值 | 差值中位數 | T值 | P值 | Wilcoxon 符號秩和檢驗P值 | 修正 Jones 模型 差值均值 | 差值中位數 | t值 | P值 | Wilcoxon 符號秩和檢驗P值 |
|---|---|---|---|---|---|---|---|---|---|---|---|
| t | 國轉國(無償) | 0.024,44 | 0.018,67 | 1.476,05 | 0.144,29 | 0.110,79 | 0.021,92 | 0.019,64 | 1.209,02 | 0.230,61 | 0.133,67 |
|   | 國轉國(有償) | -0.008,36 | -0.010,05 | -0.383,07 | 0.703,36 | 0.825,54 | -0.011,42 | -0.006,11 | -0.508,09 | 0.613,72 | 0.802,72 |
|   | 國轉民 | -0.005,41 | 0.013,38 | -2.132,22 | 0.000,46 | 0.000,81 | -0.005,99 | 0.021,74 | -2.143,32 | 0.006,74 | 0.007,81 |
|   | 民轉民 | 0.042,05 | 0.035,79 | 2.695,45 | 0.001,24 | 0.005,98 | 0.051,78 | 0.043,39 | 2.824,08 | 0.005,32 | 0.007,15 |
| t-1 | 國轉國(無償) | -0.008,62 | -0.002,22 | -0.447,19 | 0.656,14 | 0.657,63 | 0.001,60 | 0.007,61 | 0.085,88 | 0.931,81 | 0.525,52 |
|   | 國轉國(有償) | 0.028,70 | 0.012,08 | 0.837,77 | 0.406,40 | 0.663,90 | 0.020,84 | 0.004,29 | 0.627,31 | 0.533,49 | 0.951,70 |
|   | 國轉民 | 0.023,28 | 0.014,02 | 2.215,53 | 0.001,87 | 0.000,17 | 0.030,12 | -0.002,29 | 1.920,14 | 0.007,25 | 0.001,07 |
|   | 民轉民 | -0.013,17 | 0.031,03 | -2.413,02 | 0.002,18 | 0.004,18 | -0.005,91 | 0.029,56 | -2.190,22 | 0.005,27 | 0.003,03 |
| t-2 | 國轉國(無償) | -0.034,62 | -0.031,41 | -1.400,57 | 0.166,25 | 0.011,93 | -0.035,03 | -0.031,76 | -1.422,81 | 0.159,72 | 0.008,57 |
|   | 國轉國(有償) | 0.011,38 | -0.020,37 | 0.343,17 | 0.733,07 | 0.397,01 | 0.013,16 | -0.019,50 | 0.395,29 | 0.694,50 | 0.397,01 |
|   | 國轉民 | -0.059,68 | -0.041,93 | -2.184,69 | 0.005,70 | 0.004,45 | -0.058,38 | -0.044,28 | -2.102,86 | 0.002,74 | 0.003,45 |
|   | 民轉民 | -0.077,01 | -0.024,74 | -1.971,51 | 0.005,44 | 0.008,60 | -0.078,95 | -0.036,63 | -1.999,46 | 0.008,83 | 0.008,59 |

註：t,t-1,t-2 表示第一大股東變更當年,變更前一年,變更前兩年。

由表4-6可知，當第一大股東變更發生在國有轉為民營時，事件樣本和控製樣本間盈余管理均存在顯著差異，這充分證明當第一大股東變更發生在國有轉為民營時，確實存在著國有資產流失。因為，在第一大股東發生變更當年、變更前一年、前兩年時，事件樣本和控製樣本之間存在著顯著差異，假設1得到證明。當第一大股東變更發生在民營企業之間時，基於Jones模型計算的盈余管理在事件樣本和控製樣本之間存在顯著差異，這說明大股東變更發生在民營企業之間時，也存在盈余管理行為。假設2得到證明。當第一大股東變更發生在國有企業之間時，無論是有償還是無償的，事件樣本和控製樣本的盈余管理之間均沒有顯著差異，因此假設3a得到檢驗，假設3b沒有通過檢驗。

為了檢驗結果的穩健性，本節還用修正Jones模型比較檢驗了事件樣本和控製樣本之間的差異。結果幾乎保持不變，即當第一大股東變更發生在國有轉民營和民營轉民營時，事件樣本和控製樣本之間的盈余管理之間存在顯著差異。這說明第一大股東變更發生在國有轉民營時以及民營轉民營時，存在盈余管理行為。假設2得到進一步證明。當第一大股東變更發生在國有企業之間時，無論是有償還是無償的，事件樣本和控製樣本的盈余管理之間均沒有顯著差異，假設1和假設3a的假設依然成立。

基本的研究結果是，當第一大股東由國有股權轉化為民營股權時，第一大股東有盈余管理動機，即在國有股權轉變為私有股權前後盈余管理存在顯著差異。換句話說，即國有股權私有化過程中存在國有資產流失嫌疑。當第一大股東由民營轉變為民營時，第一大股東變更前后盈余管理存在顯著差異，即第一大股東變更發生在民營企業間時，由於民營企業是一種理性經濟人，也存在對業績的盈余管理問題。當第一大股東變更發生在國有企業之間時，無論是有償轉讓還是有償轉讓，都不存在盈余管理動機。

## 五、小結

根據對操縱性應計利潤計算Jones模型和修正Jones模型，由於人們無法觀測到非操縱性應計利潤的真實情況，我們所計算的非操縱性應計利潤其實是在一定的假設條件下能被研究者通過會計科目之間的勾稽關系合理解釋的應計利

潤部分，而操縱性應計利潤則是不能解釋的部分。因此，將計算出來的操縱性應計（DA）理解為異常應計或者盈余管理的空間或許更為貼切。而異常應計越大，表明盈余管理的空間也越大，經理人進行盈余管理的可能性也就越大。因此，用 DA 來代表盈余管理是合理的。而對於本節應用截面數據計算的控製權轉移公司的操縱性應計利潤，假設上市公司普遍性地進行盈余管理，也可以將估計出來的操縱性應計利潤理解為發生控製權轉移的公司相對於同行業未發生控製權轉移的公司更大的盈余管理空間。

此處分析大股東變更的當年、變更的前一年、變更的前兩年的盈余管理行為，通過選擇控製樣本，對比分析事件樣本和控製樣本。研究結果表明：當第一大股東由國有股權轉化為民營股權時，第一大股東有盈余管理動機，即在國有股權轉變為私有股權前后盈余管理存在顯著差異。換句話說，即國有股權私有化過程中存在國有資產流失嫌疑。當第一大股東由民營轉變為民營時，第一大股東變更前后盈余管理存在顯著差異，即第一大股東變更發生在民營企業間時，由於民營企業是一種理性經濟人，也存在對業績的盈余管理問題。當第一大股東變更發生在國有企業之間時，無論是有償轉讓還是有償轉讓，都不存在盈余管理動機。

## 第五節　股東特質、盈余管理和控製權溢價

### 一、引言

控製權轉移的溢價水平是一個國家對投資者保護程度大小的重要體現。國外許多學者紛紛用控製權溢價來度量控製權收益，以找出影響控製權收益大小的一系列因素。這些文獻都是研究較為成熟市場的控製權轉移事件，通過控製權轉移前后超額報酬的對比來計量控製權轉移溢價的。而中國控製權轉移溢價的計量卻截然不同。

將每股淨資產值作為國有股權的轉讓價格的規定，基本上來自於 1997 年原來的國有資產管理局和國家體改委聯合發布的《股份有限公司國有股股東行使

股權行為規範意見》。雖然國有股在國有企業之間轉讓並不會改變股權性質，國有資產流失的可能性較小，但是參照淨資產轉讓國有股權的規定還是會對發生控製權轉移的上市公司（目標公司）產生影響：低於淨資產的轉讓價格可能令外界以為企業經營狀況不佳，可能會影響對管理層的評價；雖然國有股在國有企業之間轉讓不涉及股權性質的改變，但有償轉讓往往令上市公司經營的受益方（即控股方）不同，低於淨資產的轉讓價格比同類交易低，依然有可能讓人懷疑存在變相資產流失的問題。

在充分發育的市場中，企業的價格通過市場參與者對資產評價或預期的競爭性要價和出價得到確定。但在中國企業控製權轉移中，由於上市公司的國有股和法人股不能公開上市交易，缺少多個買方和賣方參與競價的公開透明的市場化價格形成機制，大多是買賣雙方在對轉讓股份進行價值評估的基礎上，通過一對一的談判確定股權轉讓價格的。中國有關法規規定「轉讓股份的價格不得低於每股淨資產值」。實務中，股權轉讓主要是以每股淨資產作為重要的定價基礎。一般來說，帶有控製權的股權轉讓價格高於其淨資產的溢價部分反應了控股股東從控製權中獲取私利的預期。因此，國內許多學者以淨資產為基礎對股權轉讓的溢價進行研究，並用大宗股權轉讓溢價來衡量中國控製權收益大小，對其影響因素進行實證檢驗。這些文獻對研究中國的控製權收益做出了有益的探索，但主要強調公司基本面因素，並未考慮盈余管理等因素對控製權轉移溢價的影響。

希利和瓦倫（Healy, Wahlen）將盈余管理定義為企業實際控製者運用職業判斷編製財務報告和通過規劃交易以變更財務報告的機會主義行為，旨在誤導那些以經營業績為基礎的決策行為或影響那些以會計報告的數字為基礎的契約后果。非流通股權的轉讓以會計報告中的每股淨資產為重要定價依據，會誘發相關利益人利用會計盈余管理來操縱股權轉讓價格。在中國股權分置改革前，非流通股的轉讓只能在專門的產權交易市場進行，同時為了保證國有股的控股地位不受到影響，國家對以國有股為主的非流通股轉讓制定了嚴格的監管措施，不僅需要符合一定的條件才可以轉讓，而且還需要層層審批，審批的核心就是股權轉讓價格，以及其相對於每股淨資產的溢價率。所以許多公司為了使股權

轉讓通過管理部門審批，就利用會計盈余管理，提高每股轉讓溢價率。公司的盈余管理行為是影響控製權轉移溢價的一個重要因素。雖然在實務中，經常出現對管理層盈余管理行為的批判，但是國內還沒有學者研究盈余管理行為對控製權轉移定價的影響，這正是本研究的主旨所在。

由於操作的方便，控製權轉移時的每股淨資產值一般成為評估轉讓價格是否合理的底線，超出的部分則被稱為溢價，它與淨資產之間的比值通常被相應地稱作控製權溢價，即控製權溢價＝（每股轉讓價格－每股淨資產）／每股淨資產。如果轉讓時沒有溢價或者溢價率低，控製權交易想通過審批的難度就加大了。從溢價率的公式可以直觀地看出提高溢價率的方法有兩種，即提高交易價格和壓低淨資產。由於交易價格是併購交易中的核心問題，再加上中國普遍存在的融資難題和付現慣例，造成各方讓步的空間相對較小，而通過盈余管理壓低淨資產的方式卻容易實現。

從控製權轉移前的盈余管理對利潤只可能產生兩種方向的變動，一是調低應計利潤，二則是調高應計利潤。應計利潤調低一般會使淨資產降低，既然國有資產轉讓時以淨資產為基本參照指標，那麼相應的每股價格也會下降。由於下調利潤的一個重要目的就是達到國家規定的不低於淨資產出售國有股份的條款，以便順利通過審查，所以價格的下降幅度會低於淨資產的下降幅度，造成盈余管理后的溢價率高於調整前的溢價率。應計利潤調高一般會提高淨資產，相應的價格也會上升，這樣做的目的似乎並不擔心溢價率的問題，而是想通過盈余管理乘控製權轉讓之際多多獲利。這種類型的盈余管理在國有性質股權轉讓過程中應當較少，因為一是出於對溢價率的考慮，二是操控應計利潤獲利最終受益人為政府。若經營者瓜分控製權轉讓所獲利益則有侵吞國有財產之嫌，如果真有瓜分的動機，壓低價格出售反倒更能隱蔽地獲利。由前面分析可知，對操控性應計利潤的統計可以看出，總體上，國有性質股權之間有償轉讓的樣本主要會通過調低主營業務收入和應收帳款的方式調低應計利潤，手法較為隱蔽。

根據上面的分析，提出如下假設：

**假設1**：當第一大股東變更發生在國有轉為民營企業之間時，盈余管理對

控製權溢價有顯著的影響。

**假設2**：當第一大股東變更發生在國有轉為國有企業之間時，當有償轉讓時，盈余管理會對控製權溢價有顯著影響。

**假設3**：當第一大股東變更發生在民營企業轉化為民營企業時，根據前面的分析，民營企業都是經濟人，因此盈余管理也會對控製權溢價產生影響。

## 二、研究設計

計量控製權收益的方法要有兩種。第一種是由巴克得利和霍爾德內斯（Barclay, Holdernes）提出來的，通過研究大規模股權轉讓中的溢價來估計控製權收益；第二種方法是由利斯、麥康內爾和米克爾松（Lease, McConnell, Mikkelson）提出來的，通過計算不同投票權股票的價格差異來計量控製權收益的大小。由於中國沒有在市場上交易的不同投票權的股票，所以第一種方法在中國不適用。唐宗明、蔣位以淨資產作為非流通股權內在價值的基礎，用第二種方法來度量中國大宗股權轉讓中的控製權收益，以反應大股東對中小股東的侵害程度。本節也採用這種方法計算併購溢價，具體又分為 Premium1 和 Premium2，Premium2 是為了反應轉讓股權比例對併購溢價的影響。計算公式如下：

Premium1 ＝（每股轉讓價格－每股淨資產）÷每股淨資產

Premium2 ＝（每股轉讓價格－每股淨資產）×轉讓比例÷每股淨資產

控製權溢價主要通過股權轉讓方式進行。在國有股不流通、內部人控製情況下，由於轉讓方式透明度低、公允性差等原因，控股股東就有動機和激勵為獲得回扣或為個人牟利（如以低價轉讓給其關係群體）與仲介機構、政府機構代理人等合謀，通過低估或漏估價值而將其中的國有股份額低價或零價轉讓，造成國有資產流失。由於涉及個人尋租問題，比如國有股東個人尋租低價轉讓國有資產問題，這些資料獲取難度較大，本節未對國有股東的個人尋租問題做深層次探討。

本節運用 Jones 模型和修正 Jones 模型估計的總應計利潤（TA）和可操控性應計利潤（DA）來度量盈余管理水平。在迴歸中控製了股權轉讓比例（Exc-Shr），無形資產比例（INTAN）、財務槓桿（L）、每股收益（EPS）、公司規模

(lnA）以及每股淨資產（ROA）等公司基本面因素。無形資產比例為無形資產除以總資產，財務槓桿為長短期負債之和除以所有者權益，公司規模為總資產的自然對數。最後在每次迴歸中都控製了行業（Industry）和年份（Year）。迴歸方程式如下：

$$Premium = a + b_1 \times DA + b_2 \times TA + b_3 \times ExcShr + b_4 \times lnA + b_5 \times ROA + b_6 \times EPS + b_7 \times L + b_8 \times INTAN + b_9 \times Industry + b_{10} \times Year$$

## 三、樣本及數據

按照中國上市公司當前控股股東的性質來劃分，大致可以分為以下四大類：第一類包括國資委、地方政府、財政局等。這類股東的特徵是政府管理部門。第二類是國有資產管理部門下屬的專職資產經營公司。它們代表政府行使所有者的職能。第三類為國有法人。這類股東的典型特徵是自身從事經營並以營利為目的，不僅控製上市公司，還同時控製其他公司，多表現為企業集團的形式。第四類為其他所有制和自然人控製的普通法人。為了便於研究，我們將前三類公司合併稱為國有股份公司，最後一類為非國有公司。

從《中國股票市場研究數據庫》（CSMAR）選擇了2002—2009年非金融行業發生第一大股東變更（控製權轉移）的上市公司，作為控製權轉移樣本。選擇標準如下：①第一次公告和最后一次公告都在2002—2009年內；②第一大股東發生變更並且新的第一大股東擁有上市公司股權超過30%；③發生多次轉移則取最后一次，且第一次公告年距上一次控製權轉移最后一次公告1年以上；④轉讓最終成功。根據以上標準得到樣本公司227家。

公司財務、股價、股權結構、公司治理等數據來自《中國股票市場研究數據庫》（CSMAR）或中國經濟研究服務中心CCER數據庫。為了能夠反應控製權轉移公司在投資者保護方面的特徵，以及投資者保護與控製權轉移的關係，我們按以下準則選取了對照樣本：選取2002—2009年間沒發生5%以上股權轉讓的上市公司，對每家控製權轉移樣本公司選取同年度同行業中總資產最接近的公司作為對照樣本，剔除數據不完整公司，得到227家對照樣本公司。考慮到極端值對迴歸模型的影響，我們剔除了非控製權轉移樣本中大於3個標準差

的數據，但由於樣本數量相對較小，並且為了說明樣本的屬性，沒有剔除樣本中數據大於 3 個標準差的觀測值。

## 四、實證結果分析

（一）相關性分析

首先對研究變量做了一個相關性分析，結果如表 4-7～表 4-10 所示：

表 4-7 基於 prem1、Jones 模型計算出的 DA 及其他變量的 Pearson 相關係數

| sign | TYPE | NAME | Prem1 | DA_J | TA | ROA | EPS | lnA | ExcShr | L | Intan |
|---|---|---|---|---|---|---|---|---|---|---|---|
| 國轉國<br>(有償) | MEAN |  | -0.271,74 | 0.000,935 | -0.061,7 | -0.160,81 | 0.144,682 | 21.125,37 | 0.453,781 | 5.116,446 | 0.057,9 |
|  | STD |  | 1.235,089 | 0.139,161 | 0.136,413 | 0.484,521 | 0.541,763 | 0.951,984 | 0.145,293 | 32.005,23 | 0.096,543 |
|  | N |  | 59 | 59 | 59 | 59 | 59 | 59 | 59 | 59 | 59 |
|  | CORR | prem1 | 1 | -0.269,51 | -0.280,65 | 0.949,487 | -0.432,12 | -0.221,08 | -0.212,59 | 0.014,126 | 0.267,094 |
|  | CORR | DA_J | -0.269,51 | 1 | 0.972,981 | -0.226,23 | 0.561,267 | -0.029,21 | 0.039,179 | -0.002,67 | -0.035,13 |
|  | CORR | TA | -0.280,65 | 0.972,981 | 1 | -0.257,01 | 0.647,658 | 0.045,446 | 0.026,311 | -0.016,62 | -0.094,08 |
|  | CORR | ROA | 0.949,487 | -0.226,23 | -0.257,01 | 1 | -0.393,04 | -0.294,8 | -0.301,62 | 0.032,231 | 0.220,716 |
|  | CORR | EPS | -0.432,12 | 0.561,267 | 0.647,658 | -0.393,04 | 1 | 0.259,894 | -0.113,9 | -0.115,08 | -0.145,24 |
|  | CORR | lnA | -0.221,08 | -0.029,21 | 0.045,446 | -0.294,8 | 0.259,894 | 1 | 0.273,021 | -0.111,37 | -0.241,83 |
|  | CORR | ExcShr | -0.212,59 | 0.039,179 | 0.026,311 | -0.301,62 | -0.113,9 | 0.273,021 | 1 | -0.116,54 | -0.501,19 |
|  | CORR | L | 0.014,126 | -0.002,67 | -0.016,62 | 0.032,231 | -0.115,08 | -0.111,37 | -0.116,54 | 1 | 0.019,204 |
|  | CORR | Intan | 0.267,094 | -0.035,13 | -0.094,08 | 0.220,716 | -0.145,24 | -0.241,83 | -0.501,19 | 0.019,204 | 1 |
| 國轉民 | MEAN |  | 0.240,571 | 0.019,799 | -0.046,53 | 0.126,72 | 0.151,013 | 20.793,23 | 0.465,205 | 1.665,619 | 0.065,146 |
|  | STD |  | 2.310,836 | 0.223,243 | 0.226,585 | 1.096,944 | 0.601,71 | 1.018,066 | 0.131,791 | 2.601,35 | 0.099,418 |
|  | N |  | 46 | 46 | 46 | 46 | 46 | 46 | 46 | 46 | 46 |
|  | CORR | prem1 | 1 | -0.069,75 | -0.104,97 | 0.993,008 | -0.221,21 | -0.396,08 | 0.048,975 | 0.383,633 | 0.143,489 |
|  | CORR | DA_J | -0.069,75 | 1 | 0.994,044 | -0.066,27 | 0.653,324 | -0.078 | -0.073,06 | -0.033,68 | 0.084,493 |
|  | CORR | TA | -0.104,97 | 0.994,044 | 1 | -0.098,89 | 0.672,005 | 0.005,423 | -0.093,13 | -0.031,75 | -0.005,03 |
|  | CORR | ROA | 0.993,008 | -0.066,27 | -0.098,89 | 1 | -0.234,67 | -0.376,58 | 0.052,441 | 0.379,047 | 0.127,677 |
|  | CORR | EPS | -0.221,21 | 0.653,324 | 0.672,005 | -0.234,67 | 1 | 0.315,466 | -0.002,87 | -0.214,76 | 0.049,278 |
|  | CORR | lnA | -0.396,08 | -0.078 | 0.005,423 | -0.376,58 | 0.315,466 | 1 | -0.187,76 | -0.058,7 | -0.492,29 |
|  | CORR | ExcShr | 0.048,975 | -0.073,06 | -0.093,13 | 0.052,441 | -0.002,87 | -0.187,76 | 1 | -0.122,41 | 0.266,864 |
|  | CORR | L | 0.383,633 | -0.033,68 | -0.031,75 | 0.379,047 | -0.214,76 | -0.058,7 | -0.122,41 | 1 | -0.128,53 |
|  | CORR | Intan | 0.143,489 | 0.084,493 | -0.005,03 | 0.127,677 | 0.049,278 | -0.492,29 | 0.266,864 | -0.128,53 | 1 |

表4-7(續)

| sign | TYPE | NAME | Prem1 | DA_J | TA | ROA | EPS | lnA | ExcShr | L | Intan |
|---|---|---|---|---|---|---|---|---|---|---|---|
| 民轉民 | MEAN | | 0.360,955 | 0.045,485 | -0.018,03 | 0.075,755 | 0.122,302 | 21.099,14 | 0.338,58 | 1.946,021 | 0.037,31 |
| | STD | | 3.688,121 | 0.368,978 | 0.401,581 | 1.078,052 | 0.374,018 | 1.467,425 | 0.154,261 | 6.900,172 | 0.063,817 |
| | N | | 41 | 41 | 41 | 41 | 41 | 41 | 41 | 41 | 41 |
| | CORR | prem1 | 1 | -0.705,34 | -0.694,69 | 0.972,442 | 0.113,281 | -0.090,25 | -0.086,57 | 0.921,857 | -0.062,59 |
| | CORR | DA_J | -0.705,34 | 1 | 0.991,17 | -0.720,48 | 0.180,793 | -0.001,36 | -0.146,22 | -0.769,28 | -0.034,58 |
| | CORR | TA | -0.694,69 | 0.991,17 | 1 | -0.728,11 | 0.171,102 | 0.075,905 | -0.147,69 | -0.773,23 | -0.032,12 |
| | CORR | ROA | 0.972,442 | -0.720,48 | -0.728,11 | 1 | 0.098,317 | -0.241,3 | -0.130,1 | 0.929,791 | -0.066,21 |
| | CORR | EPS | 0.113,281 | 0.180,793 | 0.171,102 | 0.098,317 | 1 | -0.046,02 | -0.024,49 | 0.168,445 | -0.179,35 |
| | CORR | lnA | -0.090,25 | -0.001,36 | 0.075,905 | -0.241,3 | -0.046,02 | 1 | 0.161,006 | -0.139,75 | 0.132,427 |
| | CORR | ExcShr | -0.086,57 | -0.146,22 | -0.147,69 | -0.130,1 | -0.024,49 | 0.161,006 | 1 | -0.068,2 | -0.066,29 |
| | CORR | L | 0.921,857 | -0.769,28 | -0.773,23 | 0.929,791 | 0.168,445 | -0.139,75 | -0.068,2 | 1 | -0.093,55 |
| | CORR | Intan | -0.062,59 | -0.034,58 | -0.032,12 | -0.066,21 | -0.179,35 | 0.132,427 | -0.066,29 | -0.093,55 | 1 |

表4-8 基於prem1、修正Joens模型計算出的DA及其他變量的Pearson相關係數

| sign | TYPE | NAME | prem1 | DA_MJ | TA | ROA | EPS | lnA | ExcShr | L | Intan |
|---|---|---|---|---|---|---|---|---|---|---|---|
| 國轉國(有償) | MEAN | | -0.271,74 | 0.005,434 | -0.061,7 | -0.160,81 | 0.144,682 | 21.125,37 | 0.453,781 | 5.116,446 | 0.057,9 |
| | STD | | 1.235,089 | 0.135,571 | 0.136,413 | 0.484,521 | 0.541,763 | 0.951,984 | 0.145,293 | 32.005,23 | 0.096,543 |
| | N | | 59 | 59 | 59 | 59 | 59 | 59 | 59 | 59 | 59 |
| | CORR | prem1 | 1 | -0.259,18 | -0.280,65 | 0.949,487 | -0.432,12 | -0.221,08 | -0.212,59 | 0.014,126 | 0.267,094 |
| | CORR | DA_MJ | -0.259,18 | 1 | 0.996,263 | -0.229,7 | 0.626,388 | -0.008,44 | 0.017,876 | -0.005,53 | -0.063,21 |
| | CORR | TA | -0.280,65 | 0.996,263 | 1 | -0.257,01 | 0.647,658 | 0.045,446 | 0.026,311 | -0.016,62 | -0.094,08 |
| | CORR | ROA | 0.949,487 | -0.229,7 | -0.257,01 | 1 | -0.393,04 | -0.294,8 | -0.301,62 | 0.032,231 | 0.220,716 |
| | CORR | EPS | -0.432,12 | 0.626,388 | 0.647,658 | -0.393,04 | 1 | 0.259,894 | -0.113,9 | -0.115,08 | -0.145,24 |
| | CORR | lnA | -0.221,08 | -0.008,44 | 0.045,446 | -0.294,8 | 0.259,894 | 1 | 0.273,021 | -0.111,37 | -0.241,83 |
| | CORR | ExcShr | -0.212,59 | 0.017,876 | 0.026,311 | -0.301,62 | -0.113,9 | 0.273,021 | 1 | -0.116,54 | -0.501,19 |
| | CORR | L | 0.014,126 | -0.005,53 | -0.016,62 | 0.032,231 | -0.115,08 | -0.111,37 | -0.116,54 | 1 | 0.019,204 |
| | CORR | Intan | 0.267,094 | -0.063,21 | -0.094,08 | 0.220,716 | -0.145,24 | -0.241,83 | -0.501,19 | 0.019,204 | 1 |
| 國轉民 | MEAN | | 0.240,571 | 0.021,705 | -0.046,53 | 0.126,72 | 0.151,013 | 20.793,23 | 0.465,205 | 1.665,619 | 0.065,146 |
| | STD | | 2.310,836 | 0.226,763 | 0.226,585 | 1.096,944 | 0.601,71 | 1.018,066 | 0.131,791 | 2.601,35 | 0.099,418 |
| | N | | 46 | 46 | 46 | 46 | 46 | 46 | 46 | 46 | 46 |
| | CORR | prem1 | 1 | -0.072,07 | -0.104,97 | 0.993,008 | -0.221,21 | -0.396,08 | 0.048,975 | 0.383,633 | 0.143,489 |
| | CORR | DA_MJ | -0.072,07 | 1 | 0.997,895 | -0.068,25 | 0.664,214 | -0.057,15 | -0.081,9 | -0.034,4 | 0.054,803 |
| | CORR | TA | -0.104,97 | 0.997,895 | 1 | -0.098,89 | 0.672,005 | 0.005,423 | -0.093,13 | -0.031,75 | -0.005,03 |
| | CORR | ROA | 0.993,008 | -0.068,25 | -0.098,89 | 1 | -0.234,67 | -0.376,58 | 0.052,441 | 0.379,047 | 0.127,677 |
| | CORR | EPS | -0.221,21 | 0.664,214 | 0.672,005 | -0.234,67 | 1 | 0.315,466 | -0.002,87 | -0.214,76 | 0.049,278 |
| | CORR | lnA | -0.396,08 | -0.057,15 | 0.005,423 | -0.376,58 | 0.315,466 | 1 | -0.187,76 | -0.058,7 | -0.492,29 |
| | CORR | ExcShr | 0.048,975 | -0.081,9 | -0.093,13 | 0.052,441 | -0.002,87 | -0.187,76 | 1 | -0.122,41 | 0.266,864 |
| | CORR | L | 0.383,633 | -0.034,4 | -0.031,75 | 0.379,047 | -0.214,76 | -0.058,7 | -0.122,41 | 1 | -0.128,53 |
| | CORR | Intan | 0.143,489 | 0.054,803 | -0.005,03 | 0.127,677 | 0.049,278 | -0.492,29 | 0.266,864 | -0.128,53 | 1 |

表4-8(續)

| sign | TYPE | NAME | prem1 | DA_MJ | TA | ROA | EPS | lnA | ExcShr | L | Intan |
|---|---|---|---|---|---|---|---|---|---|---|---|
| 民轉民 | MEAN | | 0.360,955 | 0.055,892 | -0.018,03 | 0.075,755 | 0.122,302 | 21.099,14 | 0.338,58 | 1.946,021 | 0.037,31 |
| | STD | | 3.688,121 | 0.382,711 | 0.401,581 | 1.078,052 | 0.374,018 | 1.467,425 | 0.154,261 | 6.900,172 | 0.063,817 |
| | N | | 41 | 41 | 41 | 41 | 41 | 41 | 41 | 41 | 41 |
| | CORR | prem1 | 1 | -0.673,61 | -0.694,69 | 0.972,442 | 0.113,281 | -0.090,25 | -0.086,57 | 0.921,857 | -0.062,59 |
| | CORR | DA_MJ | -0.673,61 | 1 | 0.995,077 | -0.694,91 | 0.196,741 | 0.005,671 | -0.173,99 | -0.740,21 | -0.048,8 |
| | CORR | TA | -0.694,69 | 0.995,077 | 1 | -0.728,11 | 0.171,102 | 0.075,905 | -0.147,69 | -0.773,23 | -0.032,12 |
| | CORR | ROA | 0.972,442 | -0.694,91 | -0.728,11 | 1 | 0.098,317 | -0.241,3 | -0.130,1 | 0.929,791 | -0.066,21 |
| | CORR | EPS | 0.113,281 | 0.196,741 | 0.171,102 | 0.098,317 | 1 | -0.046,02 | -0.024,49 | 0.168,445 | -0.179,35 |
| | CORR | lnA | -0.090,25 | 0.005,671 | 0.075,905 | -0.241,3 | -0.046,02 | 1 | 0.161,006 | -0.139,75 | 0.132,427 |
| | CORR | ExcShr | -0.086,57 | -0.173,99 | -0.147,69 | -0.130,1 | -0.024,49 | 0.161,006 | 1 | -0.068,2 | -0.066,29 |
| | CORR | L | 0.921,857 | -0.740,21 | -0.773,23 | 0.929,791 | 0.168,445 | -0.139,75 | -0.068,2 | 1 | -0.093,55 |
| | CORR | Intan | -0.062,59 | -0.048,8 | -0.032,12 | -0.066,21 | -0.179,35 | 0.132,427 | -0.066,29 | -0.093,55 | 1 |

表4-9 基於prem2、Jones模型計算出的DA及其他變量的Pearson相關係數

| sign | TYPE | NAME | prem2 | DA_J | TA | ROA | EPS | lnA | ExcShr | L | Intan |
|---|---|---|---|---|---|---|---|---|---|---|---|
| 國轉國(有償) | MEAN | | -0.160,81 | 0.000,935 | -0.061,7 | -0.160,81 | 0.144,682 | 21.125,37 | 0.453,781 | 5.116,446 | 0.057,9 |
| | STD | | 0.484,521 | 0.139,161 | 0.136,413 | 0.484,521 | 0.541,763 | 0.951,984 | 0.145,293 | 32.005,23 | 0.096,543 |
| | N | | 59 | 59 | 59 | 59 | 59 | 59 | 59 | 59 | 59 |
| | CORR | prem2 | 1 | -0.226,23 | -0.257,01 | 1 | -0.393,04 | -0.294,8 | -0.301,62 | 0.032,231 | 0.220,716 |
| | CORR | DA_J | -0.226,23 | 1 | 0.972,981 | -0.226,23 | 0.561,267 | -0.029,21 | 0.039,179 | -0.002,67 | -0.035,13 |
| | CORR | TA | -0.257,01 | 0.972,981 | 1 | -0.257,01 | 0.647,658 | 0.045,446 | 0.026,311 | -0.016,62 | -0.094,08 |
| | CORR | ROA | 1 | -0.226,23 | -0.257,01 | 1 | -0.393,04 | -0.294,8 | -0.301,62 | 0.032,231 | 0.220,716 |
| | CORR | EPS | -0.393,04 | 0.561,267 | 0.647,658 | -0.393,04 | 1 | 0.259,894 | -0.113,9 | -0.115,08 | -0.145,24 |
| | CORR | lnA | -0.294,8 | -0.029,21 | 0.045,446 | -0.294,8 | 0.259,894 | 1 | 0.273,021 | -0.111,37 | -0.241,83 |
| | CORR | ExcShr | -0.301,62 | 0.039,179 | 0.026,311 | -0.301,62 | -0.113,9 | 0.273,021 | 1 | -0.116,54 | -0.501,19 |
| | CORR | L | 0.032,231 | -0.002,67 | -0.016,62 | 0.032,231 | -0.115,08 | -0.111,37 | -0.116,54 | 1 | 0.019,204 |
| | CORR | Intan | 0.220,716 | -0.035,13 | -0.094,08 | 0.220,716 | -0.145,24 | -0.241,83 | -0.501,19 | 0.019,204 | 1 |
| 國轉民 | MEAN | | 0.126,72 | 0.019,799 | -0.046,53 | 0.126,72 | 0.151,013 | 20.793,23 | 0.465,205 | 1.665,619 | 0.065,146 |
| | STD | | 1.096,944 | 0.223,243 | 0.226,585 | 1.096,944 | 0.601,71 | 1.018,066 | 0.131,791 | 2.601,35 | 0.099,418 |
| | N | | 46 | 46 | 46 | 46 | 46 | 46 | 46 | 46 | 46 |
| | CORR | prem2 | 1 | -0.066,27 | -0.098,89 | 1 | -0.234,67 | -0.376,58 | 0.052,441 | 0.379,047 | 0.127,677 |
| | CORR | DA_J | -0.066,27 | 1 | 0.994,044 | -0.066,27 | 0.653,324 | -0.078 | -0.073,06 | -0.033,68 | 0.084,493 |
| | CORR | TA | -0.098,89 | 0.994,044 | 1 | -0.098,89 | 0.672,005 | 0.005,423 | -0.093,13 | -0.031,75 | -0.005,03 |
| | CORR | ROA | 1 | -0.066,27 | -0.098,89 | 1 | -0.234,67 | -0.376,58 | 0.052,441 | 0.379,047 | 0.127,677 |
| | CORR | EPS | -0.234,67 | 0.653,324 | 0.672,005 | -0.234,67 | 1 | 0.315,466 | -0.002,87 | -0.214,76 | 0.049,278 |
| | CORR | lnA | -0.376,58 | -0.078 | 0.005,423 | -0.376,58 | 0.315,466 | 1 | -0.187,76 | -0.058,7 | -0.492,29 |
| | CORR | ExcShr | 0.052,441 | -0.073,06 | -0.093,13 | 0.052,441 | -0.002,87 | -0.187,76 | 1 | -0.122,41 | 0.266,864 |
| | CORR | L | 0.379,047 | -0.033,68 | -0.031,75 | 0.379,047 | -0.214,76 | -0.058,7 | -0.122,41 | 1 | -0.128,53 |
| | CORR | Intan | 0.127,677 | 0.084,493 | -0.005,03 | 0.127,677 | 0.049,278 | -0.492,29 | 0.266,864 | -0.128,53 | 1 |

表4-9(續)

| sign | TYPE | NAME | prem2 | DA_J | TA | ROA | EPS | lnA | ExcShr | L | Intan |
|---|---|---|---|---|---|---|---|---|---|---|---|
| 民轉民 | MEAN |  | 0.074,159 | 0.045,485 | -0.018,03 | 0.075,755 | 0.122,302 | 21.099,14 | 0.338,58 | 1.946,021 | 0.037,31 |
|  | STD |  | 1.064,54 | 0.368,978 | 0.401,581 | 1.078,052 | 0.374,018 | 1.467,425 | 0.154,261 | 6.900,172 | 0.063,817 |
|  | N |  | 41 | 41 | 41 | 41 | 41 | 41 | 41 | 41 | 41 |
|  | CORR | prem2 | 1 | -0.720,48 | -0.728,11 | 1 | 0.098,563 | -0.241,19 | -0.130,39 | 0.929,5 | -0.065,51 |
|  | CORR | DA_J | -0.720,48 | 1 | 0.991,17 | -0.720,48 | 0.180,793 | -0.001,36 | -0.146,22 | -0.769,28 | -0.034,58 |
|  | CORR | TA | -0.728,11 | 0.991,17 | 1 | -0.728,11 | 0.171,102 | 0.075,905 | -0.147,69 | -0.773,23 | -0.032,12 |
|  | CORR | ROA | 1 | -0.720,48 | -0.728,11 | 1 | 0.098,317 | -0.241,3 | -0.130,1 | 0.929,791 | -0.066,21 |
|  | CORR | EPS | 0.098,563 | 0.180,793 | 0.171,102 | 0.098,317 | 1 | -0.046,02 | -0.024,49 | 0.168,445 | -0.179,35 |
|  | CORR | lnA | -0.241,19 | -0.001,36 | 0.075,905 | -0.241,3 | -0.046,02 | 1 | 0.161,006 | -0.139,75 | 0.132,427 |
|  | CORR | ExcShr | -0.130,39 | -0.146,22 | -0.147,69 | -0.130,1 | -0.024,49 | 0.161,006 | 1 | -0.068,2 | -0.066,29 |
|  | CORR | L | 0.929,5 | -0.769,28 | -0.773,23 | 0.929,791 | 0.168,445 | -0.139,75 | -0.068,2 | 1 | -0.093,55 |
|  | CORR | Intan | -0.065,51 | -0.034,58 | -0.032,12 | -0.066,21 | -0.179,35 | 0.132,427 | -0.066,29 | -0.093,55 | 1 |

表4-10 基於prem2、修正Jones模型計算出的DA及其他變量的Pearson相關係數

| sign | TYPE | NAME | prem2 | DA_MJ | TA | ROA | EPS | lnA | ExcShr | L | Intan |
|---|---|---|---|---|---|---|---|---|---|---|---|
| 國轉國(有償) | MEAN |  | -0.160,81 | 0.005,434 | -0.061,7 | -0.160,81 | 0.144,682 | 21.125,37 | 0.453,781 | 5.116,446 | 0.057,9 |
|  | STD |  | 0.484,521 | 0.135,571 | 0.136,413 | 0.484,521 | 0.541,763 | 0.951,984 | 0.145,293 | 32.005,23 | 0.096,543 |
|  | N |  | 59 | 59 | 59 | 59 | 59 | 59 | 59 | 59 | 59 |
|  | CORR | prem2 | 1 | -0.229,7 | -0.257,01 | 1 | -0.393,04 | -0.294,8 | -0.301,62 | 0.032,231 | 0.220,716 |
|  | CORR | DA_MJ | -0.229,7 | 1 | 0.996,263 | -0.229,7 | 0.626,388 | -0.008,44 | 0.017,876 | -0.005,53 | -0.063,21 |
|  | CORR | TA | -0.257,01 | 0.996,263 | 1 | -0.257,01 | 0.647,658 | 0.045,446 | 0.026,311 | -0.016,62 | -0.094,08 |
|  | CORR | ROA | 1 | -0.229,7 | -0.257,01 | 1 | -0.393,04 | -0.294,8 | -0.301,62 | 0.032,231 | 0.220,716 |
|  | CORR | EPS | -0.393,04 | 0.626,388 | 0.647,658 | -0.393,04 | 1 | 0.259,894 | -0.113,9 | -0.115,08 | -0.145,24 |
|  | CORR | lnA | -0.294,8 | -0.008,44 | 0.045,446 | -0.294,8 | 0.259,894 | 1 | 0.273,021 | -0.111,37 | -0.241,83 |
|  | CORR | ExcShr | -0.301,62 | 0.017,876 | 0.026,311 | -0.301,62 | -0.113,9 | 0.273,021 | 1 | -0.116,54 | -0.501,19 |
|  | CORR | L | 0.032,231 | -0.005,53 | -0.016,62 | 0.032,231 | -0.115,08 | -0.111,37 | -0.116,54 | 1 | 0.019,204 |
|  | CORR | Intan | 0.220,716 | -0.063,21 | -0.094,08 | 0.220,716 | -0.145,24 | -0.241,83 | -0.501,19 | 0.019,204 | 1 |
| 國轉民 | MEAN |  | 0.126,72 | 0.021,705 | -0.046,53 | 0.126,72 | 0.151,013 | 20.793,23 | 0.465,205 | 1.665,619 | 0.065,146 |
|  | STD |  | 1.096,944 | 0.226,763 | 0.226,585 | 1.096,944 | 0.601,71 | 1.018,066 | 0.131,791 | 2.601,35 | 0.099,418 |
|  | N |  | 46 | 46 | 46 | 46 | 46 | 46 | 46 | 46 | 46 |
|  | CORR | prem2 | 1 | -0.068,25 | -0.098,89 | 1 | -0.234,67 | -0.376,58 | 0.052,441 | 0.379,047 | 0.127,677 |
|  | CORR | DA_MJ | -0.068,25 | 1 | 0.997,895 | -0.068,25 | 0.664,214 | -0.057,15 | -0.081,9 | -0.034,4 | 0.054,803 |
|  | CORR | TA | -0.098,89 | 0.997,895 | 1 | -0.098,89 | 0.672,005 | 0.005,423 | -0.093,13 | -0.031,75 | -0.005,03 |
|  | CORR | ROA | 1 | -0.068,25 | -0.098,89 | 1 | -0.234,67 | -0.376,58 | 0.052,441 | 0.379,047 | 0.127,677 |
|  | CORR | EPS | -0.234,67 | 0.664,214 | 0.672,005 | -0.234,67 | 1 | 0.315,466 | -0.002,87 | -0.214,76 | 0.049,278 |
|  | CORR | lnA | -0.376,58 | -0.057,15 | 0.005,423 | -0.376,58 | 0.315,466 | 1 | -0.187,76 | -0.058,7 | -0.492,29 |
|  | CORR | ExcShr | 0.052,441 | -0.081,9 | -0.093,13 | 0.052,441 | -0.002,87 | -0.187,76 | 1 | -0.122,41 | 0.266,864 |
|  | CORR | L | 0.379,047 | -0.034,4 | -0.031,75 | 0.379,047 | -0.214,76 | -0.058,7 | -0.122,41 | 1 | -0.128,53 |
|  | CORR | Intan | 0.127,677 | 0.054,803 | -0.005,03 | 0.127,677 | 0.049,278 | -0.492,29 | 0.266,864 | -0.128,53 | 1 |

第四章　股東特質、盈余管理與控製權轉移

表4-10(續)

| sign | TYPE | NAME | prem2 | DA_MJ | TA | ROA | EPS | lnA | ExcShr | L | Intan |
|---|---|---|---|---|---|---|---|---|---|---|---|
| 民轉民 | MEAN | | 0.074,159 | 0.055,892 | -0.018,03 | 0.075,755 | 0.122,302 | 21.099,14 | 0.338,58 | 1.946,021 | 0.037,31 |
| | STD | | 1.064,54 | 0.382,711 | 0.401,581 | 1.078,052 | 0.374,018 | 1.467,425 | 0.154,261 | 6.900,172 | 0.063,817 |
| | N | | 41 | 41 | 41 | 41 | 41 | 41 | 41 | 41 | 41 |
| | CORR | prem2 | 1 | -0.694,91 | -0.728,11 | 1 | 0.098,563 | -0.241,19 | -0.130,39 | 0.929,5 | -0.065,51 |
| | CORR | DA_MJ | -0.694,91 | 1 | 0.995,077 | -0.694,91 | 0.196,741 | 0.005,671 | -0.173,99 | -0.740,21 | -0.048,8 |
| | CORR | TA | -0.728,11 | 0.995,077 | 1 | -0.728,11 | 0.171,102 | 0.075,905 | -0.147,69 | -0.773,23 | -0.032,12 |
| | CORR | ROA | 1 | -0.694,91 | -0.728,11 | 1 | 0.098,317 | -0.241,3 | -0.130,1 | 0.929,791 | -0.066,21 |
| | CORR | EPS | 0.098,563 | 0.196,741 | 0.171,102 | 0.098,317 | 1 | -0.046,02 | -0.024,49 | 0.168,445 | -0.179,35 |
| | CORR | lnA | -0.241,19 | 0.005,671 | 0.075,905 | -0.241,3 | -0.046,02 | 1 | 0.161,006 | -0.139,75 | 0.132,427 |
| | CORR | ExcShr | -0.130,39 | -0.173,99 | -0.147,69 | -0.130,1 | -0.024,49 | 0.161,006 | 1 | -0.068,2 | -0.066,29 |
| | CORR | L | 0.929,5 | -0.740,21 | -0.773,23 | 0.929,791 | 0.168,445 | -0.139,75 | -0.068,2 | 1 | -0.093,55 |
| | CORR | Intan | -0.065,51 | -0.048,8 | -0.032,12 | -0.066,21 | -0.179,35 | 0.132,427 | -0.066,29 | -0.093,55 | 1 |

　　表4-7～表4-10分別是按照控製權溢價的兩種計算方法以及按照盈余管理的兩種計算方法做的相關性分析，包括各個變量的均值、標準差。由表4-7～表4-10的相關係數結果可知，控製權溢價與盈余管理在國有轉國有（有償）和國有轉民營兩個子樣本中的相關係數不大，這說明在控製權轉移發生在國有企業之間以及控製權由國有轉為民營時，企業的盈余管理動機不大，這是根據相關係數的結果得出的初步結論。但是當控製權轉移發生在民營企業之間時，採用兩種不用的計算方法計算出的控製權溢價與盈余管理之間的相關係數都比較大。這說明，當控製權轉移發生在民營企業之間時，民營企業進行盈余管理的動機都比較大，當然這些都是根據相關係數分析的初步結果。為了檢驗盈余管理與控製權溢價之間的真正關係，本節又做了進一步分析，主要採用迴歸分析方法，迴歸結果如表4-11所示。

(二)　迴歸分析

　　根據表4-11的迴歸結果可知，控製權從國有變為民營以及民營轉為民營時，控製權溢價與基於Jones模型計算出來的盈余管理之間確實存在著相關關係，並且是負相關關係，這說明控製權發生轉移時，可操控性盈余越大，控製權溢價越高。這也符合理論，因為當可操控性盈余越低時，說明公司盈余質量較高，因此在發生控製權轉移時就會有較高的控製權溢價。假設1和假設3得

173

到證明。即當控製權轉移發生在國有轉為民營時，盈余管理對控製權溢價有顯著的影響。結果還顯示，當控製權轉移發生在國有企業之間時，並且是有償轉讓時，盈余管理對控製權溢價也表現出顯著的影響，假設2得到證明。表4－11的結果還顯示，當盈余管理是基於修正Jones模型計算出來時，控製權溢價與盈余管理之間的相關性也表現出顯著的相關關係，但控製權溢價與盈余管理之間的關係方向基本一致。並且，當控製權轉移發生在國有企業之間、民營企業之間時，控製權溢價與總的應計盈余呈顯著的正相關關係。這說明當企業的總的應計盈余越高時，發生控製權轉移時的控製權溢價越高，從某種程度上說明，投資者可能主要關注總的應計盈余，而沒有對盈余質量做深層次分析。

總之，控製權轉移發生在國有轉為民營、民營轉民營，以及控製權轉移發生在國有企業之間的有償轉讓時，公司均存在盈余管理的動機，保證公司能夠得到較好的控製權溢價價格。

表4－11　　　　　　　　　　　迴歸結果

|     |        | Intercept | DA_J | DAMJ | TA | ROA | EPS | LnA | Exr/Shr | L | Intan | 行業 | 年度 |
|-----|--------|-----------|------|------|-----|------|-----|-----|---------|---|-------|------|------|
| (1) | 國轉國（有償） | -1,142.601 | -5,680.1*** |  | 5,950.4*** | 2,436.2*** | -0,209.771 | 0,046.608 | 1,233.490 | -0,000.011 | 2,092.338 | 控製 | 控製 |
|     | 國轉民 | 1,394.407 | -2,000.9*** |  | -2,230.3*** | 2,060.8*** | 0,195.615 | -0,072.446 | -0,190.433 | 0,014.509 | -0,153.626 | 控製 | 控製 |
|     | 民轉民 | -5,455.021 | -5,588.8*** |  | 6,031.7*** | 3,385.1*** | -0,063.682 | 0,257.9*** | 1,119.768 | 0,058.273 | 0,089.422 | 控製 | 控製 |
| (2) | 國轉國（有償） | -2,139.956 | -0,386.9* |  |  | 2,453.4*** | -0,027.514 | 0,079.717 | 1,073.2*** | 0,000.026 | 1,656.7*** | 控製 | 控製 |
|     | 國轉民 | 1,740.538 | -0,260.2*** |  |  | 2,062.2*** | 0,153.971 | -0,082.777 | -0,184.597 | 0,013.772 | 0,127.649 | 控製 | 控製 |
|     | 民轉民 | -8,626.179 | 0,877.1* |  |  | 3,456.3*** | -0,082.144 | 0,394.931 | 0,866.840 | 0,046.142 | -0,360.475 | 控製 | 控製 |
| (3) | 國轉國（有償） | -0,026.453 |  | -11,447.3*** | 11,378.1*** | 2,503.1*** | -0,078.180 | 0,011.459 | 1,257.2*** | 0,000.294 | 2,050.6*** | 控製 | 控製 |
|     | 國轉民 | 0,652.288 |  | -5,501.0*** | -5,761.6*** | 2,051.1*** | 0,174.429 | -0,048.769 | -0,159.903 | 0,016.117 | -0,282.666 | 控製 | 控製 |
|     | 民轉民 | -4,199.882 |  | -9,085.1*** | 10,008.0*** | 3,328.4*** | -0,096.979 | 0,215.713 | 0,815.526 | 0,100.131 | -0,222.502 | 控製 | 控製 |
| (4) | 國轉國（有償） | -2,308.181 |  | -0,094.4* |  | 2,452.0*** | -0,078.271 | 0,089.879 | 0,995.9*** | -0,000.074 | 1,594.6*** | 控製 | 控製 |
|     | 國轉民 | 1,756.570 |  | -0,263.6*** |  | 2,062.4*** | 0,159.232 | -0,083.433 | -0,187.625 | 0,013.774 | 0,112.314 | 控製 | 控製 |
|     | 民轉民 | -8,627.964 |  | 0,934.1 |  | 3,459.947 | -0,117.242 | 0,392.455 | 0,976.885 | 0,048.371 | -0,249.240 | 控製 | 控製 |

註：*、**、*** 表示至少在10%、5%和1%的水平上顯著，行業和年度都已經控製。

（三）進一步分析

如果轉讓的股權以每股淨資產為定價依據，那麼每股淨資產價值越高，轉讓的股權價格也越高，反之亦然。股權轉讓價格和每股淨資產之間的關係使得轉讓方有動機去促使上市公司進行盈余管理：①股權轉讓的價格是非流通股投資收益的重要組成部分。如果是控股股東轉讓非流通股權，轉讓價格也影響到其控製權收益的大小。②轉讓價格的高低反應了併購方併購成本的大小。如果

上市公司對入主方有抵觸情緒，有可能會利用盈余管理來提高併購價格進而增加其併購成本。如果上市公司迫切需要併購方對其進行重組脫困，那麼有可能通過「洗大澡」（Take A Big Bath）來迎合併購方的意願。③每股淨資產是會計應計制下的產物，給公司盈余管理行為提供了很大的靈活性，希利和瓦倫（Healy，Wahlen）指出當會計報告數字影響契約后果時，企業實際控製者在利益目標的驅動下會進行機會主義盈余管理。在大股東控製的條件下，上市公司粉飾財務狀況的成本非常低，盈余管理行為是相關利益人效用最大化的理性選擇。另外，股權轉讓中的盈余管理問題可能不僅僅是由於大股東的控製，而且還由於現行的股權定價標準存在巨大的制度缺陷。這一缺陷突出地表現為各種法律法規對會計淨資產的過度強調。企業併購中可能會存在非常強的機會主義盈余管理傾向，但企業未必一定會進行盈余管理。代理理論表明當盈余管理的發現成本大於盈余管理成本時，盈余管理才會發生。但目標公司可以在不違背會計準則和原則的規定下進行盈余管理以影響股權轉讓價格，而併購公司卻不能制止這種合理範圍內的會計操縱。因此，在一般會計原則範圍內的盈余管理鑑別成本很高，以及併購公司對目標公司盈余管理行為的理性預期，使得目標公司會理性地進行盈余管理。

既然大多數學者研究結果表明，公司盈余管理能在某種程度上愚弄外部投資者，影響公司的市場業績表現，那麼在企業併購中，盈余管理會影響併購溢價嗎？併購企業是否被目標企業的盈余管理行為所愚弄？在企業併購中，併購企業一般在對目標企業很瞭解的情況下，才會做出併購決策。會計信息的使用者——併購企業不僅對會計報表了如指掌，而且併購公司董事會和管理層可以動用資源和技術優勢去聘請會計專家、審計師和投資銀行去評估公司的財務報告，他們存在很強的激勵去確保目標公司的會計報告真實可靠。所以如果市場能夠獲得關於目標公司足夠的信息，則併購企業在某種程度上能夠鑑別目標企業盈余管理行為。並且併購企業能有效地克服大量中小股東「搭便車」心理，有動力去識破目標企業的盈余管理行為。但鑑別公司的盈余管理行為是需要成本的。況且盈余管理不像財務詐欺，只涉及會計政策和估計的選擇，而是在公認的會計原則許可的範圍內進行盈余管理，鑑別成本更高。這就類似一個檸檬

市場（The Market for Lemons，也稱次品市場），併購公司知道目標公司會進行盈余管理，但沒法阻止對方進行盈余管理。大量的研究證據顯示會計盈余在併購價格形成中的重要性。既然併購中公司會計盈余對併購價格有重要影響，那麼目標公司盈余管理行為也會影響併購溢價。根據本節的分析，併購企業能「看穿」目標企業的盈余管理，但不能甄別出目標企業真實的盈余管理水平，只好根據其理性的盈余管理預期對受讓股權進行出價決策。本節的研究結果表明，盈余管理水平跟併購溢價之間是負相關，盈余管理水平越高，併購溢價越低，反之亦然。

## 五、小結

本節通過對盈余管理與控製權溢價的分析表明，控製權轉移發生在國有企業之間的有償轉讓、國有轉為民營以及民營企業之間時，控製權溢價與基於Jones模型計算出來的盈余管理之間確實存在著相關關係，並且是負相關關係。這說明控製權發生轉移時，可操控性盈余越大，控製權溢價越高。這也符合理論，因為當可操控性盈余越低時，說明公司盈余質量較高，因此在發生控製權轉移時就會有較高的控製權溢價。當盈余管理是基於修正Jones模型計算出來時，雖然控製權溢價與盈余管理之間的相關性並不顯著，但控製權溢價與盈余管理之間的關係方向基本一致。並且，當控製權轉移發生在國有企業之間、民營企業之間時，控製權溢價與總的應計盈余是顯著的正相關關係。這說明當企業的總的應計盈余越高時，發生控製權轉移時的控製權溢價越高，從某種程度上說明，投資者可能主要關注總的應計盈余，而沒有對盈余質量做深層次分析。

總之，控製權轉移發生國有企業之間的有償轉讓、國有轉為民營企業以及民營企業之間時，公司存在盈余管理的動機，保證公司得到較好的控製權溢價價格。本節重點研究盈余管理對併購溢價高低的影響。研究結果發現盈余管理變量與股權轉讓溢價率顯著負相關，盈余管理越低，股權轉讓溢價率越高。這一方面表明在股權轉讓討價還價過程中，股權受讓方能夠「看透」目標公司的盈余管理行為；另一方面也反應相關利益人通過降低利潤的盈余管理，試圖抬高股權轉讓溢價率以迎合監管部門的要求，獲得監管部門對股權轉讓的審核批

准。現階段在股權轉讓定價中，為了防止股權轉讓價格和轉讓溢價被人為操縱，還應從推動企業併購市場化進程著手，建立公平合理的競價機制，保證股權協議轉讓的公開透明化。

## 六、本章結語

*(一) 研究結論*

本章根據股東特質，研究了第一大股東變更與盈余管理、盈余管理與控製權溢價的關係。

根據對操縱性應計利潤計算 Jones 模型和修正 Jones 模型，由於人們無法觀測到非操縱性應計利潤的真實情況，我們所計算的非操縱性應計利潤其實是在一定的假設條件下能被研究者通過會計科目之間的勾稽關係合理解釋的應計利潤部分，而操縱性應計利潤則是不能解釋的部分。因此，將計算出來的操縱性應計（DA）理解為異常應計或者盈余管理的空間或許更為貼切。而異常應計越大，表明盈余管理的空間也越大，經理人進行盈余管理的可能性也就越大。因此，用 DA 來代表盈余管理是合理的。而對於本節應用截面數據計算的控製權轉移公司的操縱性應計利潤，假設上市公司普遍性的進行盈余管理，也可以將估計出來的操縱性應計利潤理解為發生控製權轉移的公司相對於同行業未發生控製權轉移的公司更大的盈余管理空間。

在樣本的選擇標準上，按照中國上市公司當前控股股東的性質來劃分，大致可以分為以下四大類：第一類包括國資委、地方政府、財政局等。這類股東的特徵是政府管理部門。第二類是國有資產管理部門下屬的專職資產經營公司。它們代表政府行使所有者的職能。第三類為國有法人。這類股東的典型特徵是，自身從事經營並以營利為目的，不僅控製上市公司，還同時控製其他公司，多表現為企業集團的形式。第四類為其他所有制和自然人控製的普通法人。為了便於研究，我們將前三類公司合併稱為國有股份公司，最后一類為民營公司。

主要研究結論如下：

（1）關於第一大股東變更前的盈余管理問題，通過分析大股東變更的當年、變更的前一年、變更的前兩年的盈余管理行為，通過選擇控製樣本，對比

分析事件樣本和控製樣本。研究結果表明：當第一大股東由國有股權轉化為民營股權時，第一大股東有盈餘管理動機，即在國有股權轉變為私有股權前後盈餘管理存在顯著差異。換句話說，即國有股權私有化過程中存在國有資產流失嫌疑。當第一大股東由民營轉變為民營時，第一大股東變更前後盈餘管理存在顯著差異，即第一大股東變更發生在民營企業間時，由於民營企業是一種「理性經濟人」，也存在對業績的盈餘管理問題。當第一大股東變更發生在國有企業之間時，無論是有償轉讓還是有償轉讓，都不存在盈餘管理動機。

（2）通過對盈餘管理與控製權溢價的分析表明，控製權從國有轉為民營以及民營轉為民營時，控製權溢價與基於Jones模型計算出來的盈餘管理之間存在著負相關關係，這說明控製權發生轉移時，可操控性盈餘越大，控製權溢價越高。結果還顯示，當控製權轉移發生在國有企業之間時，並且是有償轉讓時，盈餘管理對控製權溢價也表現出顯著的影響。總之，控製權轉移發生在國有轉為民營企業、民營轉民營時，以及控製權轉移發生在國有企業之間的有償轉讓時，公司均存在盈餘管理的動機，保證公司能夠得到較好的控製權溢價價格。

(二) 政策建議

控股性股東往往憑藉其佔有的投票權優勢介入和干預公司的經營活動，並且侵害小股東的利益。在大多數國家的大型公司內部，基本的代理問題不是外部投資者和經理之間的衝突，而是外部投資者和幾乎完全控製經理人員的控製性股東的衝突。因此，公司治理的核心內容應該是如何有效地監督控製性股東的行為，使之符合外部投資者的利益需要。

第一大股東變更過程中及變更后的不當行為，包括盈餘管理行為，都將對上市公司的經營和發展產生重大影響。因此，提高中國上市公司第一大股東變更效率，理順大股東與上市公司之間的關係，平衡大股東與中小股東之間的權利義務對中國上市公司及整個股市的發展具有重要意義。基於中國的實際情況，對政府監管部門及上市公司提出以下幾點建議：

1. 建立公司控製權市場，鼓勵大股東正確行使權能

建立一個獨立於現有證券市場之外的交易市場——公司控製權市場是十分必要的。這樣才能有效避免第一大股東變更過程中的盈余管理行為，提高控製權變更后的企業業績，同時也避免國有資產流失問題，為今后控製權轉移改革指明方向。西方學者的研究提示，欲使大股東積極行使股東權利，並帶來有利於全體股東利益的正向結果，大股東所持有股份就必須具備充分的流動性。這裡所強調的流動性，是指大股東能夠在一個可以正確顯示股份價格的市場上，很容易地將所持有的股份賣掉，這個市場不僅為大股東提供了變現功能，而且為其提供了所持股份的價值發現功能，使得「大股東參與決策——→企業績效提升——→股份升值」的良性循環成為可能。這個市場可以依託現有各地的產權交易市場建立，也可以通過已有的滬深交易所建立，使上市公司非流通股通過在控製權市場叫價形成公允價格。建設一個發達、完善、高效的公司控製權市場，對社會主義市場經濟體制和法制建設，以及對中國證券市場規範化都將起到極大的促進作用。

2. 對控製性股東過於膨脹的控製權利進行限制

一個基本的原則就是要落實權利的合理分配與相互制衡。具體來說，公司的股東大會、董事會、經理這三級架構應該各司其職、相互制衡，經營管理權應該真正歸經理層所有，決策控製權應該真正歸董事會所有，最終剩余控製權應該真正歸股東大會所有，避免權利在各方之間的不正當轉移。為了防止控製性股東對其他參與人權利的侵占，就必須在三級架構的產生方式、權利義務、運作程序方面予以合理化、明確化。以董事會為例，在具體制度安排上，可以採取對人員組成的代表性予以明確規定，規定不論股權如何分配，董事會中必須包括一定比例的非控製性股東代表、一定比例的獨立董事以及一定比例的其他利益方代表，避免董事會成為控製性股東的「一言堂」。這也是本節研究的啟示之一，由於控股股東有為自己謀利益的動機，這樣通過限制控股股東的權限才能有效提高控製權轉移后公司的良好運轉。

3. 要充分發揮獨立董事和審計委員會的作用

自 2001 年和 2002 年中國證監會分別頒布《關於在上市公司建立獨立董事

制度的指導意見》、《上市公司治理準則》要求上市公司聘請獨立的外部董事和建議上市公司設立審計委員會以來，有研究表明獨立董事和審計委員會在公司治理方面發揮了積極的作用。在控製權轉移過程中，也要充分發揮獨立董事和審計委員會的作用。為此，要加強獨立董事制度和審計委員會的建設，通過對大股東權利的監督來制約其實施盈餘管理的能力。此外，由於控製權轉移中交易價格是一個非常關鍵的問題，所以，獨立董事和審計委員會對股權轉讓定價是否合理要引入專業結構進行評估，以維護現有股東的財務利益。

4. 不要徹底否定小股東的能動性

這一政策建議也是本節研究結論的一個衍生建議，由於大股東的控製權獲益，所以小股東有時也能起到積極的作用，這也是解決代理問題的原因所在。據《中國證券報》的調查顯示：小股東不參加股東大會的原因之一就是股東大會不能真正反應中小股東的意願，去參加這樣一個不能反應自己意願的會議毫無意義，61%的人認為股東大會只反應了大股東的意願，因此，對於上市公司來說，股東大會是上市公司必須經過一種法律形式，而對中小股東來說，就是走走過場而已。雖然如此，但不能因「搭便車」的心理而徹底否定小股東的能動性，實際上可以合理地認為，當自己的切身利益受到侵害時，任何理性的人都會為此而採取相應的行動，所以通過有效的制度安排，在相當程度上發揮小股東的監督作用，例如企業可以成立小股東協會，負責維護小股東的權益，協會成員在一定範圍內享有信息和服務的優先權。

(三) 研究局限與展望

由於數據和研究方法的問題，對股東特質研究分類不夠深入和細緻，這都是有待於今后進一步改進的地方。本節的研究尚存在一定的局限性：

(1) 本章分別選擇了 Jones 模型和修正 Jones 模型來研究盈餘管理，以及控製權轉變以後三年的市場績效，這樣樣本選擇就必須考慮樣本時間等因素。加之其他因素的篩選，導致研究樣本較小，但也具有足夠的代表性，能夠說明控製權轉移過程中不同類型股東特質所起到的作用。

(2) 對股東特質的考察還有待進一步完善，比如分地區、分行業對不同類型的股東特質做進一步分析與考察，因為在不同地區、不同行業之間股東類型

的不同也會影響到控制權溢價以及控制權轉以後的業績。同時，因為明顯的操控因素存在，本章選擇了財務指標（主要是 EPS）來進行考察。在樣本量和財務指標考察年份的權衡下，選取了三年的考察期，沒有再進一步的擴展。這也是今后有待進一步擴展的地方。

（3）在對控制權轉移的分類中，由於民營轉國有的樣本較少，考慮到不便進行計量檢驗，所以文中對此沒做分析。在此結合美國民營轉國營的一個典型案例（美國政府援助 AIG 的案例）簡要分析一下。2008 年 9 月 16 日，由於受到全球金融危機的影響，美國國際集團（AIG）的評級被調低，銀行紛紛向美國國際集團討債，導致其流動資金緊拙。該事件使美國聯邦儲備局宣布向美國國際集團提供 850 億美元的緊急貸款，以避免公司因為資金週轉問題而倒閉。美聯儲的聲明指出緊急貸款以公司 79.9% 股份的認股權證來做交換，並有權暫停先前已發出的普通股及優先股的股息。中國現在這方面的案例並不多，但是，中國因為國有資本要盡量從競爭性領域退出，這是主流的發展方向，因此預計將來有較多樣本，比如私人資本破產涉及國家和民眾安全的，國有資本要進入等，這都是有待進一步研究的問題。

## 主要參考文獻

【1】BHAGAT ET AL. Does operating performance really improve following corporate acquisitions［J］, Journal of Corporate Finance, 2001 (7): 151 – 178.

【2】CAHAN S. The effect of Antitrust Investigations on Discretionary Accruals: A Refined Test of the Political Cost Hypothesis［J］. The Accounting Review, 1992, (6): 77 – 95.

【3】DEANGELO L. Accounting Numbers as Market Valuation Substitutes: A Study of Management Buyouts of Public Stockholders［J］. The Accounting Review, 1986, 61 (3): 400 – 420.

【4】EASTERWOOD C. Takeovers and Incentives for Earnings Management: an Empirical Analysis［J］. Journal ofApplied Business Research, 1997 (14): 29 – 48.

【5】ELIAS P. T., J. J. CLARK. Merger bids uncertainty and share holder returns [J]. Journal of Financial Management, 1999 (9): 281-286.

【6】ERICKSON M., S. WANG. Earnings Management by Acquiring Firms in Stock for Stock Mergers [J]. Journal ofAccounting and Economics, 1999 (27): 149-176.

【7】KOUMANAKOS MANAGEMENT. E, SIRIOPOULOS C., A. GEORGOPOULOS. Firm Acquisitions and Earnings Evidence from Greece [J]. Managerial Auditing Journal, 2005 (20): 663-678.

【8】MALATESTA R. H. The Wealth Effect of Merger Activity and the Objective Functions of Merging Firms [J]. Journal of Financial Economies, 1983 (11): 155-181.

【9】MANNE, H. G. Mergers and the Market for Corporate Control [J]. Journal of Political Economy, 1965 (73): 110-120.

【10】MITEHELL M L., J. H. MULHERIN. The Impact of Industrial Shocks on Takeover and Restrueturing Activity [J]. Joumal of Financial Economies, 1996 (41): 193-229.

【11】SHLEIFER A., VISLMY R. W. Large Shareholders and Corporate Control [J]. Journal of Political Eeonomy, 1986 (94): 481-488.

【12】Y WOODY Wu. Management Buyouts and Earnings Management [J]. Journal of Accounting, Auditing and Finance, 1997, 12 (2): 37.

【13】ZINGALES L. The value of the voting right - A study of the Milan Stock Exchange experience [J]. Review of Financial Studies, 1994 (7): 125-148.

【14】Zingales L. What Determines the value of Corporate votes? [J]. Quarterly Journal of Economics, 1995 (11): 1,075-1,110.

【15】白雲霞，王亞軍，吳聯生．業績低於閾值公司的盈余管理——來自控製權轉移公司后續資產處置的證據 [J]．管理世界, 2005 (5)．

【16】白雲霞，吳聯生，徐信忠．資產收購與控製權轉移對經營業績的影響

[J]．經濟研究，2004（12）．

【17】薄仙慧，吳聯生．國有控股與機構投資者的治理效應：盈余管理視角[J]．經濟研究，2009（2）．

【18】陳冬華．論盈余管理實證研究應去道德化[J]．會計研究，2009（3）．

【19】陳昆玉．國有控股上市公司控製權轉移對經營績效的影響[M]．北京：經濟科學出版社，2006．

【20】陳小林．公司控製權的頻繁轉移、企業業績與投機性併購[J]．南開管理評論，2005（4）．

【21】段克潤．中國上市公司併購中的盈余管理與市場反應研究——基於協議股權轉讓的經驗數據[M]．重慶：重慶大學出版社，2008．

【22】馮根福，吳林江．中國上市公司併購績效的實證研究[J]．經濟研究，2001（1）．

【23】付小平．盈余管理實證研究方法綜述[J]．審計與經濟研究，2003（5）．

【24】高雷，宋順林．上市公司控製權轉移與市場反應[J]．財經科學，2006（3）．

【25】高雷，張杰．公司治理、機構投資者與盈余管理[J]．會計研究，2008（9）．

【26】何燎原，王平心．控製權轉移過程中的盈余管理行為研究——基於深市上市公司的實證研究[J]．財政研究，2005（4）．

【27】何問陶，倪全宏．中國上市公司 MBO 前一年盈余管理實證研究[J]．會計研究，2005（6）．

【28】黃梅．盈余管理計量方法評述與展望[J]．中南財經政法大學學報，2007（6）．

【29】李善民，曾昭竈．控製權轉移的背景與控製權轉移公司的特徵研究[J]．經濟研究，2003（11）．

【30】李增泉，等．掏空、支持與併購重組——來自中國上市公司的經驗證

據［J］．經濟研究，2005（1）．

【31】劉博，干勝道．基於高管變更視角的盈余管理研究綜述［J］．當代經濟管理，2009（10）．

【32】劉峰，賀建剛．股權結構與大股東利益實現方式的選擇——中國資本市場利益輸送的初步研究［J］．中國會計評論，2004（2）．

【33】劉鳳委，等．股權性質與公司業績——基於盈余管理基礎上的經驗分析［J］．財經研究，2005（6）．

【34】劉芍佳，等．終極產權論、股權結構及公司績效［J］．經濟研究，2003（4）．

【35】劉曉峰，等．中國股市中機構投資者的投資行為分析［J］．廣西社會科學，2004（4）．

【36】劉亞錚，等．管理層收購的潛在套利流程分析［J］．湖南經濟管理幹部學院學報，2005（5）．

【37】魯愛雪．中國上市公司控製權轉移價格研究［D］．南京：南京工業大學，2005．

【38】陸建橋．中國虧損上市公司盈余管理實證研究［J］．會計研究，1999（9）．

【39】陸宇建．從 ROE 與 ROA 的分佈看中國上市公司的盈余管理行為［J］．經濟問題探索，2002（3）．

【40】羅黨論，唐清泉．金字塔結構、所有制與中小股東的利益保護［J］．財經研究，2008（9）．

【41】羅聲明．上市公司併購中的盈余管理問題研究［J］．事業財會，2007（4）．

【42】寧宇新，等．控製權轉移和資產重組：掏空抑或支持——來自中國資本市場的經驗證據［J］．中國會計評論，2006（2）．

【43】秦耀林．控製權轉移公司的盈余管理研究［D］．北京：北京交通大學，2008．

【44】施東暉．上市公司控製權價值的實證研究［J］．經濟科學，2003

(6).

【45】宋大龍. 企業控製權轉移動因研究［J］. 海南金融, 2007（8）.

【46】孫錚, 李增泉. 股價反應、企業績效與控製權轉移——來自中國上市公司的經驗證據［J］. 中國會計與財務研究, 2003（5）.

【47】佟岩, 王化成. 關聯交易、控製權收益與盈餘質量［J］. 會計研究, 2007（4）.

【48】童曉蘭, 朱寶憲. 中國企業併購溢價及其影響的實證分析［J］. 中國併購評論, 2004（1）.

【49】王化成. 中國上市公司盈余質量研究［M］. 北京：中國人民大學出版社, 2008.

【50】王會芳. 中國上市公司第一大股東變更的實證研究［J］. 當代經濟科學, 2004（2）.

【51】王劍敏, 等. 控製權轉移的上市公司財務績效及其影響因素的實證研究［J］. 重慶大學學報, 2006（5）.

【52】王克敏, 王志超. 高管控製權、報酬與盈餘管理——基於中國上市公司的實證研究［J］. 管理世界, 2007（7）.

【53】王鵬, 周黎安. 控股股東的控製權、所有權與公司績效：基於中國上市公司的證據［J］. 金融研究, 2006（2）.

【54】王曉初, 俞偉峰. 公司收購績效與公司治理——內地和香港上市的中國公司實證分析［J］. 會計研究, 2007（8）.

【55】徐莉萍, 陳工孟, 辛宇. 產權改革、控製權轉移及其市場反應研究［J］. 審計研究, 2005（5）.

【56】徐信忠, 等. 大宗股權定價的實證檢驗［J］. 經濟研究, 2006（1）.

【57】許小年. 以法人機構為主體建立公司治理機制和資本市場［J］. 改革, 1997（5）.

【58】姚燕, 王化成. 主併公司股權結構與上市公司控製權轉移的短期財富效應［J］. 公司治理與理財, 2006（9）.

【59】葉會，李善民．治理環境、政府控製和控製權定價——基於中國證券市場的實證研究［J］．南開管理評論，2008（5）．

【60】葉康濤．公司控製權的隱性收益——來自中國非流通股轉讓市場的研究［J］．經濟科學，2003（5）．

【61】張新．併購重組是否創造價值——中國證券市場的理論與實證研究［J］．經濟研究，2004（6）．

【62】支曉強，童盼．盈余管理、控製權轉移與獨立董事變更［J］．管理世界，2005（11）．

# 第五章 股東特質與收益分配

如果說 1961 年米勒（Miller. M. H.）和莫迪格利安尼（Modigliani. F.）提出的 MM 理論開啓了股利研究的先河，那麼從 1976 年布萊克提出「股利之謎」則標誌著股利政策研究已成為財務學研究的熱點領域之一。時隔 50 多年，關於股利與企業價值有沒有關係，有無最優股利政策，如果有，應考慮的關鍵因素有哪些；股利政策和投資、籌資是如何平衡的；稅收制度對股利究竟產生了何種程度的影響；20 世紀 70 年代以來美國公司的股利支付率為什麼呈下降趨勢等眾多問題，國內外理論界和實務界至今仍然沒有給出令人滿意的解釋。而處在經濟轉軌時期的中國資本市場，其股利分配更是表現出許多與發達國家資本市場情形迥異的現象：股利支付意願之謎、股利支付水平選擇之謎、股利政策隨意性之謎、股利政策效應之謎（應展宇，2004）。為什麼在中國很少有公司願意並設計實施具有長期戰略意義的股利政策？為什麼會有如此眾多的上市公司曾經熱衷於派發股票股利，或者即使沒有任何好的投資項目，寧讓資金閒置也堅決持有過剩的自由現金流也不派發現金？為什麼有相當一部分上市公司，剛上市籌集了一筆巨額資金就高額派現？對中國股利之謎，國內的學者也積極地從各種角度展開研究與探討。有以對國外的經典股利理論在中國市場的檢驗為切入點進行研究的，如對信號理論、代理理論、迎合理論、行為理論等在中國的適用性進行實證檢驗的；也有從公司治理與委託代理的視角進行剖析的；還有以中國的政治經濟體制與股權分裂的事實作為理論佐證的，如對中國上市審批制度的弊端及股權分置改革的必要性及影響的分析；也不乏從產權性質和股權結構展開討論的；但多是借鑑對代表公有產權的國有上市公司與代表私有產權的民營上市公司的績效對比研究成果……儘管相關文獻如汗牛充棟，

但見解各異，至今中國種種股利分配政策仍是一個謎。這正如法蘭克福和伍迪（Frankfurter, Woody, 1997）在研究了股利政策的歷史演進後，寫下的一段話：「股利支付模式是一種文化現象，它受到習慣、信念、監管、公眾意見、感覺、總體經濟環境和其他因素的影響，而且這些因素也在不斷地發生變化，對不同的公司產生不同的影響。因此無法採用統一的數學模型對所有公司的股利政策進行分析。」但每一項研究都為豐富這一金融財務領域學問的研究做出了貢獻。

## 第一節　國內外研究綜述

### 一、中國股利分配的現狀與背景

中國股票市場不同於其他任何國家的股本市場，它是在特定時期和特定環境下發展起來的，是當國企的發展陷入困境，國家財政已無力支持，銀行由於沉重的歷史呆壞帳負擔以及居高不下的貸款也難以繼續提供供給時，作為替國企募資脫困的救市手段而走上了中國經濟改革的舞臺。正是在這種為國企服務和保證公有經濟的主體地位的指導思想下，形成了今天中國股市與眾不同的基本佈局：國有上市公司占據了中國股市的絕大多數，大部分上市公司的終極控製者依然是政府，家族公司只占約1/4的比例，外資終極控製的僅有9家（張學勇，2007）。對同股不同權的二元股權格局，儘管當前已完成了股權分置的形式上的改革，但其影響仍將在較長時間內存在。上市資格仍是一種稀有資源，排隊上市、買殼上市、入市圈錢現象持續不斷（吳曉求，2005），各種分紅奇觀和派現手法的變換就是這些潛在因素所引發的矛盾的集中體現。李常青（2001）認為，正是中國股票市場規模較小、股票長期供不應求、大股東股權濫用、中小股東缺乏股東意識和缺乏有效的外部制約，導致中國上市公司股利支付率不高、不分配的公司逐年增多、股利形式不斷推陳出新、股利政策波動多變、缺乏連續性、股利分配行為不規範。羅宏（2006）指出，隨著國家分紅相關政策的出抬，現金股利的不分配現象有所緩解，但仍然比較嚴重，且連續性不強，行業特徵也不明顯。現金股利支付在時間上呈現出階段性特徵，每股

現金股利漸趨穩定。對於這種漸趨穩定性，黃娟娟（2009）將其歸納為中國上市公司股利政策的一種特殊的現象——現金股利群聚現象。具體表現為：首先從橫截面數據分析的結果顯示，中國上市公司股利支付水平相當集中。其次從時間序列上看，分年度統計的稅后每股現金股利的累積百分比頻數表明，各年度股利支付水平的分佈也都呈現集中態勢。黃娟娟認為這種現象主要由管理者的羊群行為與迎合行為所造成。任啓哲、李婉麗與賈鋼（2008）的研究發現，中國資本市場上出現了一些上市公司超額派發現金股利的現象，並指出配股與派現的聯動已成為控股股東通過現金股利實施利益轉移的一個選擇。這種股利分配政策與公司每股收益嚴重脫鈎，配股和資本公積轉增資本冒充股利分配的現象，表明中國上市公司股利分配的質量普遍偏低（步淑段，郭小民，陳彬，2009），這也說明中國上市公司的財務目標已經異化（孫亮，劉春，2008）。上市公司的股利分配不再是企業經營的營利目的之一，它早已轉化成為一種圈錢的手段。股利分配也不再是支撐企業總體戰略的一個職能戰略分塊，因為中國現金股利支付率明顯不符合企業的生命週期特徵（宋福鐵，屈文洲，2010）。現金股利分配已演化為大股東實現股權價值最大化的手段之一，並與資金侵占具有了相互可替代性（馬曙光，黃志忠，薛雲奎，2005）。

## 二、國外股利政策研究綜述

股利政策之所以引起學者們的注意並積極致力於相關的研究是源於各國資本市場上各種令人不解的股利分配現象。原紅旗（2004）將西方國家這些現象歸結為這樣幾點：不同國家的股利政策具有顯著差異，不同行業的股利政策也有明顯的差異，市場能夠解讀股利政策的信息含量，交易費用的改變和資本市場技術的進步對股利政策的影響微弱，稅收對股利支付率的影響不明確。股權結構對股利政策有重大影響，幾乎在每個國家的和每一個行業，股權分散的公司通常都有較高的股利支付率，而股權結構集中的公司股利支付率卻要低得多。針對這一系列現象，西方的學者們從各個不同的角度展開了研究。比較典型的研究成果有以下幾種：

1. 股利無關論

米勒（Miller）和莫迪格利安尼（Modigliani）於 1961 年創立的 MM 理論。該理論認為在完全資本市場假設（Perfect Capital Market）、理性行為假設（Rational Behavior）和充分肯定假設（Perfect Certainty）這三個嚴格的假設條件之下，任何特定股利支付的影響都會恰好被其他形式的融資行為所抵消，股利政策不會對企業的價值或股票價格產生任何影響，權益資本成本的高低也與股利政策無關。一個公司的股價完全視其投資決策與獲利能力而定，而非公司的股利分配政策，即不存在最優股利政策，每一種股利政策都一樣好。

2.「一鳥在手」理論

以威廉斯（Williams, 1938）、林特勒（Lintner, 1956）、華特（Walter, 1956）和戈登（Gordon, 1959）為代表人物所提出的「一鳥在手」理論認為，由於股票價格變動大，在投資者眼裡股利收益要比由留存收益再投資帶來的資本利得更為可靠，而股利政策與企業的價值息息相關。支付股利越多，權益資本成本越低；股價越高，公司價值越大。

3. 稅差理論

法拉（Farrar）和塞爾文（Selwyn）在 1967 年提出了稅差理論，又稱所得稅理論。該理論認為，各個國家對不同類型收益徵收的所得稅是不同的，即資本利得所得稅與現金股利所得稅之間是存在差異的。如果現金股利的所得稅率比資本利得所得稅率高，投資者會對高股利收益率股票要求較高的必要報酬率。因此，為了使資金成本降到最低，並使公司的價值最大，應當採取低股利政策。

4. 追隨者效應

追隨者效應（Clientele Effect），也譯為顧客效應或客戶效應。該理論從股東的邊際所得稅率出發，認為每個投資者所處的稅收等級不同，有的邊際稅率高，如富有的投資者，有的邊際稅率低，如養老基金等，由此導致他們對所持股利的偏好不同。在股票投資的過程中，股東會投資於股利政策符合他們偏好的公司，這種股東聚集在滿足各自股利偏好的公司的現象就叫做追隨者效應。按照該理論的觀點，公司制定的任何類型股利政策都不可能滿足所有股東對股利或資本利得的要求，只能吸引喜愛這一股利政策的投資者前來投資。

5. 信號理論

信號理論認為管理當局與公司外部投資者之間存在著信息不對稱（Asymmetric Information），管理當局佔有更多的有關企業未來前景的內部信息。股利是管理當局向外界傳遞其掌握的內部信息的一種手段。如果他們認為公司的發展前景良好，未來業績有大幅增長，就會通過增發股利的方式向股東和潛在的投資者傳達這一利好消息；相反，如果預計公司的發展前景不太好，未來營利將呈持續性不理想狀態，他們往往維持甚至降低現有的股利水平，這等於向股東和潛在的投資者發出了利淡的信號。因此，股利能夠傳遞公司未來營利能力的信息，從而股利對股票價格有一定的影響。當公司支付的股利水平上升時，公司的股價會上升；反之，公司的股價則會下降。

6. 代理理論

代理理論認為，股利的支付能有效地降低代理成本。特別是大額股利的發放，減少了管理層可支配的自由現金流量（Free Cash Flow），使得公司內部資本由留存收益供給的可能性越來越小。為了滿足新投資的資金需求，管理層只有尋求外部負債或權益融資，這意味著公司將不得不面臨來自資本市場和新資本提供者更多的監督與檢查。這使得股利支付成為了一種間接約束經理人監管機制，大大降低了股東的監督成本，增加了股東的利益。帕塔等學者（Porta et al., 2000）則將代理理論與股東權益保護結合起來分析股利政策。他們建立了兩個股利代理模型：結果模型（Outcome Model）和替代模型（Substitute Model）。其中結果模型認為股利是有效保護股東權益的結果，而替代模型認為股利是作為股東權益保護的一種替代品。

7. 交易成本理論

MM 理論假設不存在交易成本，然而交易成本是市場中不可忽略的一個重要因素。投資者如果希望從股票投資中得到穩定的現金流量，他們可以選擇定期進行股票交易並從中穩定套現。然而由於股票交易中實際上存在著不小的交易成本，因此發放現金股利就可能成為達成此目的成本最低也是最方便有效的手段。

8. 行為股利理論

進入 20 世紀 80 年代，以米勒、塞勒（Thaler. R.）、謝佛林（Shefrin. H. M.）和史特德曼（Statman. M.）等為代表的學者將行為科學引進和應用於股利政策研究中，著重從行為學的角度探討股利政策。該理論認為研究公司經濟現象應該從經濟行為的發生、變化的內在心理機制和心理活動特點及規律入手，探索一種經濟現象和其他經濟現象之間的聯繫，建立基於信念或者偏好的模型，從而解釋經濟現象的本質。比較典型的有理性預期理論（Rational expectation）、自我控製說（Self - control）和不確定性下選擇的后悔厭惡理論（Regret Aversion）。

理性預期理論（Rational Expectation）是 1981 年米勒和穆特（Muth. J. E.）提出的。這一理論認為無論何種決策都不僅取決於行為本身，更取決於投資者對管理層決策的未來績效的預期，只有預料之外的股利變動才對投資者的決策產生影響，從而引起股價的變動。自我控製說（Self - control）認為人不是完全理性的，在許多時候還可能出現不能完全控製自己非理性行為的情形。現金股利的發放以及經常出售小額股票的不便利和較高的交易成本，在一定程度上能阻止原始資本的變現，限制投資者當前能消費運用的資金，從而在客觀上提供了一種外在約束機制，避免投資者由於某種短期的需求或誘惑而做出有損於其長期利益的行為。后悔厭惡理論是塞勒在 1980 年首先提出的，以盧姆斯和薩格登（Loomes and Sugden, 1982）、凱內曼和特維斯蓋（Kahneman and Tversky, 1982）等理論的發展而逐漸形成的。其中心內容是說在不確定情形下，投資者在做出決策時要把現時情形和他們過去遇到過的做出不同選擇的情形進行對比，如果個體認識到這樣一種不同的選擇會使他們處於更好的境地，就會感到后悔；相反，如果從現時選擇中得到了最好的結果，就會有一種欣喜的感覺。

上述經典理論的提出都在某種角度上對股利之謎進行了部分的闡釋，但每種理論都不能充分或完全地解釋當前出現的種種股利分配現象。如信號理論很難對不同行業、不同國家股利的差別進行有效的解釋和預測。交易成本理論不能解釋在英國、美國和加拿大這些股票具有高度流動性、交易成本很低的國家，其發放的股利率卻遠遠高於不發達市場（Bhide, 1993）。稅差理論不能解釋如

果是股利支付率越低越好,支付率為零時股票價值最大,那實際中公司為什麼還要支付股利? 行為股利理論中的自我理論也不能解釋現金股利增加的積極價格反應和現金股利減少的消極反應。可見,關於股利之謎的研究還在摸索與探尋之中。

## 三、國內股利政策研究綜述

中國學者對於股利政策的研究較晚,僅開始於20世紀90年代中后期。國內主流對股利政策研究的成果基本集中於兩方面:其一著力於介紹西方傳統及現代的股利政策,以及對西方股利政策的信號理論和代理理論在中國資本市場的實證檢驗;其二是對中國上市公司股利分配政策存在的問題或現狀的分析,以及對上市公司股利分配政策的影響因素的實證檢驗。

(一) 對股利信號理論及代理理論的實證檢驗

陳曉等(1998)對A股上市公司首次股利公告日前后20天的超額收益率的分析研究表明,考慮交易成本以後,現金股利信號傳遞效應所帶來的超額收益幾乎不存在,而首次股票股利在公告日前后能夠為股東帶來超額收益,具有顯著的信號傳遞效應。李常青(1999)、魏剛(2000)和孫小文、於笑坤(2003)的研究結果均贊同中國股市中存在股利的信號傳遞效應,但孫小文、於笑坤(2003)同時指出,不同的股利類型對未來盈利的預期沒有差別。而原紅旗(2004)則持不同的意見。他認為中國上市公司的股利分配政策相當不穩定,且不論是股利分配的形式或金額都表現得極不穩定。即使偶然一次的現金股利發放較多,也不能傳遞什麼信息。

呂長江、王克敏(2002)的研究指出,管理者股權比例的提高有助於降低公司與股東之間的代理成本,且公司股利政策與管理者股權存在雙向因果關係。應展宇(2004)認為中國特殊的股權結構和股權分置的存在導致中國上市公司內部的各種代理問題呈激化的狀態,財務決策機制的扭曲最終導致了中國特殊股利分配行為的出現。廖理、方芳(2004)的研究認為,管理層持股對於高代理成本公司的現金股利支付有明顯的提高作用,但是對於低代理成本公司的作用不明顯。對於代理理論在中國的應用,原紅旗(2004)也提出了不同的意

見，他認為中國上市公司特殊的股權結構、不成熟的資本市場，以及經理層激勵機制、破產收購補充制度的缺失使得股利的代理理論在中國的應用受到限制，中國上市公司的管理層不可能有通過發放現金股利來控製代理成本的動機，相反，中國當前的股利政策正是代理問題沒有有效地解決而形成的結果。羅宏（2006）指出，當上市公司業績下降，經理層可以通過調整股利政策或資產重組等方式改變不利處境，成功企業的信號可以被不成功企業低成本地模仿。中國的股利政策趨同現象便充分地證明信號理論在中國難以應用。即中國資本市場的不完備使得上市公司經理不可能有傳遞真實信號的積極性。

（二）對上市公司股利分配政策的影響因素的實證檢驗

國外對股利政策的研究表明，影響公司股利政策的主要因素有：利潤、投資需求或籌資決策，債務契約的限制，股利、公司規模的大小，行業因素及內部持股比例。圍繞著這些研究結論，國內學者也展開了擴展的研究或實證檢驗。

原紅旗（1999）認為現金股利與當期盈余呈顯著的正相關關係，累計盈余對股票股利影響明顯，公司規模與股票股利呈顯著的負相關關係，流動性並不是中國上市公司股利選擇的重要制約因素。呂長江、王克敏（1999）用林特納模型對1998年影響中國上市公司股利政策的因素做實證分析表明：股利支付水平取決於前期股利支付額和當期營利水平及變化，且國有股和法人股在公司股本中所占的比例越大，公司的內部人控製程度就越強，公司股利支付水平就越低，公司規模、股東權益比率和流動性都與股利支付水平呈正相關關係。段亞林（2000）認為股權保護權益較差的國家紅利分配比率一般較低，控製性股東傾向於將上市公司的利潤累積不分配。呂長江、韓慧博（2001）認為，在中國現階段銀根相對較緊的時期，企業資金的需求越大，往往越傾向於不發放現金股利。流通股比例越高的公司，越不傾向發放股利；代理成本越高、投資活動中債務資金運用越多的公司，股東越希望發放現金股利，降低代理成本。他們認為影響股利分配傾向的最主要的因素是營利能力和經營風險。趙春光等（2001）則認為是否分配股票股利與股權集中度相關，是否分配現金股利和資產負債率相關。現金股利的分配與企業規模負相關，與股票價格、主營業務利潤增長率正相關，而與市盈率和是否分配股票股利負相關。原紅旗（2001）認

為負債結構在經濟緊縮期通過影響企業籌集資金的難度而對股利選擇發生作用。西方所謂的債務協定約束現金股利的情形在中國並不存在，負債率主要是通過影響企業的流通性來對現金股利起到制約作用的，嚴峻的籌資環境是該項指標發生作用的前提條件。伍利娜等（2003）的研究表明，法人股比例的高低，企業是否新上市，以及當年是否派發股票股利或股本轉增是決定企業是否異常高派現的重要因素。宋玉與李卓（2007）認為，上市公司現金股利政策與最終控製人侵害中小股東利益的動機成反比，且現金股利的支付率隨最終控製人控製權比例的增加呈先減少後增的U形變動。兩權分離程度越小，派發現金股利的支付率越大；現金流量權比例越大，派發現金股利的支付率也越大；當最終控製人性質為政府，尤其是地方政府時，上市公司派發現金股利的支付率更高。當然國家收縮或者擴張的經濟政策、通貨膨脹的程度、二級市場的表現、國家法律，特別是證監會關於分紅與再融資掛勾的相關法規等也會對股利分配政策產生重要影響。

(三) 國內研究的不足與評論

從以上綜述可見，中國不僅沒有形成系統的研究成果，而且就是在對西方股利理論的應用性拓展研究上，中國學者也主要是從西方經典理論在中國股市的實證檢驗的角度展開，具體針對中國股市特點的研究較少，主要僅限於股權分置改革及國有上市公司特殊的股權結構方面。筆者認為，當前中國學者的研究方式與特點決定了我們不能輕易得出西方的股利經典理論適合或不適合解釋中國上市公司的股利分配行為。正如李禮、王曼舒與齊寅峰（2006）等學者提出的，中國學者之所以得出西方的經典股利理論不適合解釋中國上市公司的股利分配行為，主要是源自於研究對象的差異。他們認為西方股利代理成本理論適用於中國的非國有上市公司，公司所有者比公司經營者對股利政策具有更大的影響。王化成等（2007）以滬深2002—2003年兩年的上市公司作為樣本研究提出，控股股東的經濟性質、所有權和控製權的分離度以及集團控製性質對上市公司現金股利分配傾向和分配力度具有顯著影響。李先瑞（2008）也指出，中國公司治理的核心問題是基於股權高度集中產生的大股東控製問題。從股東的異質性入手研究公司的財務行為及治理措施將成為今後財務管理研究的一個

重要領域。他認為股東的差異性不僅體現在股東有大小之分，而且也體現在股東在企業中的地位、與經營者的關係、所擁有的企業經營決策信息等方面的不同，這將最終決定企業的財務決策和經營行為。受股權結構缺陷的影響，中國上市公司股權高度分散，沒有形成合力，不能對上市公司形成有力的制約。因此，公司是否分配紅利、分配多少、以什麼形式分都由控股股東決定。不同所有制的上市公司由於終極控股股東的不同，導致其上市的方式、政府的態度、資本結構等方面都有著本質的不同，從而使得不同所有制的企業在市場中進行著並非公平的競爭。特別是政府的力量將直接或間接地影響國有股權的實現（安靈，2008）。而在分權政治體制下，各級不同政府控製的國有上市公司，其利益驅動因素可能有所差異（夏立軍，方軼強，2005）。因此，從所有制和政府控製層級出發，從終極控股股東的角度去探尋中國股利政策之謎的答案可能會更接近事實的本質。然而，國內進行相關研究的學者卻寥寥無幾，本研究擬從這個角度對中國上市公司的股利分配現狀進行研究。

## 第二節　國有上市公司與民營上市公司收益分配的實證研究

### 一、研究對象的界定與分類

（一）國有上市公司與民營上市公司的界定

要研究中國上市公司的財務行為特點，必須以中國上市公司所現實的真實背景出發，方能找出導致其行為特點的根本原因所在。正如郭道揚在1992年的《二十一世紀的戰爭與和平——會計控製、會計教育縱橫論》對此做過精闢的論述：「考察會計職業之興起，會計學科之建設，以及論其發展變化的歷史及時代特質，必然要從環境問題研究入手，由此方能究其根源、探明原理、洞其本質、揭示其規律。」中國股市建立的初衷是為了國企的募資脫困，而且到目前為止，中國作為最大的轉型經濟國家仍未建立起一套有效的將商業與政府分開的機制。在這一體系下，契約常常以關係為基礎，政府仍然掌握著分配關係到企

業生存與持續發展的資源的權力。國有上市公司作為政府直接控製下的企業，它對各級政府而言必然存在有別於其他任何非國有上市公司的重要作用：第一，有助於實現政府的社會目標，如促進經濟發展、增加財政收入、改善社會福利及維持社會穩定等；第二，滿足地方官員的個人利益，如其政治晉升訴求。因此，當國內資源有限時，國有上市公司在不可避免地受到政府積極干預的同時，也得到了政府給予的最多的扶持，可預期效應[1]與保護效應[2]在它身上得到了集中的體現（徐浩萍，呂長江，2007）。故國有上市公司的業績、治理結構與財務行為無一不體現著政府的關懷。截至 2009 年年底，中國滬、深兩市 A 股上市公司中，國有上市公司的總數仍然接近 A 股上市公司總數的 60%，這一事實便是中國股市這一深刻歷史淵源的最有力的體現。故本章的研究將首先根據終極控股股東的類型，將中國上市公司劃分為國有上市公司和民營上市公司。其中國有上市公司包括國家控股或國有法人股東控股的上市公司；而民營上市公司則指國內自然人或非國有法人控股的上市公司，不含外資控股的上市公司。從理論上講，民營上市公司應包括自然人和非國有法人共同發起並控股的上市公司，國家參股但不控股的上市公司以及外資上市公司。但由於中國上市公司中外資企業數量很少，為了保證研究比較的典型性，本章研究討論的民營上市公司暫不包括這類企業。這裡的「民營」不能理解為民間經營，因為民營經濟概念比非公有制經濟概念還要寬泛，它主要包括三種形式：民有民營、國有民營、財產混合所有。

另外，根據第一大股東的性質將股權集中型公司劃分為政府控股、國有資產管理機構控股、國有法人控股、一般法人控股及自然人控股五種類型。其中，政府控股型公司的第一大股東包括國資局（委）、財政局和企業主管部門；國有資產管理機構控股型公司的第一大股東包括國資經營公司和行業控股公司；國有法人控股型公司的第一大股東包括國有集團公司或總公司；一般法人控股型公司的第一大股東主要包括集體企業與鄉鎮企業、民營企業、非政府控股的

---

[1] 可預期效應指由於政府干預而增強經營行為和經營環境的可預期性，從而降低權益資本成本的效應。

[2] 保護效應指由於政府干預而導致企業的風險增加、權益資本成本提高的效應。

上市公司及外資企業；自然人控股型公司的第一大股東是指作為發起人的自然人（張學勇，2007）。但這種分類法由於是基於直接所有權，因而存在一個重要缺陷，即未能清楚地表明法人股本身的所有權屬性。如果政府控製法人，而法人又控製企業，則公司的終極所有者應是政府而不是法人實體（劉芍佳、孫需、劉乃全，2003）。因此，將法人股作為一個獨立的持股主體與國有股、流通股並列是不合理的，如果以此為基礎進行研究，所得結論的可靠性值得懷疑，故本章採用了從終極產權的角度對上市公司進行分類研究。

(二) 國有上市公司與民營上市公司內部的再分類

從國內已出版的文獻來看，已有部分學者對民營上市公司的股利政策進行了研究，但結論很不一致。如鄒敦華（2007）及宋獻中、羅曉林（2003）認為，民營上市公司中不分配股利的公司比例一直保持較低水平。從分配方式上看，民營上市公司中分配現金股利的公司比例較高，而且有上升的趨勢。孫鵬程（2006）則持相反的意見，他認為民企中不分配股利的公司比重大，且股利分配形式多樣化且以小額高比率派現為主。而李翠霞（2004）的研究結論是，中國民營上市公司在股利政策上大都偏向於兩種選擇：要麼不分配，要麼採用派現的方式。但他們都認為民營企業的股利政策缺乏連續性和穩定性。對於民營上市公司的分配現象與特點的研究，這些學者之所以得出結論迥異的結果，一方面是研究的時間段及樣本的差異，另一方面是他們都將民營上市公司作為一個整體進行研究。而中國資本市場實踐表明，民營上市公司中的原創型（創始家族控製）上市公司和非原創型（非創始家族控製）上市公司在理財行為與公司價值方面有著截然不同的特點（裘益政，2000）。將原創型（創始家族控製）上市公司和非原創型（非創始家族控製）上市公司作為一個整體進行抽樣研究，肯定會掩蓋事件的真相，難以得出準確的、與事實相符的結論。故本章的研究擬按上市的方式不同將民營上市公司再作一細分，劃分為原創性民營上市公司與非原創性民營上市公司。其中原創性民營上市公司是指發起上市時便由自然人或民營企業控股的上市公司，而非原創性民營上市公司是指發起上市時為國家控股，但后來由於股權轉讓等由自然人或民營企業控股的民營上市公司。

按照所有制劃分，所有的國有企業應該具有類似的特徵，以至於區分於所有的非國有企業，但國有企業內部按照政府對企業的管理權歸屬，又可將國企劃分為中央企業和地方企業。央企又有廣義與狹義之分，廣義的中央企業包括三類：第一類是由國務院國資委管理的企業，從經濟作用上分為提供公共產品的，如軍工、電信；提供自然壟斷產品的，如石油；提供競爭性產品的，如一般工業、建築、貿易。第二類是由三大監會，即銀監會、保監會、證監會管理的企業，屬於金融行業。第三類是由國務院其他部門或群眾團體管理的企業，屬於菸草、黃金、鐵路客貨運、港口、機場、廣播、電視、文化、出版等行業。狹義的央企主要指由國務院國資委管理的國企。國務院國資委主任李榮融曾親切稱呼央企為共和國長子，意為央企為國有企業的主力軍，資產實力雄厚，而且大多在業內幾乎處於絕對壟斷的地位，這使得它們的業績、經營目標與財務行為與地方國企往往有極大的區別。中石油能成為亞洲最賺錢的企業便與它的這一特殊背景密不可分。再則，地方政府與中央政府的短期管理目標也並不完全一致，特別是當國內生產總值和財政收入成為中央對地方政府進行政績考核的重要指標之一后（Li and Zhou，2005）。因此，本研究將國有上市公司再分為中央政府所屬的上市公司與地方政府所屬的上市公司來進行對比研究也是具有現實意義的。

## 二、樣本的選擇

（一）數據來源

本章以在滬、深證券交易所上市的 A 股作為研究的樣本，以 2000—2009 年為研究期間，樣本數據來自國泰安 CSMAR 數據庫。為了保證樣本的選擇與分類的純淨性，國有上市公司及民營上市公司各年的樣本數據中剔除了以下公司：①ST、PT 的公司；②部分標示不全而難以準確界定其具體類別的上市公司，如民營企業庫中既未標示為直接上市，也未標示為間接上市的公司；③當年完成股改的公司，由於完成股改當年需按撰寫的股改方案支付對價，儘管這部分分紅數據庫中有單獨的說明，但股改方案仍有可能對期末股利分配產生影響，為避免這種情況影響樣本總體分配的走勢，故從謹慎的角度將其剔除；④部分數

據不全的上市公司。各年的分類樣本總數如表 5-1 所示：

表 5-1　　　　　　　　2003—2009 年分年度樣本總數表

| 年度 | 原創民營上市公司樣本數 | 非原創民營上市公司樣本數 | 上市央企數 | 上市地方國企數 | 合計 |
| --- | --- | --- | --- | --- | --- |
| 2003 | 133 | 63 | 124 | 464 | 784 |
| 2004 | 175 | 93 | 133 | 491 | 892 |
| 2005 | 142 | 101 | 134 | 503 | 880 |
| 2006 | 214 | 134 | 140 | 512 | 1000 |
| 2007 | 284 | 152 | 142 | 525 | 1103 |
| 2008 | 345 | 163 | 143 | 535 | 1186 |
| 2009 | 437 | 171 | 146 | 559 | 1,313 |

(二) 樣本說明

表 5-1 的分年度樣本中的上市央企數主要是從狹義的角度進行抽樣，應該說從廣義的角度抽樣信息更為準確全面，但很難獲取按廣義分類的樣本。另外，根據國務院國資委的官方網站報導，截至 2010 年 10 月底，國資委已將其承擔出資人職責的企業調整為 123 家，但至 2009 年年底，國資委的官方網站披露的其下屬的央企名單仍有 165 家。由於數據庫的更新不可能比網站更新更快，故 2009 年所抽取的央企樣本仍有 146 家。

對於民營上市公司的分類樣本，基本抽取了民營上市公司全部數據庫，僅剔除了各年的 ST 類公司及數據不全的公司，但分類統計的結果與部分學者根據色諾芬數據庫（CCER）所統計出的結果很不相同。如《上海證券報》2009 年 2 月 14 日報導，2002 年 10 月滬深兩市 194 家民營上市公司中，直接上市的民營公司 67 家，占整個民營上市公司總數量的 34.54%，買殼上市的民營上市公司有 127 家，所占比例達到 65.46%。劉娟（2007）博士論文只統計了 2002—2004 年民營上市公司的數據，其結論類似，即直接上市的家族企業占 1/3，買殼上市的家庭企業占 2/3，這與筆者在 CSMAR 中得到的數據很不相同。由於 CSMAR 數據庫沒提供 2002 年及之前民營上市公司的詳細數據，筆者將 2003—2009 年兩個數據庫分類后

數據進行比對發現，在2003年，兩者原創民營上市公司數量的差異有38家左右。差異主要原因在於，許多2000年之前原創上市的民營上市公司的數據在CSMAR數據庫中有，而在CCER數據庫中卻沒有。兩個數據庫對買殼上市民營企業的界定上，從2003年開始各年平均有121家左右的巨大差異。主要的原因在於數據庫對買殼的界定，CSMAR數據庫中的間接上市公司指的是，發起上市時為國家控股，但后來由於股權轉讓等由自然人或民營企業控股的民營上市公司；而CCER數據庫中的間接上市指的是家族通過兼併重組取得控股地位的上市公司。另外，筆者對CSMAR數據庫中間接上市的公司又篩除了國有民營的企業，即終極控製人（或實際控股股東）為國有法人或國務院下屬的各級資產管理委員會的企業。這使得筆者所選取的樣本在2003—2004年原創基本占65%左右，而買殼民企僅占35%左右，與已公布的數據完全相反。但這種差異隨著2004年中小板的上市和2009年創業板的興起，兩個數據庫中原創民營上市公司的數量已迅速地超過了買殼上市的民營上市公司，這證明中國的資本市場為民營企業提供的上市機會越來越多，其融資條件正在逐步改善。

(三) 樣本特徵

1. 分類樣本的歷年股利分配形式與結構

分類樣本的歷年股利分配形式與結構見表5-2~表5-11，圖5-1~圖5-4。

表5-2　　2003—2009年非原創民營上市公司歷年股利分配形式　　單位：家

| 年份 | 不分配 | 現金股利 | 股票股利 | 轉增股本 | 現金股利加股票股利 | 現金股利加轉增股本 | 轉增股本加股票股利 | 現金股利、股票股利加轉增股本 | 合計 |
|---|---|---|---|---|---|---|---|---|---|
| 2003 | 35 | 17 | 0 | 2 | 1 | 6 | 0 | 2 | 63 |
| 2004 | 44 | 36 | 0 | 3 | 2 | 4 | 0 | 4 | 93 |
| 2005 | 55 | 37 | 1 | 4 | 0 | 4 | 0 | 0 | 101 |
| 2006 | 78 | 36 | 1 | 5 | 5 | 3 | 1 | 5 | 134 |
| 2007 | 83 | 30 | 1 | 13 | 5 | 7 | 0 | 13 | 152 |
| 2008 | 95 | 46 | 0 | 3 | 7 | 9 | 0 | 3 | 163 |
| 2009 | 96 | 45 | 0 | 8 | 9 | 10 | 0 | 3 | 171 |

表 5-3　　　2003—2009 年非原創民營上市公司歷年股利分配結構比　　　單位：%

| 年份 | 不分配 | 現金股利 | 股票股利 | 轉增股本 | 現金股利加股票股利 | 現金股利加轉增股本 | 轉增股本加股票股利 | 現金股利、股票股利加轉增股本 |
|---|---|---|---|---|---|---|---|---|
| 2003 | 55.56 | 26.98 | 0.00 | 3.17 | 1.59 | 9.52 | 0.00 | 3.17 |
| 2004 | 47.31 | 38.71 | 0.00 | 3.23 | 2.15 | 4.30 | 0.00 | 4.30 |
| 2005 | 54.46 | 36.63 | 0.99 | 3.96 | 0.00 | 3.96 | 0.00 | 0.00 |
| 2006 | 58.21 | 26.87 | 0.75 | 3.73 | 3.73 | 2.24 | 0.75 | 3.73 |
| 2007 | 54.61 | 19.74 | 0.66 | 8.55 | 3.29 | 4.61 | 0.00 | 8.55 |
| 2008 | 58.28 | 28.22 | 0.00 | 1.84 | 4.29 | 5.52 | 0.00 | 1.84 |
| 2009 | 56.14 | 26.32 | 0.00 | 4.68 | 5.26 | 5.85 | 0.00 | 1.75 |

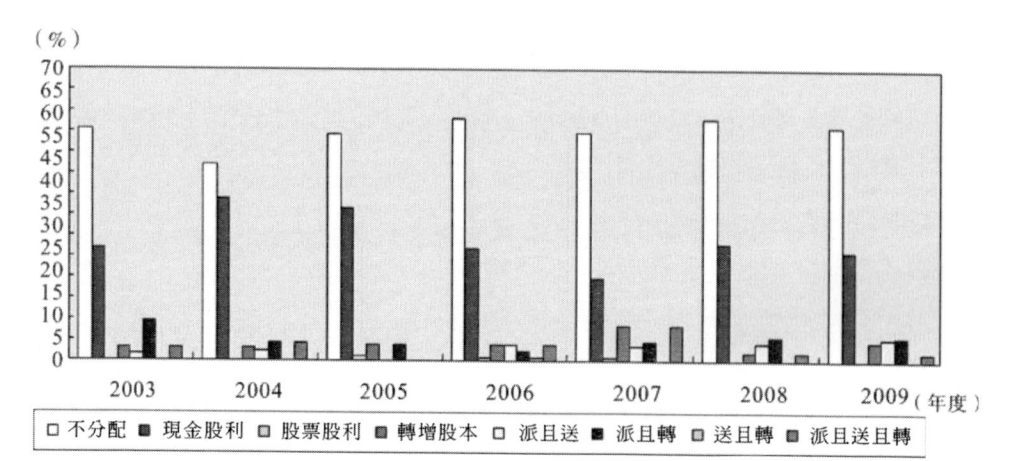

圖 5-1　非原創民營上市公司歷年股利分配構成圖

表 5-4　　　2003—2009 年原創民營上市公司歷年股利分配形式　　　單位：家

| 年份 | 不分配 | 現金股利 | 股票股利 | 轉增股本 | 現金股利加股票股利 | 現金股利加轉增股本 | 轉增股本加股票股利 | 現金股利、股票股利加轉增股本 | 合計 |
|---|---|---|---|---|---|---|---|---|---|
| 2003 | 49 | 47 | 0 | 7 | 4 | 15 | 0 | 11 | 133 |
| 2004 | 55 | 72 | 0 | 2 | 3 | 40 | 0 | 3 | 175 |
| 2005 | 55 | 66 | 0 | 5 | 0 | 15 | 0 | 1 | 142 |
| 2006 | 67 | 81 | 0 | 9 | 12 | 31 | 1 | 13 | 214 |

表5-4(續)

| 年份 | 不分配 | 現金股利 | 股票股利 | 轉增股本 | 現金股利加股票股利 | 現金股利加轉增股本 | 轉增股本加股票股利 | 現金股利、股票股利加轉增股本 | 合計 |
|---|---|---|---|---|---|---|---|---|---|
| 2007 | 71 | 86 | 1 | 26 | 10 | 62 | 2 | 26 | 284 |
| 2008 | 86 | 151 | 3 | 19 | 3 | 63 | 0 | 20 | 345 |
| 2009 | 67 | 196 | 1 | 23 | 18 | 111 | 1 | 20 | 437 |

表5-5　　2003—2009年原創民營上市公司歷年股利分配結構比　　單位:%

| 年份 | 不分配 | 現金股利 | 股票股利 | 轉增股本 | 現金股利加股票股利 | 現金股利加轉增股本 | 轉增股本加股票股利 | 現金股利、股票股利加轉增股本 |
|---|---|---|---|---|---|---|---|---|
| 2003 | 36.84 | 35.34 | 0.00 | 5.26 | 3.01 | 11.28 | 0.00 | 8.27 |
| 2004 | 31.43 | 41.14 | 0.00 | 1.14 | 1.71 | 22.86 | 0.00 | 1.71 |
| 2005 | 38.73 | 46.48 | 0.00 | 3.52 | 0.00 | 10.56 | 0.00 | 0.70 |
| 2006 | 31.31 | 37.85 | 0.00 | 4.21 | 5.61 | 14.49 | 0.47 | 6.07 |
| 2007 | 25.00 | 30.28 | 0.35 | 9.15 | 3.52 | 21.83 | 0.70 | 9.15 |
| 2008 | 24.93 | 43.77 | 0.87 | 5.51 | 0.87 | 18.26 | 0.00 | 5.80 |
| 2009 | 15.33 | 44.85 | 0.23 | 5.26 | 4.12 | 25.40 | 0.23 | 4.58 |

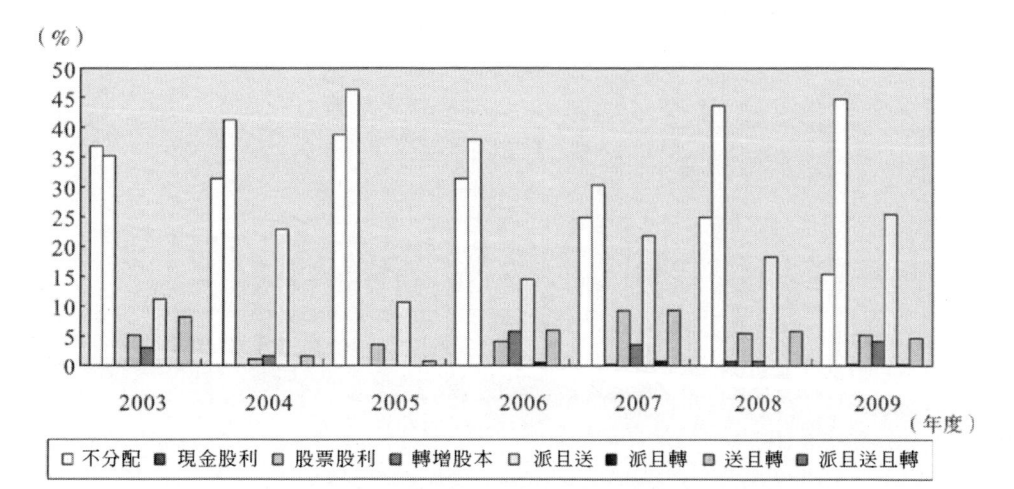

圖5-2　2003—2009年原創民營上市公司歷年股利分配構成圖

表 5-6　　　　　　2003—2009 年上市央企歷年股利分配形式　　　　單位：家

| 年份 | 不分配 | 現金股利 | 股票股利 | 轉增股本 | 現金股利加股票股利 | 現金股利加轉增股本 | 轉增股本加股票股利 | 現金股利、股票股利加轉增股本 | 合計 |
|---|---|---|---|---|---|---|---|---|---|
| 2003 | 47 | 51 | 0 | 3 | 5 | 10 | 0 | 8 | 124 |
| 2004 | 40 | 78 | 0 | 1 | 1 | 11 | 0 | 2 | 133 |
| 2005 | 50 | 70 | 0 | 2 | 1 | 8 | 0 | 3 | 134 |
| 2006 | 50 | 80 | 0 | 2 | 2 | 6 | 0 | 0 | 140 |
| 2007 | 46 | 64 | 0 | 7 | 9 | 10 | 1 | 5 | 142 |
| 2008 | 58 | 72 | 0 | 3 | 5 | 3 | 0 | 2 | 143 |
| 2009 | 59 | 66 | 1 | 1 | 4 | 7 | 0 | 8 | 146 |

表 5-7　　　　　　2003—2009 年上市央企歷年股利分配結構比　　　　單位：%

| 年份 | 不分配 | 現金股利 | 股票股利 | 轉增股本 | 現金股利加股票股利 | 現金股利加轉增股本 | 轉增股本加股票股利 | 現金股利、股票股利加轉增股本 |
|---|---|---|---|---|---|---|---|---|
| 2003 | 37.90 | 41.13 | 0.00 | 2.42 | 4.03 | 8.06 | 0.00 | 6.45 |
| 2004 | 30.08 | 58.65 | 0.00 | 0.75 | 0.75 | 8.27 | 0.00 | 1.50 |
| 2005 | 37.31 | 52.24 | 0.00 | 1.49 | 0.75 | 5.97 | 0.00 | 2.24 |
| 2006 | 35.71 | 57.14 | 0.00 | 1.43 | 1.43 | 4.29 | 0.00 | 0.00 |
| 2007 | 32.39 | 45.07 | 0.00 | 4.93 | 6.34 | 7.04 | 0.70 | 3.52 |
| 2008 | 40.56 | 50.35 | 0.00 | 2.10 | 3.50 | 2.10 | 0.00 | 1.40 |
| 2009 | 40.41 | 45.21 | 0.68 | 0.68 | 2.74 | 4.79 | 0.00 | 5.48 |

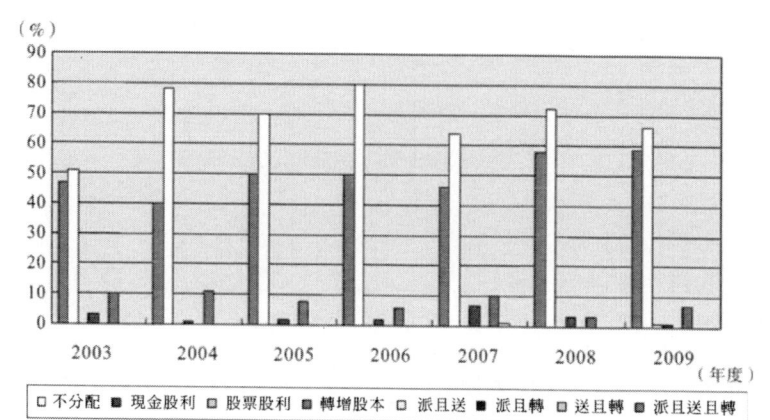

圖 5-3　2003—2009 年上市央企歷年股利分配構成圖

表 5-8　　2003—2009 年上市地方國企歷年股利分配形式　　單位：家

| 年份 | 不分配 | 現金股利 | 股票股利 | 轉增股本 | 現金股利加股票股利 | 現金股利加轉增股本 | 轉增股本加股票股利 | 現金股利、股票股利加轉增股本 | 合計 |
|---|---|---|---|---|---|---|---|---|---|
| 2003 | 169 | 209 | 2 | 11 | 10 | 39 | 5 | 19 | 464 |
| 2004 | 171 | 274 | 2 | 5 | 6 | 33 | 0 | 0 | 491 |
| 2005 | 212 | 234 | 2 | 8 | 8 | 31 | 1 | 7 | 503 |
| 2006 | 212 | 245 | 6 | 5 | 16 | 17 | 3 | 8 | 512 |
| 2007 | 188 | 204 | 8 | 33 | 20 | 43 | 2 | 27 | 525 |
| 2008 | 214 | 251 | 1 | 12 | 21 | 29 | 1 | 6 | 535 |
| 2009 | 211 | 262 | 3 | 14 | 17 | 39 | 2 | 11 | 559 |

表 5-9　　2003—2009 年上市地方國企歷年股利分配結構比　　單位：%

| 年份 | 不分配 | 現金股利 | 股票股利 | 轉增股本 | 現金股利加股票股利 | 現金股利加轉增股本 | 轉增股本加股票股利 | 現金股利、股票股利加轉增股本 |
|---|---|---|---|---|---|---|---|---|
| 2003 | 36.42 | 45.04 | 0.43 | 2.37 | 2.16 | 8.41 | 1.08 | 4.09 |
| 2004 | 34.83 | 55.80 | 0.41 | 1.02 | 1.22 | 6.72 | 0.00 | 0.00 |
| 2005 | 42.15 | 46.52 | 0.40 | 1.59 | 1.59 | 6.16 | 0.20 | 1.39 |
| 2006 | 41.41 | 47.85 | 1.17 | 0.98 | 3.13 | 3.32 | 0.59 | 1.56 |
| 2007 | 35.81 | 38.86 | 1.52 | 6.29 | 3.81 | 8.19 | 0.38 | 5.14 |
| 2008 | 40.00 | 46.92 | 0.19 | 2.24 | 3.93 | 5.42 | 0.19 | 1.12 |
| 2009 | 37.75 | 46.87 | 0.54 | 2.50 | 3.04 | 6.98 | 0.36 | 1.97 |

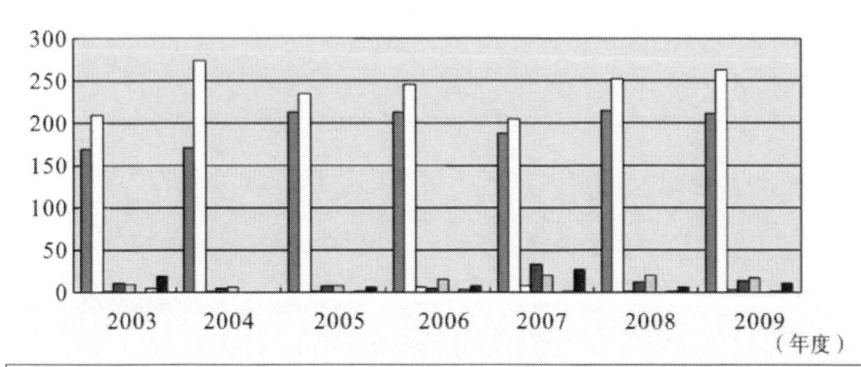

圖 5-4　2003—2009 年地方國企歷年股利分配構成圖

表 5-10　　　　2003—2009 年 A 股上市公司歷年股利分配形式　　　　單位：家

| 年份 | 不分配 | 現金股利 | 股票股利 | 轉增股本 | 現金股利加股票股利 | 現金股利加轉增股本 | 轉增股本加股票股利 | 現金股利、股票股利加轉增股本 | 合計 |
|---|---|---|---|---|---|---|---|---|---|
| 2003 | 516 | 452 | 2 | 35 | 25 | 78 | 7 | 52 | 1167 |
| 2004 | 479 | 593 | 4 | 16 | 16 | 97 | 2 | 24 | 1231 |
| 2005 | 594 | 501 | 4 | 32 | 22 | 74 | 2 | 19 | 1248 |
| 2006 | 557 | 573 | 9 | 30 | 40 | 66 | 5 | 32 | 1312 |
| 2007 | 501 | 525 | 11 | 87 | 46 | 135 | 5 | 90 | 1400 |
| 2008 | 608 | 657 | 3 | 37 | 37 | 111 | 1 | 35 | 1489 |
| 2009 | 568 | 706 | 7 | 50 | 56 | 178 | 3 | 51 | 1619 |

表 5-11　　　　　　A 股上市公司歷年股利分配結構　　　　　　單位：%

| 年份 | 不分配 | 現金股利 | 股票股利 | 轉增股本 | 現金股利加股票股利 | 現金股利加轉增股本 | 轉增股本加股票股利 | 現金股利、股票股利加轉增股本 |
|---|---|---|---|---|---|---|---|---|
| 2003 | 44.22 | 38.73 | 0.17 | 3.00 | 2.14 | 6.68 | 0.60 | 4.46 |
| 2004 | 38.91 | 48.17 | 0.32 | 1.30 | 1.30 | 7.88 | 0.16 | 1.95 |
| 2005 | 47.60 | 40.14 | 0.32 | 2.56 | 1.76 | 5.93 | 0.16 | 1.52 |
| 2006 | 42.45 | 43.67 | 0.69 | 2.29 | 3.05 | 5.03 | 0.38 | 2.44 |
| 2007 | 35.79 | 37.50 | 0.79 | 6.21 | 3.29 | 9.64 | 0.36 | 6.43 |
| 2008 | 40.83 | 44.12 | 0.20 | 2.48 | 2.48 | 7.45 | 0.07 | 2.35 |
| 2009 | 35.08 | 43.61 | 0.43 | 3.09 | 3.46 | 10.99 | 0.19 | 3.15 |

（1）不分配股利現象依然突出

從四類不同上市公司歷年分配形式表及歷年分配結構表的統計結果看，中國上市公司最喜愛的兩種股利分配形式就是不分配股利及發放現金股利。對這兩種股利形式的偏好因不同類型的股東而有所不同。從總體上看，整個 A 股市場不分配股利的公司所占比例穩中有降（見表 5-6），這與原紅旗（2004）以1993—2001 年 A 股上市公司全樣本所觀察到的「不分配現象日益嚴重」的結果

大不相同，這可能是 2001 年以來證監會發布的半強制分紅措施實施的結果。在四組分類的樣本中，非原創型民營上市公司最偏好不做任何分配的股利政策，除了 2004 年，每年不分配的買殼民營上市公司的比例都在 50% 以上，高於整個 A 股不分配股利公司所占的比例（見圖 5-5），並且這一比例相對穩定，沒有下降的趨勢。而原創型民營公司中不分配股利公司所占比例各年基本都是最低的，而且這一比例還呈現出逐年下降的趨勢。央企與地方國有上市公司不分配的比例界於兩類民營上市公司之間，其中，央企上市公司不分配的比例除 2009 年外均略低於地方國有上市公司。

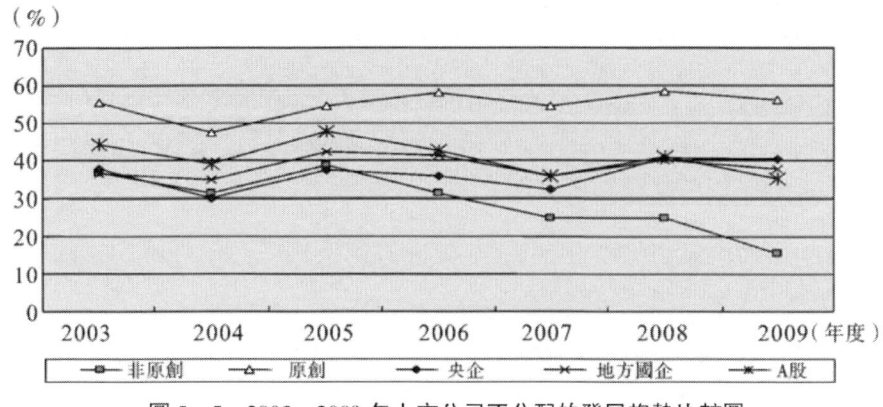

圖 5-5　2003—2009 年上市公司不分配的發展趨勢比較圖

（2）發放現金股利公司的比例較為穩定

從總體上看，不同類別樣本公司中發放現金股利公司所占比例始終變化不大，其中原創民營上市公司中發放現金股利公司所占比呈逐年略有上升的趨勢，除非原創民營上市公司外，其余三類上市公司各年發放現金股利公司所占比例均高於不分配股利公司的比例。未發現原紅旗（2004）研究觀察到的上市公司在不同的研究期間出現不同的特徵，這可能與證監會對現金股利發放半強制規定的態度越來越穩定明確有關。其中，上市的央企除了 2003 年外，歷年發放現金股利公司所占的比例都是四類企業中最高的，地方上市公司僅隨其後。非原創民營上市公司中發放現金股利的公司所占比例最低，除 2007 年外，每年都在 30% 以下，低於 A 股上市公司中分配現金股利公司的平均比。而原創型民營上

市公司中發放現金股利的比例各年變化不大，總體接近並略低於 A 股平均發放現金股利公司所占比例，見圖 5-6。

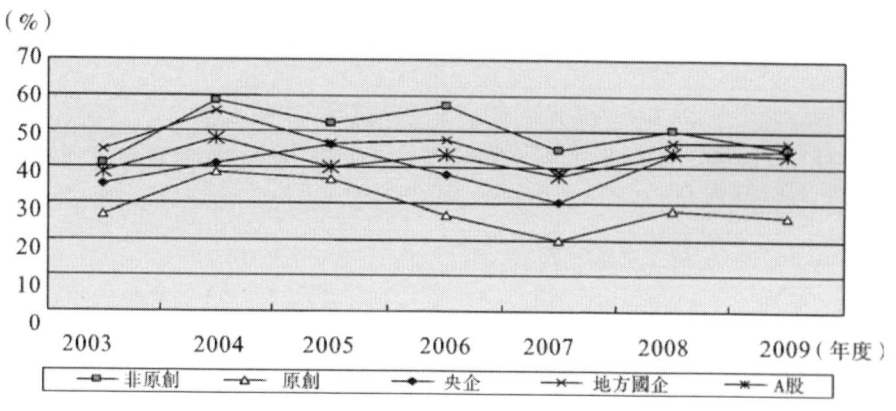

圖 5-6　2003—2009 年上市公司現金股利分配趨勢比較圖

（3）股票股利不再被市場熱捧

單獨發放股票股利曾經是中國股市中被熱情追捧的一種股利分配方式，在 1996 年以前，A 股市場發放股票股利公司所占比例一直都在 15% 以上，1993 年甚至達到了 30.64%。但從 1993 年起發放股票股利的公司數目就呈一直下降的態勢，2001 年 A 股市場發放股票股利公司所占比例已為 0.82%，而 2003 年 A 股市場的這一比例僅為 0.17%。儘管 2003—2009 年，各類公司的這一比例有所波動，但在各種股利分配方式中所占的比例已變為相對最低的一類。原紅旗認為這是因為從 1998 年開始，股票股利開始徵收 20% 的所得稅，由於股票股利的避稅功能喪失，這種分配方式一直呈下降的趨勢。筆者認為這可能只是部分的原因。因為在股票股利的分配上，四類樣本公司表現出了很大的差異。除 2005 年外，地方國有上市公司發放股票股利的比例一直領跑其他三類企業，且在每一年度它的這一比例都高於甚至遠高於 A 股平均比例（儘管絕對值小，但配對意義較大）。而央企上市公司樣本中，除 2009 年有 1 家上市公司分配股票股利外，各年分配股票股利的公司均為 0，民營上市公司介於其間。央企與地方國企同為國有上市公司，但表現卻迥然不同，這或許表明直接控股股東的經營環境或背景對這一股利分配方式產生了重要的影響，見圖 5-7。

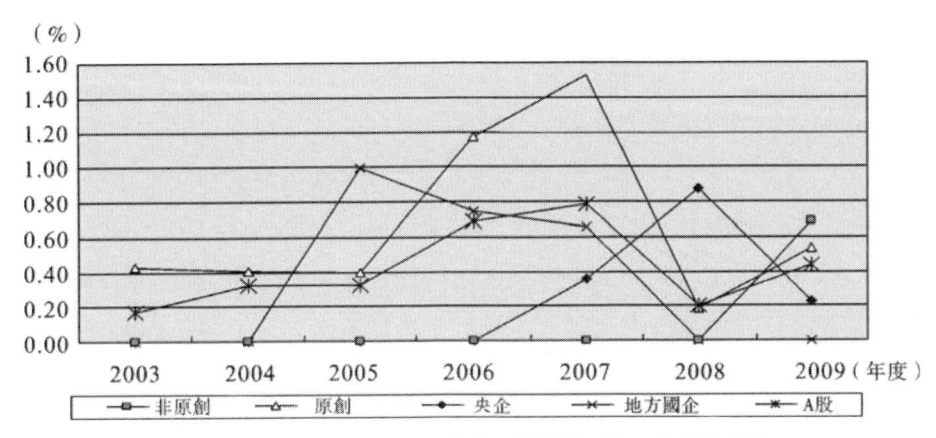

圖 5-7　2003—2009 年上市公司股票股利分配趨勢比較圖

（4）轉增股本仍具有特殊意義

大額股票股利與轉增股本實質上都具有股票分割的性質，都是股本擴張的重要手段，都應是成長性企業所為。兩者均不會改變企業的總資產及所有者權益，只不過是從會計的角度上對權益科目進行重分類而已。在西方成熟的資本市場，分配股票股利的公司呈不斷下降的趨勢（Lakonishok 和 Lev，1987），且從未有過將轉增股本作為股利分配的方式之一，但中國股市卻完全不同。從表 5-2~表 5-11 可以看出，四類樣本各年轉增股本公司的比例都明顯高於分配股票股利公司的比例，大有以轉增股本這一分配方式取代一度占據重要位置的股票股利分配方式的趨勢。從圖 5-8 可見，以 A 股平均轉增比例為參照線，民營上市公司與國有上市公司分列在 A 股參照線上下兩方。而民營上市公司中，除 2004 年、2005 年兩年外，原創民營上市公司中轉增股本公司所占比例處於絕對領先的位置。而在 A 股參照線下方，除 2003 年外，國有上市中的央企中轉增股本公司比例始終是四類公司中最低的。樣本數據總體還有一個很顯著的特徵：2007 年是所觀察年份中所有 A 股上市公司轉增股本比例最高的一年，這究竟是偶然現象，還是有何種特殊的政策性因素的影響還需進一步考察。

（5）發放混合股利正成為重要的股利分配方式

混合股利的發放筆者共劃分了「派且送」「派且轉」「送且轉」和「派且轉且送」四種形式進行實證研究。從圖 5-1~圖 5-4 及各股利分配結構表可

以看出，在四種混合股利中，除了「送且轉」即「股票股利加轉增股本」這種形式的混合股利外，各年發放其他三種形式混合股利的公司比例均高於單獨發放股票股利與轉增股本的公司比。為何四種混合股利分配形式中，唯獨「股票股利加轉增股本」這種股利分配形式遭到了眾企業的冷落呢？仔細觀察后可發現，其他三種混合股利分配方式都含有附帶派現的規定，即現在上市公司所熱衷的混合股利分配方式中多少應帶有派現的條件。那麼這些公司為何又不直接選擇單獨派現呢？這是因為送股或轉增股本可能帶來股價上漲的預期，這種預期的存在會使含派現的混合股利分配形式比單獨派現的分配方式在市場上更具有吸引力。但「送且轉」這一混合股利會帶來更多的市場上漲預期，緣何又會遭此冷遇？筆者認為主要的原因可能在於，中國證券法規當前對分紅半強制規定都與增發配股有關，如果不派現，且選用送股或轉增股本勢必不能獲得增發或配股的資格。於是單獨發放股票股利公司從1993年起就呈一直急遽下降的趨勢，受此影響，混合股利分配形式中，「股票股利加轉增股本」這一形式也就遭到了所有上市公司的相對冷落。

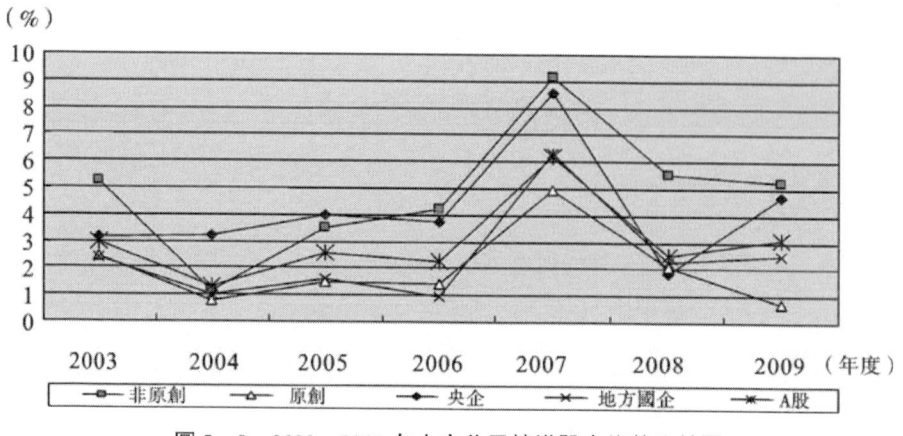

圖5-8 2003—2009年上市公司轉增股本趨勢比較圖

筆者將所採集的A股上市公司混合股利分配結構比與原紅旗2004年的A股分配結構比進行對比，發現除「股票股利加現金股利」這種混合股利分配形式外，其他混合股利的發放公司比例從1998年均呈上升趨勢，而「股票股利加現金股利」這種混合股利分配形式從1997年起就呈現出一直下降的態勢，中途

個別年份數據略有波動,但不影響這一總體趨勢。將四類上市公司的這一數據加以對比,發現各自的表現也有很大的差異。原創民營上市公司在這四類企業中是發放混合股利公司比最高的一類,其在各年的這一比例均高於 A 股平均比例(見圖 5-9)。特別是在 2007 年,發放混合股利的民營上市公司總數不僅高於不分配股利的原創民營公司數,而且高於單獨派現的公司總數。並且這一趨勢在一直延續,2007—2009 年連續三年,原創民企中發放混合股利的公司數都超過不分配股利的分配數。而與之相對的非原創民營上市公司發放混合股利的公司比在幾年之中一直處於低於或略低於 A 股分配混合股利的公司平均比的狀態。而央企與地方國企的這一比值相對居中,且幾年內兩者之間這一比例的高低處於此消彼長的形式,沒有誰表現出更青睞混合股利這一分配形式。同轉增股本分配趨勢類似,在 2007 年,四類公司中發放混合股利的公司比都達到了研究期內各自的最高點。

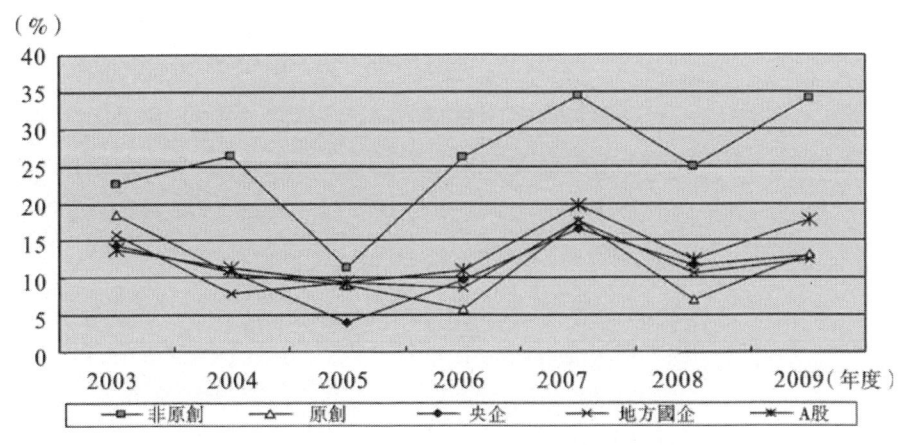

圖 5-9 2003—2009 年上市公司混合股利比較趨勢圖

2. 股利分配金額的描述

鑒於單獨發放股票股利的上市公司越來越少,而混合股利,特別是含派現的混合股利受到越來越多上市公司的追捧。為了逐步挖掘各類上市公司股利分配特徵背後的深層次的動因,實證分析的第二步便是對突出的幾類股利分配額的特點進行進一步的分析。

(1) 現金股利分配額群聚（見表5-12、圖5-10~圖5-11）

表5-12　　　　　2003—2009年上市公司現金股利描述統計　　　　單位：元

| 上市公司類別 | 指標 | 2003 | 2004 | 2005 | 2006 | 2007 | 2008 | 2009 | 合計 |
|---|---|---|---|---|---|---|---|---|---|
| 非原創民營上市公司 | 平均數 | 0.11 | 0.12 | 0.11 | 0.12 | 0.17 | 0.19 | 0.14 | 0.12 |
|  | 中位數 | 0.10 | 0.10 | 0.10 | 0.06 | 0.10 | 0.10 | 0.09 | 0.08 |
|  | 眾數 | 0.10 | 0.05 | 0.05 | 0.10 | 0.10 | 0.10 | 0.05 | 0.09 |
|  | 最小值 | 0.02 | 0.01 | 0.01 | 0.01 | 0.01 | 0.01 | 0.02 | 0.01 |
|  | 最大值 | 0.30 | 0.60 | 0.50 | 0.80 | 0.80 | 2.00 | 1.00 | 2.00 |
|  | 標準差 | 0.07 | 0.11 | 0.10 | 0.16 | 0.19 | 0.34 | 0.20 | 0.17 |
| 原創民營上市公司 | 平均數 | 0.15 | 0.17 | 0.13 | 0.15 | 0.13 | 0.14 | 0.18 | 0.14 |
|  | 中位數 | 0.10 | 0.13 | 0.10 | 0.10 | 0.10 | 0.10 | 0.10 | 0.09 |
|  | 眾數 | 0.10 | 0.10 | 0.10 | 0.10 | 0.10 | 0.10 | 0.10 | 0.10 |
|  | 最小值 | 0.02 | 0.01 | 0.01 | 0.01 | 0.01 | 0.01 | 0.01 | 0.01 |
|  | 最大值 | 0.50 | 1.00 | 0.65 | 0.70 | 0.50 | 1.00 | 0.80 | 1.00 |
|  | 標準差 | 0.12 | 0.14 | 0.12 | 0.14 | 0.10 | 0.13 | 0.16 | 0.12 |
| 央企上市公司 | 平均數 | 0.15 | 0.14 | 0.14 | 0.15 | 0.18 | 0.12 | 0.11 | 0.14 |
|  | 中位數 | 0.10 | 0.10 | 0.10 | 0.12 | 0.12 | 0.10 | 0.10 | 0.10 |
|  | 眾數 | 0.10 | 0.10 | 0.10 | 0.10 | 0.10 | 0.10 | 0.10 | 0.10 |
|  | 最小值 | 0.02 | 0.01 | 0.02 | 0.01 | 0.01 | 0.01 | 0.01 | 0.01 |
|  | 最大值 | 0.90 | 1.00 | 0.75 | 0.60 | 0.68 | 0.50 | 0.50 | 1.00 |
|  | 標準差 | 0.15 | 0.14 | 0.12 | 0.13 | 0.15 | 0.09 | 0.09 | 0.13 |
| 地方國有上市公司 | 平均數 | 0.13 | 0.13 | 0.14 | 0.15 | 0.16 | 0.13 | 0.13 | 0.14 |
|  | 中位數 | 0.10 | 0.10 | 0.10 | 0.11 | 0.10 | 0.10 | 0.10 | 0.10 |
|  | 眾數 | 0.10 | 0.10 | 0.10 | 0.10 | 0.10 | 0.10 | 0.10 | 0.10 |
|  | 最小值 | 0.01 | 0.01 | 0.01 | 0.01 | 0.01 | 0.004 | 0.01 | 0.004 |
|  | 最大值 | 0.90 | 1.00 | 0.50 | 0.88 | 1.20 | 1.67 | 1.20 | 1.67 |
|  | 標準差 | 0.10 | 0.11 | 0.11 | 0.12 | 0.15 | 0.15 | 0.13 | 0.13 |

第五章 股東特質與收益分配

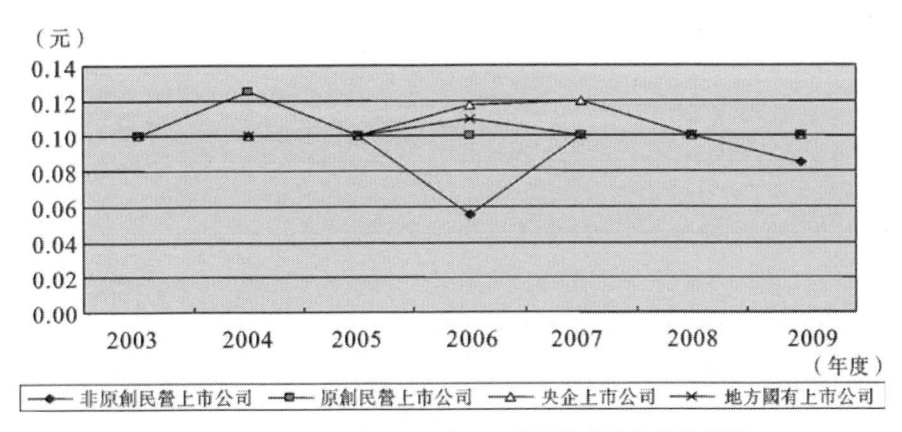

圖 5-10  2003—2009 年上市公司現金股利中位數趨勢圖

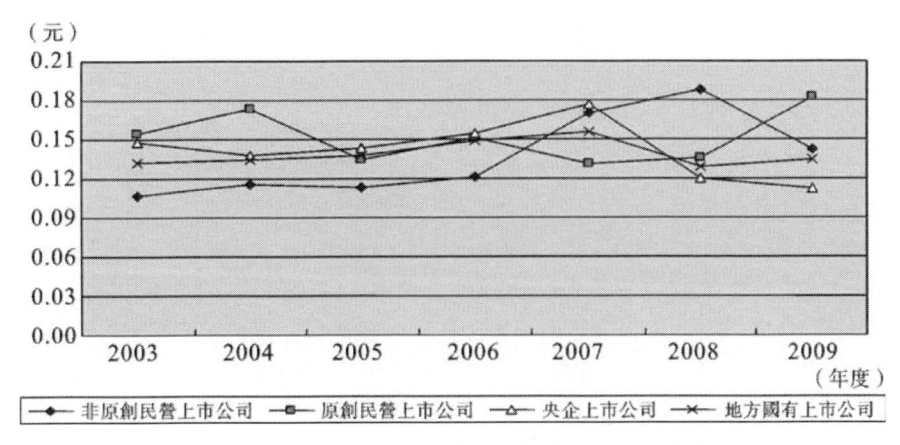

圖 5-11  2003—2009 年上市公司現金股利均值趨勢圖

當將四類上市公司的現金股利分配額的描述性統計表 5-12 及趨勢分析圖 5-10~圖 5-11 繪出后，筆者驚訝地發現，儘管四類上市公司在股利分配政策的選擇上表現出了較明顯的差異，但其各年現金股利的分配金額卻驚人地相似。除個別年度有波動外，各家公司股利分配額的中位數幾乎都與 0.1 元這一趨勢線貼近（見圖 5-10）。特別是地方國有上市公司，其現金股利的中位數與眾數除 2006 年外，全都是每股 0.1 元。研究期內四類上市公司的現金股利平均值也極其相似，除了非原創民營上市公司的各年派現平均值略低，為每股 0.12 元外，其餘三類公司各年派現的平均值均為每股 0.14 元。再對比原紅旗 2004 年

213

的實證結果發現，這種每股派現比群聚是從 2000 年就開始了，並持續至今。A股上市公司各年的業績表現不可能大多數都如此地相似，僅從這一表現可以肯定地得出一個結論，即大多數上市公司的現金分紅跟自身的營利情況並不密切相關，分紅可能另有目的，如滿足證監會半強制分紅的基本條件。另外，這些上市公司的現金分紅還有一大特點，即在同一年度內，不同公司間分配的差異卻較大。如 2008 年，非原創上市公司現金股利分配額的最小值是每股 0.01 元，最大值卻達到了每股 2 元，其標準差為 0.34 元。同年，地方國有上市公司現金分紅的最小值是每股 0.004 元，但最大值卻是每股 1.67 元，標準差為 0.15 元。

（2）轉股比重呈上升趨勢（見表 5-13、圖 5-12、圖 5-13）

表 5-13　　　　　2003—2009 年上市公司轉增股本描述統計　　　單位：元

| 上市公司類別 | 指標 | 2003 | 2004 | 2005 | 2006 | 2007 | 2008 | 2009 | 合計 |
|---|---|---|---|---|---|---|---|---|---|
| 非原創民營上市公司 | 平均數 | 0.67 | 0.50 | 0.82 | 0.41 | 0.68 | 0.48 | 0.39 | 0.59 |
|  | 中位數 | 0.50 | 0.30 | 1.00 | 0.30 | 0.50 | 0.50 | 0.43 | 0.50 |
|  | 最小值 | 0.50 | 0.20 | 0.30 | 0.10 | 0.10 | 0.30 | 0.20 | 0.10 |
|  | 最大值 | 1.00 | 1.00 | 1.00 | 1.00 | 1.00 | 0.70 | 0.60 | 1.00 |
|  | 標準差 | 0.29 | 0.44 | 0.30 | 0.36 | 0.31 | 0.15 | 0.15 | 0.31 |
| 原創民營上市公司 | 平均數 | 0.67 | 0.25 | 0.44 | 0.42 | 0.59 | 0.51 | 0.55 | 0.54 |
|  | 中位數 | 0.70 | 0.25 | 0.43 | 0.25 | 0.50 | 0.50 | 0.50 | 0.50 |
|  | 最小值 | 0.20 | 0.20 | 0.30 | 0.10 | 0.10 | 0.10 | 0.07 | 0.07 |
|  | 最大值 | 1.00 | 0.30 | 0.60 | 1.00 | 1.00 | 1.00 | 1.00 | 1.00 |
|  | 標準差 | 0.33 | 0.07 | 0.14 | 0.37 | 0.30 | 0.29 | 0.30 | 0.30 |
| 央企上市公司 | 平均數 | 0.63 | 0.30 | 0.23 | 0.35 | 0.56 | 0.57 | 0.80 | 0.51 |
|  | 中位數 | 0.63 | 0.30 | 0.23 | 0.35 | 0.56 | 0.57 | 0.80 | 0.51 |
|  | 最小值 | 0.30 | 0.30 | 0.15 | 0.20 | 0.20 | 0.20 | 0.80 | 0.15 |
|  | 最大值 | 1.00 | 0.30 | 0.30 | 0.50 | 1.00 | 1.00 | 0.80 | 1.00 |
|  | 標準差 | 0.35 | 0.00 | 0.11 | 0.21 | 0.28 | 0.40 | 0.00 | 0.29 |

第五章　股東特質與收益分配

表5-13(續)

| 上市公司類別 | 指標 | 2003 | 2004 | 2005 | 2006 | 2007 | 2008 | 2009 | 合計 |
|---|---|---|---|---|---|---|---|---|---|
| 地方國有上市公司 | 平均數 | 0.43 | 0.53 | 0.41 | 0.45 | 0.45 | 0.54 | 0.55 | 0.47 |
| | 中位數 | 0.40 | 0.50 | 0.30 | 0.20 | 0.30 | 0.50 | 0.50 | 0.40 |
| | 最小值 | 0.15 | 0.20 | 0.08 | 0.10 | 0.20 | 0.10 | 0.20 | 0.08 |
| | 最大值 | 0.80 | 1.00 | 0.89 | 1.00 | 1.00 | 1.20 | 1.00 | 1.20 |
| | 標準差 | 0.22 | 0.29 | 0.24 | 0.38 | 0.22 | 0.37 | 0.31 | 0.28 |

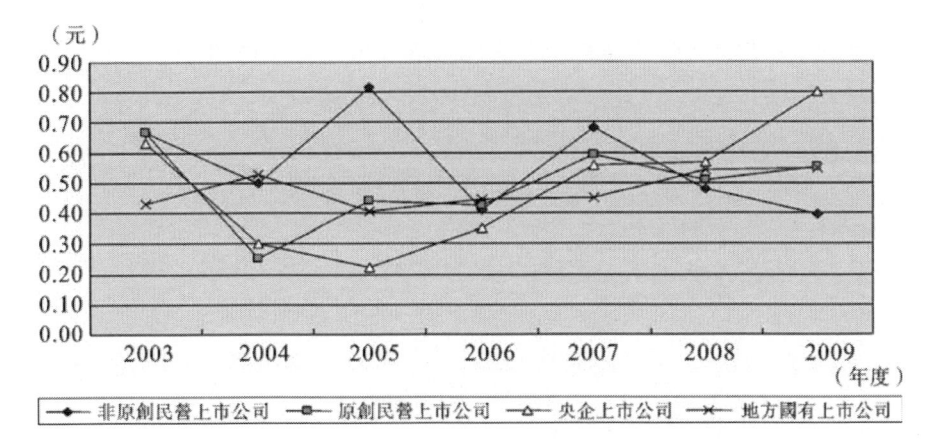

圖5-12　2003—2009年上市公司轉增股本平均數趨勢

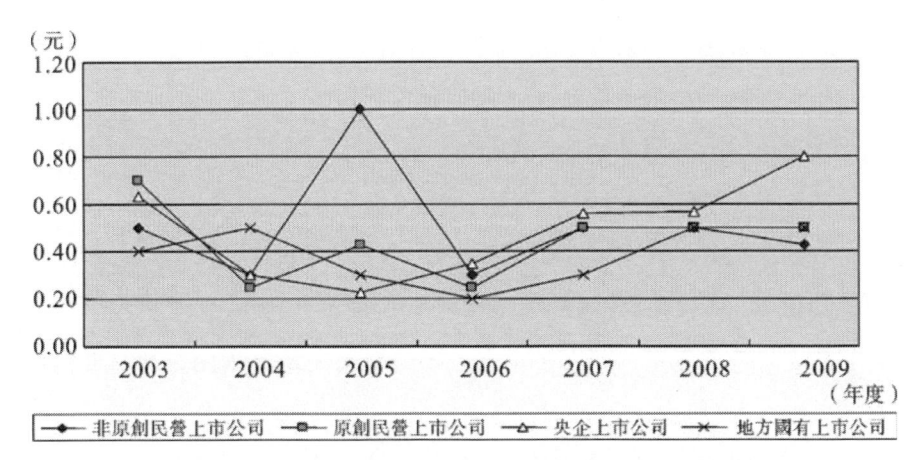

圖5-13　2003—2009年上市公司轉增股本中位數趨勢

样本公司通过转增股本方式扩大股本规模平均值约为50%左右，一半以上的公司扩大了50%。其中非原创民营上市公司居于首位，扩大股本规模平均值为59%，原创民营上市公司次之，为54%，央企与地方有的上市公司相对较低，分别为51%与47%。从研究期间的发展趋势来看，民营上市公司的转增股本比率在2005年、2007年达到小高峰后又相继出现向下波动的趋势。而央企与地方国企从2004年起转增股本的比率不论是平均数还是中位数都呈现出稳步上升的趋势。转增股本在中国各类股利分配方式中正日益变得重要，并且从纵向对比看，各公司转增股本的平均比及中位数都已高于2003年前的平均水平。这一方面说明了由于中国对股票股利及转增股本的会计处理不论比例高低均采用面值法，使得在中国转增股本这一分配方式能轻易进行。另一方面，转增股本的来源不外乎是资本公积与盈余公积，主要应是资本公积。而大多数上市公司的资本公积主要由高溢价发行收入构成。这说明高溢价发行为中国上市公司转增股本提供了重要的来源与可能。

(3) 混合股利中派现比分佈具有層次性（见表5-14、图5-14、图5-15）

鉴于混合股利在上市公司股利分配中占据的比重越来越大，因此值得单独对其进行分析描述。由于混合股利中只有股票股利加转增股本这一分配方式采用的公司较少，这表明含派现的混合股利分配方式正在受到越来越多上市公司的青睐。于是笔者将混合股利中派现的数据进行分析对比，得到统计数据。

从表5-14及图5-14、图5-15可以看出，混合股利的派现额上四类公司明显地拉开了差距。派现中位数的统计趋势上，央企上市公司基本处于绝对的优势，半数央企上市公司各年派现都在每股0.12元以上。其次是原创民营上市公司，各年派现中位数为0.11元。地方国有上市公司各年派现的中位数几乎一直处于每股0.1元这条直线上，非原创民营上市公司则表现最差，各年派现中位数仅为0.06元，与排名首位的央企相差了0.06元每股。各年派现平均数分佈上，2004—2006年央派现平均数最高，其余年度则是原创民企的派现平均数最高。

同一年度不同公司混合股利中派现额的差异也较大，同年内各公司派现差异最大的当数地方国有上市公司。在2006年，最高的混合股利派现额为每股

3.00 元，而最低的僅為每股 0.01 元，其分佈的標準差達到了 45%。而同為國企的央企各年派現額的差異相對而言卻是最小的，即使在相差最大的 2007 年，其派現的最高值為每股 0.5 元，最低值為每股 0.02 元，標準差為 13%，差距也遠小於地方國企。民營上市公司混合股利中派現比差異相對居中。

表 5－14　　2003—2009 年上市公司混合股利中派現的描述統計　　單位：元

| 上市公司類別 | 指標 | 2003 | 2004 | 2005 | 2006 | 2007 | 2008 | 2009 | 合計 |
| --- | --- | --- | --- | --- | --- | --- | --- | --- | --- |
| 非原創民營上市公司 | 平均數 | 0.13 | 0.17 | 0.18 | 0.09 | 0.10 | 0.09 | 0.12 | 0.12 |
| | 中位數 | 0.05 | 0.13 | 0.05 | 0.10 | 0.05 | 0.07 | 0.07 | 0.06 |
| | 最小值 | 0.02 | 0.02 | 0.01 | 0.01 | 0.01 | 0.02 | 0.01 | 0.01 |
| | 最大值 | 0.70 | 0.50 | 1.00 | 0.35 | 0.70 | 0.35 | 0.40 | 1.00 |
| | 標準差 | 0.16 | 0.16 | 0.29 | 0.09 | 0.16 | 0.09 | 0.12 | 0.15 |
| 原創民營上市公司 | 平均數 | 0.18 | 0.20 | 0.15 | 0.13 | 0.16 | 0.18 | 0.22 | 0.18 |
| | 中位數 | 0.15 | 0.20 | 0.11 | 0.10 | 0.10 | 0.11 | 0.15 | 0.11 |
| | 最小值 | 0.03 | 0.01 | 0.02 | 0.01 | 0.01 | 0.02 | 0.02 | 0.01 |
| | 最大值 | 0.50 | 0.70 | 0.66 | 0.50 | 1.20 | 0.80 | 1.00 | 1.20 |
| | 標準差 | 0.14 | 0.14 | 0.14 | 0.11 | 0.18 | 0.15 | 0.18 | 0.16 |
| 央企上市公司 | 平均數 | 0.17 | 0.25 | 0.17 | 0.22 | 0.13 | 0.12 | 0.11 | 0.16 |
| | 中位數 | 0.12 | 0.20 | 0.15 | 0.14 | 0.10 | 0.12 | 0.10 | 0.12 |
| | 最小值 | 0.04 | 0.03 | 0.05 | 0.03 | 0.02 | 0.03 | 0.02 | 0.02 |
| | 最大值 | 0.50 | 0.64 | 0.40 | 0.60 | 0.50 | 0.27 | 0.20 | 0.64 |
| | 標準差 | 0.13 | 0.18 | 0.12 | 0.20 | 0.13 | 0.08 | 0.06 | 0.13 |
| 地方國有上市公司 | 平均數 | 0.15 | 0.16 | 0.14 | 0.19 | 0.15 | 0.16 | 0.15 | 0.15 |
| | 中位數 | 0.10 | 0.10 | 0.10 | 0.09 | 0.10 | 0.10 | 0.10 | 0.10 |
| | 最小值 | 0.01 | 0.02 | 0.01 | 0.01 | 0.01 | 0.01 | 0.01 | 0.01 |
| | 最大值 | 0.50 | 0.50 | 0.70 | 3.00 | 2.00 | 1.12 | 0.60 | 3.00 |
| | 標準差 | 0.11 | 0.12 | 0.12 | 0.45 | 0.22 | 0.19 | 0.14 | 0.21 |

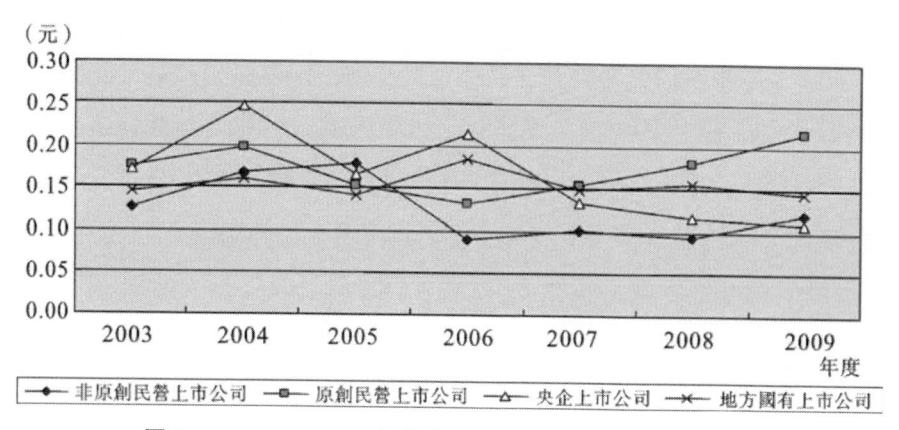

圖 5－14　2003—2009 年上市公司混合股利中派現趨勢分析

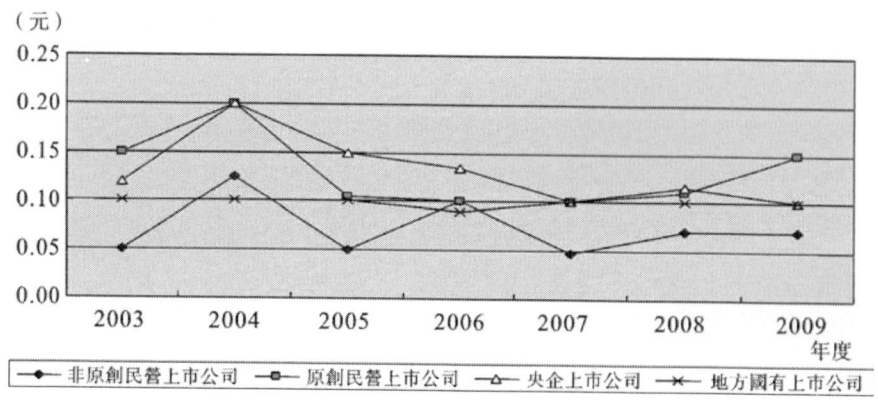

圖 5－15　2003—2009 年上市公司混合股利派現趨勢分析

3. 不分配股利的頻數描述

從表 5－3、表 5－5、表 5－7、表 5－9 可以看出，在研究期內不論是哪類上市公司，其不分配的現象表現依然十分嚴重。為了深入剖析各類上市公司不分配的原因，下面對各類上市公司不分配的頻數進行分析（見表 5－15、圖 5－16）。

表 5-15　　　　　　　　　上市公司不分配頻數分佈表

| 不分配頻數 | 非原創民營上市公司 |||  原創民營上市公司 ||| 央企上市公司 ||| 地方國企上市公司 |||
|---|---|---|---|---|---|---|---|---|---|---|---|---|
| | 公司家數 | 觀察值 | 占樣本比率(%) | 公司家數 | 觀察值 | 占樣本比率(%) | 公司家數 | 觀察值 | 占樣本比率(%) | 公司家數 | 觀察值 | 占樣本比率(%) |
| 1 | 12 | 15 | 7.02 | 74 | 74 | 16.93 | 19 | 19 | 13.01 | 88 | 88 | 15.74 |
| 2 | 9 | 18 | 5.26 | 28 | 56 | 6.41 | 25 | 50 | 17.12 | 79 | 158 | 14.13 |
| 3 | 14 | 42 | 8.19 | 19 | 57 | 4.35 | 7 | 21 | 4.79 | 59 | 177 | 10.55 |
| 4 | 20 | 80 | 11.70 | 13 | 52 | 2.97 | 11 | 44 | 7.53 | 52 | 208 | 9.30 |
| 5 | 21 | 105 | 12.28 | 12 | 60 | 2.75 | 21 | 105 | 14.38 | 57 | 285 | 10.20 |
| 6 | 45 | 270 | 26.32 | 8 | 48 | 1.83 | 7 | 42 | 4.79 | 57 | 342 | 10.20 |
| 7 | 41 | 287 | 23.98 | 20 | 140 | 4.58 | 10 | 70 | 6.85 | 66 | 462 | 11.81 |
| 分類樣本總數 | 171 | | 94.74 | 437 | | 39.28 | 146 | | 68.49 | 559 | | 81.43 |

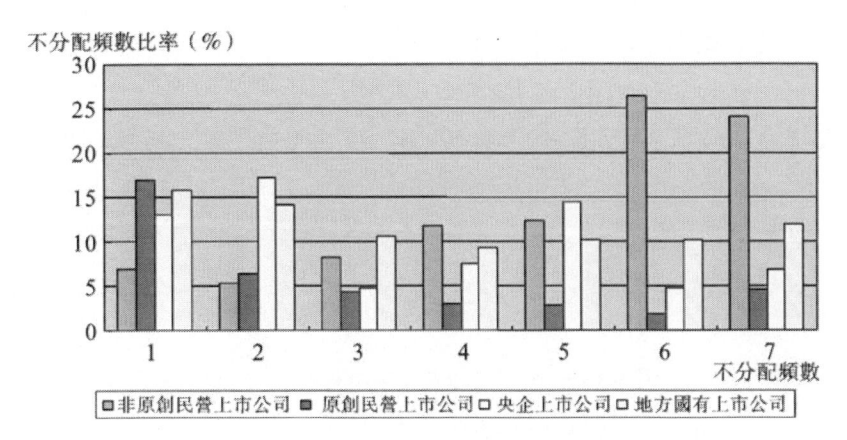

圖 5-16　上市公司不分配頻數比較趨勢圖

　　從不分配頻數和占各類樣本公司總數的比重看，非原創民營上市公司是最高的，達到了94.74%。這說明所選取的樣本中，94.74%的公司在研究期內都有過至少一次不分配的經歷，而這一指標相對最低的是原創民營上市公司，比值為39.48%，這說明約有60%的原創民營上市公司在研究期內都沒有不分配的經歷。地方國企與央企的這一指標居中，分別為81.43%與68.49%。

　　從圖5-16可以看出，非原創民營上市公司中只有一次或兩次不分配經歷的公司所占比重在四類企業中是相對最低的。但當不分配頻數從3逐漸增加到7

時，不分配非原創民營上市公司所占比重迅速上升，在不分配頻數為 6 和 7 時占據了絕對領先的優勢。

而原創民營上市公司中僅有過一次不分配經歷的公司所占比重在四類公司中相對最高，但隨著統計頻數的上升，原創民營公司所占比重直線下降，在不分配頻數為 3~7 的區間內，不分配的原創民營公司所占比重都是相對最低的。這表明原創民企是最不願意做出連續幾年不分配現金股利決策的上市公司。

而地方國有上市公司中，除了有四次不分配經歷的公司所占比重為 9.3%，低於 10%，其餘有過 1 次、2 次、3 次、5~7 次不分配頻數的公司所占百分比均超過 10%。其中有過一次不分配經歷地方國企相對最多，為 15.74%。央企上市公司中，有過 1 次、2 次和 5 次不分配經歷的公司占其對應總樣本的比值均高於 13%，而有過 3 次、4 次、6 次和 7 次不分配經歷的這一比例相對較低，均低於 8%，從次數分佈上似乎看不出有特別的規律。

## 第三節 不同股東特質下股利政策的選擇動因研究

### 一、變量選擇

上面的分析給出了不同上市公司股利分析的特徵，但這些信息僅給出了中國股市不同類別上市公司股利分配的現狀或現象，卻無法推斷出其財務行為背後的驅動因素，如為何非原創民營上市公司不分配股利的現象最為突出與嚴重，是否是非原創民營公司的業績相對最差或現金缺乏。也無法推斷為何央企上市公司派現的公司比其他派現的單位金額都相對最高。這是否代表央企上市公司的業績普遍是最好的，且可供分配現金最為充足。為了尋找各類上市公司股利分配的動因，筆者根據前面的股利分配特徵分析結果，並在參考當前關於股利政策影響因素中較為重要的研究成果的基礎上，選擇以下變量進行比較實證研究。

1. 每股收益（EPS）

企業進行股利分配時是無利不分的，當然不排除在特殊的情況下，企業為

了穩定股價，或為了貫徹公司所選擇的股利政策而在經營不利個別年度進行分配。無論在何種情形下，每股收益應該是企業分配決策的重要影響因素。當然反應盈利的指標還有淨利潤，扣除非經營性損益后利潤及淨資產收益率等指標，由於本研究的立足點在於對不同特質的股東進行對比，故未選擇反應企業實體營利狀況的指標。淨資產收益率從理論上是反應股東營利能力的常用指標，但通過因子分析及降維處理，最終沒將這一指標作為股利分配的影響因子之一。

2. 每股經營現金淨流量（NCFOPS）

營利是分配的前提，但有利潤不一定有能力進行現金股利的分配，因此獲取現金的能力是影響企業股利分配能力及方式的重要因素。每股現金淨流量及每股經營現金流量等都能從一定角度上反應企業獲取現金的能力，但最能反應企業長期穩定現金流量狀況的應是與企業日常經營相關的現金流。儘管針對投資與籌資活動，每個企業各年都會有些相應的業務，但這兩類業務相關的現金流一般不具有持續性與穩定性，因而以每股經營活動現金淨流量考查企業長期的現金獲取能力更有說服力。

3 每股公積金（AFPS）

每股公積金是反應企業經營累積水平的財務指標。企業未來發展能力及穩定的派現能力在很大程度上都會在這個指標上體現。原紅旗（2004）採用的是每股資本公積，但筆者認為，由於盈余公積可以用於補虧和分紅，相對每股資本公積而言，與股利分配有著更為直接的關係。因此將其所選擇影響因子「每股資本公積」修改為「每股公積金」。

4. 產權比（DER）

負債率過高或財務風險太大肯定會對上市公司的股利分配產生重大的影響，這裡主要是考察企業的長期負債水平。原本想優選財務槓桿系數或資產負債率作為分析變量，但其數據的缺失較嚴重，於是最終選擇了產權比作為恒量指標。

5. 派現比（DIV）

這裡所指的派現比不僅包括僅發放現金股利分配政策時的每股派現額，還包括混合股利政策中每股派現的金額，即包含以單純派現、派且送、派且轉以及派且送且轉的形式發放的全部現金股利之和。

## 二、股利分配與否的實證檢驗

### 1. 描述性統計

將樣本數據分為四個組分別進行獨立樣本檢驗,將統計結果整理得到表 5-16。

表 5-16　　　　　　　　　獨立樣本檢驗統計表

| | | 派現比 | | 每股經營現金淨流量 | | 產權比 | | 每股收益 | | 每股公積金 | |
|---|---|---|---|---|---|---|---|---|---|---|---|
| | | 統計值 | t 檢驗 sig. | 統計值 | t 檢驗 sig. | 統計值 | t 檢驗 sig. | 統計值 | t 檢驗 sig. | 統計值 | t 檢驗 sig. |
| 平均值 | 分配組 | 0.140,9 | 62.780 | 0.543,5 | 13.818 | 1.296,7 | -3.272 | 0.367,8 | 36.400 | 1.400,6 | 11.418 |
| | 不分配組 | 0 | (0.000) | 0.255,8 | (0.000) | 2.089,7 | (0.001) | 0.032,1 | (0.000) | 1.113,7 | (0.000) |
| | 民企組 | 0.064,5 | -4.026 | 0.321,7 | -7.733 | 1.555,8 | -0.668 | 0.253,2 | 0.638 | 1.300,1 | -3.035 |
| | 國企組 | 0.076,8 | (0.000) | 0.484,4 | (0.000) | 1.696,2 | (0.504) | 0.246,5 | (0.152) | 1.384,5 | (0.002) |
| | 原國企組 | 0.088,9 | 9.045 | 0.332,3 | 0.844 | 1.099,5 | -3.681 | 0.340,2 | 10.895 | 1.454,5 | 7.221 |
| | 買殼民企組 | 0.043,3 | (0.000) | 0.308,9 | (0.399) | 2.105,1 | (0.000) | 0.148,1 | (0.000) | 1.114,4 | (0.000) |
| | 地方國企組 | 0.075,7 | -1.303 | 0.494,3 | 1.234 | 1.769,2 | 1.045 | 0.244,1 | -0.837 | 1.392,4 | 1.067 |
| | 央企組 | 0.081,6 | (0.193) | 0.445,6 | (0.217) | 1.410,3 | (0.296) | 0.255,9 | (0.403) | 1.353,3 | (0.286) |

註:上表共分為四組,每組的 t 檢驗欄中,第一行為該組配對比較的 T 檢驗值,第二行為對應的 sig. 值。

由表 5-16 的輸出結果可知,在股利的不分配和分配組中,每項指標的均值比較結果都有顯著差異,而形成鮮明對比的是地方國企與央企組,各項指標的差異均不具有統計顯著性。

國企與民企組在派現比、每股經營現金淨流量和每股公積金均值對比均在 0.01 的統計水平上具有顯著差異。但國企與民企組間的產權比與每股收益的差異不具有統計顯著性,這與事先預計的有所不同。一般認為,國企融資渠道多樣,而且又有政府的貸款傾斜政策,其財務風險實質上相對較低,其負債率應相對較高。但事實上國企的產權比只略高於民企,且兩者的差異不具有統計的顯著性,其最大的可能是中國所有的上市公司即使能夠低風險地利用貸款,也把貸款作為次優選擇,最優的選擇是股權融資,即優序融資理論在中國並不適用。另外在每股收益指標上,民營上市公司也只是略高於國有上市公司,兩者的差異也明顯不具有統計顯著性,這與許多學者的結論不相符合。如宋獻中與羅曉林(2003)認為民營上市公司的獲利能力明顯高於全國的平均水平。Tian

研究發現，民營企業的業績明顯優於混合股份公司。並且當國有股份增加到一定比例時，公司價值隨著國有股的增加而增加，故國有股比例與公司價值之間呈正向的 U 型關係（羅宏，2006）。筆者分析造成這種結果的原因可能在於大量買殼民企的存在降低了民企整體營利能力。

原創民企與買殼民企的比較結果表明，除了每股經營現金淨流量這一指標的差異不具有統計顯著性外，其餘各個指標兩者間均在 0.01 的統計水平上具有顯著差異。特別是每股收益的均值差異極其顯著，這進一步印證了為何國企與民企間營利差異沒有顯著差異的原因，買殼民企極大地拉了原創民企的后腿。兩者間產權比及每股公積金的顯著差異主要是源於買殼民企買殼上市時背負了大量的成本，以至於負債比及資金累積能力都相對較差。

2. 基本假設

綜合上述獨立樣本檢驗的結果，提出如下假設：

H1：假設國有上市公司與民營上市公司在股利分配決策上存重大差異。

H2：每股經營現金淨流量、每股收益、每股公積金及產權比對企業股利分配決策，即分配與否及分配的數量具有重要的影響。其中每股經營現金淨流量、每股收益、每股公積金的增加將減少企業不分配的可能性或增加其現金股利分配的金額。產權比的提高將對企業的股利分配產生抑製作用，即在同樣的經營利潤與現金流量情況下，產權比的提高會增加企業不分配的機會或減少其派現的金額。

3. 迴歸模型及結果

由於央企與地方國企間各項指標均無顯著差異，在迴歸分析中再對兩者進行分類研究的作用就不大了，因而在迴歸分析時將樣本分類合併為國企與民企兩大類進行比較，建立 Logist 模型 1：

$$Dum = \beta_0 + \beta_1 NCFOPS + \beta_2 DER + \beta_3 EPS + \beta_4 AFPS + \beta_5 Kind + \varepsilon$$

式中，Dum：股利分配與否，分配股利時取 1，不分配時取 0。

NCFOPS：每股經營現金流量。

DER：產權比。

EPS：每股收益。

AFPS：每股公積金。

Kind：虛擬變量，當樣本公司為民營企業時取1，當樣本公司為國有企業時取0。

迴歸結果如表5-17所示：

表5-17　　　　　　　　　　　　模型1迴歸結果

|  | 2003 | 2004 | 2005 | 2006 | 2007 | 2008 | 2009 | total |
|---|---|---|---|---|---|---|---|---|
| NCFOPS | .244 | .010 | -.190 | .007 | -.095 | .107 | .226*** | .057 |
|  | (1.406) | (0.062) | (-1.406) | (0.06) | (-1.261) | (1.04) | (2.459) | (1.345) |
| DER | -.373*** | -.126** | -.058 | -.083** | -.035 | -.056 | -.098** | -.085*** |
|  | (-3.25) | (-2.513) | (-1.631) | (-2.008) | (-1.154) | (-1.207) | (-2.367) | (-5.333) |
| EPS | 8.379*** | 11.121*** | 7.511*** | 5.514*** | 2.149*** | 5.732*** | 3.849*** | 4.849*** |
|  | (11.096) | (12.46) | (12.002) | (11.114) | (7.977) | (13.482) | (11.988) | (29.798) |
| AFPS | .121 | .078 | .122 | .081 | .066 | .164*** | .113* | .121*** |
|  | (1.257) | (0.825) | (1.297) | (0.921) | (1.166) | (2.578) | (1.654) | (4.219) |
| kind | .631*** | 1.035*** | .584*** | .592*** | .649*** | .440*** | .194 | .577*** |
|  | (3.402) | (5.565) | (3.409) | (3.768) | (4.462) | (2.914) | (1.341) | (9.813) |
| Constant | -1.626*** | -1.970*** | -1.602*** | -1.380*** | -1.058*** | -1.347*** | -.978*** | -1.294*** |
|  | (-6.098) | (-8.383) | (-7.939) | (-7.612) | (-6.877) | (-8.158) | (-6.46) | (-19.313) |
| Nagelkerke $R^2$ | .431 | .515 | .435 | .340 | .162 | .421 | .330 | .337 |
| N | 857 | 964 | 979 | 1024 | 961 | 1,123 | 1,156 | 7,064 |

註：括號內數字為z統計值，*、**、***分別表示在0.1、0.05和0.01的統計水平下顯著。

從表5-17的迴歸結果來看，總體迴歸的Nagelkerke $R^2$為33.7%，除2007年外，其他各年都在30%以上。從所有樣本迴歸結果看，除每股經營現金淨流量的迴歸結果不具有統計顯著性外，其餘各變量的迴歸結果均在1%的水平下具有顯著性。每股經營現金淨流量除2005年和2007年迴歸係數符號為負外，其餘各年均為正，但除2009年在5%的水平下顯著外，其餘各年的迴歸結果均不具有統計顯著性。這說明每股經營現金淨流量的增加總體會促使企業分配，但效果很不顯著。進一步表明經營現金淨流量的多少，甚至企業全部現金淨流量的多少並不是影響企業股利決策的重要因素。

每股收益在各年及所有樣本的迴歸符號都在1%的水平下顯著為正，除

2007年及2009年外，各年的迴歸系數均明顯高於所有樣本的迴歸系數4.849，且都遠高於產權比及每股公積金的迴歸系數，這說明當期的營利是決定企業發放股利與否的最重要的因素。

產權比各年的迴歸系數符號均為負，除2007和2008年外，均在5%的水平下顯著為負。這表明負債的增加會增加企業不分配的可能性，但從各年迴歸系數的絕對值看，該指標對企業分配的影響總體上看是有，但並不大。這可能緣於中國股市的特殊行情，非優序融資現象的存在導致負債並不能對股利分配形成真正的約束。

每股公積金各年的迴歸系數符號均為正，總體樣本的迴歸結果在1%的水平下顯著為正，這表明企業的資金累積水平會減少企業不分配的可能性。但從迴歸系數的絕對值看，僅在大多數年度高於產權比的迴歸結果，說明其影響存在但並不明顯。

企業類型Kind的符號除2009年外，各年迴歸結果都在1%的水平下具有統計顯著性。由於$Dum = \ln \frac{P_i}{(1-P_i)}$，將各自變量的樣本均值代入原方程，當NCFOPS=0.057，DER=-0.085，EPS=4.849，AFPS=0.121時，Kind=1與K=0時的概率差正好為0.640,3。這表明民營上市公司與國有上市公司相比，從不分配到分配的概率上升了0.640,3。這從一定程度上證實，與國有上市公司相比，在業績狀況相同的情況下，民營上市公司更不願意做出不分配股利的決策，或者可以認為它們對不分配可能產生影響的顧忌明顯多於國有上市公司。這表明所有權的性質已成為營利因素外對企業股利分配決策影響極為重要的一個因素。

## 三、派現金額的實證檢驗

為了進一步研究以上各個因素對上市公司現金股利分配的影響程度，我們採用以下迴歸模型2進行分析：

$DIV = \beta_0 + \beta_1 NCFOPS + \beta_2 DER + \beta_3 EPS + \beta_4 AFPS + \beta_5 SIZE + \varepsilon$

式中，DIV為上市公司每股派現金額，既包括單純派現，也含混合股利分

配方式中的每股派現金額；SIZE 為上市公司的規模，以各家上市公司該年度總資產的自然對數表示，其餘各變量的意義同前一模型。將民營上市公司與國有上市公司分兩組進行迴歸，結果如表 5-18 所示：

表 5-18　　　　　　　　　　　模型 2 迴歸結果

| | | 2003 | 2004 | 2005 | 2006 | 2007 | 2008 | 2009 | total |
|---|---|---|---|---|---|---|---|---|---|
| 民營上市公司 | Cons-Tant | -0.344*** | -0.029 | -0.061 | -0.089 | -0.430*** | 0.037 | 0.196* | -0.033 |
| | | (-2.689) | (-0.193) | (-0.495) | (-0.753) | (-3.504) | (0.246) | (1.741) | (-0.659) |
| | NCFOPS | 0.023** | 0.029*** | 0.041*** | 0.025*** | 0.012** | 0.025*** | 0.025*** | 0.025*** |
| | | (2.497) | (2.693) | (5.4) | (2.985) | (2.075) | (2.728) | (3.406) | (8.002) |
| | DER | -0.001 | 0.000 | 0.000 | 0.000 | -0.011** | -0.007 | -0.004 | 0.000 |
| | | (-0.649) | (-0.843) | (0.264) | (-0.062) | (-2.599) | (-1.427) | (-1.204) | (-0.997) |
| | EPS | 0.079*** | 0.097*** | 0.046*** | 0.141*** | 0.053*** | 0.143*** | 0.215*** | 0.107*** |
| | | (6.148) | (6.948) | (5.217) | (9.2) | (4.686) | (9.438) | (16.856) | (22.099) |
| | AFPS | 0.024*** | 0.036*** | 0.027*** | 0.025*** | 0.003 | 0.008* | 0.009* | 0.016*** |
| | | (5.415) | (6.741) | (5.049) | (4.318) | (0.772) | (1.692) | (2.232) | (9.103) |
| | SIZE | 0.017*** | 0.001 | 0.003 | 0.004 | 0.023*** | 0.000 | -0.009* | 0.002 |
| | | (2.677) | (0.176) | (0.507) | (0.745) | (3.794) | (-0.058) | (-1.686) | (0.971) |
| | Adj.-R² | .308 | .290 | .253 | .320 | .146 | .257 | .450 | .258 |
| | N | 196 | 268 | 218 | 335 | 348 | 413 | 469 | 2,247 |
| 國有上市公司 | Cons-Tant | -0.111 | -0.284*** | -0.193** | -0.163** | -0.260*** | -0.225*** | -0.123* | -0.117*** |
| | | (-1.305) | (-3.243) | (-2.28) | (-2.097) | (-2.916) | (-2.777) | (-1.774) | (-4.066) |
| | NCFOPS | 0.006 | 0.002 | -0.002 | -0.001 | 0.005 | 0.005 | 0.011*** | 0.003** |
| | | (0.941) | (0.472) | (-0.3) | (-0.308) | (1.281) | (1.125) | (3.342) | (2.14) |
| | DER | -0.002 | -0.002 | -0.002 | 0.000 | 0.000 | -0.005** | -0.004*** | 0.000 |
| | | (-1.312) | (-1.457) | (-1.239) | (0.271) | (-0.626) | (-2.166) | (-2.387) | (-0.907) |
| | EPS | 0.166*** | 0.158*** | 0.170*** | 0.228*** | 0.150*** | 0.157*** | 0.147*** | 0.164*** |
| | | (12.904) | (13.548) | (13.876) | (17.594) | (11.694) | (15.54) | (16.098) | (38.534) |
| | AFPS | 0.019*** | 0.015*** | 0.009** | 0.006 | 0.008* | 0.005 | 0.007*** | 0.010*** |
| | | (4.698) | (3.566) | (1.979) | (1.45) | (1.966) | (1.107) | (2.01) | (6.32) |
| | SIZE | 0.006 | 0.015*** | 0.011*** | 0.009*** | 0.013*** | 0.012*** | 0.007** | 0.007*** |
| | | (1.482) | (3.64) | (2.694) | (2.381) | (3.13) | (3.162) | (2.029) | (4.97) |
| | Adj.-R² | .348 | .339 | .325 | .413 | .341 | .358 | .446 | .357 |
| | N | 513 | 584 | 588 | 607 | 544 | 631 | 612 | 4,079 |

註：括號內數字為 t 統計值，*、**、*** 分別表示在 0.1、0.05 和 0.01 的統計水平下顯著。

從總體樣本迴歸模型的 Adj.-R² 看，民營上市公司為 25.8%，國有上市

公司為35.7%。國有上市公司各年的 Adj. $-R^2$ 值都在32%以上，而民營上市公司的 Adj. $-R^2$ 值在30%上下波動。除產權比外，各個變量在總樣本迴歸中的符號均符合預期，但企業規模的係數在國企樣本中顯著為正，在民企樣本中卻不顯著。在國企樣本中，企業規模的係數符號除2003年外，均顯著為正，這表明對於國有上市公司，企業規模與其每股派現的金額成顯著的正比關係。而對於民營上市公司，規模與派現的正比關係雖存在，但除2003年和2007年外都並不顯著。這一結果與原紅旗（2004）的實證結果相反，但原紅旗考查的是企業規模對A股上市公司總股利水平的影響，包含了股票股利與轉增股本。兩相對比，筆者推測，這或許說明規模大的公司更傾向於較高的每股派現分紅，而規模相對較小的公司則更傾向於發放股票股利與轉增股本，以迅速擴張公司的規模。因為在原紅旗所選取的樣本年限是1993—2001年，其中1993—1998年，整個A股上市公司發放股票股利的公司比雖在逐年下降，但一直都相對較高。

每股收益的係數符號在兩組比較對象中均顯著為正，民營上市公司總樣本中每股收益的係數為0.107，國有上市公司的這一數據為0.164，均顯著高於其他變量的迴歸係數值，並且在所觀察的7個年度內，其迴歸結果均在1%的統計水平上顯著為正，這表明每股收益是決定企業每股派現值的最關鍵的因素。

在總樣迴歸結果中，每股經營現金淨流量的符號均顯著為正，但對比兩組比較對象，這一指標的差異卻是十分顯著的。民營上市公司各年經營現金淨流量的符號均在5%或1%的統計水平上顯著為正，且在總體迴歸結果中，其係數的絕對值僅低於每股收益。這表明對於民營上市公司，經營現金淨流量是所選擇變量中對企業派現影響僅次於每股收益的指標，即民企的現金股利決策是首先要有利潤，其次得看是否有足夠的現金保證。儘管國有上市公司總樣本迴歸結果也在5%的水平上顯著為正，但其係數卻是除產權比外最低的，並且在所觀察的7個年度內，除了2009年外，各年的迴歸結果均不顯著。這說明從兩組對象的總體樣本迴歸結果看，每股公積金的符號均在1%的統計水平上顯著為正，並且在大多數年度該指標均顯著為正，進一步表明企業的每股經營累積和累計資本公積的多少與企業每股派現的多少成正相關關係。但對兩組不同的研

究對象，它的影響力卻是不同的。在民營上市公司中，每股公積金的係數值排在了每股收益及每股經營現金淨流量之后，而在國有上市公司中，這一指標的影響卻僅次於每股收益。

產權比的總體迴歸係數符號為正，不符合預期。但從分年度結果看，兩組對象中其迴歸結果顯著時符號均為負，各個年度符號正負相間。這與原紅旗（2004）的實證結果類似，表明負債對上市公司派現的影響是不確定的，或者說負債並未對中國上市公司形成任何實質性的影響。

## 四、研究的主要結論

（一）股利政策的選擇趨勢

1. 不分配現象有所緩解

由於 2001 年以來證監會半強制分紅政策的頻布與實施，上市公司不分配現象日益嚴重的現象得到扼制。但從股利分配的總體結構上看，中國上市公司最喜愛的兩種股利分配形式仍是不分配股利及發放現金股利，不同類型的股東對這兩種股利形式的偏好程度又有所不同。非原創型民營上市公司中各年不分配及連續幾年不分配公司的比例都是四類公司中最高的，而原創型民營公司則與之恰恰相反，這兩項比例總體都是四類公司中最低的一個，而且不分配的比例還呈現出逐年下降的趨勢。根據迴歸結果可以判斷，形成這種顯著差異的原因主要有兩點：其一，原創民營上市公司的業績顯著好於非原創（買殼）的民營上市公司。從表 5－16 的獨立樣本檢驗可以看出原創民企的每股收益為 0.340,2，居於四類公司之首，而買殼民企的每股收益僅為 0.143,8，居於四類公司之末。兩者一個顯著高於國有企業的每股收益，另一個卻明顯低於國有企業的每股收益。其二，原創民企具有更多的滿足派現的現金流，首先，優異的業績所帶來的穩定的經營現金淨，而經營現金淨流量是民營上市公司進行股利分配中所考慮的僅次於每股收益的重要因素。其次，原創民企沒有買殼民企上市時所留下的歷史負擔及相應的顧慮和限制，而國有上市公司更不可能有這類上市形成的負擔與限制，這些都造成了不同類型的民營上市公司在不分配決策上處在了四個樣本中的兩個極端。

## 2. 派現的意識被迫加強

與不分配現象緩解相對應的另一現象是 A 股上市公司的派現意識整體有所上升，除買殼民營上市公司外，其餘三類上市公司中各年發放現金股利公司所占比例均高於不分配股利公司的比例，而原創民營上市公司中發放現金股利公司所占比例呈逐年略有上升的趨勢。儘管上市公司的派現意識有所加強，但對做出單獨派現分配政策的上市公司的考察發現，各類上市公司的每股派現額卻驚人地相似，其中位數幾乎都群聚於每股 0.1 元，平均值群聚於每股 0.12～0.14 元。但考察混合股利中的每股派現額，四類上市公司卻拉開了較大的差距。從整個觀察期間來看，發放現金股利公司占其樣本比例及單位派現額最高的是央企，其次是地方上市公司，非原創民營上市公司的這一比例相對最低。筆者分析造成這種現象的主要原因在於，上市公司單獨派現決策的做出多是出於半強制分紅的壓力，為了達到達標線，故單獨派現時的每股派現額顯著群聚。

而做出混合股利決策的上市公司當年都已實現了相應的配股或轉增的目標，半強制分紅的要求對上市公司股利決策的影響不再如此重要。在此情形下，儘管每股收益是影響所有上市公司股利決策的首要因素，央企及地方國企的每股收益也均低於原創民企，但由於國企的每股經營現金淨流量普遍高於民企，且他們基本沒有資金來源的后顧之憂，故其混合股利中單位派現額相對較高，且都高於原創民企。當然，民營上市公司多處於成長發展期，投資擴張的現金需求較國企高也是一個重要原因。

## 3. 股本擴張勢頭不減

儘管股票股利的發放不再像過去那樣受上市公司的追捧，但四類上市公司各年轉增股本公司的比例都明顯高於分配股票股利公司的比例，大有以轉增股本這一分配方式取代一度占據重要位置的股票股利分配方式的趨勢。而民營上市公司股本擴張的程度普遍高於國有上市公司，央企中轉增股本公司比例始終是四類公司中最低的。這可能源於中國資本市場淨公司總股本大小作為衡量其整體實力的一個重要標準，而民營上市公司總股本、流通股本規模偏小，上市後出於自身利益的考慮，有著一種天然的股本擴張的衝動，股本擴張成為民營上市公司重要的發展戰略之一，配送和轉增也成了其實現股本最大化的重要股

利政策。但由於配股與增發是中國上市公司的終極目標，為了兼顧今后的股本擴張需求，不能僅僅配送而不作任何派現，於是含有派現的混合股利政策受到上市公司的普遍追捧，而「送且轉」這一混合股利方式遭到市場的普遍冷遇。

(二) 股利決策的影響因素

　　從迴歸的結果可以看出，儘管不分配上市公司的營利能力及現金流量水平顯著低於分配股利的上市公司，但國有上市公司與民營上市公司在分配股利與否的決策上仍然具有重大差異，民營上市公司總體上更不傾向於作出不分配股利決策。每股經營現金淨流量、每股收益、每股公積金、產權比對企業股利分配分配與否都具有影響，且影響的方向與預期一致。但每股收益的影響最大，其次是企業的類型，其他各變量對企業分配股利與否的決策有一定影響，但影響不大。

　　在影響每股派現比的因素中，每股收益仍是決定企業每股派現高低的最關鍵的因素，而負債水平對國有和民營上市公司現金股利分配的影響總體上均不顯著，且影響的方向也不穩定。這一方面是由中國股市特殊的逆優序融資偏好造成的，另一方面在於中國的上市公司，甚至包括民營上市公司，基本上都沒有面臨真正的融資困境。因為中國的上市公司基本都是各級政府支持的重點企業，而銀行大多又是典型的國有企業銀行，其信貸決策將不可避免地受到行政干預，無法對上市公司公正地履行評價與監督職能。這就使得上市公司在經營順利時適當分紅以爭取配股增發獲取資金，在經營不利時便可通過政治關係獲取銀行貸款，負債的高低自然不可能對企業的現金分紅造成任何實質性的影響。

　　每股經營現金淨流量、每股公積金及企業規模這三個因素對企業派現高低都有影響，但影響的程度卻視企業所有權不同而有較大的差異。對於民營上市公司，除了每股收益外，對企業每股派現額影響較大的因素依次為每股經營現金淨流量、每股公積金。企業規模與民企的每股派現成正比關係，即規模大的公司更傾向於較高的每股派現分紅，而規模相對較小的公司則更傾向於發放股票股利與轉增股本，以擴張公司的總股本。在大多數年度中，這種正比關係在5%的統計水平下並不顯著。而規模對國有上市公司派現影響在絕大多數年度內都在1%的統計水平上具有顯著的正比關係。在國有上市公司中，對其每股派

現額有影響的因素按重要程度排序依次是：每股收益、每股公積金、規模與每股經營現金淨流量。其中每股經營現金淨流量雖和國有上市公司的現金分紅成正比關係，但這種關係僅在總樣本中和一個年度中表現顯著，其餘年度在5%的統計水平上均無顯著性。即每股經營現金淨流量對民營上市公司的派現是第二重要的影響因素，而對於國有上市公司的派現影響卻並不重大。每股經營現金淨流量與企業規模對兩類不同上市公司影響程度的差異較大，這一現象再次證明了所有權的性質已成為營利因素外影響企業股利分配決策極為重要的一個因素。每股公積金對企業派現的影響力在民企與國企中分別居於第三與第二位，這從一定程度上證實了 Varouj, Laurence, Sean（1999）的研究結論：「發展中國家公司當前支付的股利更依賴於當前收益，而不是過去的股利。」

## 主要參考文獻

【1】AMBARISH, RAMASSASTRY, KOSE JOHN, JOSEPH WILLAMS. Efficient Signaling with Dividends and Investments [J]. Journal of Finance, 2000, 55 (6): 2499 - 2536.

【2】BRENNAN, MICHAEL J., ANJAN V. THAKOR. Shareholer Preferences and Dividend Policy [J]. Journal of Finance, 1990, 45 (4): 993 - 1019.

【3】BLUME, MARSHAL E., JEAN CROCKETT, IRWIN FRIEND. Stock Ownership in the United States: Characteristics and Trends [M]. Survey of Current Business, 1974: 16 - 44.

【4】BRICKLEY J. A. Shareholder Wealth, Information Signaling and the Specially Designated Dividend [J]. Journal of Financial Economics, 1983, 12: 187 - 209.

【5】CLAESSENS S., DJANKOV, S., LANG L. H. P. Separation Corporations of Ownership, The Control in Fast Asian [J]. Journal of Financial Economics, 2000, 58: 81 - 11.

【6】CLAESSENS S., DJANKOV, S., JOSEPH, P. H. F., LANG, L. HP. Large Disentangling the Incentive and Entrenchment Effects Shareholdings [J].

Journal of Finance, 2002, 57: 274-2771.

[7] CAI JUN. The Long-Run Performance Following Japanese Rights Issues [J]. Applied Financial Economics, 1998, 8 (4): 419-434.

[8] FACCIO M., LANG L. H. P. The Ultimate Ownership of Western European Corporations [J]. Journal of FinancialEconomics, 2002, 65: 365-395.

[9] FARRAR D., SELWYN, L. TAXES. Corporate Financial Policy and Return to Investors [J]. National Taxes Journal, 1967: 444-454.

[10] DEANGELO H., M. RONALD. Leverage and Dividend Irrelevancy Under Corporate and Personal Taxation [J]. Journal of Finance, 1980, 35 (2): 236-356.

[11] GRUNY, BRUCE. Trading Volume and Stock Returns Around Ex-dividend Dates [M]. Chicago University of Chicago, 1985.

[12] JENSEN M. C., MECKLING W. H. Theory of the firm: Managerial behavior, agency cost, and capital structure [J]. Journal of Financial Economics, 1976, 3: 305-360.

[13] LOUGHRAN T., J. R. Ritter. The New Issues Puzzle [J]. Journal of Finance, 1995, 50 (4): 23-52.

[14] JENSEN M. C. Agency Costs of Free Cash Flow, Corporate Finance and Takeovers [J]. American EconomicReview, 1986, 76: 323-329.

[15] JOHN K., LANG L. H. P. Insider tradinground dividend announcements: Theory and evidence [J]. Journal of Finance, 1991, 46: 1361-1389.

[16] JOHN G. Matsusaka, Corporate Diversification, Value Maximization, and Organizational Capabilities [J]. Journal of Business, 2001, 74.

[17] LA PORTA R., LOPEZ-DE-SILANES F., SHLEIFER A. Corporate Ownership around in the World [J]. Journal ofFinance, 1999, 54: 471-517.

[18] LINTNER J. Distribution of incomes of corporations among dividends, retained earnings, and taxes [J]. American Economic Review, 1956,

46: 97-113.

【19】MILLER M. H., F. MODIGLIAN. I. Dividend Policy, Growth and the Valuation of Shares [J]. Journal of Business, 1961, 34: 411-433.

【20】LAKONISHOK J., B. LEV. Stock Splits and Stock Dividends: Why, Who, and When [J]. The Journal of Finance, 1987, 9: 913-932.

【21】LLOYD W. P., JAHERA J. S., PAGE, D. E. Agency costs and dividend payout ratios [J]. Quarterly Journal of Business and Economics, 1985, 24: 97-113.

【22】SUN Q., TONG W. H. S. China Issue Privatization: The Extent of Its Success [J]. Journal of Financial Economics, 2003, 70: 183-222.

【23】SHLEIFER, ANDREI, ROBERT W VISHNY. Politicians and Firms [J]. Quarterly Journal of Economics, 1994, 109 (4): 995—1025.

【24】SHEFRIN, HERSH M., MEIR STATEMAN. Explaining Investor Preference for Cash Dividends [J]. Journal of Financial Economics, 1984, 13 (2): 253-282.

【25】THALER R., KAHNEMAN D. The Framing of Decisions and the Psychology of Choice [J]. Science, 1981, 211: 453-458.

【26】THALER, RICHARD H., HERSH M. SHEFRIN. An Economic Theory of Self-Control [J]. Journal of Political Economics, 1981, 89 (2): 392-406.

【27】TIAN, LIHUI. Government Shareholding and the Value of China Modern Firms, Institute of Finance and Accounting at the London Business School [J]. Working Paper No, 2000: 319.

【28】WILLAMSM, JOSEPH. Efficient Signaling with Dividends, Investment, and Stock Repurchases [J]. Journal of Finance, 1988, 43 (3): 737-747.

【29】LIAN ZHOU, HONGBIN LI, WEIYING ZHANG. Ownership, Efficiency, and Firm Survival in Economic Transition: Evidence from a Chinese Science Park [J]. workingpaper, 2005.

【30】步淑段,等.上市公司股利分配質量研究[J].財會通訊,2009(26).

【31】陳信元,等.公司治理與現金股利:基於佛山照明的案例研究[J].管理世界,2003(8).

【32】陳曉,等.中國上市公司首次股利信號傳遞效應的實證研究[J].經濟科學,1998(5).

【33】干勝道.由央企分紅引發的思考[J].財務與會計,2007(9).

【34】干勝道,韓雪松.對中國大型國有企業收益分配機制再造的探討[J].財會研究,1999(3).

【35】李常青,魏志華,吳世農.半強制分紅政策的市場反應研究[J].經濟研究,2010(3).

【36】藍發欽.中國上市公司股利政策論[M].北京:經濟科學出版社,2001.

【37】廖理,方芳.股利政策代理理論的實證檢驗[J].南開管理評論,2005(5).

【38】羅宏.上市公司現金股利政策與公司治理研究[D].廣州:暨南大學,2006.

【39】雷光勇,劉慧龍.市場化進程、最終控製人性質與現金股利行為——來自中國A股公司的經驗證據[J].管理世界,2007(7).

【40】劉淑蓮,胡燕鴻.中國上市公司現金分紅實證研究[J].會計研究,2003(4).

【41】呂長江,王克敏.上市公司資本結構、股利分配及管理股權比例相互作用機制研究[J].會計研究,2002(3).

【42】呂長江,韓慧博.股利分配傾向研究[J].經濟科學,2001(6).

【43】馬曙光,黃志忠,薛雲奎.股權分置、資金侵占與上市公司現金股利政策[J].會計研究,2005(9).

【44】任啟哲,李婉麗,賈鋼.上市公司超額派現的利益轉移功能解析[J].開發研究,2008(5).

【45】宋玉，李卓．最終控制人特徵與上市公司現金股利政策［J］．審計與經濟研究，2007（5）．

【46】宋福鐵，屈文洲．基於企業生命週期理論的現金股利分配實證研究［J］．中國工業經濟，2010（2）．

【47】孫小文，於笑坤．上市公司股利政策信號傳遞效應的實證分析［J］．管理世界，2003（6）．

【48】王茜，張鳴．基於經濟波動的控股股東與股利政策關係研究——來自中國證券市場的經驗證據［J］．財經研究，2009（12）．

【49】王維祝，孫豔香．中小板股權特徵與公司股利政策關係的實證研究［J］．山東財政學院學報，2010（3）．

【50】王曼舒，齊寅峰．股利政策由誰決定及其選擇動因——基於中國非國有上市公司的問卷調查分析［J］．金融研究，2006（1）．

【51】魏剛．非對稱信息下的股利政策［J］．經濟科學，2000（2）．

【52】魏剛．中國上市公司股利分配的實證研究［J］．經濟研究，1998（6）．

【53】伍利娜，高強，彭燕．中國上市公司「異常高派現」影響因素研究［J］．經濟研究，2003（2）．

【54】肖星．中國上市公司現金股利決策研究［D］．北京：清華大學，2003．

【55】徐治國．民營上市公司現金股利分配問題研究——基於所有權結構的一個Logistic分析［J］．中國管理信息化，2008（05）．

【56】閻大穎．中國上市公司控股股東價值取向對股利政策影響的實證研究［J］．南開經濟研究，2004（6）．

【57】楊漢明．西方企業股利政策文獻評述［J］．中南財經政法大學學報，2007（2）．

【58】楊淑娥，等．中國股利政策影響因素的實證分析［J］．會計研究，2000（2）．

【59】應展宇．股權分裂、激勵問題與股利政策——中國股利之謎及其成因

分析 [J]. 管理世界, 2004 (7).

【60】原紅旗. 中國上市公司股利政策分析 [M]. 北京: 中國財政經濟出版社, 2004.

【61】趙春光, 等. 股利政策: 選擇動因——來自中國證券市場的實證證據 [J]. 財經研究, 2001 (2).

【62】鄒敦華. 民營上市公司的股利分配政策及其改進建議 [J]. 經濟師, 2007 (5).

# 第六章　股東特質與上市公司扭虧

## 第一節　引言

　　現有的關於股東異質性研究的文獻主要集中在分析上市公司的各類股東在產權關係與配置、持股動機、股權的行使方式與效果、代理方式以及行為方式等方面的差異，多數學者的研究認為異質性股東對上市公司的股權制衡力度和公司治理方式等存在較大差異，從而導致不同的股東性質（特別是不同類型的控股股東）對公司業績的影響會有所不同。許小年和王燕（1999）以市值與帳面價值之比、股權回報率和資產回報率衡量公司業績，檢驗了所有權集中度、國有股、法人股和個人股東與公司業績之間的關係。研究結果表明，股權集中度與企業效益正相關，法人股所占比重對公司業績有顯著的正面影響，國家股所占比重越高勞動生產率越低。施東輝（2000）研究了中國上市公司的股權結構和績效，發現法人控股公司的績效劣於以社會法人為主要股東的分散持有型公司，而好於國有控股的公司。杜瑩、劉立國（2002）研究表明國家股比例與公司績效顯著負相關，法人股比例與公司績效顯著正相關，流通股比例與公司績效不存在顯著相關性。陳小悅和徐曉東（2001）研究證明國有股（文中僅指國家股，不包括國有法人股）比例和法人股比例與企業業績之間的相關關係不顯著。孫廉和威爾勝（Wilson H. S. Tong，2003）發現外資股與公司績效負相關、法人股與公司績效正相關。劉芍佳、孫霈、劉乃全（2003）應用終極產權論（The Principle of Ultimate Ownership）對中國上市公司的控股主體重新進行分類。結果發現，政府間接控製的上市公司在年利潤、淨資產利潤率、投資資本的經濟增值率、銷售增長等四項績效指標上顯著優於政府直接控股的公司，投資管

理公司控股的上市公司的績效顯著低於實業公司控股的上市公司，由專業化經營的實業公司作為控股的上市公司的績效顯著優於由多元化經營的大型企業作為控股的上市公司。賓國強、舒元（2003）研究發現公司的績效與非流通股（國家股、法人股）比例呈顯著的 U 形關係，非流通股獨大或獨小並沒有對公司績效產生不利影響。朱明秀（2005）的研究表明國有法人股比例、國有股比例、流通股比例與公司績效顯著負相關，境內法人股比例與公司績效顯著正相關。李平生、史煜筠（2006）研究表明第一大股東為國有股（包括國家股和國家法人股）的上市公司的績效顯著高於第一大股東為非國有法人股的上市公司。張曉倩、張習鵬（2006）的研究表明不同性質外部大股東的制衡作用效果有明顯差別，國有股和境內法人股性質的外部大股東的存在對公司價值有負面影響，沒能真正發揮對控股股東的監督和制衡作用；而當外部大股東為社會公眾股東時制衡作用的正面效果顯著，自然人和機構投資者在股權制衡中發揮著積極的作用。王鵬、秦宛順（2006）從最終控製人的角度研究了不同類型的控股股東其控製權和分離水平對公司績效的影響。他們發現，控製權與公司績效負相關，體現出「侵占效應」；分離水平對公司績效總體影響為負，但對不同控股類型有不同的體現。其中，對高校和中央控股的上市公司負向影響較大，對私人和地方國有控股的上市公司負向影響較小。徐莉萍、辛宇和陳工孟（2006）通過追溯中國上市公司控股股東的實際控製人和股權性質，將中國的上市公司分為四組：國有資產管理機構控股的上市公司、中央直屬國有企業控股的上市公司、地方所屬國有企業控股的上市公司和私有產權控股的上市公司。他們發現：不同的國有產權行使主體對上市公司經營績效的影響有明顯的不同。國有企業控股的上市公司要比國有資產管理機構控股的上市公司有更好的績效表現，中央直屬國有企業控股的上市公司要比地方所屬國有企業控股的上市公司有更好的績效表現，私有產權控股的上市公司的績效表現僅僅與一般水平的國有產權控股的上市公司的績效表現相當。韓亮亮（2007）的研究表明，在競爭程度低的行業中，第一大股東持股比例與公司績效相關性較弱，當第一大股東是國有股股東時，公司績效較高。張宏（2009）通過單因素分析和多元線性迴歸分析相結合的方法考察到不同類型的國有上市公司的業績不存在顯著差別。

## 第六章　股東特質與上市公司扭虧

考慮到近年來中國上市公司發生虧損的比例逐漸增長，虧損的幅度也較以前有所增大，如何能夠使得虧損的上市公司盡快扭虧為盈，以保住其上市資格和可持續地發展成為許多公司日益關心和重視的問題。本章將研究重點放在了探討虧損上市公司的各類異質性股東是如何影響其扭虧動機和扭虧程度上，主要從異質性股東對上市公司扭虧效果的影響上進行了深入分析。在現有的國內研究文獻中，僅有戴德明、鄧璠（2007）首次較為系統全面地對虧損上市公司經營業績改善的措施進行了研究，並分析比較了各類措施的有效性。結果發現經營戰略變更和財務籌劃措施都是較為有效的措施，它們對虧損公司的經營業績有積極的影響，對公司的市場價值也有一定的有利影響。而且，他們的研究也說明了將經營戰略變更和其他措施結合使用能有效地改善經營業績，但他們的研究選取的都是1998—2002年首次發生虧損的上市公司樣本。事實上，截至2010年，在中國發生虧損的上市公司中，除了首次發生虧損的上市公司之外，更多上市公司的虧損是多次發生的，具體包括連續多次發生虧損和間斷多次發生虧損兩種情形。從本章收集的2005年度發生虧損的277家上市公司樣本來看，首次發生虧損的上市公司有87家，而發生多次虧損的上市公司有190家，占到全年度虧損樣本公司的68.59%，這表明上市公司發生多次虧損的情形比首次虧損的情形更為普遍；而戴德明、鄧璠（2007）的研究主要針對的是首次發生虧損的上市公司而進行的。顯然，其研究結論和政策建議對上市公司發生的多次虧損（包括連續多次發生虧損和間斷多次發生虧損兩種情形）及這類虧損更為嚴重、扭虧難度更大的情形並不一定適用。本章的研究主要是以2005年發生虧損的上市公司為樣本對象，這裡既包括首次發生的虧損的87家上市公司，也包括多次發生虧損的190家上市公司，重點探討上市公司的控股股東特質（這裡指產權屬性是國有還是私有）對虧損上市公司的扭虧動機和扭虧途徑選擇的影響。本章的研究發現：在扭虧為盈的虧損上市公司中，國有產權屬性的虧損上市公司在內部扭虧途徑中比私有產權屬性的虧損上市公司更傾向於使用擴員、增加無形資產、高管變更、削減成本等具體措施；在外部扭虧途徑中比私有產權屬性的虧損上市公司更傾向於使用稅收減免、資產置換、擔保、資產出售與轉讓、補貼收入及債務重組等具體措施。在同等條件下，無論是國有

產權屬性的上市公司還是私有產權屬性的上市公司，當它們發生虧損時，公司的管理層都存在相同程度的扭虧動機，但是，私有產權屬性的虧損上市公司在虧損以后發生的扭虧程度明顯高於國有產權屬性的虧損上市公司。

## 第二節　國內外研究綜述

### 一、股東特質與企業業績或效率文獻綜述

（一）公司治理效率與控股股東類型的關係研究

貝特朗等（Bertrand et a.1, 2002）發現了印度金字塔式企業集團的利益輸送行為，大股東主要通過資產轉移來掠奪小股東利益。杜爾涅夫和吉姆（Durnev, Kim, 2005）研究發現，不同性質控股股東的激勵機制不同，國有產權的不可轉讓性致使其交易成本很高，因而控股股東更有動機去侵占上市公司的利益，侵占中小股東的利益。相對而言，私有產權的可轉讓性較好地解決了所有者和管理層之間的代理問題，可以保證外部股東對控股股東的有效監管，降低交易成本，從而減少大股東的利益侵占行為。馬曉芳（2007）按照經濟性質將股東分為：控股股東、流動股東以及員工股東。其中，控股股東也有很多類型，每種類型有獨特性質。每種類型股東在投資目的、持股穩定性以及決策參與積極性上都有自身特點，因此對待會計監管就存在不同動力、慾望以及方式。控股股東會選擇直接參與監督；流動性股東會選擇查閱相關會議記錄，對財務會計報表進行監督；職工股東會根據自身特點，採用多種方式進行參與。中山大學管理學院課題組（2008）研究了非上市公司的控股股東性質與公司治理結構之間的經驗關係，研究發現私有產權控股的非上市公司，其治理結構明顯好於國有產權控股的非上市公司；但在國有控股的非上市公司中，國有企業控股的與國有資產管理機構控股的相比，二者在公司治理結構方面不存在明顯差異。李先瑞（2009）認為中國上市公司治理的核心問題是基於股權高度集中而產生的大股東控製問題，大股東的存在導致了大股東與中小股東之間存在嚴重的利益衝突，股東之間存在著異質性，大股東利用對公司的高度控制，具有侵占中

小股東利益的機會主義動機。大股東侵占中小股東利益的手段多種多樣，在中國比較典型的手段包括大股東直接占用上市公司資金、利用各種非公允的關聯交易對上市公司進行「掏空」、上市公司通過高額派現對大股東進行利益輸送等。因此，公司治理理論的研究應立足於中國公司治理的現實問題——基於股東異質性而產生的大股東與中小股東利益衝突的角度進行更為廣泛和深入的研究。

(二) 公司業績與第一大股東類型的關係研究

許小年和王燕（1999）以市值與帳面價值之比、股權回報率和資產回報率衡量公司業績，檢驗了所有權集中度、國有股、法人股和個人股東與公司業績之間的關係。研究結果表明，股權集中度與企業效益正相關，法人股所占比重對公司業績有顯著的正面影響，國家股所占比重越高，勞動生產率越低。施東輝（2000）研究了中國上市公司的股權結構和績效，發現法人控股公司的績效劣於以社會法人為主要股東的分散持有型公司，而好於國有控股的公司。杜瑩、劉立國（2002）研究表明國家股比例與公司績效顯著負相關，法人股比例與公司績效顯著正相關，流通股比例與公司績效不存在顯著相關性。陳小悅和徐曉東（2001）研究證明國有股（文中僅指國家股，不包括國有法人股）比例和法人股比例與企業業績之間的相關關係不顯著。孫廉和威爾勝（2003）發現外資股與公司績效負相關，法人股與公司績效正相關。劉芍佳、孫霈、劉乃全（2003）應用終極產權論對中國上市公司的控股主體重新進行分類，結果發現，政府間接控製的上市公司在年利潤、淨資產利潤率、投資資本的經濟增值率、銷售增長四項績效指標上顯著優於政府直接控股的公司，投資管理公司控股的上市公司的績效顯著低於實業公司控股的上市公司，由專業化經營的實業公司作為控股的上市公司的績效顯著優於由多元化經營的大型企業作為控股的上市公司。賓國強、舒元（2003）研究發現公司的績效與非流通股（國家股、法人股）比例呈顯著的 U 形關係，非流通股獨大或獨小並沒有對公司績效產生不利影響。朱明秀（2005）的研究表明，國有法人股比例、國有股比例、流通股比例與公司績效顯著負相關，境內法人股比例與公司績效顯著正相關。李平生、史煜筠（2006）研究表明第一大股東為國有股（包括國家股和國家法人股）的

上市公司的績效顯著高於第一大股東為非國有法人股的上市公司。張曉倩、張習鵬（2006）的研究表明不同性質外部大股東的制衡作用效果有明顯差別，國有股和境內法人股性質的外部大股東的存在對公司價值有負面影響，沒能真正發揮對控股股東的監督和制衡作用；而當外部大股東為社會公眾股東時制衡作用的正面效果顯著，自然人和機構投資者在股權制衡中發揮著積極的作用。王鵬、秦宛順（2006）從最終控製人的角度研究了不同類型的控股股東其控製權和分離水平對公司績效的影響，他們發現，控製權與公司績效負相關，體現出「侵占效應」；分離水平對公司績效總體影響為負，但對不同控股類型有不同的體現，其中，對高校和中央控股的上市公司負向影響較大，對私人和地方國有控股的上市公司負向影響較小。徐莉萍、辛宇和陳工孟（2006）通過追溯中國上市公司控股股東的實際控製人和股權性質，將中國的上市公司分為四組：國有資產管理機構控股的上市公司、中央直屬國有企業控股的上市公司、地方所屬國有企業控股的上市公司和私有產權控股的上市公司。他們發現：不同的國有產權行使主體對上市公司經營績效的影響有明顯的不同。國有企業控股的上市公司要比國有資產管理機構控股的上市公司有更好的績效表現，中央直屬國有企業控股的上市公司要比地方所屬國有企業控股的上市公司有更好的績效表現，私有產權控股的上市公司的績效表現僅僅與一般水平的國有產權控股的上市公司的績效表現相當。韓亮亮（2007）研究表明在競爭程度低的行業中，第一大股東持股比例與公司績效相關性較弱，當第一大股東是國有股股東時，公司績效較高。張宏（2009）通過單因素分析和多元線性迴歸分析相結合的方法考察到不同類型的國有上市公司的業績不存在顯著差別。

3. 公司價值與控股股東類型的關係研究

施萊費爾和維什尼（Shleifer, Vishny, 1997）比較了世界各主要資本市場上市公司的股權結構，發現在大股東有效控製公司的同時，他們更傾向於利用控製權侵占中小股東利益，攫取控製權的私人收益。孫永祥、黃祖輝（1999）認為公司價值是第一大股東持股比例的二次函數，隨著第一大股東持股比例的增加，公司的 Tobin's Q 值先是上升，該比例到50%左右 Tobin's Q 值開始下降。雅亞提・薩卡爾、蘇布拉塔・薩卡爾、莫里和帕尤斯特（Jayati Sarkar, Subrata

Sarkar，Maury，Pajuste，2005）研究發現參與公司股權制衡的股東類型會影響公司價值。陳小悅、徐曉東（2001）的研究表明，在非保護性行業，企業業績是第一大股東持股比例的增函數，但在保護性行業並不存在這種關係。在隨后的研究中他們又發現，非國家股股東公司在經營上更靈活，具有更高的營利能力和企業價值，對於不同性質的公司，第一大股東變更基本上都帶來了正面影響。拉·帕塔等（La Porta et al.，2002）利用模型分析也得出了同樣的結論。在中小股東利益保護薄弱的國家，少數股東利益將受到控股股東的侵占。杰森（Johnson，2000）採用了「隧道」（Tunneling）一詞來描述控股股東轉移企業資源的行為，主要表現為隨意占用上市公司資金、利用上市公司為其提供債務擔保、非正常價格的關聯交易等。拉·帕塔（La Porta，1999）和克萊森斯（Claessens，2002）認為，世界上多數國家的公司代理問題是控股股東掠奪中小股東的問題，而高管與外部股東間的委託—代理問題反而居於次要地位。陳信元和汪輝（2004）指出股權性質會影響固定制衡的效果，通過比較發現第二大股東的性質為法人股的公司比為國家股的公司能起到更好的監督作用。余明桂和夏新平（2004）發現，控股股東確實能夠借助關聯交易轉移公司資源、侵占小股東利益。吳剛、劉丹（2008）借鑑 La Porta（1999）的方法，首先將公司以 30% 的股權比例為分界點分為分散持有（無控股股東）和控股股東控製兩類，然后將控股股東公司又以 50% 的股權比例為分界點，有控股股東控製的公司細分為相對持股和絕對控股兩類，同時，按照公司終極控製人類別將公司分為政府控股、家族控股和其他控股（包括集體、外資）三類。他們分析了不同股權類型下公司價值與控股股東所持股權比例之間的關係，認為當政府控股時，公司價值與控股比例存在左高右低的 U 型曲線關係；私人控股時，公司價值與控股比例存在橫 S 型曲線關係。上市公司的數據檢驗結果顯示：無論政府相對控股還是絕對控股對公司價值都沒有顯著差異，家族相對控股比絕對控股更有利於公司價值的提升，而其他類型控股者在居於絕對控股地位後會更加關注控製權的共享收益而非剝奪其余股東的利益。

此外，王斌、何林渠（2008）從終極控製人性質角度入手，研究了控股股東性質差異與剝奪行為間的關係，研究發現國有控股上市公司中，控股股東背

景的董事比例與剝奪行為發生概率成正相關，股權集中度並不是影響剝奪行為是否發生的顯著因素；在民營控股上市公司中，剝奪行為發生的概率與控股層級正相關、與兩權分離度負相關。

## 二、扭虧途徑研究述評

現有的關於公司扭虧途徑研究的文獻認為，要使上市公司盡快扭虧為盈，公司管理層可能利用會計政策變更、資產重組、債務重組、關聯方交易、出售殼資源、高管變更、政府挽救等途徑去改善虧損公司的經營業績。

（一）利用會計政策變更扭虧

《企業會計制度》規定會計政策、會計估計變更（簡稱會計政策變更）的核算辦法，其本意是為更好地規範上市公司信息披露制度。但是卻被一些企業濫用成為中國上市公司盈餘管理的常用方法。尤其是對虧損上市公司而言，這些公司在正常經營狀態下無法扭虧，迫於各種壓力，為了達到上市配股資格、增發新股、保牌等目的，操縱利潤實現扭虧，變更會計政策無疑是一種合理、合法、低成本、高效益的穩妥方法。大量的實證研究結果表明，虧損上市公司在扭虧當年通過正常經營實現扭虧無望時，經過權衡各種扭虧方法的成本，以低成本高效益作為標準，最終使得這些虧損上市公司選擇利用變更會計政策。具體而言，虧損上市公司常用的會計估計及會計政策有：固定資產折舊政策，其中包括固定資產的折舊方法、折舊年限、淨殘值率的選擇；存貨政策，其中包括存貨的收發計量，存貨跌價計提減值準備方法；壞帳政策，其中包括壞帳計提方法，計提比例設計。趙選民（2006）的研究表明，不同虧損時間的上市公司在扭虧當年，利用固定資產折舊、存貨、壞帳政策盈餘管理的比例是不同的。他們發現，虧損時間越長，虧損程度就越深，變更會計政策的頻率或者比例就越大。儘管利用會計政策變更可以緩解上市公司的虧損，但這種扭虧並非實質性地轉變公司的經營狀態，而且當期的虧損很可能被轉嫁到以後年度，仍然會引起以後年度的帳面損失。因此，他認為該種扭虧的措施並不可取。

（二）對虧損公司實施資產重組

虧損上市公司大多存在資產質量較差、營利能力較弱、債務負擔過重的問

題，因此要想全部依靠公司自身的努力實現扭虧來走出經營困境顯然是不現實的。正確的方法是，引入戰略股東，注入一些具有發展前景的優質資產，促使虧損上市公司盡快進行實質性的資產重組以擺脫困境。事實證明，為了擺脫困境，許多虧損的上市公司在地方政府和控股公司的支持和策劃下，找到了一條出路——重組。最初的重組主要是資產重組，是1995年前后由上海市一些經營狀況不佳的上市公司提出來的。從那時起，中國上市公司掀起了重組熱，且有愈演愈烈之勢。上市公司重組的方式主要有：資產置換、資產出售、兼併和收購、託管經營和控製權有償轉移等。據統計，上市公司的重組事件在1997年發生405起，1998年有657起，1999年升至1110起，到了2000年，僅10月和11月，公告資產置換和資產轉讓的公司就超過120家。客觀地說，作為實現資源優化配置的一種手段，重組確實使一些上市公司的資產結構趨於合理，資產質量得到提高，經營狀況得以改善。如申能股份（600642）作為一家公用企業，上市之初存在許多非經營性和非電力項目資產。1997年6月申能股份將其持有50%以上權益的5家非電力企業出售給申能集團公司；與此同時，申能集團公司把下屬的崇明電力公司的資產注入申能股份。此舉使申能股份的主營業務更加突出，資產利用率大大提高。

(三) 對虧損公司實施債務重組

由於新債務重組準則規定債務重組利得可以計入當期損益，一些無力清償債務的公司，一旦獲得債務豁免，其收益將直接反應在當期利潤表中，其帳面業績將大幅提升，這為虧損上市公司通過債務重組操縱利潤達到扭虧為盈的目的提供了途徑。為了保住那些連續兩年虧損公司的上市資格，債權人也可能會與上市公司聯手操縱利潤，豁免其債務，使其能確認債務重組收益，達到扭虧為盈的目的。新債務重組準則的實施將會對企業財務報表中列報的經營成果及財務狀況產生重大的影響。為在激烈的競爭環境中得到穩定持續的發展，企業應正確認識新債務重組準則的變化，完善公司治理結構，加快自主創新和技術升級，把企業的可持續發展作為戰略目標。虧損企業應該認識到重組利潤能在其當年的利潤表中反應出來，但是債權人不可能無限制地做出讓步，蒙受經濟損失。同時，如果重組后的企業仍然不能改善自身經營業績，債權人對其償債

能力喪失信心，企業也不可能連續幾次進行債務重組，最終的虧損還是會反應出來，企業就要申請破產、等待清算。因此，在無法完全依賴關聯交易進行表外業務的前提下，上市公司利潤來源的透明度被進一步強化，這對維護中小股民的利益和建立良好的金融市場體制都極為有利，儘管短期內上市公司可以利用債務重組實現會計利潤帳面的扭虧，但長期來看，仍然要依靠公司自身的經營發展，提升自身的競爭能力。因此，債務重組只能是上市公司扭虧為盈的短期化措施，給公司帶來的只能是暫時的盈利。

(四) 出售殼資源來解脫虧損

由於上市公司本身是一種非常稀缺的資源，它享有非上市公司所沒有的獲得低成本的配股資金、擴大社會影響力、二級市場中流通股的增值收益及各種優惠政策等特權，使得上市公司成為眾多非上市公司競相掠奪的「獵物」。為了謀取殼公司的上市資格所帶來的利益，買殼方往往需要通過溢價收購殼公司的不良資產，低價向殼公司注入優質資產來提升殼公司業績。因此，虧損上市公司通過出售殼資源便可獲得溢價收益，從而實現減虧、止虧甚至扭虧為盈，這為虧損上市公司提供了另一條起死回生之路。一個虧損的上市公司，即使其股權資本的價值已經為零，甚至為負數了，作為一個空殼資源，它仍然有可以出賣的價值基礎，這就是其具有的入市權力形成的產權價值，即殼資源價值，這是虧損上市公司最基本的價值。具體而言，它又包括三個基本組成部分：①殼所代表的資產價值，由殼公司的淨資產價值決定，主要是指其清算價值，殼的這部分價值可以通過資產評估來確定。②殼公司的無形資產價值，主要是指在不同購並目標下的相關收益，如殼公司已有的市場份額、殼公司的廣告效應、稅收優惠、殼公司產品的商標價值等。③殼公司所體現的虛擬價值，這種價值是由於企業上市流通股因資源稀缺而產生的，它純粹由市場行為來決定，這種價值對用殼方來說是一種尋租價值。因為殼公司在中國特有的制度背景下，是一種壟斷權利，可以獲得壟斷收益。但是中國證券市場的准入限制使得企業進入證券市場相當困難，企業為獲得這種壟斷收益，便會進行尋租活動，從而產生尋租成本。當尋租成本與利用殼資源取得壟斷收益的成本一致時，這時的尋租成本與直接發行股票的固定成本之和便可視為殼資源的虛擬價值。

第六章　股東特質與上市公司扭虧

(五) 利用關聯方交易來扭虧

　　上市公司的股權通常被多個利益主體所掌控，這種複雜的股權結構使得上市公司與其母公司、子公司及附屬公司、聯營公司之間存在著千絲萬縷的關聯關係，當其經營業績不佳時，這些關係便成為上市公司掩蓋虧損、粉飾利潤的最佳途徑。為盡快扭虧為盈，上市公司可以利用關聯方關係通過虛構業務、虛設交易、轉移定價等方式來操縱利潤，從而使得上市公司實現短期的目標利益最大化。關聯交易是虧損公司進行盈余管理常用的重要手段。當上市公司發生虧損時，可通過與其關聯方之間轉移價格的方式來抬高其收入，進而對利潤、淨利潤產生重大影響。具體而言，關聯交易會給虧損公司帶來以下預期收益：①增收效應。為實現上市公司扭虧為盈、保殼護殼的特殊目的，在關聯企業之間發生的購銷活動，產生這些價值差量會確認為收入，這些收入又會轉化為企業利潤，這就人為地增強了虧損上市公司的獲得能力，從而改善其未來的財務狀況，這也許是被許多投資者看中的賣點。②節稅效應。虧損上市公司可能會通過人為地抬高或降低與其關聯方的交易價格，調節各關聯企業的成本和利潤，以達到減輕其稅負，使上市公司獲取最大經濟利潤的目的。③擴資效應。當上市公司發生虧損時，其控股股東便可通過將其受控的關聯方公司利潤轉移到自己的公司中，從而擴充自己的資本。另外，上市公司在交易過程中獲取的資產和承擔的義務都會改變企業的資產組合，企業資產組合的改變也會使企業的價值發生巨大的變化，這些不僅對企業當期經營收益發生影響，對未來企業的經營情況和生存發展都會產生重要影響。

(六) 實施高管變更來扭虧

　　在以所有權與控製權相分離為特徵的現代公司中，股東與管理者之間是委託代理關係。在公司內部控製上，由於存在內部人控製問題，股東和高管層在利益上存在不相容性，股東為保證投資者最大利益，有積極性和能力對上市公司的代理人即高管層進行監督。當公司績效比同行業差時，管理層就面臨控製權變更問題。一般認為，市場存在一種自動矯正的機制，即更換效率低下的管理者，使管理者與股東的利益保持一致。這種控製機制在投資者看來，當公司發生虧損時表現得尤為突出。一旦公司因經營管理層的失誤而發生虧損，公司的

高管極有可能被控股股東更換，投資者預期這種更換的可能會給虧損公司帶來業績提升的效應，從而為虧損公司創造價值。其原因在於兩個方面：一是被更換的威脅會給現任的高管帶來一些約束和激勵。一個在位的高管可以按契約享受的報酬包括工資、獎金、股權等。因此，主要關心公司長期利益的所有者為了使經營者關心股東利益，盡可能地使用與股東利益相聯繫的長期股權激勵方式，通過使經營者在一定時期內持有股權，可以使他們享受股權的增值收益，也可以使他們在一定程度上共同承擔風險，以防止經營管理者的短期行為，激勵和約束他們注重公司的長期績效。一旦高管面臨被更換的威脅，為避免股東給予自己的激勵薪酬下降，他們會更加努力地去提高公司的長期業績。同時，高管擁有的權利和地位會給他們帶來巨大的激勵力量。作為公司的高層，他們不僅看重自己的經濟收入，而且也有自我實現和社會責任的追求。企業控製權授予與否、授予后控製權的制約程度等可以作為對企業家努力程度和貢獻大小的相應回報。因此，為避免遭受懲罰，當公司面臨虧損時，高管會想方設法努力挽救公司，盡快扭虧為盈，當然這也會增加高管盈余管理的動機，但這些都會使公司短期內業績獲得提升。而且，高管變更決策用終止契約作為約束工具，也會影響到高管的名譽和聲望。如果高管被公司解聘，其在勞動力市場的名譽和聲望就會受到負面影響，對其以后的職業生涯發展會不利。因此，為了避免這些不利影響，現任高管也會有提升公司業績的強烈願望。另外，由於有前任高管作為參照，新任高管會有動力使自己比前任干得更出色。這一方面源自於新任高管的豐富的經驗和更強的能力，另一方面源自於他們內在的成就動機，希望自己在新的環境下有好的業績表現。因此，變更后的新任高管會施展自己的才能盡快使虧損公司能扭虧為盈。因此，無論變更前的現任高管還是變更后的新任高管，都有動力努力去改善和提升公司現有業績，從而使得虧損公司盡快扭虧為盈。

(七) 借助於政府挽救

國有股權屬性的特徵決定了虧損上市公司具有被政府挽救的可能性。當帶有國有股權屬性的上市公司發生虧損時，出於社會責任、政治環境等因素的考慮，政府會通過對其採取減息、免稅、補貼等挽救措施，盡量降低其虧損后帶

來的社會效應。因此，對於國有股權的虧損，上市公司往往可以通過尋求政府挽救而達到止虧、扭虧甚至改頭換面的效果。政府通常會對虧損上市公司實施各種優惠政策，從而產生補貼效應。第一大股東為國有股的上市公司在虧損狀態下，投資者普遍預期政府可能通過減息、補貼等措施對其實施挽救，從而給其絕處逢生的機會，這種預期會對其股價產生影響。胡旭陽、吳秋瑾（2004）通過對153家IPO的公司進行實證研究發現，對於中國虧損上市公司而言，在其發生虧損以前年度，市場投資者預期國有股權形成的經理層擁有控製權的治理模式的代理成本高於非國有股權決定的第一大股東治理模式。進而決定了國有股權屬性的虧損上市公司在虧損以前年度股價低於非國有股權屬性的上市公司；而在虧損當前及以後年度，儘管仍然存在國有股權形成的經理層擁有控製權的治理模式的代理成本高於非國有股權決定的第一大股東治理模式，但是由於國有股權屬性的虧損上市公司存在國家政府通過減息、補貼等措施對其挽救的可能性，市場投資者預期其有絕處逢生的機會，進而決定了國有股權屬性的虧損上市公司在虧損當年及以后年度股價高於非國有股權屬性的虧損上市公司。

## 第三節　股東特質與虧損扭轉實證研究

### 一、研究假設

本章依據控股股東性質對有控股股東的虧損上市公司進行了劃分，分為國有產權屬性的虧損上市公司和私有產權屬性的虧損上市公司兩類，並分析了國有股東和其他股東在虧損偏好程度、扭虧動機和支持程度、扭虧途徑的選擇等方面存在的差異，以及這些差異對國有產權屬性的虧損上市公司和私有產權屬性的虧損上市公司在虧損逆轉的程度上產生的影響。

（一）虧損偏好程度上的差異

在中國，儘管國有產權屬性的上市公司名義上是被國家控製，但由於國有股東主體的虛位，其實際控製權往往在相關的政府部門手中，而國有產權屬性的上市公司的現金流量權被高度分散於全體國民手中［肖利和沃化（Shirley，

Walsh, 2000); 徐莉萍, 等, 2006〕, 這使得掌控上市公司的政府部門並沒有顯著的現金流量權, 從而導致國有控股股東控製權和現金流權的分離。對於虧損上市公司而言, 這種分離會導致兩種效應: 其一是虧損加劇, 由於國有控股股東會為自身利益侵害中小股東利益, 他們的利己行為很可能導致已經處於困境的上市公司雪上加霜, 這體現出國有控股股東對虧損的偏好; 其二是虧損緩解甚至扭虧, 這是因為一方面控製權和現金流權的分離能減少政府對公司經營決策的過多干涉, 使公司績效改善〔希爾菲和維希尼 (Shleifer, Vishny, 1993); 希爾菲 (Shleifer, 1998); 霍爾曼, 等 (Hellman et., 2000)〕; 另一方面由於分離有助於形成公司內部融資市場, 可以有效緩解外部融資壓力, 降低融資成本〔威廉臣 (Williamson, 1985); 斯坦恩 (Stein, 1997)〕, 這體現出國有控股股東對虧損的厭惡。從這兩種效應來看, 國有控股股東對虧損的偏好要視兩種效應孰高孰低而定。相比之下, 其他性質控股股東 (如典型的自然人控股股東) 的控製權和現金流權相對統一, 他們自身的財富往往與他們所掌控的上市公司業績息息相關。因此, 他們當然希望自己所控製的上市公司業績長期向好。從這種意義上看, 其他屬性的控股股東會比國有屬性的控股股東更加厭惡虧損。

(二) 扭虧動機和支持程度上的差異

對於國有控股股東而言, 上述控製權和現金流權的分離, 同樣會導致其在對虧損上市公司的扭虧動機上明顯弱於其他屬性的控股股東。從扭虧支持程度來看, 以政府部門為實際控製人的國有控股股東出於最大化自身部門的利益的考慮, 可能會對上市公司的虧損置之不理, 甚至對其落井下石, 運用轉移價格、由上市公司提供債務擔保、無償占用上市資金等一些不正當的手段「掏空」(Tunneling) 已經處於困境的上市公司, 使得上市公司的扭虧更是難上加難。相比之下, 其他性質的控股股東與虧損上市公司的業績聯繫得更為緊密, 他們可能會通過選擇關聯方交易、資產置換等方式對上市公司進行「支持」(Propping)。儘管這種利益輸送可能只是為其以後進行更多的利益掏空而事先付出的代價〔里亞托和圖爾斯曼 (Riyanto, Toolsema, 2003); 佟岩、程小可, 2007; 吉安和榮 (Jian, Wong, 2007)〕, 是一種暫時的行為, 但起碼會使得虧損上市公司的業績即刻出現好轉, 甚至是扭虧為盈。從這種角度來看, 其他屬性的控

股股東比國有控股股東對虧損上市公司的扭虧支持程度更大。

(三)扭虧途徑選擇上的差異

由於國有控股股東的實體多為政府部門或者是與政府有密切關聯的國有企業，這種國有身分使得該類控股股東對政府有過分依賴的思想，一旦他們控股的上市公司發生虧損，出於對自身利益保護或政績提升的目的，他們可能會首先考慮借助於政府之手這種外部力量去幫助虧損上市公司扭虧，而且他們與政府之間的特殊關係往往使得虧損上市公司優先獲得補貼收入或政策優惠。相比之下，其他控股股東則不存在這種特殊的政府關係，對於上市公司的虧損，他們可能更多地借助於自身的力量，要麼通過內部的管理運作、資本結構調整等內部途徑來扭虧，要麼通過重組、關聯方交易等外部途徑來扭虧。因此，國有控股股東相對於其他控股股東而言，在扭虧途徑的選擇上更傾向於外部力量。

根據上文的分析，提出以下研究假設：

**假設1**：在扭虧為盈的虧損上市公司中，國有產權屬性的虧損上市公司在內部扭虧途徑中比私有產權屬性的虧損上市公司更傾向於使用擴員、增加無形資產、高管變更、削減成本等具體措施。

**假設2**：在扭虧為盈的虧損上市公司中，國有產權屬性的虧損上市公司在外部扭虧途徑中比私有產權屬性的虧損上市公司更傾向於使用稅收減免、資產置換、擔保、資產出售與轉讓、補貼收入及債務重組等具體措施。

**假設3**：在同等條件下，私有產權屬性的上市公司管理層比國有產權屬性的上市公司管理層具有更強烈的扭虧動機。

**假設4**：在同等條件下，私有產權屬性的虧損上市公司進行扭虧的程度明顯高於國有產權屬性的虧損上市公司。

## 二、研究設計

(一)數據選擇

本章選擇2005年發生虧損的277家樣本公司進行實證檢驗。其中，在虧損后的第一年度（2006年度）發生扭虧為盈的有171家，未發生扭虧為盈的有106家。在發生扭虧為盈的虧損上市公司中，國有控股的虧損上市公司有98

家，其他股東控股的虧損上市公司有 73 家。全部樣本中，國有產權屬性的虧損上市公司有 151 家，私有產權屬性的虧損上市公司有 126 家。研究樣本的具體選擇過程如表 6-1 所示。其數據主要來源於銳思金融數據庫（RESSET），部分數據來自於和訊網和金融界網的個股資料。數據處理所用的軟件為 Excel、Spss17.0。

（二）被解釋變量的設計

考慮到中國資本市場的特殊性和張昕（2008）提到季度盈餘預測方法的優越性，以及大多數公司在虧損後的第一季度會有更加明顯的扭虧行為，本章選擇虧損後第一季度資產標準化后的季度盈餘（即資產淨利率，$JROA_{10}$）與虧損當年資產標準化后的年度資產淨利率（即 $ROAA_1$）之差（即 $JROA10 = JROA_1 - ROAA_0$）來表示虧損上市公司在虧損後發生虧損逆轉的程度，該值越大，說明虧損上市公司在虧損以後發生的扭虧程度越大，即扭虧效果越好。

（三）解釋變量的設計

為了反應各類虧損上市公司的控股股東特質，本章設置了以下解釋變量：

GDLB 表示虧損上市公司大股東的產權性質是國有屬性還是私有屬性。在所選的虧損上市公司樣本中，如果控股股東是國有產權屬性，則 GDLB 取值為 1，否則為 0。

表 6-1　　　　　研究樣本的篩選過程（樣本期間：2005 年）

| 觀測年度 | 2005 |
|---|---|
| 全部虧損上市公司年度觀測值 | 312 |
| 剔除： | |
| 　　外資控股的虧損上市公司 | 16 |
| 　　金融保險類虧損上市公司 | 3 |
| 　　數據缺失的虧損上市公司 | 11 |
| 　　數據異常的虧損上市公司 | 5 |
| 　　最終選擇的公司年度樣本量 | 277 |
| 按照是否發生扭虧為盈進行的分組： | |

表6-1(續)

| 觀測年度 | 2005 |
|---|---|
| 未發生扭虧為盈的樣本量 | 106 |
| 發生扭虧為盈的樣本量 | 171 |
| 其中：國有股東控股組 | 98 |
| 其他股東控股組 | 73 |
| 按照控股股東屬性進行的分組： | |
| 國有產權屬性的虧損樣本組 | 151 |
| 私有產權屬性的虧損樣本組 | 126 |

(四) 控制變量的設計

考慮到除大股東性質之外的其他變量也可能對虧損上市公司的扭虧程度產生影響，本章設置了以下一些主要的控制變量：

1. 虧損是否是首次發生的情況對虧損上市公司的扭虧程度的影響

由於虧損狀態的持續性直接決定著公司以后的業績情況，因而各個公司發生虧損的歷史情況在很大程度上會影響到其以后虧損扭轉的可能性。從當年的虧損是否是首次發生來看，首次虧損的公司發生扭轉的概率應該比非首次發生虧損的公司要高。榮斯和普列斯克（Joos，Plesko，2005）的實證研究表明，上市公司過去虧損的頻率和相對程度對公司第二年度發生虧損扭轉的可能性會有重要影響。他們認為，如果上市公司當年虧損是首次發生的，虧損扭轉的可能性較其他非首次發生虧損的公司更大。由此，本章認為當年度首次發生虧損的公司比非首次發生虧損的公司在第二年度發生虧損扭轉的程度更大。這裡引入上市公司是否首次虧損（SHCK）變量，如果上市公司在當年的虧損是首次虧損，則SHCK取值為1，否則為0，並預期首次虧損與否的情況對虧損上市公司的扭虧程度存在正面影響。

2. 公司規模對虧損上市公司的扭虧程度的影響

許多學者都意識到公司規模的大小對公司發生虧損扭轉的可能性和時間存在影響。斯坦恩（Satin，1992）認識到規模大的虧損公司比規模小的虧損公司更容易擺脫財務困境，因而繼續生存的可能性要大些。漢恩（Hayn，1995）的

研究表明，規模大的公司相對於小公司發生虧損的頻率要低得多，因此，其發生虧損扭轉的概率會較高。克雷和馬誇特（Klein, Marquardt, 2005）檢驗了1951—2001年間的50年、涉及259,719個樣本發生會計虧損的會計和非會計原因。小公司多元化程度越小，風險越高，扣除研發支出後的現金流回報負得越多。他們比大規模公司更有可能發生在商業週期期末，而且具備這些特徵的公司在該年度更有可能發生會計虧損。由此，本章預期公司規模對虧損上市公司的扭虧程度有正面影響，並用年末總資產帳面價值的自然對數（SIZE）來衡量。

3. 公司成長性對虧損上市公司的扭虧程度的影響

從公司的發展潛力來看，較高的銷售增長率意味著公司有更多的資金去盈利，這預示著公司發生虧損扭轉可能性會較大。雷布（Rayburn, 1987）通過實證研究發現許多公司的特殊要素（如公司的規模、成長性及債務風險等）會引起虧損公司的股價發生變化。伊斯頓和扎米杰克（Easton, Zmijewski, 1989）以及克林斯和科塔里（Collins, Kothari, 1989）通過經驗數據分析也發現虧損上市公司的扭虧程度與公司成長性之間呈正相關關係。由此，本章預期公司的成長性對虧損上市公司的扭虧程度有正面影響，這裡引入了收入增長變量，並用營業收入增長率（INZJ）來衡量。

4. 公司負債情況對虧損上市公司的扭虧程度的影響

從公司的資本結構來看，公司資產負債率過高，說明公司的償債能力出現了實質性問題，其以后年度發生扭虧的可能性會較小。波普和王榮（Pope, Wang, 2004）、榮斯和普雷克（Joos, Plesko, 2005）的研究表明，公司的債務負擔越重，其發生虧損扭轉的可能性越小。由此，本章預期公司負債情況對虧損上市公司的扭虧程度有負面影響，這裡引入了資產負債率（FZQK）變量來表示公司負債情況，並用虧損當年負債總額除以資產總額來衡量。

5. 公司所處的行業屬性對虧損上市公司的扭虧程度的影響

索吉安尼斯（Sougiannis, 1994）等學者的研究均表明，如電子、制藥等技術密集型虧損公司比其他勞動和資本密集型虧損公司具有更多的投資價值，而且其未來的經營業績與公司的研發支出之間存在關聯性。肖特里奇（Shortridge,

2004）檢驗了制藥行業的研發支出的價值相關性，發現研發支出與公司股票價格正相關，對於那些高研發產出率的公司尤為如此。弗蘭岑（Franzen，2006）發現，對於那些研發密集型虧損公司，負面盈余的經驗模型將其解釋力提高45%，其中負盈余和會計盈余模型的調整系數分別達到32%和22%。考慮到大多數虧損樣本都分別在製造業，本章依據公司是否屬於製造業來設置行業虛擬變量（INDU），以控製行業間的差異對虧損扭轉程度產生的影響，如果屬於製造業，INDU 取值為1，否則為0。

（五）模型的構建

為檢驗虧損上市公司的控股股東特質（產權屬性）對虧損上市公司發生扭虧的程度或效果進行進一步的分析，本章設置了如下的線性迴歸模型：

$$JROA10 = \alpha + \beta_1 GDLB + \beta_2 SHCK + \beta_3 SIZE + \beta_4 INZJ + \beta_5 FZQK + \beta_6 INDU + \varepsilon \tag{1}$$

說明：選擇虧損后第一季度資產標準化后的季度盈余（即資產淨利率，JROA10）與虧損當年資產標準化后的年度資產淨利率（即 ROAA1）之差（即 JROA10 = JROA1 − ROAA0）來表示虧損上市公司在虧損后發生虧損逆轉的程度；GDLB 表示虧損上市公司大股東的產權性質是國有屬性還是私有屬性。在所選的虧損上市公司樣本中，如果控股股東是國有產權屬性的，則 GDLB 取值為1，否則為0；上市公司是否首次虧損（SHCK）變量，如果上市公司在當年的虧損是首次虧損，則 SHCK 取值為1，否則為0；用年末總資產帳面價值的自然對數（SIZE）來衡量公司規模；用營業收入增長率（INZJ）來衡量成長性；用資產負債率（FZQK）變量來表示公司負債情況，依據公司是否屬於製造業來設置行業虛擬變量（INDU），以控製行業間的差異對虧損扭轉程度產生的影響。

## 三、實證分析

（一）樣本公司的扭虧途徑類別與扭虧措施的分佈情況統計

為了對兩類公司在扭虧途徑選擇上進行比較，這裡選擇了2005年發生虧損的277家樣本公司中扭虧為盈的171家公司進行統計分析，表6－2列示了2005年發生虧損，但2006年又扭虧為盈的171家樣本公司的扭虧途徑類別與扭虧措

施的具體分佈情況。

　　從表6-2顯示的統計結果來看，總體而言，所有2005年發生虧損的上市公司在虧損以後都使用了內部扭虧途徑去扭虧，絕大多數（171家虧損樣本中有152家公司使用了外部扭虧途徑）的虧損上市公司在虧損以後也都使用了外部扭虧途徑去扭虧，說明大多數虧損上市公司在虧損以後會同時使用內部扭虧途徑和外部扭虧途徑去扭虧，這可能是出於他們強烈的扭虧動機所致。

　　在內部扭虧途徑中，國有產權屬性的虧損上市公司更多地使用了擴員（占到使用該類措施的虧損樣本的80.95%）、增加無形資產（占到使用該類措施的虧損樣本的75%）、高管變更（占到使用該類措施的虧損樣本的62.75%）、削減成本（占到使用該類措施的虧損樣本的61.48%）四種具體的內部扭虧措施（其所占樣本比例均高於私有產權屬性的虧損上市公司）。而私有產權屬性的虧損上市公司更多地使用了裁員（占到使用該類措施的虧損樣本的56.57%）的內部扭虧措施，而國有產權屬性的虧損上市公司則較少地使用了裁員這一內部扭虧措施。這可能是由於國有產權屬性的虧損上市公司往往肩負著營利性和社會性雙重目標，這使得它們在實現企業價值最大化的同時，往往要兼顧社會貢獻最大化的目標（俞建國，1998）。一旦裁員，勢必引起較高的就業壓力和較多的社會問題，所以，國有產權屬性的虧損上市公司在內部扭虧途徑時更少地考慮了裁員。相反，它們採取了擴員等方面去扭虧，相比之下，私有產權屬性的虧損上市公司則較少地考慮社會責任，它們更多地是從公司價值和自身利益的角度去做出扭虧措施的選擇。在外部扭虧途徑中，國有產權屬性的虧損上市公司更多地使用了稅收減免（占到使用該類措施的虧損樣本的82.35%）、資產置換（占到使用該類措施的虧損樣本的66.67%）、擔保（占到使用該類措施的虧損樣本的63.93%）、補貼收入（占到使用該類措施的虧損樣本的60.00%）、資產出售與轉讓（占到使用該類措施的虧損樣本的59.62%）、債務重組（占到使用該類措施的虧損樣本的59.38%）等具體的外部扭虧措施，相比之下，私有產權屬性的虧損上市公司較少地使用外部扭虧措施去扭虧。這些數據基本證實了前文的假設1和2。

表 6-2　2005 年虧損，2006 年扭虧為盈的 171 家樣本公司扭虧途徑分佈情況

單位：家、%

| 扭虧途徑類別 | 具體扭虧措施 | 公司數 | 國有產權屬性的公司 | 私有產權屬性的公司 | 國有產權屬性的公司占各類公司比例 | 國有產權屬性的公司占全部樣本比例 | 私有產權屬性的公司占全部樣本比例 |
|---|---|---|---|---|---|---|---|
| 內部扭虧 | 「洗大澡」 | 132 | 70 | 62 | 53.03 | 40.94 | 36.26 |
| | 增加固定資產 | 62 | 34 | 28 | 54.84 | 19.88 | 16.37 |
| | 增加無形資產 | 52 | 39 | 13 | 75.00 | 22.81 | 7.60 |
| | 停減股利 | 163 | 93 | 70 | 57.06 | 54.39 | 40.94 |
| | 高管變更 | 153 | 96 | 57 | 62.75 | 56.14 | 33.33 |
| | 削減成本 | 122 | 75 | 47 | 61.48 | 43.86 | 27.49 |
| | 提高營運效率 | 122 | 69 | 53 | 56.56 | 40.35 | 30.99 |
| | 增加銷售收入 | 107 | 62 | 45 | 57.94 | 36.26 | 26.32 |
| | 提高現金回收率 | 106 | 59 | 47 | 55.66 | 34.50 | 27.49 |
| | 裁員 | 99 | 43 | 56 | 43.43 | 25.15 | 32.75 |
| | 擴員 | 63 | 51 | 12 | 80.95 | 29.82 | 7.02 |
| | 合計 | 171 | 98 | 73 | 57.31 | 57.31 | 42.69 |
| 外部扭虧 | 債務重組 | 32 | 19 | 13 | 59.38 | 11.11 | 7.60 |
| | 資產出售與轉讓 | 52 | 31 | 21 | 59.62 | 18.13 | 12.28 |
| | 資產置換 | 21 | 14 | 7 | 66.67 | 8.19 | 4.09 |
| | 補貼收入 | 55 | 33 | 22 | 60.00 | 19.30 | 12.87 |
| | 稅收減免 | 34 | 28 | 6 | 82.35 | 16.37 | 3.51 |
| | 關聯交易 | 152 | 89 | 63 | 58.55 | 52.05 | 36.84 |
| | 發行債券 | 2 | 1 | 1 | 50.00 | 0.58 | 0.58 |
| | 增股配股 | 41 | 22 | 19 | 53.66 | 12.87 | 11.11 |
| | 擔保 | 61 | 39 | 22 | 63.93 | 22.81 | 12.87 |
| | 合計 | 152 | 89 | 63 | 58.55 | 52.05 | 36.84 |
| 總計 | | 171 | 98 | 73 | 57.31 | 57.31 | 42.69 |

註：增加固定資產、增加無形資產、削減成本、提高營運效率、增加銷售收入、提高現金回收率、

發行債券以及增股配股的情況，分別是根據虧損上市公司從 2005—2006 年的固定資產變化、無形資產變化、銷售成本率變化、總資產週轉率變化、營業收入變化、現金回收率變化、應付債券變化以及股本變化等情況來判斷的；裁員和擴員的情況是根據虧損上市公司從 2005—2006 年的職工人數變化來判斷的；高管變動情況是根據 2005—2006 年虧損上市公司董事會、監事會、高管層成員任職變動的情況進行統計的，在變動原因中扣除由於逝世、退休、正常換屆等原因產生的高管變更；是否存在「洗大澡」行為的判斷規則是：在第四季度仍然為虧損的前提下，如果第四季度利潤與前三季度利潤比值超過 1，表明存在明顯「洗大澡」行為嫌疑；停減股利是根據 2006 年是否發放股利的情況來判斷的；債務重組、資產出售與轉讓以及資產置換的情況是根據資產重組的類別情況來判斷的；補貼收入和稅收減免是根據虧損上市公司接受各種補貼收入和稅收減免返回的情況來統計的；關聯交易和擔保是根據虧損上市公司的關聯交易和擔保情況來統計的。由於同一家虧損上市公司可能同時採用幾種不同的扭虧途徑。因此，各項扭虧途徑的公司數目所占樣本的比例加總后並不一定等於 100%，各類別扭虧途徑的公司數目所占樣本的比例加總后也不一定等於 100%。

　　同時注意到，從全部樣本公司來看，國有產權屬性的虧損上市公司使用最多的內部扭虧措施是高管變更（占全樣本的 56.14%），其次是停減股利（占全樣本的 54.39%），使用最少的內部扭虧措施是增加固定資產（僅占全樣本的 19.88%），這說明中國國有產權屬性的虧損上市公司受到國家、地方政府的干預程度相對較高。當公司出現業績下滑時，政府主管部門可能傾向於通過行政手段較為頻繁地更換高管人員，以期通過淘汰機制加大高管人員的激勵程度來改善上市公司的虧損局面。另外，從全部樣本公司來看，國有產權屬性的虧損上市公司使用最多的外部扭虧措施是關聯方交易（占全樣本的 52.05%），其次是擔保和補貼收入（分別占全樣本的 22.81% 和 19.03%），使用最少的外部扭虧措施是發行債券（僅占全樣本的 0.58%）。這與戴德明、鄧璠（2007）的研究結論一致，說明中國大多數虧損上市公司在發生虧損后傾向於利用關聯方交易的手段轉嫁其發生的虧損，以犧牲關聯方企業的利益為代價，確保自身的業績好轉。

　　此外，無論是內部扭虧途徑的各項具體扭虧措施，還是外部扭虧途徑的各項具體扭虧措施（除發行債券之外），國有產權屬性的虧損上市公司所占全樣本的比例均明顯高於私有產權屬性的虧損上市公司，這初步表明國有產權屬性的虧損上市公司比私有產權屬性的虧損上市公司在虧損以后扭虧的積極性更

高些。

(二) 國有產權屬性的虧損上市公司與私有產權屬性的虧損上市公司在扭虧動機上的比較

為檢驗國有產權屬性對虧損上市公司的扭虧動機的影響，本章選擇了2005年發生虧損的151家國有產權屬性的上市公司和發生虧損的126家私有產權屬性的上市公司進行獨立樣本的T檢驗，報告結果如表6-3和表6-4所示。

表6-3　　　國有產權屬性組和私有產權屬性組的統計量結果

|  | GDLB | N | 均值 | 標準差 | 均值的標準誤 |
|---|---|---|---|---|---|
| NKSD | 1.000 | 151.000 | 1.411 | 0.656 | 0.053 |
|  | 0.000 | 126.000 | 1.563 | 0.872 | 0.078 |

表6-4　　　國有產權屬性組和私有產權屬性組的獨立樣本檢驗

|  |  | 方差方程的 Levene 檢驗 |  | 均值方程的 t 檢驗 |  |  |  |  | 差分的95%置信區間 |  |
|---|---|---|---|---|---|---|---|---|---|---|
|  |  | F | Sig. | t | df | Sig.（雙側） | 均值差值 | 標準誤差值 | 下限 | 上限 |
| NKSD | 假設方差相等 | 5.109 | 0.025 | -1.664 | 275.000 | 0.097 | -0.153 | 0.092 | -0.334 | 0.028 |
|  | 假設方差不相等 |  |  | -1.622 | 228.512 | 0.106 | -0.153 | 0.094 | -0.339 | 0.033 |

從表6-3和表6-4報告的結果來看，F=5.109，Sig.=0.025，表明兩獨立樣本總體方差是非齊次的，即兩組方差存在顯著差異，又根據表6-3中顯示的方差不相等時t檢驗結果為：t=-1.622，df=228.512，Sig.=0.106，這表明國有產權屬性的虧損上市公司組和私有產權屬性的虧損上市公司組在扭虧速度上並無顯著差異，說明在同等條件下，兩類虧損上市公司在扭虧動機的強烈程度上並無明顯區別，這就無法證實前文的假設3。究其原因可能是：國有產權屬性的虧損上市公司儘管存在控製權和現金流權的分離，但是作為國有產權主體的政府部門為突出自己的政績，在上市公司發生虧損以後也會產生強烈的扭虧動機。但是，這種扭虧為盈的動機可能是他們為了以後待該上市公司業績好轉時進行更多的利益攫取而事先做的準備。因此，這種動機更有可能是虛假

的扭虧動機。私有產權屬性的虧損上市公司由於同時掌握控製權和現金流權，當上市公司發生虧損后，為了保全自身的財富價值，它們同樣會產生強烈的扭虧動機，而且這種動機應該更為真實。由此，導致國有產權屬性的虧損上市公司和私有產權屬性的虧損上市公司在虧損以后的扭虧速度均值上都接近於一年半的時間，這表明兩類虧損上市公司幾乎都是在虧損后的一年半時間發生虧損逆轉，它們在扭虧動機的強烈程度上並無明顯差異。

　　為確保上述檢驗結果的可靠性，本章還採用非參數檢驗方法對國有產權屬性對虧損上市公司扭虧動機的影響進行檢驗。非參數檢驗使用的是 Mann - Whitney U 檢驗方法，原假設為兩獨立樣本的扭虧動機（這裡用從發生虧損到扭虧為盈的時間間隔來表示）的強烈程度相同，檢驗報告的結果如表6-5所示。

表6-5　　　　　　　　　　Mann - Whitney U 檢驗結果

| | GDLB | N | 秩均值 | 秩和 | Mann - Whitney U | Wilcoxon W | Z | 漸近顯著性（雙側） |
|---|---|---|---|---|---|---|---|---|
| NKSD | 0.000 | 126 | 144.738 | 18,237.000 | 8,790.000 | 20,266.000 | -1.278 | 0.201 |
| | 1.000 | 151 | 134.212 | 20,266.000 | | | | |
| | 總數 | 277 | | | | | | |

　　表6-5報告的結果顯示，國有產權屬性的虧損樣本組的平均秩為144.738，私有產權屬性的虧損樣本組的平均秩為134.212，Mann - Whitney U = 8,790.000，Wilcoxon W = 20,266.000，Z = -1.278，漸近顯著性水平為0.201。因此，接受原假設，即表明兩個獨立樣本組在扭虧動機的強烈程度上並無明顯差異，這與T檢驗的結果相同，進一步證實了國有產權屬性的虧損上市公司與私有產權屬性的虧損上市公司在扭虧動機的強烈程度上相同。

（三）國有產權屬性的虧損上市公司與私有產權屬性的虧損上市公司在扭虧程度上的比較

　　為了檢驗國有產權屬性對虧損上市公司的扭虧程度的影響，本章選擇了2005年發生虧損的151家國有產權屬性的上市公司和發生虧損的126家私有產權屬性的上市公司進行獨立樣本的T檢驗，報告結果如表6-6和表6-7所示。

表6-6　　　國有產權屬性組和私有產權屬性組的統計量結果

|  | GDLB | N | 均值 | 標準差 | 均值的標準誤 |
| --- | --- | --- | --- | --- | --- |
| JROA10 | 0.000 | 126.000 | 0.217 | 0.299 | 0.027 |
|  | 1.000 | 151.000 | 0.097 | 0.087 | 0.007 |

表6-7　　　國有產權屬性組和私有產權屬性組的獨立樣本檢驗

|  |  | 方差方程的 Levene 檢驗 | | 均值方程的 t 檢驗 | | | | | 差分的95%置信區間 | |
| --- | --- | --- | --- | --- | --- | --- | --- | --- | --- | --- |
|  |  | F | Sig. | t | df | Sig.(雙側) | 均值差值 | 標準誤差值 | 下限 | 上限 |
| JROA10 | 假設方差相等 | 35.609 | 0.000 | 4.701 | 275.000 | 0.000 | 0.120 | 0.026 | 0.070 | 0.170 |
|  | 假設方差不相等 |  |  | 4.355 | 142.831 | 0.000 | 0.120 | 0.028 | 0.066 | 0.174 |

從表6-6和表6-7報告的結果來看，F=35.609，Sig.=0.000，表明兩獨立樣本總體方差是非齊次的，即兩組方差存在顯著差異。又根據表7中顯示的方差不相等時t檢驗結果為：t=4.355，df=142.831，Sig.=0.000，這表明國有產權屬性的虧損上市公司組和私有產權屬性的虧損上市公司組在扭虧程度上存在顯著差異，而且從均值結果來看，私有產權屬性的虧損上市公司組發生的扭虧程度明顯高於國有產權屬性的虧損上市公司組，說明在同等條件下，私有產權屬性的虧損上市公司進行扭虧的效果明顯好於國有產權屬性的扭虧效果，這就證實了前文的假設4。究其原因可能是：對國有產權屬性的虧損上市公司而言，由普遍存在的兩權分離問題導致的對虧損上市公司的利益攫取效應超過了由於兩權分離帶來的行政干預程度降低和融資成本減少等利好效應；而對私有產權屬性的虧損上市公司而言，自然人股東或其他法人股東強烈的扭虧意願使其竭盡全力扭虧，最終使得私有產權屬性的虧損上市公司在扭虧效果上明顯好於國有產權屬性的虧損上市公司。

為確保上述檢驗結果的可靠性，本章還採用非參數檢驗方法對國有產權屬性對虧損上市公司扭虧動機的影響進行檢驗。非參數檢驗使用的是 Mann-Whitney U 檢驗方法，原假設為兩獨立樣本的扭虧程度相同，檢驗報告的結果如

表6-8所示。

表6-8　　　　　　　　Mann-Whitney U 檢驗結果

| | GDLB | N | 秩均值 | 秩和 | Mann-Whitney U | Wilcoxon W | Z | 漸近顯著性（雙側） |
|---|---|---|---|---|---|---|---|---|
| NKSD | 0.000 | 126 | 160.143 | 20,178.000 | 6,849.000 | 18,325.000 | -4.013 | 0.000 |
| | 1.000 | 151 | 121.358 | 18,325.000 | | | | |
| | 總數 | 277 | | | | | | |

表6-8報告的結果顯示，國有產權屬性的虧損樣本組的平均秩為160.143，私有產權屬性的虧損樣本組的平均秩為121.358，Mann-Whitney U = 6,849.000，Wilcoxon W = 18,325.000，Z = -4.013，漸近顯著性水平為0.000，因此，拒絕原假設，即表明兩個獨立樣本組在扭虧動機的強烈程度上存在明顯差異，這與T檢驗的結果相同。進一步證實了國有產權屬性的虧損上市公司在發生虧損后的扭虧效果明顯好於私有產權屬性的虧損上市公司。

（四）迴歸分析

利用SPSS17.0對反應各變量關係的模型（1）對2005年的虧損樣本數據進行多元線性迴歸分析，其結果如表6-9所示。從表6-9顯示的迴歸結果來看，全樣本和分組樣本數據進行模型迴歸的檢驗結果F值均在1%的統計水平上顯著，說明線性迴歸模型擬合的效果較好；由於各測試變量和控制變量的方差膨脹因子最大值均小於2，容許度都大於0.5，說明各自變量之間不存在嚴重的多重共線性問題；各個模型的自相關Durbin-Watson值均接近於2，說明各模型不存在一階序列相關性。

表6-9　　　　2005年度虧損上市公司扭虧程度的OLS迴歸結果

| 變量 | 全樣本 | | | |
|---|---|---|---|---|
| | （01） | | （1） | |
| | 系數 | T值 | 系數 | T值 |
| 截距 | 1.246*** | 4.925 | 1.229*** | 4.866 |
| GDLB | -0.074*** | -2.892 | -0.077*** | -3.021 |

表6-9(續)

| 變量 | 全樣本 | | | |
|---|---|---|---|---|
| | (01) | | (1) | |
| | 系數 | T值 | 系數 | T值 |
| SHCK | -0.049* | -1.737 | -0.050* | -1.786 |
| SIZE | -0.050*** | -4.069 | -0.050*** | -4.087 |
| INZJ | -0.002 | -1.250 | -0.002 | -1.150 |
| FZQK | 0.004 | 0.981 | 0.004 | 0.952 |
| 行業 | 未控製 | | 控製 | |
| 樣本 | 277 | | 277 | |
| F | 12.215*** | | 10.559*** | |
| Adj $R^2$ | 0.169 | | 0.172 | |
| Durbin-Watson | 1.913 | | 1.911 | |
| $VIF_{max}$ | 1.388 | | 1.388 | |

註：***、*分別表示在1%、10%的統計水平上顯著；行業虛擬變量中的「控製」代表其參與了相應模型的迴歸過程，「未控製」代表其沒有參與相應模型的迴歸過程，因篇幅所限，此處沒有將行業虛擬變量的檢驗結果列示出來。

從表6-9對2005年發生虧損的全樣本迴歸結果可以看出：

（1）對於解釋變量而言，無論是控製行業變量的模型（即模型1）還是沒有行業變量的模型（即模型01），控股股東類別（GDLB）變量的符號都與預期相符，且在統計上顯著為負。這更進一步表明私有產權屬性的虧損上市公司在虧損后發生的扭虧程度明顯高於國有產權屬性的虧損上市公司，從而再次證實了前文的假設4。究其原因，可能是對於私有產權屬性的虧損上市公司而言，私人控股股東同時掌握上市公司的控製權和現金流量權，使得上市公司的經營業績和公司價值與控股股東的個人利益息息相關，這促使他們在上市公司發生虧損以后積極主動地扭虧。而對於國有產權屬性的虧損上市公司而言，由於控股股東的主體缺位，而且作為其代表的政府部門普遍存在趨利避害行為，如果控股股東所控製的上市公司盈利了，他們會通過盈餘管理、關聯方交易等手段進行利益攫取［巴克利和霍爾德內斯（Barclay，Holderness，1989）；伯格斯特

龍和呂德奎斯特（Bergstrom, Rydqvist, 1990）；克萊森斯、德加科夫和朗基（Claessens, Djankov, Lang, 2000）；貝特朗、梅塔和梅倫納珊（Bertrand, Mehta, Mullainathan, 2002）；貝恩、康基和吉姆（Bae, Kang, Kim, 2002）；李增泉、孫錚、王志偉, 2004；劉峰、賀建剛、魏明海, 2004；呂長江、肖成民, 2006；高雷、宋順林, 2007]，一旦他們所控製的上市公司發生虧損，為了減少自身的連帶責任，維護自身的利益，控股股東可能會視而不見，甚至會採取減資、撤資或者轉移資產等方式對虧損上市公司進行釜底抽薪，這無疑加重了虧損上市公司實現扭虧的難度。因此，即使其他非控股股東以及公司管理層竭盡全力去減虧、扭虧以及改善虧損上市公司的業績，但其扭虧的效果和虧損逆轉的程度並不理想，這使得國有產權屬性的虧損上市公司發生扭虧的程度明顯低於私有產權屬性的虧損上市公司。這與弗萊德曼、杰森和米頓（Friedman, Johnson, Mitton, 2003）的研究結論並不一致，他們認為在法律對投資者保護較差的市場環境下，上市公司的控製性股東具有利益輸送（Tunneling）動機，但當上市公司處於困境時也同樣具有利益支持（Propping）的動機。他們認為，控製性股東並不總是掏空公司，他們也有支持公司的時候（尤其在公司陷入財務困境時），控製股東對所控製的上市公司存在利益輸送行為以幫助其脫離財務困境。對結論不一致的原因，本章認為主要是由於樣本選擇的不同，幾乎所有前期發現控股股東對處於財務困境的上市公司存在利益支持行為的研究文獻所選擇的樣本都是營利上市公司或者是營利和虧損的混合樣本（這其中營利公司所占比例遠遠高於虧損公司），控股股東對於該類上市公司的前途普遍充滿信心，看好其未來發展潛力和獲利能力。因此，即使營利上市公司出現暫時的財務困境，他們也會通過利益輸送去幫助其緩解，但其根本目的是為了以后待該上市公司業績好轉時進行更多的利益攫取。對於虧損上市公司而言，特別是對於連續幾年虧損或者虧損幅度較大的上市公司，控股股東可能認為該類上市公司前途渺茫，並沒有像 Friedman、Johnson 和 Mitton（2003）等學者所認為的那樣，對其進行利益支持以幫助其渡過難關，而是恰恰相反，對其或是置之不理或是進行釜底抽薪。

（2）對於控製變量而言，無論是控製年度和行業變量的模型（即模型 1）

還是沒有控製年度和行業變量的模型（即模型 01），首次虧損與否變量（SHCK）的符號均與預期的相反，並都在 10% 的統計水平上顯著為負，這表明首次虧損的上市公司在虧損以後發生扭虧的程度更小，而已經發生多次虧損、特別是連續虧損的上市公司在虧損以後發生扭虧的程度較大。究其原因可能是由於中國現行的關於 ST、PT 的規定以及退市制度的約束所致，根據中國證監會於 2003 年 3 月 18 日頒布並實施了「關於執行《虧損上市公司暫停上市和終止上市實施辦法（修訂）》的補充規定」，上市公司如果連續 2 年虧損、虧損 1 年且淨資產跌破面值、公司經營過程中出現重大違法行為等情況之一，交易所對公司股票進行特別處理，亦即 ST 制度；對 ST 公司，如果再出現問題，比如下年繼續虧損從而達到《公司法》中關於連續 3 年虧損限制的，則進行 PT 處理；如果公司出現最近三年連續虧損且在限期內未能消除的情形，則公司會面臨被終止上市的風險。對於那些非首次虧損的上市公司，出於規避被 ST、PT 處理而暫停上市以及退市風險的考慮，他們在虧損以後扭虧為盈的動機和扭虧力度會更大，因此，其虧損逆轉的程度比首次虧損的上市公司更高。對於模型（1）和模型（01）而言，公司規模變量（SIZE）的符號均與預期的相反，並都在 1% 的統計水平上顯著為負，這說明虧損上市公司的規模越小，其在虧損以後發生虧損逆轉的程度就越大，這與 Hayn（1995）、Klein 和 Marquardt（2005）的結論剛好相反。究其原因，可能是由於中國規模小的虧損上市公司自身包袱較輕，內部調整更為靈活，一旦發生虧損，其能夠在短時間內迅速扭虧為盈，致使其比規模大的上市公司更為容易發生虧損逆轉。對於模型（1）和模型（01）而言，公司負債情況變量（FZQK）的符號均與預期相反，但並不顯著，這說明虧損上市公司的負債情況在一定程度上對其發生扭虧的程度有促進作用。這與 Joos 和 Plesko（2005）的結論剛好相反。究其原因，可能是由於中國虧損上市公司的資產負債率普遍偏高（本章選擇的樣本公司資產負債率均值達 114.64%），並且多數虧損上市公司處於資不抵債的窘境，使得債權人出於保護自身利益的動機去督促或者通過減息免息、延長付款期限等方式幫助虧損上市公司盡快擺脫虧損困境，最終使得債務負擔過重的虧損上市公司發生扭虧的程度更大。對於模型（1）和模型（01）而言，公司成長性變量（INZJ）的符號

均與預期相反，但同樣不顯著，這說明成長性差的虧損上市公司發生扭虧的程度在一定程度上比成長性好的虧損上市公司要大，這與 Easton 和 Zmijewski (1989)、Collins 和 Kothari (1989) 的結論也剛好相反。究其原因，可能是由於中國虧損上市公司的營業收入增長率普遍為負數（從表 6-4 可知全樣本的營業收入增長率均值為 -11.2%），即多數虧損上市公司的營業收入下降了，對於那些營業收入下降幅度大（即成長性較差）的虧損上市公司而言，為了保住其殼資源的價值，公司管理層會更為積極主動地採取扭虧措施去改善公司的經營業績，使得該類虧損上市公司發生扭虧的程度比那些營業收入下降幅度小（即成長性相對較好）的虧損上市公司更大。

## 四、研究結論及政策含義

本章以 2005 年中國發生虧損的 277 家上市公司為樣本，運用描述性統計分析、兩獨立樣本的 T 檢驗和非參數檢驗的方法對控股股東特質（國有產權和私有產權屬性）對虧損上市公司的扭虧途徑及其扭虧效果進行了實證研究，結果發現：在扭虧為盈的虧損上市公司中，國有產權屬性的虧損上市公司在內部扭虧途徑中比私有產權屬性的虧損上市公司更傾向於使用擴員、增加無形資產、高管變更、削減成本等具體措施；在外部扭虧途徑中比私有產權屬性的虧損上市公司更傾向於使用稅收減免、資產置換、擔保、資產出售與轉讓、補貼收入及債務重組等具體措施。在同等條件下，無論是國有產權屬性的上市公司還是私有產權屬性的上市公司，當它們發生虧損時，公司的管理層都存在相同程度的扭虧動機，但是，私有產權屬性的虧損上市公司在虧損以後發生的扭虧程度明顯高於國有產權屬性的虧損上市公司。本章研究的不足之處在於：在研究樣本的選擇上，本章僅僅以 2005 年發生虧損的上市公司為研究對象進行橫截面分析，忽視了年度因素對虧損上市公司扭虧效果產生的影響；在控製變量中，沒有考慮宏觀經濟因素（如經濟週期、行業景氣度等）對虧損上市公司扭虧效果的影響，這些可能對最終的研究結論會造成一定的影響。

本章的政策含義是：由於私有產權屬性的虧損上市公司在虧損以後發生的扭虧程度明顯高於國有產權屬性的虧損上市公司，因此，建議進一步通過國有

股轉持等方式降低國有股比例,增加機構投資者和自然人持股的比例,以最大限度地改善上市公司的經營業績。為使虧損上市公司盡快扭虧為盈,管理層應該考慮同時使用內部扭虧途徑和外部扭虧途徑來幫助虧損上市公司扭虧。

## 主要參考文獻

【1】BARCLAY, HODERNESS. Private Benefits from the Control of Public Corporations [J]. Journal of Financial Economics, 1989, 25: 371-395.

【2】BARTH, BEAVER, HAND, LANDSMAN. Relative valuation roles of equity book value in the New Business Landscape [M]. New York: New York University Press, 1998.

【3】BERGSTROM C., RYDQVIST K.. The Determinants of Corporate Ownership: An Empirical Study on Swedish Data [J]. Journal of Banking and Finance, 1990, 14: 237-253.

【4】BERTRAND M., P. MEHTA, S. MULLAINATHAN. Ferreting Out Tunneling: An Application to Indian Business Groups [J]. The Quarterly Journal of Economics, 2002: 121-148.

【5】COLLINS D. W., KOTHARI S. P. An analysis of the inter-temporal and cross-sectional determinants of earnings response coefficients [J]. Journal of Accounting and Economics, 2002: 11, 143-181.

【6】DARROUGH M., Ye, J. Valuation of Loss Firms in a Knowledge-based Economy [J]. Review of Accounting Studies, 2007, 12: 61-93.

【7】DECHOW P. Accounting Earnings and Cash Flows as Measures of Firm Performance: The Role of Accounting Accruals [J]. Journal of Accounting and Economics, 1994: 18: 3-42.

【8】EASTON P., ZMIJEWSKI M. Cross-sectional variation in the stock market response to accounting earnings announcements [J]. Journal of Accounting and Economics, 1989, 11: 117-141.

【9】FRANZEN, LAUREL, RADHAKRISHNAN. The Value – relevance of Earnings and Book Value across Profit and Loss Firms: The Case of R&D Spending [J]. working papers, 2006.

【10】HAYN, C. The Information Content of Losses [J]. Journal of Accounting and Economics, 1995, 20: 125 – 153.

【11】GUAY W. R., S. P. KOTHARI, R. L. WATTS. A market – based evaluation of discretionary accrual models [J]. Journal of Accounting Research, 1996, 34: 83 – 105.

【12】LANG, LARRY H. P., JOHN K., NETTER J. Voluntary Restructuring of Large Firms in Response to Performance Decline [J]. Journal of Finance, 1992, 47: 891 – 917.

【13】LEV, BARUCH, THEODORE SOUGIANNIS. The Capitalization, Amortization, and Value Relevance of R&D [J]. Journal of Accounting and Economics, 1996, 21: 107 – 138.

【14】LEV B., ZAROWIN P.. The boundaries of financial accounting and how to extend them [J]. Working paper, 1998.

【15】LIPE R. C., BERNARD V. L. Differences between interim and fourth quarter earnings: Tests of noise, nonlinearity and losses [J]. Working paper, 1997.

【16】MISHKIN, F. A. Rational Expectations Approach to Macro econometrics: Testing Policy Effectiveness and Efficient Markets Models [M]. Chicago: University of Chicago Press for the National Bureau of Economic Research, 1993.

【17】OFEK, ELI.. Capital Structure and Firm Response to Poor Performance: An Empirical Analysis [J]. Journal of Financial Economics, 1993: 34: 3 – 30.

【18】CLAESSENS S., DJANKOV S. The separation of ownership and control in East Asian corporations [J]. Journal of International Money and Finance, 2002, 16: 189 – 209.

【19】PETER D. WYSOCKI. Earnings Management and Investor Protection: An International Comparison [J]. Financial Economics and Accounting Conference,

2001, 11.

【20】RAYBURN J. The association of operating cash flow and accruals with security returns [J]. Journal of Accounting Research Supplement, 1986, 24: 112 – 133.

【21】RIYANTO, YOHANES E., LINDA A. TOOLSEMA. Tunneling and propping: a justification for pyramidal ownership. Working Paper, 2004.

【22】SAMANTHA SIN., EDWARD WATTS. the information content of losses: shareholder liquidation option and earnings reversals. Australian Journal Of Management, 2000, 11: 327 – 338.

【23】SOUGIANNIS T. The accounting – based valuation of Corporate R&D [J]. The Accounting Review, 1994, 69: 44 – 68.

【24】SUBRAMANYAM K. R., J. J. WILD. Going – concern status, earnings persistence, and information of earnings [J]. Contemporary Accounting Research, 1996, 1: 251 – 273.

【25】賓國強, 舒元. 股權分割、公司績效和投資者保護 [J]. 管理世界, 2003 (5).

【26】陳小悅, 徐曉東. 股權結構、企業績效和投資者利益保護 [J]. 經濟研究, 2001 (11).

【27】陳小悅, 徐曉東. 第一大股東對公司治理、企業績效的影響分析 [J]. 經濟研究, 2003 (2).

【28】陳信元, 汪輝. 股權制衡與公司價值: 模型及經驗證據 [J]. 數量經濟技術經濟研究, 2004 (11).

【29】杜瑩, 劉立國. 股權結構與公司治理效率: 中國上市公司的實證分析 [J]. 管理世界, 2002 (11).

【30】杜勇, 干勝道. 透視虧損上市公司的「賣點」[J]. 財會月刊: 綜合版, 2007 (11).

【31】杜勇, 干勝道, 杜軍. 虧損上市公司的價值評估 [J]. 財貿研究, 2008 (3).

【32】杜勇,干勝道,陳建英.中國上市公司虧損問題研究綜述與展望[J].生產力研究,2008(20).

【33】杜勇,干勝道,杜軍.基於投資者預期的虧損公司股價驅動因素研究[J].山西財經大學學報,2009(4).

【34】杜勇,干勝道,杜軍.國外虧損公司價值驅動因素研究述評[J].廣東商學院學報,2009(4).

【35】郝穎,劉星.資本投向、利益攫取與擠占效應[J].管理世界,2009(5).

【36】韓亮亮.行業競爭、第一大股東與公司績效[J].現代管理科學,2007(3).

【37】李平生,史煜筠.上市公司第一大股東性質、股權比例與公司績效關係的實證研究[J].技術經濟與管理研究,2006(4).

【38】劉芍佳,孫霈,劉乃全.終極產權論、股權結構及公司績效[J].經濟研究,2003(4).

【39】馬曉芳.基於股東性質的股東會計監督方式研究[J].當代財經,2007(5).

【40】孫永祥,黃祖輝.上市公司的股權結構與績效[J].經濟研究,1999(12).

【41】吳剛,劉丹.控股股東類型與公司價值[J].證券市場導報,2008(8).

【42】王鵬,秦宛順.控股股東類型與公司績效——基於中國上市公司的證據[J].統計研究,2006(7).

【43】徐莉萍,辛宇,陳工孟.控股股東的性質與公司經營績效[J].世界經濟,2006(10).

【44】鄢波,等.虧損股價影響因素:回顧與展望[J].商業研究,2009(1).

【45】朱明秀.第一大股東性質、股權結構與公司治理效率研究[J].統計與決策,2005(12).

# 第七章　國有控股與財務監督

　　國家對國有企業的財務監督一直處於探索之中。黨的十六屆三中全會提出國資委對國有企業管人、管事和管資產要結合，明確了國資委是國有企業的所有者。所有者要間接管理國有企業，資本經營要與生產經營分開。財務監督是間接管理的重中之重，如何實施，效果如何，一直是各方關心的話題。近年來，壟斷國有企業的巨額職務消費、亂投資、過高的經營者獎金等問題，受到社會各界的強烈質疑。來自所有者的財務監督如何在信息不對稱條件下擺脫事后監督、無效監督，是理論界和實務界共同關心又難以妥善解決的難題。筆者認為，國資委定位於純粹的財務監督機構，而將國有資本經營讓位於職業化、專業化、市場化、競爭性的國有資本經營公司，塑造中國式的伯克希爾‧哈撒韋公司，有利於提高財務監督效果和資本運作的效率。除了所有者直接建立的財務監督機構之外，基於維護所有者利益的財務監督實施者還包括監事會、審計委員會和財務總監三個方面。下面以國有上市公司為例進行規範研究和實證分析。

## 第一節　國有控股企業的監事會與財務監督

### 一、監事會的定位

　　筆者認為監事會是基於企業內部存在著委託代理關係和信息不對稱而產生的，用於制衡董事會的一個機構。謝德仁（2006）指出股東與經理人之間的信息不對稱存在於兩個時期，一個是在簽約之前，股東與經理人之間的信息不對稱主要在於股東對於經理人的經營才能不熟悉，有可能產生經理人吹噓自己的

經營才能和要求高報酬的機會主義行為。而另一個是在簽約后，股東與經理人之間的信息不對稱主要在於股東對於經理人的經營活動不瞭解，有可能產生經理人進行偷懶、過度在職消費、好大喜功、盲目投資等機會主義行為。為了解決信息不對稱問題，股東應該設立一個代表股東利益的監督機構。謝德仁（1997）曾基於交易成本分析指出，現代企業的會計規則制定權合約安排範式是：由政府來行使通用會計規則制定權，由經理人來行使剩余會計規則制定權，即經理人來編製財務報表，同時由於經理人處於信息優勢地位，就會產生一定的機會主義行為趨勢，經理人很容易為了自己的利益而提供虛假的財務報表或會計信息。這就要求股東找到一個獨立於經理人的第三方，對經理人的經營活動進行監督，對其提供的財務報告或會計信息進行評價，而且這個監督機構的人員應該由股東直接選擇，且能夠反應和維護股東的意願。監事會就是在這種情況下產生的。

監事會應該定位為公司的監督機構，是股份有限公司的必設機構。從監事會的性質來看，監事會是公司法人的監督機構，是對董事會其成員和經理管理人員行使監督職能的機構。從監事會的權力設置來看，監事會是現代公司治理結構中的制衡機構，是代出資者行使監督權的實施者。從監事會的地位和特徵來看，監事會是直接對股東大會負責的公司必設的監督機構。而監事會職能的實質是監督權，是基於公司管理制度的需要而由法律賦予監事會行使監督的一種權利。

## 二、監事會的財務監督職權

監事會作為公司內部設置的監控機構，是由股東大會選舉產生，依據中國的《公司法》和公司章程的規定對董事會和經理行使監督權的獨立常設內部監督機構。常健、饒常林（2001）認為，監事會主要具有以下價值功效：第一，保護股東利益，防止董事會獨斷專行；第二，保護債權人利益，防止損害債權人利益行為的發生。李維安、張亞雙（2002）認為監事會監督重點是決策的正當性，與董事會的監督重點——決策的科學性相區別。監事會的監督範圍不僅包括財務監督，還應包括業務監督。賀長元（2002）認為，中國現行監事會應

定位為公司的決策和監督機構:首先,監事會承擔起股東大會閉會期間的決策職能,避免董事會決策失誤所造成的損害;其次,董事會和監事會是動靜互補關係,董事會職能具有擴張性,對外代表公司,並生成公司經營方案;再次,監事會具有收斂性,由於其不執行公司業務,能對董事會提出的方案進行客觀分析。監事會承擔起公司的決策和監督職能,對董事會具有指導、保護作用。董丹(2006)認為監事會的職能包括:業務監督和財務監督職能。業務監督職能是指監事會對董事及經理日常的管理和經營行為進行監督;財務監督職能是指監事對公司財務狀況進行監督和審查,確保公司資產安全運轉,保護股東利益。2005年《公司法》對監事會的組成和職責都做了明確規定。目前,監事會的職能主要包括:

(1)檢查公司財務。

(2)對董事、高級管理人員執行公司職務的行為進行監督,對違反法律、行政法規、公司章程或者股東大會決議的董事、高級管理人員提出罷免的建議。

(3)當董事、高級管理人員的行為損害公司的利益時,要求董事、高級管理人員予以糾正。

(4)提議召開臨時股東會會議,在董事會不履行《公司法》規定的召集和主持股東大會會議職責時召集和主持股東大會。

(5)向股東大會提出提案。

(6)對董事、高級管理人員提起訴訟。

2005年新《公司法》進一步強化了監事會的監督職能,不僅新增加了監事會的職權,同時也為這些職權的實現提供了更多可供操作的途徑。筆者認為,國有控股上市公司監事會除了有股東大會的召集權與主持權,即監事會有權提議召開臨時股東大會,在董事會不召集和主持股東大會職責時,召集和主持股東大會。其更主要的是擁有公司財務監督職權,包括:①對公司財務信息進行監督。監督公司的經營方式、資產營運、資產負債、利潤分配等相關財務狀況是否合法,通過核查、查閱公司會計資料進行監督,從中發現問題並做出相應處置。監事會對公司財務進行檢查核對,可以防範公司經營管理層提供假財務報表欺騙股東及其他利益相關者,保證公司資產按照正當目的使用,維護公司

資產的安全，提高公司營運的效率及效果。②對違法行為的監督。違法行為監督主要是對公司董事、經理及其他高級管理人員執行職務時違反法律法規或公司章程的行為進行監督。當監事會發現公司經營情況異常時，可以對相關經理、董事進行調查，必要時，還可以聘請相關專業機構協助其工作，費用由公司承擔。如果監事會在發現董事、經理有違反法規行為並要求其改正時，遭到董事、經理的拒絕，則監事會有權直接向股東大會提出提案，陳述有關情況、意見，保證監事會監督的實效性。如果監事會已經確信董事、經理有違反誠信義務的情況，並且董事、經理拒絕改正，在向股東大會匯報后，可以向法院提起訴訟。同時根據新《公司法》第五十四條的規定，監事會有權對違反法律、行政法規、公司章程或者股東大會決議的董事、高級管理人員提出罷免的建議。③對業務的監督。監事應該有權利列席董事會，以及對企業一些重大決策具有否決權。如果監事對企業的業務很瞭解，便於其財務監督職能的有效發揮。

## 三、監事會的現狀分析

（一）監事會特徵描述性分析

袁慶宏（2003），李維安、王世權（2005）結合中國自身環境條件及改革進程，設計了中國上市公司監事會治理績效評價指標體系，包括監事能力保證性指標和監事會運行有效性指標。李維安、郝臣（2006）從監事會運行狀況、監事會結構與規模、監事勝任能力三方面構建了監事會治理評價指標體系，結合2003年滬深交易所的上市公司，利用上市公司公開披露的數據，通過運用專家意見和語義差別等級賦值的方法給各指標打分，運用層次分析法給指標確定權重，生成監事會治理指數，隨后進行了監事會治理指數和公司績效的相關性分析。① 卿石松（2008）利用2000—2004年A股上市公司的數據，對中國上市公司監事會特徵（包括監事會規模、監事會會議次數、監事會成員構成和監事會成員激勵水平）與公司績效的關係做實證研究，結果表明監事會會議次數與

---

① 李維安，郝臣．中國上市公司監事會治理評價實證研究［J］．上海財經大學學報，2006，8(3)：78-83．

公司績效顯著負相關；監事會規模與公司績效存在 U 型關係；監事會持股比例與公司績效顯著正相關。作者得出中國上市公司的監事會是有效的，監事會功能的改進可以改善公司的績效。[①]

筆者主要從三個方面來概括監事會特徵：監事會的能力保證、監事會的活動和監事會的獨立性（見表7-1）。監事會的能力保證主要體現在監事會的規模和監事的激勵機制上，如果監事會的規模較大，一方面，能夠投入充分的人員進行監督；另一方面，也能增強監事會對董事會的制衡。如果監事在企業領取薪酬，必然會關心企業的發展營利情況，能夠更加盡職。監事會的活動主要用監事會會議次數來衡量（見表7-1）。監事會的會議是監事會成員之間進行溝通的有效途徑，監事會通過監事會會議的形式形成決策和行為，來完成對公司董事和經理的監督。監事會的獨立性主要通過監事會中持有企業股票的監事人數占比來衡量。筆者認為監事會應該為一個監督機構，應該保持獨立性，如果監事會與企業之間存在利益關係，該種利益關係有可能對監事會的獨立性造成威脅。如果監事會持有企業股份越多，則越不願意企業的股票價格下降，必然為了自身利益而影響監事會的獨立性；反之，則監事會能夠保持其獨立性。

表7-1　　　　2002—2006 年上市公司監事會特徵描述性統計表

| 年份 | 監事會的活動<br>監事會<br>會議次數 | 監事會的<br>能力保證<br>監事會規模<br>（人數） | 在企業領取<br>薪酬監事<br>比率（%） | 監事會<br>的獨立性<br>監事會<br>持股比率<br>（%） |
| --- | --- | --- | --- | --- |
| 2002 | Min：1<br>Max：16<br>Mean：4 | Min：2<br>Max：10<br>Mean：4 | Min：0<br>Max：100<br>Mean：25.05 | Min：0<br>Max：4.74<br>Mean：0.02 |
| 2003 | Min：0<br>Max：14<br>Mean：3 | Min：2<br>Max：12<br>Mean：4 | Min：0<br>Max：100<br>Mean：21.89 | Min：0<br>Max：11.14<br>Mean：0.03 |

---

① 卿石松．監事會特徵與公司績效關係實證研究［J］．首都經濟貿易大學學報，2008（3）：51．

表7-1(續)

| 年份 | 監事會的活動<br>監事會<br>會議次數 | 監事會的能力保證<br>監事會規模<br>(人數) | 在企業領取<br>薪酬監事<br>比率(%) | 監事會<br>的獨立性<br>監事會<br>持股比率<br>(%) |
|---|---|---|---|---|
| 2004 | Min: 1<br>Max: 11<br>Mean: 3 | Min: 0<br>Max: 13<br>Mean: 4 | Min: 0<br>Max: 100<br>Mean: 20.21 | Min: 0<br>Max: 11.66<br>Mean: 0.07 |
| 2005 | Min: 0<br>Max: 15<br>Mean: 3 | Min: 2<br>Max: 14<br>Mean: 4 | Min: 0<br>Max: 100<br>Mean: 18.27 | Min: 0<br>Max: 7.03<br>Mean: 0.06 |
| 2006 | Min: 0<br>Max: 13<br>Mean: 4 | Min: 0<br>Max: 13<br>Mean: 4 | Min: 0<br>Max: 100<br>Mean: 17.09 | Min: 0<br>Max: 18.68<br>Mean: 0.07 |
| 總結 | Min: 0<br>Max: 16<br>Mean: 4 | Min: 0<br>Max: 14<br>Mean: 4 | Min: 0<br>Max: 100<br>Mean: 20.34 | Min: 0<br>Max: 18.68<br>Mean: 0.05 |

數據來源：CSMAR。Min：最小值；Max：最大值；Mean：平均值。

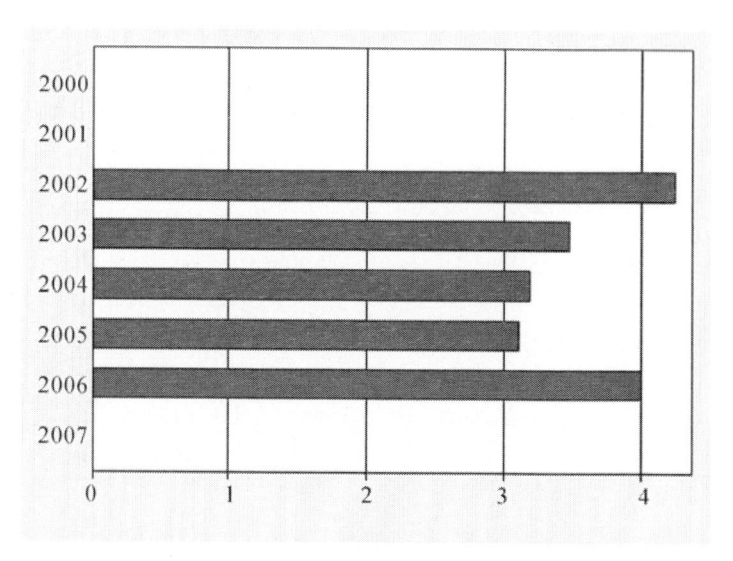

圖7-1 2002—2006年會議次數平均數的變化情況

根據中國2005年的《公司法》規定，要求監事會每年至少召開一次會議。從圖7-1可以清楚地看到每年監事會會議次數的變化，2002—2005年會議次數呈現逐漸下降的趨勢，2006年又出現較大的上升趨勢。但從表7-1統計的數據來看，中國上市公司監事會2002—2006開會的平均次數一般為3~4次，差異不大。表7-2、表7-3顯示了各個上市公司監事會會議次數及規模的分佈情況，可以看到大約80.39%的公司會議次數主要為2~5次，只有6所上市公司（占比0.09%）沒有召開過監事會會議。

表7-2　　　　　2002—2006年上市公司監事會會議次數的頻率表

| 監事會會議次數 | 公司數 | 占比（%） |
| --- | --- | --- |
| 0 | 6 | 0.09 |
| 1 | 465 | 7.06 |
| 2 | 1,471 | 22.33 |
| 3 | 1,524 | 23.13 |
| 4 | 1,399 | 21.23 |
| 5 | 902 | 13.69 |
| 6 | 450 | 6.83 |
| 7 | 207 | 3.14 |
| 8 | 93 | 1.41 |
| 9 | 42 | 0.64 |
| 10 | 12 | 0.18 |
| 11 | 9 | 0.14 |
| 12 | 3 | 0.05 |
| 13 | 3 | 0.05 |
| 14 | 1 | 0.02 |
| 16 | 2 | 0.03 |
| 總計 | 6,589 | 100 |

表7-3　　　　　　　　上市公司監事會規模分佈表

| 監事會規模 | 公司數 | 占比（%） |
|---|---|---|
| 0 | 5 | 0.08 |
| 1 | 82 | 0.12 |
| 2 | 65 | 0.98 |
| 3 | 3,098 | 46.86 |
| 4 | 275 | 4.16 |
| 5 | 2,412 | 36.48 |
| 6 | 190 | 2.87 |
| 7 | 389 | 5.88 |
| 8 | 42 | 0.64 |
| 9 | 96 | 1.45 |
| 10 | 13 | 0.20 |
| 11 | 9 | 0.14 |
| 12 | 4 | 0.06 |
| 13 | 4 | 0.06 |
| 14 | 1 | 0.02 |
| 總計 | 6,611 | 100 |

　　監事會規模主要體現在監事會成員的人數上。根據《公司法》要求，監事會成員不得少於3人，表7-1顯示，監事會規模從2002—2006年平均為4人，從圖7-2也可以看出監事會規模各年的變化不大，從表7-2可以看出監事會規模沒有滿足《公司法》的有152家，只占1.28%。

　　表7-1顯示，2002—2006年在公司領取薪酬的監事比率平均為20%。從圖7-3可以發現2002—2006年，在公司領取薪酬的監事比率是逐年減少，從2002年的25.05%降到2006年的17.09%。有人認為領取酬薪的監事比率減少，說明監事會的獨立性增強了，因為監事與企業減弱了利益關係。筆者認為這種說法值得商榷，因為根據2005年的《公司法》第三十八條——「股東會行使下列職權：（二）選舉和更換非由職工代表擔任的董事、監事，決定有關董事、監事的報酬事項」，監事的薪酬應該由股東大會決定，而不是董事會，因此不會

受到董事會的威脅。如果企業不支付薪酬給監事，那麼監事就缺乏做事的動力，應該對監事有一定的激勵機制，這樣監事才有動力進行監督。

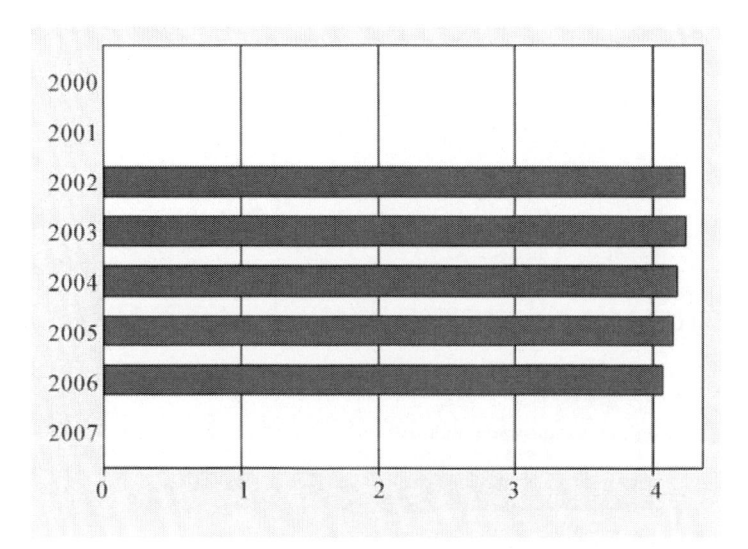

圖 7-2　2000—2007 年上市公司監事會規模平均值情況圖

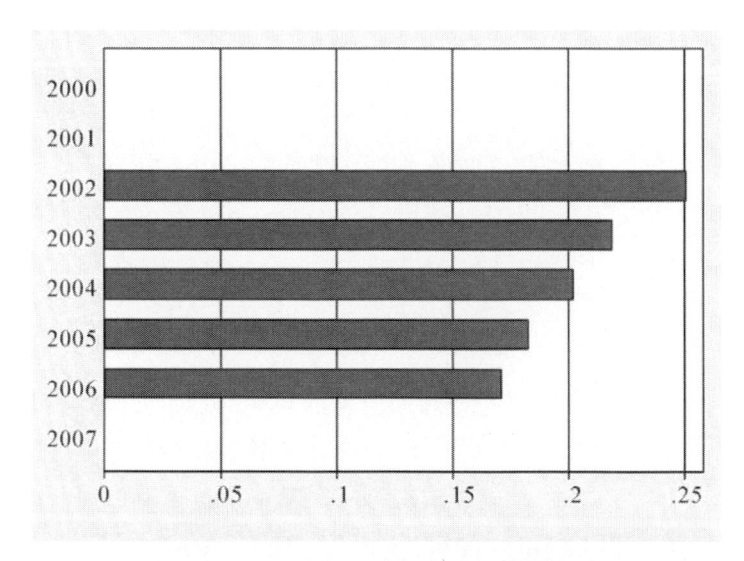

圖 7-3　2000—2007 年上市公司監事領取薪酬比率情況圖

表7-1顯示，2002—2006年監事會持股比率都比較小，監事會持股比率最大的也只有18%左右，平均的持股比率為0.05%。從圖7-4可以看到，監事會持股比率2002—2006年呈現出先增加后減少又增加的變化趨勢，筆者認為之所以2005年出現拐點是由於2005年頒布了新的《公司法》，強調了監事會的監督職能。因此，企業在2005年比較注意減少監事會持股比率，而2006年又有所增加。

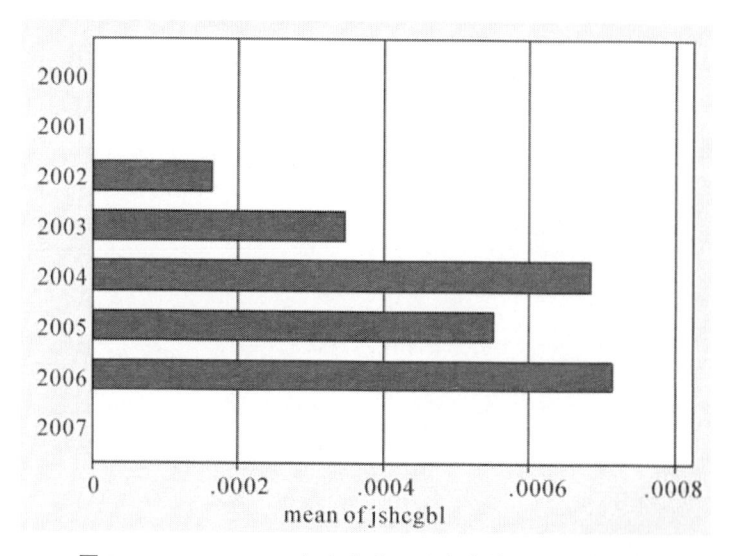

圖7-4 2000—2007年上市公司監事會持股比率變化圖

（二）監事會財務監督的有效性分析

有學者把監事會的效能界定為是否對盈余管理有制約作用。如傅蘊英（2004）以2002年被出具非標準審計意見的52家公司為研究樣本，採用迴歸方法分析了監事會規模和開會次數與盈余管理的相關性，結果發現監事會規模和開會次數均在10%的顯著性水平下與公司盈余管理負相關，即監事會開會的次數越多，盈余管理程度越小。[①] 張逸杰等（2006）把盈余管理和監事會評價指標研究結合起來，利用2001—2003年上市公司的混合數據分析，檢驗監事會特

---
① 傅蘊英. 盈余管理與公司治理——基於審計意見的研究 [D]. 重慶: 重慶大學, 2004: 93.

徵指標對盈余管理的影響。① 筆者比較讚同使用盈余管理水平來衡量監事會財務監督有效性。盈余管理是企業管理當局為了誤導其他會計信息使用者對企業經營業績的理解或影響那些基於會計數據的契約的結果，在編報財務報告和構造交易事項以改變財務報告時作出判斷和會計選擇的過程。

1. 目前國內對於盈余管理的研究主要集中在以下幾方面：

（1）資本市場中的盈余管理。陸宇建（2002）利用1993—2000年上市公司對外公布的ROE資料，研究了中國A股上市公司的盈余管理行為，發現中國上市公司為了獲得配股權而通過盈余管理將ROE維持在略高於6%的區間與略高於10%的區間的證據，以及上市公司盈余管理行為隨著配股政策的演進而改變的證據。②

（2）審計與盈余管理的研究。夏立軍、楊海斌（2002）以上市公司2000年度財務報告為研究對象，對上市公司審計意見和監管政策誘導性盈余管理的關係進行了實證研究。③ 蔡春等（2005）通過可操縱應計利潤直接檢驗外部審計質量對盈余管理程度的影響。④

（3）公司治理與盈余管理的研究。張逸杰等（2006）選取深證100指數和上證180指數成分股中的部分股票對董事會特徵（董事會規模、活動強度和獨立性）與盈余管理之間的關係進行了研究。他發現獨立董事的比例和盈余管理的程度之間存在U型曲線關係，董事會獨立性的增加在一定程度上減少了盈余管理；董事會活動強度、董事會規模與盈余管理的關係不顯著；資產規模小的公司和營利能力差的公司更可能從事盈余管理。⑤ 蘇衛東、王加勝（2006）利用中國上市公司的面板數據對董事會與盈余管理的關係進行了實證分析，結果發現董事會規模與盈余管理程度成負相關，獨立董事的比例與利潤虛增呈負相

---

① 張逸杰，王豔，唐元虎，等. 監事會財務監督有效性的實證研究 [J]. 山西財經大學學報，2006，28（2）：132-135.
② 陸宇建. 上市公司基於配股權的盈余管理行為實證分析 [J]. 南京社會科學，2002（3）.
③ 夏立軍，楊海斌. 註冊會計師對上市公司盈余管理的反應 [J]. 審計研究，2002（2）.
④ 蔡春，黃益建，趙莎. 關於審計質量對盈余管理影響的實證研究——來自滬市製造業的經驗證據 [J]. 審計研究，2005（2）.
⑤ 張逸杰，王豔，唐元虎，等. 上市公司董事會特徵和盈余管理關係的實證研究 [J]. 管理評論，2006（18）.

關、與利潤隱藏呈正相關,董事長總經理二職合一對利潤虛增有著顯著的正影響、對利潤隱藏無顯著影響,而董事會會議次數增加會加重盈余管理現象。①

可見,目前對於監事會與盈余管理的研究甚少。本章把盈余管理作為企業財務監督實施效果的一個衡量變量。

2. 盈余管理的計量

盈余管理的計量方法主要有總體應計模型(Aggregate Accruals Models)、特定應計模型(Specific Accrual Models)和頻率分佈方法(Frequency Distribution Approach)。其中總體應計模型的應用最為廣泛。在總體應計模型下,會計盈余分為經營現金流(Cash From Operations, CFO)和總體應計(Total Accruals, TA)兩部分。總體應計TA劃分為隨意應計(Discretionary Accruals, DA)和非隨意應計(Non Discretionary Accruals, NDA)兩部分。用DA來衡量盈余管理,即DA代表盈余操縱的程度。由於DA是不可觀測的,因此,通常是先通過一個模型來計算NDA。而計算NDA的模型很多,包括Healy(1985)模型、DeAngelo(1986)模型、Jones(1991)模型、Modified Jones(1997)模型、Defond & Jiambalvo(1994)模型、Sloan和Sweeney(1995)模型、Subramanyan(1996)模型、Young(1999)模型、Peasnell等(2005)模型、Kothari等(2005)提出的績效模型等。特定應計模型的特點是通過一個特定的應計項目或者一組特定的應計項目來建立計算模型,以此來檢測是否存在盈余管理。這種方法通常用於研究某個或某些特定的行業,如銀行業中的貸款損失準備、產險和意外險保險公司的索賠準備。使用該模型進行研究的學者主要包括麥克尼科爾和威爾森(McNicholes, Wilson, 1988)、彼得羅尼(Petroni, 1992)等。頻率分佈方法的特點是通過研究管理后的盈余的分佈密度來檢測公司是否存在盈余管理行為,這種方法先假定:沒有盈余管理的盈余大致呈正態分佈,如果存在盈余明顯不符合這一分佈形式,就說明公司存在盈余管理。這種方法主要是通過檢驗分佈函數在0點的非連續性來判斷是否基本符合正態分佈。常用兩種檢驗方法:

---

① 蘇衛東、王加勝. 盈余管理與董事會特徵——基於面板數據的實證研究[J]. 世界經濟文匯,2006(6).

①直方圖；②統計檢驗。進行該研究的學者包括布格斯塔勒和迪切夫（Burgstahler, Dichev, 1996）, 德戈爾熱、帕托和扎克霍瑟（Degorge, Patel, Zeckhauser, 1991）等。本章對盈餘管理的度量使用的是總體應計模型中的Kothari等的模型。這個模型是在Jones模型中加入了企業上期的績效測試變量——資產回報率（ROA）。

$$TA_{i,t} = (NI_{i,t} - CFO_{i,t}) / A_{i,t-1} \quad TA_{i,t} = a_0 + a_1/A_{i,t-1} + a_2 \times \triangle REV_{i,t} + a_3 \times PP\&E_{i,t} + a_4 \times ROA_{i,t-1} + e_{i,t}$$

式中：$TA_{i,t}$代表企業在i行業第t年的總體應計。

$NI_{i,t}$代表企業在i行業第t年的淨利潤。

$CFO_{i,t}$代表企業在i行業第t年的來自經營活動的淨現金流。

$A_{i,t-1}$代表企業在i行業第t-1年的資產總額。

$\triangle REV_{i,t}$代表企業在i行業第t年淨銷售收入的變化額。

$PP\&E_{i,t}$代表企業在i行業第t年的淨固定資產。

$ROA_{i,t-1}$代表企業在i行業第t-1年的資產回報率。

$e_{i,t}$代表企業在i行業第t年的非正常性盈餘，隨意應計部分，即代表企業的盈餘管理水平。

3. 研究設計

（1）研究假設

筆者通過監事會的能力保障水平、活動情況和獨立性三方面衡量監事會的特徵，並根據前人的研究以及常規經驗，提出以下三個假設：

**假設1**：監事會的能力保障水平越高，盈餘管理程度越低。

監事會的能力保障水平主要體現在監事會的規模和監事的激勵機制上，筆者使用監事會規模（人數）和領取公司薪酬監事的人數占比來衡量監事會的能力保障水平。筆者認為如果監事會的能力能夠得到保障，則其能夠發揮審計監督職能，則企業盈餘管理程度就應該低。

**假設2**：監事會活動越頻繁，盈餘管理程度越低。

監事會的活動情況主要用監事會會議次數來衡量。監事會的會議是監事會成員之間進行溝通的有效途徑，監事會通過監事會會議的形式，形成決策和行

為，來完成對公司董事和經理的監督。因此會議越頻繁，則盈余管理的程度越低。

**假設3**：監事會的獨立性越強，盈余管理程度越低。

監事會作為企業的內部監督機構，其獨立性的強弱直接影響監督職能的執行。我們用持有企業股票的監事人數占比來衡量監事會的獨立性。因為如果監事會持有企業股份越多，則越不願意企業的股票價格下降，必然為了自身利益而影響監事會的獨立性；反之，則監事會能夠保持其獨立性。

(2) 樣本選擇與數據來源

本章選取的樣本是2002—2006年的上海和深圳證券交易所上市公司，剔除數據不全的公司，最終得到6142個樣本。之所以要選取2002—2006年的數據是由於2005年10月27日第十屆全國人民代表大會常務委員會第十八次會議對《公司法》進行了第三次修訂，其中對監事會的成員構成以及職責都做了一些具體規定。所以2005年以後的年報披露的內容可以反應政策實施的效果。但是由於2006年頒布了新的《會計準則》，2007年以後的數據在計量方法上面與2006年及以前的數據有一定的差異。因此，筆者只選用了2002—2006年的數據。

樣本公司財務數據和監事會的特徵數據來自深圳國泰安信息技術有限公司的CSMAR數據庫，並使用Stata進行統計檢驗。

(3) 變量的選擇與模型

①被解釋變量與解釋變量：公司的盈余管理程度，記為EM，作為被解釋變量，其計算方法在前面已經論述。而解釋變量包括：監事會規模（Jssize）、監事會會議次數（Jsmeeting）、在企業領取薪酬的監事的人數占比（Salaryratio），其計算方法是用在企業領取薪酬的監事人數除以監事會總人數，得到監事會持股比率（Jshcgbl）。

②控制變量的選擇主要包括以下幾方面：

前十大股東持股占比（First10）：前十大股東由於在公司股份的占比大，其具有盈余管理的動機。筆者認為前十大股東持股占比越大，則盈余管理的程度越大。其計算方法為前十大股東持股總數除以公司的總股數。

資產負債率（Leverage）：衡量企業償債能力的指標之一。如果企業的負債太大，會影響企業融資並造成企業的財務危機，因此上市公司有可能把未來的盈餘向本期轉移，以降低資產負債率。其計算方法是用期末總負債除以期末總資產。

經營性現金流（CFO）：筆者認為經營性現金流越大，則公司盈余管理的動機越大。

獨立董事占比（Indirector）：獨立董事作為企業的監督實施者之一，其對盈余管理的行為具有抑製作用。筆者認為，獨立董事占比越大，公司盈余管理的程度應該越小。其計算方式為獨立董事人數除以董事會人數。

董事會會議次數（Dsmeeting）：董事會的會議次數表明董事會的勤勉程度，董事會越勤勉，則公司盈余管理程度應該越小。

審計委員會設置（Auditcommittee）：審計委員會的職能之一是對企業進行財務監督。如果企業設立了審計委員會，則其盈余管理程度應該越小。該變量為亞變量，1 表示公司成立了審計委員會，0 表示公司沒有成立審計委員會。

企業資產規模（Asset）：筆者認為企業資產規模越大，則公司受到社會公眾的關注越多，則盈余管理程度越小。其計算方法為公司資產值取對數。

監事會會議次數與獨立董事占比的交叉項（x ＝ jsmeeting * indirector）：筆者發現加入該項後，監事會會議次數對盈余管理程度的作用更為顯著。因此，筆者認為它們之間存在協同效應，即監事會有效監督作用的發揮依賴於獨立董事的占比，也就是如果獨立董事越多，則監事會會議的作用越明顯。則盈余管理程度越小。

③模型

EM ＝ a0 ＋ a1 X jsmeeting ＋ a2 X jssize ＋ a3 X jssalaryratio ＋ a4 X jshcgbl ＋ a5 X dsmeeting ＋ a6 X indirector ＋ a7 X auditcommittee ＋ a8 X first10 ＋ a9 X leverage ＋ a10 X Nationalratio ＋ a11 X CFO ＋ a12 X Asset ＋ a13 X jsmeeting X indirector ＋ e

式中：

a0 為截距項。

a1、a2、a3、a4、a5、a6、a7、a8、a9、a10、a11、a12、a13 為各解釋變量

的係數。

e 為殘差項。

(4) 迴歸結果分析（見表7-4、表7-5）

表7-4　　　　　　　　　　　相關性分析表

|  | EM | jsmeeting | jssize | jshcgbl | jssalaryratio | dsmeeting | auditcommitte |
|---|---|---|---|---|---|---|---|
| EM | 1.000,0 | | | | | | |
| jsmeeting | 0.025,2** | 1.000,0 | | | | | |
| jssize | -0.039,5*** | 0.054,4*** | 1.000,0 | | | | |
| jshcgbl | -0.016,4 | -0.040,8*** | -0.031,6*** | 1.000,0 | | | |
| jssalaryratio | -0.064,7*** | 0.005,3 | -0.027,4*** | 0.107,5*** | 1.000,0 | | |
| dsmeeting | 0.064,2*** | 0.290,9*** | -0.044,3*** | -0.031,6*** | -0.025,3*** | 1.000,0 | |
| auditcommittee | -0.022,3* | 0.046,5*** | 0.060,9*** | 0.012,9 | -0.019,2 | 0.024,9** | 1.000,0 |
| ASSET | -0.054,4*** | 0.034,7*** | 0.176,9*** | -0.058,0*** | 0.144,3*** | 0.038,4*** | 0.067,8*** |
| indirector | 0.012,6 | -0.039,3*** | -0.099,0*** | 0.031,2** | -0.058,3*** | -0.041,9*** | 0.115,1*** |
| first10 | 0.059,9*** | -0.035,5** | 0.066,8*** | 0.020,1 | -0.126,5*** | -0.065,9*** | 0.013,1 |
| leveragew | 0.117,3*** | -0.000,6 | -0.023,4* | -0.057,7*** | -0.025,0*** | 0.138,7*** | 0.004,3 |
| CFOT | 0.026,8** | 0.001,6 | 0.139,3*** | -0.009,9 | -0.024,6** | 0.001,4 | 0.053,9*** |
| x | 0.022,1* | 0.853,9*** | 0.005,6 | -0.024,2** | -0.023,2* | 0.231,1*** | 0.094,8*** |

|  | ASSET | indirector | first10 | leverage | CFOT | x |
|---|---|---|---|---|---|---|
| ASSET | 1.000,0 | | | | | |
| indirector | -0.027,5** | 1.000,0 | | | | |
| first10 | 0.115,3*** | -0.071,9*** | 1.000,0 | | | |
| leverage | 0.069,1*** | 0.054,0*** | -0.166,4*** | 1.000,0 | | |
| CFOT | 0.305,8*** | -0.095,4*** | 0.125,9*** | -0.002,6 | 1.000,0 | |
| x | 0.027,4** | 0.434,3*** | -0.059,2*** | 0.021,0* | -0.032,9*** | 1.000,0 |

表7-5　　　　　　　　　　　多元迴歸分析表

| 變量 | 預期符號 | 迴歸係數 | P值 |
|---|---|---|---|
| jsmeeting | - | .0,035 | 0.017** |
| jssize | - | -.0,011 | 0.013** |
| jshcgbl | + | -.1,229 | 0.565 |

表7-5(續)

| 變量 | 預期符號 | 迴歸系數 | P值 |
|---|---|---|---|
| jssalaryratio | - | -.0,066 | 0.004*** |
| dsmeeting | - | .0,007 | 0.001*** |
| auditcommittee | - | -.0,022 | 0.075* |
| ASSET | - | -.0,034 | 0.000*** |
| indirector | - | .0,424 | 0.022** |
| first10 | + | .0,313 | 0.000*** |
| leverage | + | .0,333 | 0.000*** |
| CFO | + | 9.76e-13 | 0.000*** |
| X | - | -.0,090 | 0.041** |

F=17.81；***：表明1%顯著；**：表明5%顯著；*：表明10%顯著。

從表7-5可以看出，總體來說，監事會對盈余管理程度具有抑制作用，總體的抑制作用是明顯的。其中，監事會會議次數、監事會規模、監事會在公司領取薪酬人員占比對盈余管理的影響顯著，監事會持股比率對盈余管理影響不顯著。筆者認為可能是由於目前監事會的持股比率都比較低，因此對盈余管理的影響不大。監事會在公司領取薪酬人員占比對盈余管理的抑制作用最為明顯，即監事在公司領取薪酬的人員占比越大，公司盈余管理程度越小。我們發現雖然監事會會議次數對盈余管理影響顯著，但是兩者出現了與預期符號不一致的情況，即監事會開會的次數越多，企業盈余管理程度越大。筆者認為，出現這種情況的原因可能是由於監事會目前的開會只是一種形式，而且是屬於事後監督，也就是只有出現問題了才開會，並不是通過開會去發現抑制問題的產生。另外，董事會會議次數和獨立董事占比對盈余管理程度的影響也是明顯的，但兩者也出現了與預期符號不符的問題，筆者認為董事會會議次數與盈余管理程度出現同向變動的原因是由於董事會會議召開次數增加，說明企業出現的問題增加。獨立董事占比與盈余管理程度出現同向變動，筆者認為是由於目前獨立董事沒有發揮其監督職能，而且有的獨立董事在幾個公司擔任獨立董事，其精力有限，對企業的瞭解不夠，不能有效發揮監督職能，則其占比越大，盈余管理程度越大。筆者同時發現監事會會議次數與獨立董事占比之間存在協同效益，

即監事會與獨立董事之間存在一種互相監督，監事會有效監督作用的發揮依賴於獨立董事的占比，也就是如果獨立董事越多，則監事會會議的作用越明顯，則盈余管理程度越小。

(三) 影響監事會財務監督職能的因素

1. 獨立性

獨立性是實現監事會履行監督職權的根本保障。而目前，中國的《公司法》並沒有對監事會的獨立性予以強調，只是指出監事應具有的資格、條件、忠實義務和勤勉義務，並沒有將獨立性作為監事任職資格的前提條件，沒有對獨立性的定義或標準做出相應的規定。從監事會的構成來看，監事會也難以保持獨立性。根據《公司法》一百一十八條規定，監事會應當包括股東代表和適當比例的公司職工代表，其中職工代表的比例不得低於三分之一，由公司職工通過職工代表大會或者其他形式民主選舉產生。由於這些職工代表與董事、經理們處於不平等的地位，且又缺乏保障機制，容易被董事、經理們所控製，因此其獨立性被削弱。李維安、張亞雙 (2,002) 的一項調查表明，73.40%的監事是來自企業內部的代表，作為公司內部員工的監事，與被監督的對象是上下級關係，在經濟上從屬於公司經理，難以獨立地行使監督權力。

因此，應堅持「以人為本」的原則來組建監事會，「以人為本」是科學發展觀的核心。企業的「人」主要包括企業內部的股東、企業職工和企業外部的債權人、供應商、客戶等利益相關者。監事會應廣泛吸收職工、債權人、客戶和供應商等利益相關者代表，並在《公司法》中規定獨立監事的比例。監事由董事、經理等以外的其他人擔任，能在一定程度上保證其獨立性。獨立監事是由來自於公司外部與公司沒有利害關係的專家擔任的，他們能獨立地行使監督職權。

2. 專業性

所謂監事會的專業性是指監事會的成員應該具有財務、法律和管理各方面的相關知識，應由財務、法律和管理等方面的相關專家擔任，從而保證監事具備監督業務的能力。《公司法》沒有對監事會成員以及監事會主席應該具有的專業資格和資歷進行規定。中國股份制企業監事的文化水平較低，其職業經歷

大多為黨務、紀檢、保衛或一般員工，缺乏公司管理經營經驗和經歷，相當一部分現任監事就是從「三會」直接轉移過來或兼任的，與董事會機關成員的水平相比，監事會成員明顯不濟。[①] 根據田志龍等（1999）所統計的情況來看，50.3%的上市公司監事會主席是大專學歷，一半以上的公司副監事會主席也是大專學歷，不到一半的有效樣本公司監事是大專學歷。而同樣的樣本公司中，董事會成員44%左右的董事為本科及以上學歷，64%的公司董事長是大學或大學以上學歷。李維安、張亞雙（2002）的研究也表明監事文化程度在大專以下的占72.0%，顯著低於其他管理人員，這種情況決定了監事難以勝任財務監督工作。中共上海市委組織部對上海2000年24家國有控股上市公司的102名監事進行統計，具有財務會計工作經歷的占27%，懂得財務會計專業知識的占29%；從職稱上來看，監事會成員擁有會計師職稱的占8.1%，監事會主席擁有會計師職稱的占3.0%。

因此《公司法》應明確規定監事應該具備的條件，如：熟悉並能夠貫徹執行國家有關法律、行政法規和規章制度；具有財務、會計、審計或者經濟等方面的專業知識；具有較強的綜合分析、判斷和文字撰寫能力等。股東大會在選派監事的時候一定要考慮監事的勝任能力，同時應該加強監事的后續教育，出抬相關的法律法規，對監事的勝任能力和后續教育做出明確的規定。

3. 職權大小

從上述的實證結果發現監事會會議只是一種事后監督，與盈余管理程度呈正向變動，筆者認為其主要原因就是監事會的職權範圍太小。結合第三章對德國和日本監事會的研究，也可以發現中國監事會的職權範圍很小，主要表現在：①知情權受限。《公司法》沒有明確規定監事會的知情權，以及實施財務監督的程序，而且各位監事沒有獨立的監督權，《公司法》也沒有對監事會的議事方式進行規定，僅對監事會召開會議的時間、議事方式、表決程序、簽名等程序性的內容做了原則性的規定。這樣勢必造成有的公司沒有明確的監事會實施

---

① 常健，饒常林．完善中國公司監事會制度的法律思考［J］．中國人民大學內部參考資料：民商法學，2001（11）．

制度，使監事會無法實施其職能。① 據中共上海市委組織部 2000 年的統計，上海 24 家國有控股上市公司中只有一家建立了五項監事會制度，11 家公司只有一項制度。監督制度不健全，妨礙了監督的有效性。②財務監督權受限。一方面，監事會雖然與董事會平行，隸屬於股東大會，但是監事會比董事會的權利小，不能很好地牽制董事會；另一方面，目前在上市公司內部除了監事會可以實施財務監督職能外，由獨立董事組成的審計委員會和內部審計機構也可以實施財務監督職能。多個財務監督機構的存在導致其相互推諉，沒有增強財務監督職能，反而弱化了其職能。③相關規定過於概括，不明確。《公司法》第五十四條第三項規定「當董事、高級管理人員的行為損害公司的利益時，要求董事、高級管理人員予以糾正」，但對於如何糾正，以及如果董事及高級管理人員不糾正該如何處理都沒有明確規定。②

因此，為了增強監事會的職權，一方面應該擴大監事會的規模，另一方面應賦予監事會比董事會更多的權利，包括：①增強監事會的知情權。對於公司財務狀況產生重大影響的事件應當通知監事會；監事會具有就公司經營、財務等事項要求董事會、經理隨時或定期提供報告和相關材料的權利；監督董事會制訂的公司利潤分配方案和彌補虧損方案的決策程序和決策依據的正確性，並對提交股東大會的意見做出決議。②明確監事會在國有控股上市公司中監督的主導地位。目前企業內部能夠實施財務監督的機構有很多，應該明確誰是主要實施者，筆者認為由於監事會是一個專門實施監督的機構，而且其與董事會平行，在公司的地位比較高，獨立性和權限應該最大，因此由其擔任主要財務監督機構是最為合適的。另外，監事會應該對其他監督機構實施情況進行監督。③對公司董事、經理的任命具有表決權。公司董事的任命一般由股東大會決定，可採用由股東大會提名，並徵求監事會意見的形式來決定董事的人選。對於經理的任命可採用由董事會提名，並徵求監事會意見的形式來決定經理的人選。

---

① 段曉旭．上市公司財務治理結構研究 [D]．天津：天津財經學院，2004．
② 鄧成芳．中國上市公司治理結構中內部財務監督機制的構建 [J]．北方經貿，2004（11）．

4. 薪酬激勵

中國的《公司法》沒有明確規定監事報酬的給付標準，在大多數公司中，監事的報酬要遠遠低於經理層，監事缺乏工作積極性。雖然《公司法》第一百五十條規定「董事、監事、高級管理人員執行公司職務時違反法律、行政法規或者公司章程的規定，給公司造成損失的，應當承擔賠償責任。」但是如何確定賠償金額等沒有詳細列明。同時沒有規定對第三者的責任和應承擔的連帶責任。因而，目前的法規無法有效影響監事會及監事的行為選擇，不利於監事會監督權的充分實現。從1996年10月至2002年10月的32起上市公司因年報或中報存在虛假陳述而受到證監會處罰的案件來看，只有一起（四通高科）處罰了監事，且為監事會主席。[1] 由於獎懲不明，造成監事做事的積極性不高。

筆者認為，可借鑑英美獨立董事的薪酬激勵機制，給予監事足夠豐厚的薪俸，並使其長期利益與公司經營情況掛鉤，如採取股票期權或實行現金與期權相結合的辦法，使之擁有公司剩餘的索取權，以激勵其發揮監督的主觀能動性。[2] 在完善對監事的激勵的同時，也應該加強對監事違規的懲處，《公司法》中應明確規定公司如何懲罰違規監事，以及提起訴訟的方式。公司對監事提起訴訟可採用兩種方式：一是在沒有大股東控制的公司，可以通過股東大會形成決議，委託董事長或董事或其他人為公司的代表，對監事提起訴訟；二是在大股東控制的公司中，可由賦予少數股東權的股東提起訴訟。[3] 同時應加強監事會對第三者的責任，以及承擔與董事相關的連帶賠償責任。日本的公司立法規定了監事對第三人應承擔的責任，以充分保護被害人的利益。日本《商法典》第277條規定：「檢查人怠其任務時，對公司負責任情況下董事也應負其責任時，監察人與董事為連帶債務人。」第二百八十條規定，監事在監查報告中應記載的重大事項進行虛假記載時，監事對第三人負損害賠償責任。[4]

---

[1] 李明輝. 對完善上市公司監事財務監督制度的思考 [J]. 審計研究，2004（4）.
[2] 孫敬水. 對中國獨立董事監督職能的質疑 [J]. 經濟師，2003（1）.
[3] 戴思勤. 上市公司年度財務報表監督制度研究 [J]. 湖南大學，2007（8）.
[4] 王書江，殷建平. 日本商法典 [M]. 北京：中國法制出版社，2003.

## 第二節　國有控股上市公司的審計委員會與財務監督

### 一、上市公司審計委員會的定位

筆者梳理了相關文獻，認為目前關於上市公司審計委員會的定位主要有三種觀點：

（一）審計委員會應定位於維護全體股東利益，特別是中小股東利益

審計委員會在英、美等國被認為是一項能夠維護全體股東利益的有效監督機制。英國凱德伯里報告（Cadbury Report）在總結關於審計委員會的研究成果時指出：「審計委員會證明了其自身價值，對股東提供了進一步的保障。」沃尼則（Wolnizer, 1995）和克萊恩（Klein, 1998）指出審計委員會是董事會的代表，主要是為了維護和提升股東的利益。艾興澤、謝德和品克斯（Eichenseher, Shields, Pincus, 1989）都指出審計委員會被看做一種監督機制，其主要作用是為了減少內部人與外部人信息不對稱，維護股東的權益。喬春華、蔣蘇婭（2008）指出審計委員會從董事會的監督職能中獨立出來，使專業委員能夠專司其職，成為股東監督職能的一個保證機制，維護股東利益以及社會利益。謝德仁（2005）認為審計委員會的本原性質在於，其是由股東直接選聘和激勵的具有會計、財務和審計等相關專業知識、且獨立於經理人（即董事與董事會）的人員組成的委員會，其代表股東利益，直接負責企業外部會計事務，並享有企業內部會計事務的消極權力，[1] 是現代企業治理結構的一部分。

---

[1] 謝德仁（2005）把企業會計和財務報告過程從事務性內容上區分為內部會計事務（含剩餘會計規則制定權行使、內部會計部門管理和內部會計控制等）和外部會計事務（即註冊會計師對企業財務報告的獨立審計及其相關事務）。把企業會計事務的控制權區分為積極權利（決策權或監控權）和消極權利（即前述的知情權、改進建議權和向相關主體報告權）。經理人在擁有企業內部會計事務的積極權利的同時還擁有對企業外部會計事務的消極權利，審計委員會在擁有企業外部會計事務的積極權利的同時還擁有對企業內部會計事務的消極權利，而股東則可通過經理人和審計委員會成員的選聘、激勵以及其他制度安排（包括對企業會計事務控制權安排的直接調整）來調整和影響后兩者對企業會計事務的權利的享有和行使。

## (二) 審計委員會應定位於維護大股東聯盟

夏文賢（2005）調查了中國上市公司大股東持股比例、性質與設立審計委員會之間的關係。研究結果表明，公司前五大股東聯盟的持股比例與設立審計委員會的可能性正相關。當第一大股東的持股比例超過50%，即為絕對控股時，此正相關關係不再顯著。這說明當不存在單一股東有效控製公司時，大股東聯盟之間存在協同效應，大股東具備推動公司設立審計委員會的積極性，對管理層實施有效監督，從而獲得監督收益。但當存在單一股東有效控製公司時，大股東聯盟之間的協同效應消失，此時，大股東剝奪效應出現，會阻止公司引入新的監督機制。

## (三) 審計委員會應定位於維護董事會的利益

格恩里和特恩布爾（Guthrie，Turnbull，1995）認為審計委員會的成立是為了保護非執行董事。劉力雲（2000）指出審計委員會本質上是為了實現董事會目標而對公司的財務報告和經營活動進行的獨立評價。審計委員會實質上就是內部審計，是內部控製的一種手段，是管理的一部分。曾小青（2003）指出在受託框架中，審計委員會代表董事會對公司進行監督，營造了一種公司管理層受到監督的環境，有助於董事會制訂和維持公司受託責任框架，能對公司管理層舞弊、詐欺等問題進行有效防治。管考磊、劉劍超（2006）指出審計委員會應定位於代表董事會監督經理人員，並且制衡董事會的內部董事和大股東代表。其主要職能是監督公司的財務報告過程、評價公司的內部控製、聘任外部審計以及檢查內部審計的工作，其主要進行事前監督並且與決策過程緊密結合。

筆者比較讚同第一種觀點，認為審計委員會應定位於維護股東的利益，特別是公眾股東利益，同時協助管理層。首先，當董事和董事會實質擁有企業剩余控製權時，構成審計委員會的獨立董事與內部董事一樣，其性質都是企業的經理人，其本身首先是代理問題的一部分，只有在其與股東之間的代理問題得到較好解決之后，獨立董事才可能成為一種有效的公司治理機制。如果審計委員會定位於董事會，則董事與股東之間的代理問題無法解決，只有其定位於股東，才能解決董事與股東之間的代理問題。其次，從經濟學的角度看，要使審計委員會制度達到帕累托最優狀況，審計委員會除了應保護股東利益的本質屬

性之外，同樣應具有保護管理層免受不公正評價。朱錦余等（2009）從經濟學的角度分析，審計委員會的本質就是具有幫助減少股東和管理層兩者之間契約的不完全程度，減輕內部人控製問題和提高所有者對企業剩余索取權與剩余控製權的把握能力，同時扮演股東和管理層之間公正者的形象。

## 二、審計委員會財務監督職能實施現狀

筆者根據上文提到的數據，統計發現設立審計委員會的公司數目為3,643，占總樣本量的58.64%，而沒有設立審計委員會的公司數目為2,569，占總樣本量的41.36%（見表7-6）。可見中國還有很多公司沒有設立審計委員會。同時筆者發現，設立了審計委員會的公司盈余管理程度小於沒有設立的，說明審計委員會對企業盈余管理程度具有抑製作用。而根據上文提到的迴歸結果可以發現，審計委員會對盈余管理程度的影響顯著度在10%左右，因此，說明中國目前審計委員會的財務監督作用還沒有充分發揮。在上文的迴歸結果中發現獨立董事占比與盈余管理程度出現同向變動，筆者認為是由於目前獨立董事沒有發揮其監督職能，而且有的獨立董事在幾個公司擔任獨立董事，其精力有限，對企業的瞭解不夠，不能有效發揮監督職能，則其占比越大，盈余管理程度越大。

表7-6　　　　　　　　審計委員會現狀分析表

| 是否設立審計委員會 | 盈余管理程度平均數 | 標準差 | 公司數目 | 百分比（%） |
|---|---|---|---|---|
| 否 | .0.635 | .0.415 | 3,643 | 58.64 |
| 是 | .0.592 | .0.711 | 2,569 | 41.36 |

## 三、審計委員會的財務監督職權

美國的特雷德韋委員會（Treadway Commission）、AICPA-POB委員會、SEC—藍帶委員會以及加拿大註冊會計師協會的麥克唐納報告（Macdonald Report）、證券管理部門（CSA）發布的公告、英國審計實務委員會的CCAB公報

和凱德伯里報告（Cadbury Report）等均對審計委員會的職責[①]有過定義與描述。

中國 2002 年發布的《上市公司治理準則》規定審計委員會的主要職責是：提議聘請或更換外部審計機構，監督公司的內部審計制度及其實施，負責內部審計與外部審計之間的溝通，審核公司的財務信息及其披露，審查公司的內控制度。

綜合以上法規的規定，筆者認為上市公司審計委員會財務監督職權包括：

（一）監督財務報表生成過程，審核財務報表的合法性與公允性

英國財務報告理事會（FRC, 2003 年）在《審計委員會——聯合法案指南》的研究報告中強調，審計委員會要監控財務報表的質量；美國藍帶委員會（1999）指出，審計委員會的主要職責是監督財務報表的質量。斯坦博格（Steinberg, 2005）研究表明審計委員會對財務報告的過程具有監督作用。此項功能應為審計委員會最為主要的功能，許多學者對此做了大量的研究。筆者總結了學者們主要從以下角度界定了審計委員會具有財務信息與報表的監督作用：①從財務報告的信息含量或質量來界定。如任艾德（Wild, 1994）以美國 1981 年以前成立審計委員會的公司作為樣本，對審計委員會與財務報表收益關係的研究顯示，審計委員會的成立能促使財務報表具有更多的信息，並且能提高管理者的責任。Simon 和 Wong（2001）的研究表明，審計委員會的設立與公司自願性信息披露的範圍存在顯著的正相關關係。吳清華等（2006）的實證研究發現：公司擁有更高比例的獨立董事或者設有審計委員會，均能呈報更高質量的會計盈余信息。蔡衛星、高明華（2009）使用 2006 年深市上市公司的相關數據，檢驗了審計委員會與上市公司信息披露質量之間的關係。研究表明，審計委員會對上市公司信息披露質量有著正向顯著影響。②從財務報告中錯誤、舞

---

[①] 審計委員會的基本功能包括：對公司財務報告體系、財務報告質量及內部控制制度的監督功能；對公司內部稽核部門工作情況的監督功能；對公司外部註冊會計師審計合約、審計計劃與過程及審計建議書和非審計服務的復核與評估功能；對公司管理當局涉及財務會計報告的重大判斷、估計、風險與不確定因素以及會計原則、會計政策的復核與評估功能；對內部稽核部門與外部註冊會計師相關工作的協調功能；對管理當局與外部註冊會計師之間的重大判斷、會計估計以及會計原則、政策分歧的評估與協調功能；對審計委員會章程與組織的再評估與修正功能；向董事會與股東大會匯報有關委員會績效報告的功能；其他規劃控制（如對管理當局營運計劃的復核）及特別調查（如利益衝突和不法行為等）的功能。

弊與違規的比例或現象來界定。如麥克馬倫（McMullen，1996）和德肖（Dechow，1996）發現審計委員會的成立與較少的錯誤發現以及違規現象的發生率有關。貝森里（Beasley，1996）認為，審計委員會可以提升董事會財務報表監督的整體能力，並認為舞弊公司相比非舞弊公司設置審計委員會的概率更低。張勇、應超（2009）通過對2007年滬、深兩市A股上市公司（非金融類）中選取的417家上市公司進行Logistic迴歸，發現上述公司審計委員會制度對防止信息披露違規現象存在顯著的影響。③從財務報表的重述情況來界定。艾鮑圖（Abbott，2004）選擇在1991—1999年進行了財務報表重述的88家公司（不包含有舞弊行為的公司）作為樣本，研究了審計委員會的特徵與財務報表重述之間的關係，結果表明，兩者為負相關關係，即審計委員會能減少企業財務報表重述。④從財務年報的補丁概率來界定。如李斌、陳凌雲（2006）以年報補丁的出現代表公司財務報告質量的低下，研究審計委員會對年報補丁的影響，結果發現設立審計委員會的上市公司發布年報補丁的概率比較低。⑤從審計意見出具的類型來界定。王躍堂、涂建明（2006）對2002—2004年中國滬、深兩市A股上市公司審計委員會設立及其運轉進行實證研究發現，設立審計委員會的公司更不易被出具非標準審計意見，說明設立審計委員會的公司會計質量更好。⑥從盈餘管理程度來界定。McMullen（1996）認為審計委員會通過監督企業主要的會計事項，能夠減少企業的盈餘管理。彼洛特和詹因（Piot，Janin，2007）研究表明審計委員會的出現對於盈餘管理具有抑製作用。

但也有少數學者研究表明審計委員會不具有對財務報表的監督職能。如楊忠蓮、徐政旦（2004）對中國382家成立審計委員會的企業動機進行了實證研究，結果發現：中國公司成立審計委員會只是受董事會和外部董事的影響，不具有提高財務報表質量的動機。謝永珍（2006）對2002年中國上市公司的審計委員會治理情況做了實證調查。結果發現：審計委員會在防止上市公司財務舞弊（信息披露違規）、維護關聯交易的規範性以及確保上市公司財務安全性等方面沒有發揮顯著作用。洪劍峭、方軍雄（2009）通過利用2002—2004年中國上市公司的數據，分析設立審計委員會前上市公司在會計信息方面已有的特徵，在控製了這種已有的會計信息質量差異后，研究設立審計委員會對會計信息質

量的影響。結果表明，設立審計委員會前后，上市公司盈余質量沒有顯著變化。出現這種情況的原因，筆者認為主要是由於中國的審計委員會還處於發展階段，其作用還沒有得到有效的發揮。

(二) 監督公司經營管理活動，防止大股東「掏空」

謝朝斌（2004）認為：「從根本意義上說，設立審計委員會的目的在於強化董事會的決策功能，以確保董事會對經理層的有效監督。」有效的審計委員會為了達到保護股東利益的目的，在對財務報告進行監督、提高財務報告質量的同時，還需要加強內部控製和風險管理，改善公司內部環境，降低企業的各種風險，幫助董事會監督管理業績和實施監管責任。許多學者通過實證研究指出審計委員會或者獨立董事在此方面的重要性，如波特和吉多（Porter, Gendall, 1998）分析了審計委員會在加拿大、美國、英國、澳大利亞和新西蘭的發展，指出公司失敗是激發審計委員會產生和促使其職責改變的主要原因。弗蒙（Fama, 1980）認為外部董事可以被看成是職業裁判，它的任務是激勵和監管公司上層管理層之間的競爭，外部董事有動機保證公司的有效經營。Collier 和 Gregory（1996）認為審計委員會能夠加強企業的內部控製，導致控製風險的減小。Beasley 等（2001）以加拿大的部分公司作為樣本，發現審計委員會成員具備的相關知識越多、獨立性越強，公司內部控製制度的設計越科學，實施效果越明顯。李補喜、王平心（2007）對上市公司的研究表明，審計委員會在加強獨立董事責任和董事會、外部審計師的獨立性的同時，也改善了公司內部控製系統。賈揚吉（Jayanthi, 2005）研究了審計委員會與公司內部控製質量之間的關係，對內部控製存在問題與不存在問題的公司進行了比較，研究發現，擁有優秀的審計委員會的公司內部控製存在問題的可能性較小。張瑤、李補喜（2008）以滬深 A 股上市公司中，披露了註冊會計師年報審計收費的上市公司為研究樣本，研究了審計委員會對外部註冊會計師審計需求和公司內部治理的有效性，結果表明審計委員會在抑制因虧損而進行的盈余管理方面具有潛在作用。

(三) 加強審計事項的溝通與監督，提高內外部審計質量

陳漢文等（2004）曾指出如何通過審計委員會改善公司董事會、管理層和內外部審計師之間交互作用的效率，是審計委員會制度的核心。審計委員會通

過其提議聘請或更換外部審計機構、監督公司的內部審計制度、審查公司的內控制度等具體職能，確保公司財務信息及其披露的質量。McMullen（1996）指出通過監督企業主要的會計事項，能夠減少企業的盈余管理；通過與內部、外部審計的合作，保護外部審計的獨立性。Crawford 等（2008）認為審計委員會的職能應該包括對內部審計的監督，對外部審計的監督和對風險管理的監控等，通過問卷發現審計委員會的確對內部審計進行了監督，而且作用明顯。此外，大量的經驗數據表明審計委員會能夠提高審計質量。如 Gibbins 等（2001）研究發現，有效的審計委員會能夠增加審計人員就審計調整進行談判的力量。Abbott 等（2003），Francis（2004），Stewart 和 Kent（2006），Vafeas 和 Waegelein（2007）把審計費用看做審計質量的替代變量，研究發現審計委員會的專業性與審計收費存在正相關關係。夏文賢、陳漢文（2005）以 2002—2004 年滬深股市的上市公司為研究樣本，發現設立審計委員會的公司其外部審計師發生變更的可能性顯著下降。白羽（2000）從上市公司設立審計委員會前后審計費用變化的角度，間接地說明了審計委員會的設立在一定程度上降低了外部審計的控製風險。Young 和 Mande（2005）通過迴歸分析對 190 個由審計師提出辭職的公司和 190 個由管理當局提出解聘審計師公司的審計委員會的獨立性進行了比較。研究表明有效的審計委員會能夠在協調管理當局與審計師的衝突方面發揮應有的作用，並可以在發生審計師變更時提高公司審計質量，減低審計師變更的負面影響。吳水澎、莊瑩（2008）以 2002—2006 年中國證券市場上市公司為研究樣本，研究表明實際設立審計委員會的公司比假設不設立審計委員會的公司更可能選擇「國際四大會計師事務所」合作，說明設立審計委員會的公司比假設不設立的公事更偏好高質量的審計需求。劉力、馬賢明（2008）以中國 A 股證券市場 2004—2005 年獲得無保留審計意見的 A 股上市公司為樣本，使用截面 Jones 模型估計公司的操縱性應計利潤的絕對值作為審計質量的衡量指標，對審計委員會與審計質量的關係進行了實證檢驗。研究發現，審計委員會能夠顯著地遏制盈余管理。審計委員會的成立時間越長，提升審計質量的效果越明顯。

但也有少數學者認為審計委員會不能提高審計質量。如孫岩、張繼勛（2008）的研究表明，有效的審計委員會沒有對審計人員的審計調整決策產生

顯著影響，這表明中國的審計委員會沒有起到支持審計人員提升審計質量的作用。王躍堂、涂建明（2006）發現，審計委員會與事務所變更無關，即審計委員會未能實現有效的監督職能。謝德仁（2006）對中國上市公司現行治理結構中的企業會計事務控製權安排進行研究，認為現行審計委員會制度難以保證審計師的獨立性。張陽、張立民（2007）發現，審計委員會不能有效提高外部審計獨立性。唐躍軍（2007）從管理層審計意見購買的角度，也未發現審計委員會在管理層審計意見購買過程中的制衡作用。

## 第三節　國有控股企業的財務總監與財務監督

### 一、財務總監制度的定義

20世紀90年代，中國開始實行財務總監委派制。政府以股東或者企業董事會的身分向國有企業委派財務總監，參與企業的重大經營決策。財務總監委派制是指在企業財產所有權與經營權相分離的情況下，由出資人向企業委派財務總監參與企業的重大經營決策，組織和監控企業日常財務活動的一種經濟監督制度。財務總監制度是在企業所有權與經營權分離的情況下，由國有資產管理部門派駐到企業，或由國有集團公司董事會派駐到企業，對企業各項經濟活動實施監督控製的一種特殊的行政管理措施。[①] 中國實施的財務總監與國外的CFO——首席財務執行官並不是一個概念。根據張保中（2007）指出CFO的工作重點不在於會計核算、分析以及日常財務活動等具體的專業技術工作，而是負責企業全局的價值管理，是企業財務戰略的計劃領導者與組織者。因而對企業集團在市場經濟中的發展而言，其是重要甚至關鍵的經營者，屬於經營者財務的範疇。而財務總監委派制度產生的背景是西方國家針對國有企業在市場經濟的經營過程中，由於實行所有權與經營權的分離產生的一系列內部人控製問題而採取的舉措，財務總監的基本角色與職責是代表出資者在財務或價值層面

---

① 史娟．透視財務總監委派制［J］．經濟理論研究，2006（12）．

上對其代理者（經營者）進行監督，其屬於出資者財務的範疇。①

因此，中國目前的財務總監委派制度是企業的所有者或全體所有者代表決定的，體現所有者意志的，全面負責對公司的財務、會計活動進行全面監督與管理的高級管理人員，② 是國有資產經營公司或國資委下派財務總監到國有控股企業，以行使所有者職能確保國有資產保值增值的一種公司內部治理結構的創新措施。③ 財務總監委派主要包括兩種方式④：①政府委派制。政府委派制一般適用於股權集中型的大型國有企業。由政府代表所有者向國有企業委派財務總監，強調實行總經理與財務總監聯簽制度，被委派的財務總監應向其委派機構負責，向委派機構報告其職責履行情況。②董事會委派制。在股權分散型國有企業，由董事會聘任財務總監，對董事會負責。財務總監對董事會批准的公司重大經營計劃、方案的執行情況進行監督，定期向董事會報告財務運作情況，並接受董事會質詢。在董事會授權範圍內，企業財務支出事項必須由總經理和財務總監聯合簽批后方能生效。

## 二、財務總監財務監督的定位

在實踐中，財務總監對企業財務計劃的制訂有參與權，對財務計劃的執行有監督權，對企業重大資金的調撥有簽字權。可見財務總監代表的是所有者，是從產權角度去行使權力，體現的是一種來自產權約束的監督關係，是代表所有者並分擔本應屬於所有者所擁有的部分管理與監督權力和責任，是所有者職能的傳遞和延伸。劉錦恒、曹湘平（2007）指出財務總監制度是企業所有權與經營權分離的必然結果，是公司治理的有機組成部分，實質上代表所有者利益，屬於財務監督範疇。財務總監制度的建立，一方面使財務總監代表所有者利益把好財務監督關，使經營者在企業重大決策和財務收支活動方面最大限度地體

---

① 張保中．基於財務治理的企業集團財務控製體系研究［D］．成都：西南財經大學，2007．
② 劉錦恒，曹湘平．淺析公司財務總監制度［J］．財會研究，2007（1）．
③ 唐萍．財務總監委派制的可行性研究——兼論國有企業監督機制的設計［J］．經濟研究，1999（1）．
④ 這裡只說明兩種，是因為筆者認為其他委派方式，如總經理委派應該屬於經營者財務的範疇，即為首席財務執行官的範疇，這會在后面關於延伸性財務監督體系中談到。

現所有者的利益；另一方面也可為經營者充分施展經營才能，最大限度地實現資產的保值增值提供強有力的保證。因此，財務總監的職能應定位於產權代表在財務上的職責實現。財務總監是從產權角度去行使權力的，代表所有者對經營者行為進行規範和約束，它所體現的是一種來自產權約束的監督關係。

## 三、財務總監委派制度與其他委派制度

（一）財務總監與總會計師

總會計師制度起源與發展於計劃經濟體制，主要是為了適應全社會統一生產單位的需要，為核算其複雜的價值運動過程而引入的會計技術專家制度，主要在國有企業、事業單位、國有控股或主導的公司中應用。財務總監制度與總會計師制度都有權對國有控股企業進行財務監督，其根本目的是建立健全企業財務監管機制，規範企業經營行為。[1] 但是它們兩者具有很多的不同點。

1. 兩者的起源不同

總會計師沿襲了蘇聯計劃經濟體制下的會計模式，財務總監制度則起源於西方，在西方兩權分離的企業制度下，企業所有者從維護自身利益的需要出發，必須對企業經營者的行為實施必要的監督制約，代表所有者實施管理和監控職能。

2. 性質不同

前者是從企業外部派遣的代表資產所有者對企業經營者進行監督、制約的制度形式，主要是為切實有效地規範約束經營者的行為，維護資產所有者的利益；后者是在企業內部代表企業經營者進行會計核算、內部控製和從事理財的制度形式，主要是為促進企業搞好經營，提高企業自身經濟效益服務的。

3. 地位不同

財務總監由企業所有者或企業所有權的代表即董事會聘任，不得由公司董事、正副董事長、經理班子成員或財務、會計、審計部門負責人兼任，其代表所有者的利益，與總經理同屬於董事會領導，兩者之間沒有領導與被領導關係，在企業中具有重要的地位。總會計師代表企業的管理當局或者經營者利益，由總經理任

---

[1] 余春宏，吳建忠．論財務總監制度 [J]．財政研究，2002（9）．

命，作為單位的行政領導班子成員之一，只在財務會計部門擁有有限的決策權。財務總監只接受派出機構領導並對其負責，實行定期輪換制，由此決定了財務總監的工作具有較強的獨立性，為其獨立地行使財務監管權，確保監管的客觀、公正性提供了強有力的制度保證。相比之下，總會計師的獨立性就不如財務總監。一方面，總會計師由企業負責人任命，在其領導下開展工作，只能處於助手的地位；另一方面，其人事關係隸屬於本企業，經濟待遇均由企業決定。在相關利益關係的驅動下，總會計師工作在獨立性方面遠不如財務總監。

4. 作用不同

總會計師一般實施日常的會計核算以及監督日常財務會計運作，提供事後監督，負責企業內部管理控製，不能對未來做出預測。財務總監除了進行會計核算以及財務會計監督外，強調監控和決策。財務總監對公司的經濟活動（主要是重大經濟活動）進行直接或間接的監督，防止經營者從事違背所有者利益的活動。財務總監還參與擬訂企業經營的重大計劃、方案，包括編製年度預決算方案，制訂融投資計劃等，對財務計劃的執行有監督權，參與公司相關的決策，對相關的財務問題發表意見，對重大資金的調撥有聯簽權。這樣的財務監督基本覆蓋了企業經營活動的各主要環節，是一種事前、事中和事後的全過程全方位的監督，從而能及時發現違法亂紀行為。

(二) 財務總監制度與會計委派制、稽查特派員制度

1. 財務總監制度與會計委派制度

會計委派制是指政府部門、產權單位向其所屬單位委派會計人員，並授權會計人員監督所在單位會計行為和其他經濟活動的一種制度。[①]於長春、伍中信（2000）指出財務總監制與會計委派制的一個重要區別在於，會計委派制中的會計人員依然歸企業管理，對企業負責的地位沒有改變。財務總監代表國企所有者行使對企業的監督職能，會計委派制適用於行政機關和財政撥款的事業單位，但不適用於企業單位。干勝道（1995）指出會計委派制是不可取的，雖然會計委派制是把會計人員從企業中獨立出來，成為純粹的外部人，但政府再次

---

① 李建成，朱景華. 會計委派制度利弊分析 [J]. 工會論壇，2007 (1).

介入企業經濟活動，不利於現代企業制度的建立和政府職能的轉變；委派的會計人員的費用會大幅度增加監督成本；會計人員與經營者尖銳對立、不願或很少主動參與企業的經濟預測和決策活動，喪失了會計為提高經濟效益服務的固有屬性。筆者也認為會計委派制是不可取的，委派的會計人員處於一種尷尬的地位，一方面其受到所有者的委派對經營者進行監督；另一方面其在被委派的企業中的最高身分只是一個中層管理人員，要受到經營者的控製。其所處地位決定了其不能有效地發揮監督職能。

2. 財務總監制度與稽查特派員制度

1998年7月3日，為了加強對國有大型企業的財務監督，評價國有重點大型企業主要負責人員的經營管理業績，時任國務院總理的朱鎔基簽署了第246號國務院令——《國務院稽查特派員條例》（以下簡稱《條例》），並正式發布施行。稽查特派員代表國家行使監督權力，不參與、不干預企業生產經營活動，其主要職責是對企業的經營狀況實施財務監督，審查國有企業資產營運和盈虧狀況，對企業經營者執行國家法律法規的情況和經營業績做出評價。稽查特派員以財務監督為核心，同樣具有監督職能，與被稽查企業的關係也是監督與被監督的關係。張紅軍（2000）指出稽查特派員制度不同於監事會：稽查特派員制度將監督與任免相結合，將稽查結果作為獎懲、任免企業主要領導人員的主要依據，這也是發揮稽查特派員制度作用的關鍵。這種制度與公司內部的監事會發揮著不同的作用。稽查特派員直接隸屬於國務院，代表國家，不受其他任何部門的制約，可以排除一切干擾，對國有大型企業的財務進行監督，瞭解企業的國有資產保值、增值情況，切實解決多頭管理、多頭監督及局部利益分割國有資產權益的問題。於長春、伍中信（2000）指出財務總監制適用於大型國有企業和國家控股的上市公司。稽察特派員制改為外派監事會制，是把政府行為轉變為代表國有資本所有者的企業行為，更適用於對重點國有企業的監督。

高淑雲（2000）指出稽查特派員制度的優點在於：垂直的監督體制，體現了稽察的權威性；以財務監督為核心，防止國有資產流失，體現了稽察的專業性；監督關口前移，控製損失，體現了稽察的及時性；監督與領導業績考核掛勾，體現了稽察的客觀、公正性；稽察人員不與企業發生經濟利益的關係，體現了稽察

的獨立性；實行行業迴避制度，體現了稽察的廉潔性。楊肅昌（2003）指出稽查特派員的弱點在於：一是稽察特派員在技術資源、人力資源和組織資源方面非常有限，無法有效實施監督職能；二是國家稽察特派員是在國務院總理授權下實施的監督，體現的是行政監督權威；三是造成企業重複監督。

　　筆者認為，無論是會計委派制度還是稽查特派員制度，更多地表現為一種政府行為，只能是一種過渡性的，它們只能在特定的時間存在，隨著企業其他監督機構的完善，這兩種制度應該取消。在以國有經濟為主導的社會主義市場經濟中，在所有者的時代前提下，由國有體制的仲介公司或國資委派遣的財務總監是可行的方案。財務總監本身代表所有者的意志，其職位與國有企業的經營者是平等的，因而可以更好地發揮監督職能，但由於被委派到企業後，可能造成財務總監的監督職能不能有效實施，如對企業的信息瞭解不夠、被企業內部人員架空以及被企業內部人員收買；利用財務監督權獨斷專行，侵犯企業總經理和企業的合法權益，給企業造成重大損失；利用財務總監權利任人唯親，用人不當，造成企業管理混亂和企業重大經濟損失；利用財務監督權，誣告不同意見的企業幹部，造成管理混亂和重大經濟損失等，筆者稱此為「財務總監的外部異化」。為了避免財務總監外部異化的存在，可以把財務總監設置在監事會下面，通過有效的監事會對其進行監督作為補充，如果企業的監事會無效，則可通過外部會計師事務所或者審計署審計作為補充。而對於國有控股上市公司，筆者認為審計署審計作為補充更為有效，因為審計署代表國家的意志，審計署實施的審計具有權威性和廣泛性的特點，權威性是指國家審計代表國家的意志，被審計單位必須積極配合，對於發現問題的單位，國家審計署可以提出處理意見，同時可以提請司法部門對有關部門單位進行處罰。廣泛性是指國家審計涉及國家財政財務收支的所有方面，審計的內容範圍廣。

## 四、財務總監的財務監督職權

　　筆者認為財務總監的財務監督職權應該包括：
（一）對企業的資本運作情況進行監督
　　包括瞭解並參與擬訂有關公司經營的重大計劃方案，即年度預決算方案、

資金使用和調度計劃、費用開支計劃、籌資融資計劃以及利潤分配、虧損彌補方案等；參與有關貸款擔保、對外投資、產權轉讓、產權重組等重大決策；對董事會批准的重大經營方案執行情況進行監督；對全資、控股子公司的財務運作和資金收支情況進行監督、檢查，並有權向董事會、監事會提出審計建議。財務總監與國有控股企業經理實行重大財務收支聯簽制度，凡是企業經營性、融資性、投資性、固定資產購建支出和匯往境外資金，以及擔保貸款等事項超過一定限額的，都必須由經理和財務總監聯合批簽后方能執行。

(二) 對違規行為或者個人進行處罰

對財務人員任用、調動、獎懲方面的處置權，完善企業的財務管理制度和內控、內審制度，處分提供虛假會計信息的財務人員。採取措施阻止總經理濫用職權和決策失誤的行為。在緊急情況下，財務總監有權採取封存企業資產、帳冊、銀行付款印章等臨時強制手段，制止企業正在發生的嚴重侵害股東合法權益等違法違規行為。財務總監有權責令企業有關部門在一定期限糾正違反法規、董事會決議、企業財務規章制度的行為，有權對出現這些行為的有關人員予以警告、通報批評、罰款等。

## 主要參考文獻

【1】CHEN, CHARLES J P, JAGGI, BIKKI. Association between Independent Nonexecutive Directors, Family Control and Financial Disclosures in Hong Kong [J]. Journal of Accounting and Public Policy, 2000, 19 (4/5): 285 - 310.

【2】CHAN, KAM C., LI, JOANNE. Audit Committee and Firm Value: Evidence on Outside Top Executives as Expert - Independent Directors [J]. Corporate Governance, 2008, 16 (1): 16 - 31.

【3】EICHENSEHER J. W., SHIELDS, D. Corporate Director Liability and Monitoring Preferences [J]. Journal of Accounting and Public Policy, 1985, 4: 13 - 31.

【4】KLEIN, A. Firm performance and board committee structure [J]. Journal of Law and Economics, 1998, 4: 135 - 167.

【5】Wolnizer P. Are Audit Committee Red Herrings [J]. Abacus, 1995, 31 (1): 45-66.

【6】白羽. 上市公司審計委員會的有效性研究——基於審計收費角度的考察 [J]. 財貿研究, 2007 (1).

【7】蔡衛星, 高明華. 審計委員會與信息披露質量: 來自中國上市公司的經驗證據 [J]. 南開管理評論, 2009 (4).

【8】常健, 饒常林. 完善中國公司監事會制度的法律思考 [D]. 北京: 中國人民大學內部參考資料: 民商法學, 2001 (11).

【9】陳漢文, 夏文賢, 陳秋金. 上市公司審計委員會: 案例分析與模式改進 [J]. 財會通訊, 2004 (1).

【10】陳勝藍, 魏明海. 董事會獨立性、盈余穩健性與投資者保護 [J]. 中山大學學報: 社會科學版, 2007 (2).

【11】戴思勤. 上市公司年度財務報表監督制度研究 [D]. 長沙: 湖南大學, 2007.

【12】鄧成芳. 中國上市公司治理結構中內部財務監督機制的構建 [J]. 北方經貿, 2004 (11).

【13】董丹. 論中國公司監事會制度的完善 [D]. 長春: 吉林大學, 2006.

【14】段曉旭. 上市公司財務治理結構研究 [D]. 天津: 天津財經大學, 2004.

【15】干勝道. 所有者財務論 [M]. 成都: 西南財經出版社, 1998.

【16】高淑雲. 制度創新——國企監督中的稽查特派員制度 [J]. 廣西經濟管理幹部學院學報, 2000 (1).

【17】管考磊, 劉劍超. 董事會、審計委員會與監事會關係研究 [J]. 中南財經政法大學研究生學報, 2006 (4).

【18】賀長元. 完善公司治理關鍵: 監事會職能的重新定位 [J]. 安慶師範學院學報, 2002 (4).

【19】洪劍峭, 方軍雄. 審計委員會制度與盈余質量的改善 [J]. 南開管

理評論, 2009 (4).

【20】胡勤勤, 沈藝峰. 獨立外部董事能否提高上市公司的經營業績[J]. 世界經濟, 2002 (7).

【21】胡奕明, 唐松蓮. 獨立董事與上市公司盈余信息質量[J]. 管理世界, 2008 (9).

【22】李斌, 陳凌雲. 中國上市公司審計委員會有效性研究——基於上市公司年報補丁的實證分析[J]. 財貿研究, 2006 (3).

【23】李補喜, 王平心. 審計委員會的設立與公司治理[J]. 數理統計與管理, 2007 (1).

【24】李建成, 朱景華. 會計委派制度利弊分析[J]. 工會論壇, 2007 (1).

【25】李明輝. 對完善上市公司監事財務監督制度的思考[J]. 審計研究, 2004 (4).

【26】李維安, 張亞雙. 如何構造適合國情的公司治理監督機制——論中國監事會的功能定位[J]. 財經科學, 2002 (2).

【27】李越冬, 干勝道. 輿論財務監督在公司治理中的作用[J]. 會計之友, 2010 (8).

【28】李越冬, 干勝道. 企業財務監督主體及內容研究[J]. 會計之友, 2010 (10).

【29】李越冬, 干勝道. 監事會作用及其優化[J]. 財會通訊（綜合）, 2011 (10).

【30】劉錦恒, 曹湘平. 淺析公司財務總監制度[J]. 財會研究, 2007 (1).

【31】劉錦恒, 曹湘平. 淺析公司財務總監制度[J]. 財會研究, 2007 (1).

【32】劉力, 馬賢明. 審計委員會與審計質量——來自中國A股市場的經驗證據[J]. 會計研究, 2008 (7).

【33】彭真明, 李靜. 獨立董事與中國公司治理結構[J]. 武漢大學學報：社會科學版, 2003 (3).

【34】喬春華, 蔣蘇婭. 審計委員會若干理論問題的探討[J]. 審計研究,

2008（2）.

【35】史娟. 透視財務總監委派制［J］. 經濟理論研究, 2006（12）.

【36】孫敬水. 對中國獨立董事監督職能的質疑［J］. 經濟師, 2003（1）.

【37】孫岩, 張繼勛. 性質重要性提示、管理層關注、審計委員會有效性與審計調整決策［J］. 審計研究, 2008（6）.

【38】唐萍. 財務總監委派制的可行性研究——兼論國有企業監督機制的設計［J］. 經濟研究, 1999（1）.

【39】唐躍軍. 審計收費、審計委員會與意見購買——來自2004—2005年中國上市公司的證據［J］. 金融研究, 2007（4）.

【40】田志龍, 等. 中國上市公司治理結構的一些基本特徵研究［J］. 管理世界, 1999（2）.

【41】王雄元, 管考磊. 關於審計委員會特徵與信息披露質量的實證研究［J］. 審計研究, 2006（6）.

【42】王躍堂, 涂建明. 上市公司審計委員會治理有效性的實證研究——來自滬深兩市的經驗證據［J］. 管理世界, 2006（11）.

【43】王躍堂, 趙子夜, 魏曉雁. 董事會獨立性是否影響公司績效［J］. 經濟研究, 2006（5）.

【44】魏剛, 等. 獨立董事背景與公司經營績效［J］. 經濟研究, 2007（3）.

【45】吳清華, 王平心, 殷俊明. 審計委員會、董事會特徵與財務呈報質量——一項基於中國證券市場的實證研究［J］. 管理評論, 2006（7）.

【46】吳水澎, 莊瑩. 審計師選擇與設立審計委員會的自選擇問題——來自中國證券市場的經驗證據［J］. 審計研究, 2008（2）.

【47】謝朝斌. 獨立董事法律制度研究［M］. 北京: 法律出版社, 2004.

【48】謝德仁. 會計規則制定權合約安排的範式與變遷——兼及會計準則性質的研究［J］. 會計研究, 1997（9）.

【49】謝德仁. 審計委員會制度與中國上市公司治理創新［J］. 會計研究,

2006（7）．

【50】謝德仁．審計委員會：本原性質與作用機理［J］．會計研究，2005（9）．

【51】謝永珍．中國上市公司審計委員會治理效率的實證研究［J］．南開管理評論，2006（1）．

【52】顏志元．會計估計變更的動因分析——來自中國 A 股上市公司的證據［J］．會計研究，2006（5）．

【53】楊肅昌．國有企業財務監督機制研究［M］．北京：中國財政經濟出版社，2003．

【54】楊忠蓮，徐政旦．中國公司成立審計委員會動機的實證研究［J］．審計研究，2004（1）．

【55】於長春，伍中信．彌補國有企業出資人財務監督缺位的幾個問題［J］．會計研究，2000（6）．

【56】余春宏，吳建忠．論財務總監制度［J］．財政研究，2002（9）．

【57】曾小青．公司治理、受託責任與審計委員會制度研究——兼論信息披露問題［D］．廈門：廈門大學，2003．

【58】張保中．基於財務治理的企業集團財務控製體系研究［D］．成都：西南財經大學，2007．

【59】張陽，張立民．獨立性威脅、審計委員會制約有效性：理論分析與實證研究［J］．會計研究，2007（10）．

【60】張勇，應超．審計委員會制度能有效防止上市公司信息披露違規嗎？——來自 2003—2007 年滬深兩市 A 股的經驗證據［J］．宏觀經濟研究，2009（5）．

【61】中共上海市委組織部，上海市國有資產管理辦公室．國有資產監督機制研究［M］．上海：上海財經大學出版社，2001．

【62】朱錦余，胡春暉，易挺．審計委員會的本質屬性及制度創新——基於新制度經濟學視角［J］．審計與經濟研究，2009（4）．

# 第八章 控股股東特質與上市公司併購行為研究

## 第一節 國內外併購研究綜述

### 一、國外併購研究綜述

(一) 併購的含義

諾貝爾經濟學獎得主斯蒂格勒茨曾說過：在當今美國，沒有一家大公司不是通過某種程度某種方式的併購成長起來的。而如今，不僅是美國，全世界各國的企業併購活動都在如火如荼地進行著，其中也不乏跨行業、跨國界的併購活動。所謂併購[1]，是兼併（Merger）與收購（Acquisition）的統稱，經常用M&A表示。兼併指兩家或者更多的獨立企業合併組成一家企業，通常由一家占優勢的企業吸收另一家或更多的企業。兼併包括吸收合併和新設合併。吸收合併指一家公司被另一家公司吸收，后者保留其名稱及獨立性並獲得前者的財產，享受前者的權利並承擔其義務，而前者喪失獨立的法人人格；新設合併是指兩個或兩個以上的企業合併成一家新企業，新成立的企業概括式地承擔原來所有公司的債權債務關係等權利義務。

收購指通過任何方式獲取特定財產實質上所有權的行為，可以是股權收購，

---

[1] 在中國資本市場還出現了「重組」一詞，併購和重組可以大致區分為：併購主要涉及公司股權結構的調整，其目標大多指向公司控制權變動，核心內容是「股東准入」；重組主要涉及公司資產、負債和業務的調整，其目的是優化公司的資產規模和質量、產業或行業屬性，核心內容是「資產業務准入」。但是，自出現以股權類證券作為交易支付手段後，兩類「准入」可通過一項交易同時完成，因此二者之間的界限逐漸模糊。

也可以是資產收購，無論哪種收購，都只是取得目標公司的實際控製權，但是該目標公司在名義上並未發生改變，也就是說該目標公司仍具有法律上獨立的法人人格，有自己獨立的法律地位。

可見二者的主要區別在於兼併的最終結果是兩個或兩個以上的法人合併為一個法人，因此減少了企業數量；而收購的最終結果並不改變企業數量，而是改變被收購企業的產權歸屬或經營管理權的歸屬。

(二) 併購的目的和類型

1. 上市公司併購的主要目的

上市公司併購的主要目的包括所有者的財務決策、協同作用、謀求增長、獲得專門資產、提高市場佔有率、降低競爭、多角化經營、收購低價資產、避稅、投機、政府意圖、管理層利益驅動等。

2. 上市公司併購的主要類型

上市公司併購的主要類型按不同的標準有不同的劃分。如果按照併購雙方所處的行業劃分，分為橫向併購、縱向併購、混合併購；按照併購的方式來劃分，則可分為資產收購、股權轉讓、吸收合併、資產置換等；按照併購公司的管理層、股東或董事會是否歡迎這種併購行為來分，可以分為善意併購和惡意併購；按照併購后法人地位的變化情況來分，可以分為吸收合併和新設合併；按照股權性質來分，可以分為國有上市公司併購和民營上市公司併購；按照併購雙方所在國家和地區來劃分，可分為國內併購和跨國併購。

(三) 國外企業併購歷史及併購績效綜述

企業併購活動在西方國家出現比較早，從19世紀末發展至今，西方國家已經出現了五次企業併購浪潮，每次併購浪潮都有各自的特點。第一次浪潮發生於19世紀末20世紀初，主要出現在英國的紡織業和釀造業，以及美國的礦業和製造業，此次併購浪潮以橫向併購作為其主要的特徵。第二次併購浪潮出現在20世紀20年代，第一次世界大戰結束后，資本主義穩定發展，科學技術發展以及產業合理化政策實行，一些新興的資本密集型行業和產業合理化需要大量的資本，引起了第二次併購浪潮的產生。在英國主要出現在電機製造業，在美國則以公用事業、銀行業和製造業等為代表。此次併購以縱向併購為其主要

形式。第三次併購浪潮出現於20世紀50~60年代的英、美等發達國家的製造業、礦業和鋼鐵行業，此次併購浪潮以混合型併購為主要特徵。20世紀70年代中期至80年代末，出現了第四次浪潮，此次併購浪潮出現了小魚吃大魚的形式，併購形式呈多樣化傾向，出現了反併購手段，另外跨國併購迅速發展。20世紀90年代中期至今，發生了全球第五次併購浪潮，此次併購浪潮的主要特點有：併購規模極大，併購企業一般是強強聯合，跨國併購占了很大的比例，橫向併購與剝離並存，併購的支付手段主要採用股票的形式。另外，自20世紀90年代起，由於網絡傳媒時代的來臨，出現了網絡企業的併購浪潮，網絡企業的併購是第五次併購浪潮中的生力軍。

企業併購的歷史悠久，國外的學者對併購績效的研究也可以追溯到1913年。當年代格特和斯特（Daggett, Stuart）等在其論著《太平洋聯盟的兼併決策》中，論述了太平洋鐵路公司通過證券市場於1900年對南太平洋公司進行的併購，並對其併購效率和合法性進行了論證。1921年戴文（Dewing）對企業的併購績效進行了研究，因為當時的併購基本採取橫向併購，通過同行業優勢企業對劣勢企業的併購，因此得出了併購后企業績效更好的結論。利文莫（Livermore, 1935）在其論文《行業併購的成功》中以1888—1905年期間的兼併企業為對象進行了統計研究，結果是半數的兼併企業是比較成功的，兼併后還能有效經營並至少維持25年；作者還對1915—1930年出現了大量的行業兼併進行了分析，認為其是有效率的。羅納爾德（Ronald, 1971）在其論文《併購的會計計量》中探討了在企業進行併購時應該採用一些新的會計計量方法以確定其併購績效。斯特格斯和布雷等（Sturgess, Brian, Wheale, Peter, 1984）通過對54家英國公共公司的併購績效的實證研究，對橫向、縱向和混合併購的績效進行了比較研究。斯丹通等（Stanton, Patricia, 1987）提出，可以採用會計指標來對併購績效進行衡量，她認為回報率指標是當時常常被使用的指標。百可維奇和納羅嚴南（Berkovitch, Narayanan, 1993）認為併購是併購企業以目標企業的控制權為交易對象的一種市場交易，而併購的效率就是控制權交易的效率，研究併購績效的關鍵就是分析交易雙方的收益在控制權轉移前后的變化，也就是收購溢價之和。併購后股東總體收購溢價為正說明併購產生了效率，增加了

企業價值。莫干等（Moregan，2000）對 1977—1996 年發生的 204 起戰略併購樣本進行實證檢驗后發現，併購前后企業集中度變化的大小與長期併購績效顯著正相關。

但是也有一些學者研究后發現，併購對目標公司的績效影響並不確定。史沃特（Schwert，1996）研究了 1975—1991 年 1814 個併購事件后，得出事件窗內目標公司股東的累積超常收益高達 35%，而併購公司股東的累計超常收益與之前沒有顯著差異。高許（Ghosh，2001）以 1981—1995 年 315 起併購事件為樣本，分別採用了配對模型、截距模型和變化模型三種模型研究了併購前后目標企業的經營業績，研究結果發現採用截距模型時，目標企業的經營業績有了顯著的提高，但是採用另外兩種模型的結果卻是：併購前后目標企業的經營業績沒有明顯的變化。如布魯南（Bruner，2002）對 1971—2001 年的 130 多篇經典文獻進行匯總分析，得出以下結論：在成熟市場上的併購活動中，目標公司股東收益要遠高於收購公司股東收益，超額收益達到 10%～30%；收購公司的收益並不明確，且有下降為負的趨勢；目標公司與收購公司的綜合收益也不確定，即併購活動對社會福利的影響並不明朗。

從以上各種研究結論來看，併購可以整合資源，實現企業規模的擴張，但其是否一定能提高企業效率，尚無定論。因為併購會引起壟斷，減少競爭，故早在 1898 年美國就出抬了第一個反托拉斯的《謝爾曼法》，以及 1914 年的《克萊頓法》和《聯邦貿易委員會法》，但是其漏洞較多，執行效果不佳，需要進行重新修訂。故美國於 1950 年又出抬了《塞勒—凱弗維爾法》以及 1976 年的《哈特—司考特—羅迪諾法》。

(四) 國外學者併購動機研究綜述

除了對併購績效績效研究之外，國外學者也提出了很多理論解釋企業併購的動機。如詹森（Jensen，1986）在其論著《自由現金流量的代理成本、公司財務與收購》中論述了企業自由現金流量的增加也是促使企業進行併購的動因之一，但在此動機下的併購績效普遍不佳。威廉姆森（1979）、克萊因、格羅茨曼和哈特等提出的不完全契約、交易費用和資產專用性理論也是企業併購的動因。羅爾（Roll，1986）提出的自大假說也是企業併購的動因。加之之前的

新古典制度經濟學的企業併購動因解釋，其中包括效率理論、市場勢力假說、價值低估理論以及信息與信號假說等，企業併購的動因理論發展得比較完善。

## 二、中國企業併購發展史

中國的企業併購發展史遠不如西方國家的悠久。中國最早的併購活動始於1984年。當年7月，河北保定紡織機械廠和保定市鍋爐廠以承擔全部債權債務的形式分別兼併了保定市針織器材廠和保定市鼓風機廠，開創了中國企業併購的先河。

1984—1987年是中國併購活動的起步階段。這一階段國家開始對經濟進行治理整頓，中央提出了轉變企業經營機制的方針和政策。根據國家資產管理局科研所的研究，中國企業併購重組接下來又經歷了幾個階段。

1987—1989年，由於政府出抬了一系列鼓勵企業併購的政策法規，國內掀起了第一次併購高潮。

1989年下半年至1992年，經濟進入全面治理整頓階段，虧損企業的增加使政府加大了在產權轉讓中的作用，一些地區出現了行政強制性的企業合併，同地區、同部門內部無償劃轉的合併方式有所增加。

1992—1997年，中國確立了市場經濟的改革方向，企業併購成為國有企業改革的重要組成部分。這一階段中國的企業併購伴隨著產權市場和股票市場的發育，形式更加豐富，出現了上市公司、外商併購國有企業以及中國企業的跨國併購現象。學術界將1993年的「寶延事件」看成中國併購的正式序曲。

1997—2003年，隨著中國投融資體制的改革，證券市場逐漸成為企業併購、資產重組的主戰場，股權有償協議轉讓成為併購的主流方式，並逐漸打破了地域限制，出現了跨地區、跨行業、跨所有制的併購行為。

2003年至今是中國併購市場發展最為迅速，規模最大的一個時期。2003年，國務院國有資產管理委員會成立后，利用行政力量推動併購重組成為一項重要方針。國資委成立之初，監管的央企達196家，通過近8年的併購重組后，央企名錄已縮減至123家，並將通過繼續的併購重組，最終縮減至100家以內。這個階段的併購規模極大，併購企業一般是強強聯合，跨國併購占了很大的比

例，且出現了股權轉讓、資產收購、資產置換、債務重組、資產剝離等併購重組形式。

目前國際國內企業併購如火如荼，2002年，摩根大通、加拿大湯姆遜財務公司等國際著名的投行和金融公司分別發表研究報告稱：中國已經成為亞洲最活躍的併購市場，而且必將成為亞洲的併購中心。2010年5月清科研究中心發布的《中國上市公司併購績效專題研究報告》顯示，2005—2009年，共發生565起上市公司併購事件，涉及併購金額達1,171.80億元，平均每起併購案的併購金額為2.22億元人民幣。

## 三、國內學者對企業併購研究的綜述

(一) 併購績效研究綜述

從1998年開始，學界對國內上市公司併購績效的研究一直持續不斷，也取得了許多成果。最早研究國內公司併購績效的可能是原紅旗和吳星宇（1998），他們對1997年重組的企業研究發現，相較於併購前企業的部分營利指標有所上升，資產負債率卻有所下降。檀向球（1999）以1998年上交所的重組企業為樣本，運用曼—惠特尼U檢驗法檢驗樣本公司的經營狀況在重組后是否有實質性的改善，結果發現控股權轉讓、資產置換和資產剝離對上市公司經營業績有顯著的實質性改善，但是對外併購擴張沒能改善公司的經營業績。高見等（2000）考察了1997—1998年滬、深兩市發生資產重組的上市公司的市場表現，表明在公告前或公告后較長時期，目標公司比非目標公司的超額收益率略高，但統計上並不存在顯著差異，在一定程度上中短期的股票價格波動比短期價格波動更好地反應了併購重組對經營業績的潛在影響。洪錫熙、沈藝峰（2001）通過對申華實業被收購案的實證研究得出，在中國目前的市場條件下二級市場收購並不能給目標公司帶來收益。李善民、陳玉罡（2002）採用市場模型法，對1999—2000年中國證券市場滬、深兩市共349起併購事件進行了實證研究，結果表明：併購能給併購方公司的股東帶來顯著的財富增加，而對目標公司股東財富的影響不顯著。張新（2003）對併購的實證研究表明，併購重組為目標公司創造了價值，股票溢價達到29.05%；對收購公司產生負效應，收購公司

的股票溢價為-16.76%。余力、劉英（2004）對1999年發生的85起控製權轉讓案和2002年55起重大資產重組案的併購績效進行了全面分析，得出併購重組給目標企業帶來了收益，而收購企業收益不大且缺乏持續性的結論。李善民、朱滔（2004）以1999—2001年發生兼併收購的84家中國A股上市公司為樣本，以經營現金流量總資產收益率來衡量和檢驗上市公司併購后的績效，研究結果表明，上市公司併購當年績效有較大提高，隨后績效下降甚至抵消了之前的績效提高，併購沒有實質性提高併購公司的經營績效。張小倩（2009）以2004年45起上市公司的併購事件為樣本，採用會計研究法對其併購績效進行了實證研究，結果證明，從長期來看，併購事件並沒有給作為併購方的企業帶來收益。

（二）對企業併購績效研究角度的綜述

通過對前人研究結果的總結，我們可以看到，國內學者對上市公司併購績效的研究所得出的結論並不一致。有些研究認為併購可以為企業帶來協同效應，擴大企業規模、實現規模經濟、提高企業的績效；也有的研究結果認為併購對企業績效的提高並不明顯，或者短期內不明顯。縱觀國內學者對公司併購的研究，其研究的角度大不相同，其中有通過對不同行業的企業併購績效進行的研究，如張斌（2004）對其選定的21個網絡型公司在1999—2002年的55個併購樣本進行實證分析后發現：網絡公司出售資產成為被併購對象的原因與其經營營利能力有較為顯著的相關關係，而網絡公司併購其他企業的行為則同其經營營利能力沒有顯著關係，從均值看，發生併購的網絡公司併購后的經營營利比併購前的經營營利要相對低一些。王澤霞、李珍珍（2009）以2001—2004年期間發生併購的IT行業上市公司為研究對象，利用因子分析法構建併購績效綜合評價體系，得出：併購當年績效得到一定的提高，但到了第二年績效就小幅下降，抵消了之前績效的提高，第三年績效大幅下降，併購並沒有實質性提高併購公司的績效，甚至降低了併購公司的績效。有的學者側重於對某一具體的併購案例的績效進行研究，如李福來（2010）、熊燕然（2010）分別對百聯集團和贛粵高速併購案採用了個案分析的績效評估方法；安兵（2008）對國美併購永樂的案例進行了動因、估值與績效的分析與研究。另外還有些學者對不同地區的企業併購績效進行了研究，如葉學平（2011）針對湖北省上市公司存在

的突出問題，建議採取切實可行的措施，推進上市公司併購重組工作，促進湖北資本市場的健康發展。李琛（2004）對上海企業境外併購現有特點進行了分析，剖析了制約企業境外併購的各種因素，進而對上海加快實施「走出去」戰略、推動企業境外併購提出相關政策建議。也有對家族企業與非家族企業的併購績效進行比較研究的，如林泓（2010）就對家族公司與非家族公司併購績效進行了對比分析，認為家族併購公司績效優於非家族併購公司；翟啓杰（2006）以中國家族企業的併購風險作為研究對象，通過分析中國家族企業併購動因和併購風險，深入挖掘其併購風險產生的制度成因，為中國家族企業併購提供風險防範的措施，從而增強中國家族企業併購風險的防範能力，提高併購的成功率。還有從跨國併購的角度來分析其績效的，如黎平海等（2010）利用因子分析法對企業多個財務指標進行主成分分析，並建立考察各年的綜合得分方程，通過差值分析表對中國上市公司併購前後幾年的績效做出比較分析，結果發現大量併購並未如預期所想為企業創造價值，反而使經營績效呈急速下降趨勢，因此得出中國企業對跨國併購應持謹慎態度的啓示。

(三) 併購績效研究方法綜述

在併購績效研究的方法上，也各有所取。最常用的方法為事件研究法、會計研究法、統計分析方法、數據包絡分析法、經濟附加值方法（EVA）以及個案分析法等。事件研究法是在研究當市場上某一事件發生的時候，股價是否會產生波動以及是否會產生異常報酬率，借由此種資訊，可以瞭解到股價的波動與該事件是否相關，事件研究法以 Tobin's Q 值法為基礎指標來表示併購績效。如國外的斯格威特（Schwert, 1996）和坡恩（Poon, 1999）以及國內的李善民和陳玉罡（2002）、張新（2003）等都分別採用了事件研究法；王魯璐（2010）採用了 Tobin's Q 值的方法等對併購績效進行了研究。會計研究法即財務指標研究法，是利用財務報表和會計數據資料，以營利能力、市場價值、銷售額和現金流量水平等經營業績指標為評判標準，對比考察併購前后或與同行相比經營業績的變化。穆勒（Mueller, 1980）、赫里（Healy, 1996）等，克羅斯古勒（KlausGugler, 2003）以及國內的馮根福、吳林江（2001）、陳收、戴代強、雷輝（2006）等都分別採用了財務指標研究法；統計分析方法是指用以收集數

據、分析數據和由數據得出結論的一系列方法在併購績效的研究中，使用較多的統計方法為迴歸分析方法、主成分分析法和因子分析法。朱乾宇（2002）選取了在1998年進行了公司併購的126家上市公司作為研究對象，對影響公司併購績效的諸因素進行了多元線性迴歸分析。結果顯示，收購金額占收購公司淨資產比例高，收購公司在該年度內進行了資產置換的併購公司績效較好，而存在關聯交易及承債式併購的併購公司績效較差。謝曉敏、杜文暉（2009）採用主成分迴歸的方法，選取在2005年併購的38家公司2004—2007年的13項業務指標作為作為研究對象，對影響公司併購績效的諸多因素首先進行主成分分析，再以總資產增長率為因變量、主成分為自變量進行主成分迴歸分析，最後使用逆變換將其變為關於原始變量的迴歸方程。結果顯示：併購前，總資產週轉率和主營收入增長率對企業績效影響較大；併購后，每股收益和總資產週轉率對企業績效有重要影響。黎平海、祝文娟和李瑤（2010）利用因子分析法對企業多個財務指標進行主成分分析，並建立考察各年的綜合得分方程，通過差值分析表對中國上市公司併購前後幾年的績效做出比較分析，並就此提出相關建議。程小偉（2007）、李棟華、邱嵐和卞鷹（2008）等採用了數據包絡分析法，以2000—2002年3年間中國醫藥上市公司26個併購案例中併購公司的財務數據為基礎，通過數據包絡分析法分析，獲得樣本公司併購前後營運效率，從而對其進行比較，結果是：營運效率在併購后的前3年有下降趨勢，直到第4年才有所改觀，說明併購后未見對公司的營運績效有提升作用。李敏、袁媛（2004），周毅、曾勇（2005），肖翔、王娟（2009）等都運用了經濟增加值（EVA）指標評價方法對中國上市公司併購后績效變化進行了實證研究。如周毅、曾勇（2005）就對福特併購江鈴的案例進行了研究，李福來（2010）用會計指標法對百聯集團的併購績效進行了分析。併購績效的研究方法呈現出多樣化的特點，而每一種方法都有其適用性，故在研究方法的選擇上應充分考慮中國上市公司的特點和中國資本市場的實際情況。

（四）併購績效研究結果出現差異的原因綜述

前人對企業併購績效的研究結果呈現出差異化的特點，很多學者對出現差異化的原因進行了探討。竇義粟（2007）綜合考察分析了國內電子信息業、機

械製造業、家電行業、交運行業,得出以下結論:在併購完成的當年,除了電子信息業,其他行業的綜合績效都有所提升,但提升並不顯著。但是從長遠來看,電子信息業的績效要高出其他行業,也就是說產業類型的不同會引起企業併購較小的差異。羅永恆(2007)衡量了併購方式與長期超額收益之間的關係,最終得出在這三種併購方式中橫向併購的表現最為穩定,總的來說要優於其他併購方式,混合併購的超額收益最小。吳林江(2001)、李瓊(2008)的實證結果得出,縱向併購業績最好。從他們的研究結果可以得出,併購類型也是併購績效產生差異的原因。國內關於併購的研究文獻中,陳海燕和李炎華(1999)以1997年發生併購事件的上市公司為研究對象,發現混合支付的收購效果較好,股權收購的效果優於純現金收購,現金購股權優於現金購資產。謝軍(2003)從資本結構角度對併購支付做了分析,從MM定理、代理成本、信息不對稱、公司控製權角度分析併購支付的選擇,認為應更關注債券支付方式和槓桿收購方式,由此可以看出併購的支付方式也會影響到併購績效的好壞。企業的文化差異程度也是影響併購績效的重要原因,宋耘(2006)針對1999年12月至2002年12月中國上市公司併購事件進行分析,並對文化衝突程度與併購績效之間的關係進行定量分析,從而得出以下的結論:文化衝突與目標企業的抵制程度之間表現出顯著的正相關關係,說明併購雙方企業的文化衝突程度越大,被併購方企業的員工抵制程度越大。也就是說文化衝突通過影響目標企業的員工態度這一中間變量影響到併購績效,而併購方企業的文化吸引力既通過影響目標企業的員工態度影響併購績效,也直接影響併購績效。李明、徐強等(2010)經過實證后發現相對於目標企業的文化強度而言,主併方的文化越強併購績效越好,且在主併方文化較強的前提下相關性併購比非相關併購績效要好;黃建芳(2010)從理念、行為和制度這三個文化層次定性研究企業文化匹配狀況,根據企業文化匹配對跨國併購績效的影響機制,構建了一個相關的理論模型:當企業文化匹配低時,表現為文化差異較大,帶來跨文化衝突和矛盾,對併購績效的影響是負面的;文化匹配高則可以產生文化協同,並為企業創造價值,給企業績效帶來積極影響。行業相關度也會影響企業併購的績效。

另外併購企業自由現金流量多少、成長性高低、併購動機、交易特徵等都

會影響到企業併購的績效。如黃本多、干勝道（2008）利用中國上市公司2001—2003年436次併購事件進行實證分析的結果表明：高自由現金流、低成長性的上市公司併購總體績效為負，說明併購並沒有給這類公司帶來價值的提升。範從來、袁靜（2002）利用中國上市公司1995—1999年336次併購事件進行實證分析的結果表明：處於成長性行業的公司進行橫向併購績效相對最好，處於成熟性行業的公司進行縱向併購績效相對最好，處於衰退性行業的公司進行橫向併購的績效最差。谷燕（2010）通過財務績效研究法對上市公司多元化併購發生後的經營績效進行實證研究，得出這樣的結論：處於不同成長性的公司在進行多元化併購時，其績效表現顯著不同。非成長性公司進行多元化併購的績效表現最好，中成長性和低成長性公司多元化併購績效次之，高成長性公司多元化併購績效表現最差。夏新平、鄒朝輝等（2007）以2001—2002年上市公司作為收購公司發生收購兼併的事件進行實證研究，結果表明基於協同動機的收購公司在併購前後績效顯著增加；基於代理動機的收購公司雖然在併購發生當年績效顯著增加，但隨後其績效持續降低，這表明基於代理動機的併購沒能創造價值；在對協同動機和代理動機子樣本的對比研究中，協同動機的樣本公司在併購後一年和併購後第二年的績效顯著優於代理公司，這表明基於協同動機的收購公司長期經營表現要優於代理動機的收購公司。所使用多元判別分析發現，淨資產收益率和總資產收益率高的收購公司所進行的併購基於協同動機的可能性要顯著大於代理動機的可能性。這表明淨資產收益率和總資產收益率是併購動機的重要特徵變量。劉雲鳳、李江（2010）認為支付方式與併購類型的交互項在5%的置信水平下與併購績效呈正相關；而併購類型與關聯屬性的交互項與併購績效呈現了不顯著的負相關；程敏（2009）分析了交易特徵和併購溢價對併購現金流績效的影響：併購溢價與併購後現金流業績顯著正相關。

## 四、對併購研究成果的評價

綜上分析，我們可以看到學者對併購績效的研究結論不甚相同，有的甚至截然相反。有的企業併購績效似乎並未如併購報告書所言，會給企業帶來產業的升級、核心價值力的增強、經營風險的降低或是可觀的併購收益，有些併購

行為還會使併購企業的效益逐漸降低，有的甚至最終陷入財務困境。筆者認為其原因在於：首先，研究選取的樣本差異大，對樣本的剔除標準也不相同。其次，採用不同的研究方法也會得到不同的結果，而且即使採用的方法相同，也存在具體指標的選取、時間跨度的選擇等的差異，因此研究結果缺乏一定的可比性。再次，併購績效的好壞會受到如上所述諸多因素的影響，是一個多因素集成的函數，導致研究結果不一致。另外，中國證券市場還處於其發展的初級階段，還屬於弱有效市場，上市公司信息披露的及時性不強，準確性也有一定瑕疵，估價還不能完全反應企業的發展水平，從而導致研究結果不能完全反應真實情況。因此，此領域今後的研究方向在於繼續完善其研究方法，對各研究方法進行對比，選擇最適合中國證券市場的績效評估方法；同時，找出其他的影響企業併購績效的因素，並進一步研究各因素對併購績效的影響程度，力圖找出相關性最強的因素，並重點考察該因素對併購績效的影響。

　　從以上的分析中得出，國際國內學術界已從很多角度對企業併購的績效進行了研究。在對併購企業樣本的選取和企業併購績效進行對比分析時，有些學者是從不同的產業行業進行對比，或是從不同的併購類型進行對比，或是以不同的支付方式為區分標準，或是以不同的地區為區分的標準；或是以不同的時間跨度來選取樣本從而進行績效的比較，但是目前尚未發現有以股東特質、股權性質為區分標準進行併購績效的對比研究的。從前人研究的成果來看，在對併購績效產生差異的原因進行分析時，國內的觀點已經從多方面進行瞭解釋，如上所述，產業類型、併購類型、併購的支付方式、企業的文化差異、行為相關度、自由現金流量多少、成長性高低、併購動機、交易特徵、是否為多元併購等，都會影響公司併購的績效。但是，目前還尚未有人將股東特質、股權性質、所有者財務和終極控製人等理論作為解釋的基礎。筆者認為，控股股東的特質及所有者財務決策等也是影響企業併購績效的重要原因，因而本章將彌補前人研究的缺口，將股東的異質性、所有者財務及股權性質、終極控製人理論應用到企業的併購研究中，將其與企業併購的績效進行結合，即在股東特質和股權性質等理論下，根據公司不同的股東特質和所有權性質，將上市公司劃分為國有上市公司和民營上市公司，採用一定的績效評價指標，對其在一定年度

內的併購績效進行比較研究，對績效水平高低的原因進行分析，並提出提高併購績效的建議，以期為今后的企業併購提供參考。

## 第二節　控股股東特質與上市公司併購績效

### 一、特質與股東特質

所謂特質（Traits），是指我們用來描述個人人格特點的描述詞。股東有兩種基本形態：自然人和法人。自然人也好，法人也罷，都是有特質的。筆者理解的特質是特點、性質、行為能力、風險偏好的綜合詞。公司的股東不同，則股東的性質、特點、限制、行為能力和風險偏好等特質都是有差別甚至是大相徑庭的。像併購這些重大決策是由股東共同決定的，控股股東的特質往往決定併購的成敗。

在探討股東特質概念時，須將其與股東異質的概念予以區分。股東異質的概念是與股東同質的概念相對的。所謂股東同質是指把企業的所有者視作一個整體，認為所有者之間都是無差異的，他們能像一個人一樣行事，有著共同的目標函數——追求企業價值的最大化。企業的所有者作為一個整體，和企業的債權人一樣處於企業的外部，與經營者相比，處於信息劣勢地位。在這種情況下，所有者和經營者之間存在著利益衝突，經營者可能利用內部人的信息優勢，採取有損於所有者利益的行動方式，來滿足自身利益的最大化。

在現實中，持股比例相對懸殊的大股東與中小股東之間，其利益具有不能相互抗衡的異質性，這就是股東異質的含義。股東的異質性告訴我們，所有者之間並不是無差異的，股東有大小之分，他們在企業中的地位、與經營者的關係、所擁有的企業經營決策信息等，都是不同的。在「一股一票」的制度安排下，大股東可能憑藉其在投票權上的優勢以犧牲其他股東和債權人權益的方式來攫取比所持股份相應的資本收益更大的額外收益。在中國，中小股東只有理論上的控製權，更多的中小股東常常只是「搭便車」，真正能行使股東權利的，都是大股東，甚至僅僅是第一大股東。因此股東的異質性讓大股東才有真正的

資產收益、參與重大決策和選擇管理者等權利。併購決策也是大股東和股東大會的財務決策，因此，股東異質性表明，不管股東的性質如何，即不管企業是國有控股還是民營控股，都存在著大小股東的異質性，只有大股東才真正擁有股東的各種權利，包括併購決策權。

控股股東的特質是指實際控製公司決策權的大股東，即公司的終極控製人的性質不同時，其表現出來的行為能力也會不同。就併購決策來說，併購動機、併購價格、併購類型、併購程序、併購風險、併購績效都會因為股東特質的不同而存在差異。本章對併購績效研究的新視角是根據終極控製人的股權性質不同，將上市公司分為國有上市公司和民營上市公司。在此分類的基礎上，研究股東特質和上市公司併購績效的關係，將不同類別的公司併購的績效進行對比研究，找出差異存在的原因，並提出相應的對策縮小差異，以期實現併購的高效健康的發展。除了上述股東特質理論的闡述，本章還需要對股權性質，所有者財務和終極控製人等理論進行闡述，使其成為股東特質與併購研究的理論基礎。

## 二、控股股東特質與併購行為研究的相關理論

### (一) 股權性質理論

股權作為一項法律權利，具有自己獨特的權利內涵。這種法律權利在中國稱為股權。對股權性質的探討歷經了股權債券說──→股權所有權說──→股權社員權說──→股權獨立類型說──→公司法權利說──→民事權利說的過程。如於海生（2000）認為股權在性質上應屬於社員權範疇，李躍利（1997）認為其是一種新型的獨立存在的民事權利。劉鳳委、汪輝、孫錚（2005）則認為股權的性質應該跟其控股股東的性質相一致，即可將股權的性質分為國家股權、法人股權和流通股權。而現今的《公司法》規定的上市公司年報裡，對股權性質的界定就是將其劃分為國家股和其他股。

將股東權特質與股權性質進行結合，則股東特質的內涵可以理解為：不僅公司的大股東與中小股東的利益函數不一致，從而他們的期望決策會不一致；而且就股權性質不同的公司來說，其控股股東的利益函數也是不一致的，導致

其期望決策也不一致。具體來說就是不僅所有的公司控股股東與中小股東的利益函數不一致，而且國家控股公司（尤指央企）和民營控股公司的控股股東利益函數也不相同，從而在決策時就會各有側重。國家控股公司（尤指央企）的控股股東在決定公司進行併購時的動機或併購方法會與民營企業的不同，其風險偏好和併購價格也會不同，從而其併購績效也會不一樣。

(二) 所有者財務理論

所有者財務理論是1996年干勝道教授在其論文《所有者財務：一個全新的領域》中首次提出來的。因為需要制約內部人控制局面，所以需要所有者財務發揮其監督和調控作用。該理論是相對於經營者財務學平行存在的一門學科體系，與經營者財務學一樣，所有者財務也有完整的內容體系，包括籌資、投資和利潤分配。首先，所有者用於投資的資本也需要籌資和安排資本結構，國家財務可以發行國家財務債券、利用國外資本、發行股票、銀行貸款等融資方式；其次，所有者必須選擇經營者進行投資，以期獲得回報；最后，所有者從經營者處收繳的收益需要在累積與消費，繼續投向原經營者與改變投向之間作選擇。所以，所有者財務是一個獨立的財務範疇。該體系包括資本來源理論與實務、資本投放理論與實務、經營者任免理論與實務、收益獲取與再投放、重大決策參與度與參與方式、所有者財務監督理論與實務、股東財務、國家財務等。而企業兼併與收購的決策就是屬於股東財務的範疇。因為併購的決策最終是由股東大會決定，由控股股東，終極控制人決定的。如央企的終極控制人是國資委，那麼其併購決策也由國資委決定，國資委在作併購決策時所考慮的問題和民營企業的所有者所考慮的就會不同，如由於央企的資產都是國有資產，肩負國家經濟穩定、物價穩定，以及控制著關係國家國計民生的基礎性行業，所以國資委在公司併購的時候一定會考慮防止國有資產流失、促進就業、促進社會穩定等的因素，所以其併購的績效與民營企業一定存在差異。

(三) 終極控製人理論

所謂終極控製人就是上市公司的實際控製人，是最高級別的控製人。宋春霞（2007）對終極控製人的概念進行了較全面的解讀，認為終極控製人的控制權可以通過兩種途徑來實現，一是公司發行多種股票，如普通股和優先股對公

司的控製權不同。二是金字塔式控股，金字塔式控股結構是一種類似於金字塔的縱向層級控製權增長方式，終極控製者位於金字塔的頂端，控股第一層級公司，再由第一層級公司控股第二層級公司，第二層級公司再控股第三層級公司，依此延續到目標公司。三是交叉持股，La Porta 等人（1999）提供了計算終極控製者控製權的方法，包括單鏈條法和多鏈條法。本章採用如下終極股權性質的確定辦法來確定終極控製人：通過單鏈條或多鏈條的方法確定的上市公司的終極控製人是各級國有資產監督管理委員會、各級國有資產投資管理機構、各級人民政府及其行政機構、中央企業等國有獨資企業，則其屬於國有控股公司。如果終極控製人是民營企業、自然人、職工持股會或民間基金，那麼它就是民營控股企業。

(四) 公司治理理論

公司治理是伴隨著公司制的出現而出現的。其最早出現在經濟學文獻中是在 20 世紀 80 年代中期，1975 年威廉姆森首先提出了治理結構概念。而公司治理問題引起中國經濟學家的興趣是在 20 世紀 90 年代中期。1994 年，青木昌彥和錢穎一教授首次將公司治理結構概念引入了對中國國有企業改革的研究。此外，其他的經濟學家對公司治理問題也從各個角度進行了研究。張維迎（1994）、吳敬璉（1994）等提出了要在國企改革中借鑑和吸收公司治理理論。其后，在公司治理的內涵（林毅夫，1997）、委託代理問題研究（張維迎，1996）、產權的討論（張維迎，2000；孫永祥，2001）和治理模式的比較（李維安，2001）等方面取得了一定的進展。

公司治理的內涵可以從狹義和廣義兩個方面去理解。狹義的公司治理習慣上稱為公司治理結構，林毅夫等（1997）認為公司治理結構是指所有者對一個企業的經營管理和績效進行監督和控製的一整套制度安排。廣義的公司治理不僅僅包括公司所有者、董事會和高級執行人員三者之間的利益關係，其還包括其他利益相關者的利益。

公司治理包括內部治理和外部治理（李映東，2007）。內部治理是指股東、管理層、員工等公司內部利益相關者之間形成的監督與制衡機制。通常由股東大會、董事、監事會和經理等內部機構組成，共同作用於公司的日常經營與管

理，並力圖滿足各利益相關者的利益要求。外部治理則是指外部投資者、債權人、機構投資者等公司外部的利益相關者對公司所形成的監督與制衡機制。併購與公司治理是相互作用的，一方面，併購就是一種主要的外部治理機制，故有些學者也將其稱之為接管治理與控製權市場機制；另一方面，公司的治理結構不同（表現為股權結構、董事會結構、管理層報酬和選聘機制等方面的差異）會對企業的行為產生重大的影響，導致企業的經營產生不同的績效水平。故公司治理的差異會影響到公司的績效，因而本章也將公司治理作為影響併購績效的一項因素。

## 三、控股股東特質與上市公司併購行為的實證研究

實證部分的研究以股東特質和股權性質等理論為基礎，根據公司不同的股東特質、所有權性質和終極控製人的性質，將上市公司劃分為國有上市公司和民營上市公司。本章將選取一定年度進行併購的上市公司作為樣本，對其併購前後各兩年以及併購當年的企業績效進行比較研究，得出比較結果，並解釋出現這樣的結果的原因，以及採取何種措施使公司的併購績效得以改善。

（一）樣本選取

本章考察的是上市公司併購的短期和中期績效，故需採集上市公司併購完成當年以及前後各兩年的財務數據。因此筆者選取了2008年進行了併購公告的滬深A股的上市公司，共有4052個數據。然後在這些數據中按照以下標準進行篩選。

（1）成功完成併購的上市公司。

（2）數據資料在銳思和國泰安數據庫中齊全的。

（3）併購活動的主並方為上市公司。

（4）併購模式以資產收購和股權轉讓為主，其餘模式（資產置換、吸收合併、股份回購）由於公司數量太少，不便比較，故剔除。

（5）2008年內同一家公司發生兩種及以上併購模式的剔除。

（6）主並公司是2008年上市的以及2008年併購後不再存續的公司予以剔除。

（7）2008年為ST、PT的公司剔除。

(8) 併購涉及保險金融行業的剔除。

按照以上的標準,本章從中選取了 556 起併購事件作為實證分析的總體樣本。上述的樣本數據來源於銳思數據庫、CSMAR 財務報表數據庫及深交所和上交所網站公布的上市公司年報數據,使用 Spss 和 Excel 軟件對數據進行處理。本章根據控股股東特質、終極控制人理論和股權性質理論,把上述 556 家樣本公司分為國有上市公司 350 家和民營上市公司 206 家;其中國有上市公司中併購模式為資產收購的有 221 家,股權轉讓的有 129 家;民營上市公司中資產收購為 122 家,股權轉讓為 84 家。具體樣本數據見表 8-1。

表 8-1　　　　　　　　2008 年進行併購的企業樣本數

| 性質 ＼ 模式 | 資產收購 | 股權轉讓 |
| --- | --- | --- |
| 國有上市公司 | 221 | 129 |
| 民營上市公司 | 122 | 84 |

(二) 研究方法

據前所述,目前對上市公司重組前后業績好壞的衡量方法有很多種,而國際上常採用事件研究法,即是根據股票價格的變動趨勢來判斷企業的業績,具體是用 Tobin's Q 值法 (Tobin,1969) 來評價價格的變動,以反應上市公司的未來成長能力。有些學者認為由於中國股市的特殊性,公司的股票市場價格與公司的實際經營業績的相關性較低,股價變化不能全部反應企業經營狀況的改善,因此,Tobin's Q 值法的有效性有待提高。但筆者認為,中國資本市場雖然有效性還不強,但它正逐漸走向成熟與規範,逐漸向有效市場邁進,股票的價格也日益反應了股票的價值,所以,凡是國際上通用的理論和方法,我們都可以借鑑和採用,這樣更能促進中國經濟與世界經濟的融合,並找出中國經濟與世界經濟的差別所在。因此,本章採用的評價重組績效的方法為 Tobin's Q 值法。下面是其計算公式:

Tobin's Q = 企業的市場價值/企業資產的重置成本　　　　　　　(1)

該公式中,企業的市場價值包括企業普通股、優先股和債務的市場價值;

企業資產的重置成本為總資產的帳面價值。在此需要說明的是，由於中國股市的特殊性，股本構成中普通股包括了非流通股（國有股、法人股）和流通股（A、B、H股等，但我們重點論述的是 A 股的公司，所以 B、H 股在此忽略不計）。關於股本的構成，在中國證券市場成立之初，上市公司的股本就被人為地分為國家股、法人股和個人股，以及流通股和非流通股。當初對國有股流通問題總體上採取擱置的辦法，在事實上形成了股權分置的格局。1998 年下半年到 1999 年上半年，由於國有企業改革發展的資金需求和推進完善社會保障機制，開始國有股減持的探索性嘗試。但由於實施方案與市場預期存在差距，試點很快被停止。2001 年 6 月 12 日，國務院頒布《減持國有股籌集社會保障資金管理暫行辦法》也是該思路的延續。但同樣由於市場效果不理想，於當年 10 月 22 日宣布暫停。作為推進資本市場改革開放和穩定發展的一項制度性變革，股權分置問題正式被提上日程。2004 年 1 月 31 日，國務院發布《國務院關於推進資本市場改革開放和穩定發展的若干意見》，明確提出「積極穩妥解決股權分置問題」。2005 年 9 月 4 日頒布的「上市公司股權分置改革管理辦法」規定對大小非解禁。故上市公司的非流通股正在或者將被改革成為市場上可以流通的股份，今后，隨著證券市場的規範與成熟，上市公司的股票將會實現全流通。另外，優先股在中國股市中發行數量很少，我們也不加以考慮。故均衡考慮上述因素后，Tobin's Q 值公式可以簡化為以下形式：

Tobin's Q =（非流通股市場價值 + A 股市場價值 + 負債帳面價值）/總資產帳面價值　　　　　　　　　　　　　　　　　　　　　　　　　　（2）

進一步地，將非流通股轉變為流通股后，公式變成：

Tobin's Q =（全部股票市場價值 + 負債帳面價值）/總資產帳面價值　（3）

在對這 556 家公司的 Tobin's Q 值進行計算的時候，本章主要的參考資料和數據來源是 556 家對象公司 2006—2010 年的年報以及相關的原始資料。全部股票的市場價值計算為：總股數分別與該股票 2006—2010 年最后一個交易日收盤價的乘積；資產重置價值也分別取 2006—2010 年每年 12 月 31 日資產負債表上所記載的資產總額，最后求出該股票的 2006—2010 年的 Tobin's Q 值。本章實證部分將對上述兩大類 556 家總體樣本公司的併購績效按照國有和民營兩大類企

第八章　控股股東特質與上市公司併購行為研究

業的併購績效進行比較分析。

由以上分析，Tobin's Q 的具體計算公式如下：

$Q_{2006}$ =（總股數＊收盤價$_{2006年最后一個交易日}$＋負債$_{2006.12.31}$）/資產$_{2006.12.31}$　（4）

2007—2010 年各年的 Q 值，也將參照公式（4）的計算方法同理計算。

(三) 實證研究結果

利用公式（4），計算出 2006—2010 年各年的 Tobin's Q 值，並對其計算結果按照併購模式分別求出平均數。如 2008 年發生併購行為的國有上市公司共 350 家，其中以股權轉讓為併購方式的公司有 129 家，其 2005—2010 年的每年平均 Q 值為：1.32、1.67、3.23、1.47、2.48、2.54，其余的數值見表 8-2。

表 8-2　　　　　　　　2005—2010 年樣本公司 Tobin's Q 均值

| 股東性質 | 併購模式 | 上市公司家數 | Tobin'sQ 均值 ||||||
|---|---|---|---|---|---|---|---|---|
| | | | 2005 | 2006 | 2007 | 2008 | 2009 | 2010 |
| 國有控股 | 股權轉讓 | 129 | 1.32 | 1.67 | 3.23 | 1.47 | 2.48 | 2.54 |
| | 資產收購 | 221 | 1.31 | 1.72 | 3.15 | 1.39 | 2.23 | 2.25 |
| | 合計 | 350 | 1.31 | 1.70 | 3.18 | 1.42 | 2.33 | 2.35 |
| 民營控股 | 股權轉讓 | 84 | 1.66 | 2.01 | 3.71 | 1.73 | 3.26 | 3.62 |
| | 資產收購 | 122 | 1.67 | 2.12 | 3.92 | 1.77 | 3.00 | 3.13 |
| | 合計 | 206 | 1.67 | 2.07 | 3.83 | 1.75 | 3.10 | 3.33 |

在表 8-2 的基礎上，將各年的 Q 均值增長率計算出來，以便比較。如 2005—2006 年的 Q 均值增長率 =（2006 年 Q 均值 - 2005 年 Q 均值）/2005 年 Q 均值。計算結果為：股權轉讓類國有上市公司為 27%，資產收購類國有上市公司為 31%，股權轉讓類民營上市公司為 21%，資產收購類民營上市公司為 27%，其余年份的數據見表 8-3。

為了便於比較併購前後績效的增長情況，在表 8-3 的基礎上，將 2008 年的 Q 均值增長作為「併購當年的 Q 均值增長率」；對 2006 和 2007 年的 Q 均值增長率取平均值，代表「併購前 Q 均值增長率」；對 2009 和 2010 年的 Q 均值

增長率取平均值，代表「併購后 Q 均值增長率」。具體的計算結果見表 8-4。如股權轉讓類的 129 家國有上市公司，其併購前的 Q 值增長率為 60%，併購當年的為負增長 54%，併購后為 35%。

表 8-3　　　　2006—2010 年樣本公司各年 Q 均值增長率

| 股東性質 | 併購模式 | 上市公司家數 | 平均 Q 值增長率 ||||||
|---|---|---|---|---|---|---|---|
| | | | 2006 年 | 2007 年 | 2008 年 | 2009 年 | 2010 年 |
| 國有控股 | 股權轉讓 | 129 | 0.27 | 0.94 | -0.54 | 0.69 | 0.02 |
| | 資產收購 | 221 | 0.31 | 0.83 | -0.56 | 0.61 | 0.01 |
| | 合計 | 350 | 0.30 | 0.87 | -0.55 | 0.64 | 0.01 |
| 民營控股 | 股權轉讓 | 84 | 0.21 | 0.84 | -0.53 | 0.88 | 0.11 |
| | 資產收購 | 122 | 0.27 | 0.85 | -0.55 | 0.69 | 0.04 |
| | 合計 | 206 | 0.24 | 0.85 | -0.54 | 0.77 | 0.07 |

表 8-4　　　樣本公司併購前后和併購當年的 Q 均值增長率

| 股東性質 | 併購模式 | 上市公司家數 | 併購前后 Q 均值增長率 |||
|---|---|---|---|---|---|
| | | | 併購前 | 併購當年 | 併購后 |
| 國有控股 | 股權轉讓 | 129 | 0.60 | -0.54 | 0.35 |
| | 資產收購 | 221 | 0.57 | -0.56 | 0.31 |
| | 合計 | 350 | 0.58 | -0.55 | 0.32 |
| 民營控股 | 股權轉讓 | 84 | 0.53 | -0.53 | 0.50 |
| | 資產收購 | 122 | 0.56 | -0.55 | 0.37 |
| | 合計 | 206 | 0.55 | -0.54 | 0.42 |

得到了樣本公司併購前后和併購當年的 Q 均值增長率，就可以對樣本公司的併購績效進行比較了。如用股權轉讓類國有上市公司併購前的平均 Q 值增長率與股權轉讓類民營上市公司併購前的平均 Q 值增長率相比，得出比值為 1.14；併購當年的國有 Q 均值增長率與民營 Q 均值增長率的比值計算過程為：〔（併購當年國有控股公司 Q 均值增長率－併購前國有控股公司 Q 均值增長

率)/併購前國有控股公司 Q 均值增長率]/[(併購當年民營控股公司 Q 均值增長率－併購前民營控股公司 Q 均值增長率)/併購前民營控股公司 Q 均值增長率],得出此比值在股權轉讓模式下為 0.95,在資產收購模式下為 1.00,所有樣本企業合計為 0.98,說明併購當年國企的併購績效增長率略低於民企。根據表 8－5 的計算結果顯示,併購后國企的併購績效增長率明顯低於民企。說明國有企業的併購績效總體不如民企。

表 8－5　國有上市公司與民營上市公司 Q 均值增長率的比值

| 併購模式 | 國有控股公司 Q 均值增長率 |||民營控股公司 Q 均值增長率 |||國有 Q 均值增長率與民營 Q 均值增長率的比值|||
|---|---|---|---|---|---|---|---|---|---|
| | 併購前 | 併購當年 | 併購后 | 併購前 | 併購當年 | 併購后 | 併購前 | 併購當年 | 併購后 |
| 股權轉讓 | 0.60 | －0.54 | 0.35 | 0.53 | －0.53 | 0.50 | 1.14 | 0.95 | 0.85 |
| 資產收購 | 0.57 | －0.56 | 0.31 | 0.56 | －0.55 | 0.37 | 1.02 | 1.00 | 0.93 |
| 合計 | 0.58 | －0.55 | 0.32 | 0.55 | －0.54 | 0.42 | 1.06 | 0.98 | 0.89 |

　　由表 8－5 的數據可以看出,不管國有還是民營企業,併購前的 Q 均值增長率都為正值,併購當年(2008 年)為負值,併購后又都為正值,但是併購后的 Q 均值增長率比併購前的低,說明所有的樣本公司在併購前平均績效都比較好,併購當年績效比較差,而併購后績效較併購當年實現了提升,但是並沒有達到併購前的水平。這是由於國內經濟受到 2008 年的國際金融危機的影響而使得併購的短期和中期績效都不理想。併購行為對國有和民營企業各自的績效影響又如何呢?通過對上表數據的分析,併購前股權轉讓類國有公司的 Q 均值增長率是民營公司的 114%,資產收購類國有公司的 Q 均值增長率是民營公司的 102%,所有國有樣本公司的 Q 均值增長率是民營公司的 106%,說明併購前國有上市公司的績效增長率較民營企業高。根據併購當年的數據,股權收購類的數據為 0.95,資產收購類的數據為 1,合計為 0.98,說明併購后當年國有企業的績效增長率比民營企業略低。併購后的情況更加明顯,股權轉讓類國有公司的 Q 均值增長率是民營公司的 85%,資產收購類國有公司的 Q 均值增長率是民

營公司的93%，所有國有樣本公司的Q均值增長率是民營公司的89%，說明從中期來看，民營企業的併購績效相對於併購前有所下降，但是相對於國有企業來說，其績效更好。

## 四、國有控股企業併購績效較差的原因分析

本章的實證分析探討了併購行為對國企和民企的績效的短期和中期影響。總地來說，樣本企業併購后的績效增長率比併購前低，將國有控股公司和民營控股公司進行對比分析，可以得出這樣的結論：無論是短期還是中期，國有企業的併購績效增長率都比民營企業的低，說明國有企業的併購績效比民營企業的併購績效差。對這樣的結果，本章將結合股東特質、所有者財務、終極控製人、股權性質等理論與中國的現實經濟來解釋。

一是看樣本企業併購前后績效差異的原因。2008年的國際金融危機對中國的經濟和企業的影響比較大，外需和內需的銳減影響企業的生產銷售和獲利水平，使得中國股市出現低迷，各上市公司的股票價格普遍下跌，故以股票價格為基礎計算的公司Tobin'sQ均值下降。此影響一直延續，致使2009年、2010年甚至2011年國內經濟都處於經濟復甦階段，股市長期處於盤整階段，股價持續低迷，併購績效受到較大影響。

二是看國有企業的併購績效比民營企業的併購績效差的原因，本章認為：上市公司的併購是所有者財務的內容，所有者的財務決策主要由公司的控股股東來決定，因此控股股東的性質和行為能力以及風險偏好都會影響併購的績效。上市公司的控股股東特質不同，股權性質不同，其進行所有者財務決策就會不同。具體到併購決策上，不同特質的股東行為能力不同，併購動機不同，併購風險的偏好不同，併購后的整合效果不同，最終引起併購的績效不同。具體的分析如下：

(一) 國有股東和民營股東的行為能力不同

以各級國資委和政府這種特質的國有股東為例，這些國有股東的代表大多是政府官員，對市場缺乏實地的調查和瞭解，他們做出併購的決策大多情況下是為了實現政策目標，通過企業併購改進國資佈局和管理以及實現公共政策、

產業政策等，但是對併購企業雙方的經營狀況，營利能力、併購后的整合以及併購風險等問題缺乏研究，而是採取行政或財政的思路做出併購的決策。另外，國資委所管轄的企業數量龐大，國資委對國有企業的管理和對企業經營者的管理也比較粗放，時常出現一刀切的情況。如 2010 年實施的第三屆任期考核中，國資委對央企負責人全面推行經濟增加值辦法進行業績評價，其中的「資本成本率」也是將其簡單化為三種。理論上講，資本成本率應該有行業差異，這裡就淡化了。以上分析表明，國有股東的行為能力比較弱，使得國有併購企業的績效也不佳。

(二) 國企和民企併購的動機不同

央企和地方國有企業的併購，主要是由國務院國資委和地方政府或地方國資委直接推動的。國務院國資委推動央企之間的併購是為了實現政策目標，通過企業併購改進國資佈局和管理，以及實現公共政策、產業政策等。2006—2010 年，央企從國資委成立之時的 196 家，經過幾年的併購重組活動，減少了國資委所監管企業的數量，結合向企業董事會授權，一方面使國資委從過於具體的和過於繁雜的監管事項中脫身出來；另一方面，使國資委將精力和資源集中到出資人真正應該履行的重大事項上，從而提高股權行使的效率和質量。再如 2008 年移動、鐵通、電信、聯通、網通五大營運商的併購重組，就是為了解決電信業一股獨大的結構問題，建立有效競爭的市場機制，推進產業技術升級等公共政策目標。

地方政府推動地方國企併購主要是為了落實國家產業政策和提高企業競爭力。如山東省 2008 年 1 月制訂的《加快鋼鐵產業結構調整的意見》，提出在「十一五」期間使山東鋼鐵集團公司成為佈局合理、裝備先進、管理水平高、能源消耗低、環境保護好、具有國際競爭力的大型鋼鐵企業集團。濟鋼與萊鋼合併為山東鋼鐵集團公司，河南省 7 家企業合併組建兩大煤炭化工集團等都是在國家產業政策、地方產業政策的推動下進行的。

國企併購主要是在同一國資委管理下的國企之間進行的，跨區域和跨所有制企業參與較少。部分央企和國企的併購有利於快速實現政策目標，但缺乏對企業發展的全面深入的評估，特別是政府推動的由優效企業兼併虧損或瀕臨破

產的企業，可能不僅難以解決虧損企業的問題，反而會將優效企業拖垮，影響併購的績效。

民企的併購動機主要體現在以下幾個方面：一是重新配置資源，延長和重整產業鏈，提升核心競爭力；二是獲得品牌、核心技術或分銷渠道；三是創造規模優勢，占據競爭優勢地位；四是完善公司治理結構；五是獲得企業直接融資平臺。以增強市場競爭力這樣的動機進行的併購行為，符合企業作為經濟人的假設，符合其利潤最大化的財務目標，順應併購的初衷。

(三) 國企和民企控股股東的風險偏好不同

就風險偏好而言，國有企業所處行業大多帶有壟斷性質，其所有者屬於風險厭惡型，希望公司不要面臨法律風險、不要面臨假帳風險、管理層不要因凌駕內部控製制度之上造成操作風險；希望公司具有較強的系統風險防範能力，公司經營風險低，財務風險適度；致力於核心能力提高反對公司多元化經營，投資要適度，反對過度投資和投資不足。而民營控股的企業，其經營運作可以按照市場規律進行，併購的目的一般不帶有國家的政策性目的，看中的是併購帶給企業的績效，故其所有者屬於風險偏好者，因為高風險總是和高回報相伴而生的，因此，民企的控股股東希望高風險的併購能為企業帶來高的回報和好的績效。

(四) 國企與民企併購后整合難度不同

國企併購大多為直接實現多種政策目標，在這樣的背景下，企業競爭力的提升只能作為間接目標或次要目標來考慮。因此，一些國企併購在方案設計階段缺乏對企業發展全面深入的評估，儘管併購推進快，但是企業併購整合進展緩慢，導致併購流於形式，併購雙方缺少良好的溝通，積極性低。如企業對另一方企業認同度低或對併購本身存在不認同，從而導致併購后整合進展緩慢，甚至有些企業併購后數年在多方面仍表現為兩個獨立的非相關企業，這不僅難以進一步提高企業的競爭力，而且影響企業的正常經營。還有部分國有企業併購的本身就存在協同效應低、文化差異大、財務障礙等問題，在併購后企業整合中上述問題將會更加突出，導致企業難以整合。

民企的併購沒有考慮太多的政策目標，而是以提高效率，實現協同效應等

作為併購的目標，故其在進行併購之前會對併購對象的經營主業、企業文化、核心能力、企業制度等具體情況進行瞭解，對併購後企業的發展做較深入的評估，且併購雙方會積極溝通，使得併購后企業的整合進展較快。

(五) 公司的治理機制不完善

公司的治理機制分為內部治理機制與外部治理機制。內部治理機制是有關公司董事會的功能結構、董事長和經理權力及監督方面的制度安排，實質上是一個關於公司權利安排的契約。內部治理機制具體體現為股東大會、董事會、監事會和經理層組成的一種組織結構。國有企業併購后，其控股股東仍然是各級國資委或各級政府，故公司的權力機構不會發生本質的變化，公司的實際控製人、公司的董事會以及經營者也都不會有本質的變化。公司的監事會組成中，除《公司法》規定必須有三分之一以上的職工監事外，其他內部監事一般由公司的工會主席、紀委書記、黨委書記等兼任，他們在行政上是董事長或總經理的下屬，工資、職位等都由董事長或總經理決定，處於被領導、被指揮的地位，不可能有效地履行其監督職責。另外，監事會成員多為政工幹部，缺乏法律、財務、經濟等方面的專業人才，這在一定程度了限制了監事職能的發揮。從這些調查可以看出，國有上市公司的內部治理機制還處於低效的階段。

就外部治理機制來說，併購作為上市公司的外部治理機制，理論上來說對公司管理層有較強的約束作用，是減少公司代理成本的一種有效的治理手段；但是實際上，對於國有上市公司來說，由於併購后公司的實際控製人不變，故對公司管理層的約束力不強，代理成本難以有效地減少，從而影響公司的績效水平。

民營控股公司併購后，尤其是股權轉讓後，公司的實際控製人很可能會發生改變，公司的重大經營決策和人事任免也很可能會發生相應改變。公司的原有經營者為了在併購后不被罷免職務，就必須在併購前有好的經營表現，在併購后保持公司良好的業績。民企併購后內部治理結構的改變使得其經營者努力工作，盡量做到企業績效的提高。

(六) 國有控股企業「一股獨大」現象明顯，內部人控制較嚴重

內部人控制是指現代企業中的所有權與經營權（控製權）相分離的前提下

形成的，由於所有者與經營者利益的不一致，由此導致了經營者控製公司的現象。籌資權、投資權、人事權等都掌握在公司的經營者手中即內部人手中，股東很難對其行為進行有效的監督。由於權力過分集中於內部人，因此經營者的利益將會受到不同程度的損害。根據中國上市公司的實際情況，對內部人控製可從以下兩方面理解：股權過度分散導致的內部人控製與所有者缺位產生的內部人控製並存。前者是由於股權過於分散，小股東受成本制約沒有動力去監督公司經營者而形成的；后者是因為國有股權人格化代表的缺位，使政府任命的經營者實際控製整個公司。國有控股公司是國有股一股獨大，所有者缺位，故會產生較嚴重的內部人控製現象。內部人控製的不良表現有：利用職權牟取灰色收入；追求短期利益，盲目發展；加大企業投資風險；從關聯交易中牟取私利；信息披露不規範。併購后的企業如果仍然是國有控股，一股獨大，就會因國有股東很少真正具有公司的決策權，使得股東大會形同虛設，導致「強管理層、弱董事會」現象凸顯，使得公司內部人控製嚴重，影響到企業的併購績效。

(七) 國有控股企業管理層激勵機制不盡合理

李善民、張媛春針對1999—2006年上市公司的企業管理層激勵數據，通過國有企業和非國有企業之間的比較，發現以下幾點不合理之處：

一是中國國有企業管理層激勵主要依靠薪酬激勵，激勵方式單一，缺乏長期激勵機制。由於國有企業的管理層面臨的風險相對較小，目前的薪酬水平可以滿足管理者的參與約束，但相應的激勵作用卻未能充分發揮，尤其是對管理層的長期激勵。這在一定程度上造成了國企管理者積極性不高、企業活力不足的狀況。

二是控製權缺乏長期激勵效應。擁有控製權不僅意味著擁有分配企業剩余利益的能力，還意味著擁有企業配置資源的權利，這些權利會給管理者帶來社會資源、榮譽及個人成就感等個人收益。企業管理者要想在較長的一段時期內維持控製權，就必須付出努力去創造企業價值以獲得企業所有者的滿意，所有者的滿意度越高，管理者維持控製權利益的可能性越大，其預期收益就會越高。這在一定程度上統一了所有者和管理者的價值目標。但是國有控股公司管理層的任免基本上是一種行政程序而非市場程序，這種任免機制加大了企業管理層

預期的不確定性。當企業管理者無法預期是否可以在一段較長的時期內擁有控製權時，往往會採取一些短期行為獲取控製權利益，比如增加在職消費，增加個人關係投資，通過關聯交易轉移企業資產等。這些短期行為會造成企業價值下降，使所有者蒙受損失。同時，行政任免程序削弱了競爭對管理層的激勵約束作用，管理層獲得任用后，缺乏相應的動力和壓力去搞好企業，控製權無法起到有效的激勵作用。

　　三是債務機制的約束力不足。銀行等金融仲介的中長期信貸市場是國有企業的主要融資渠道。但是由於國家通過行政參與和干預，使得債務融資依然存在軟約束的問題，由此產生的結果就是企業的高負債與低績效並存，資本結構的激勵機制得不到有效發揮。

　　從上面的分析可以看出，國有企業管理層激勵存在多層面的問題，缺乏一個完備的激勵約束體系，這會直接影響到國有企業的效率和發展，影響併購的績效。

## 五、提高國有控股企業併購績效的建議

(一) 提高併購企業控股股東的行為能力

1. 改變國資委性質，提高其行為能力和決策水平

　　國資委成立於 2003 年，這個機構從原國家勞動保障部接管了央企的勞動關係，國資委的性質具有二重性，即除了作為國家出資人代表外，還具有行政性。具體來說，國資委一方面代表政府履行出資人職責，或者說是所出資企業的股東。另一方面，國資委還具有行政性，具體體現在：①國資委行使對國有資產的監督權力中具有行政性，受國務院委託，國資委對違反國有資產管理法律法規的個人和組織進行檢查、揭露和處理，有權制定一些貫徹國有資產基本法的行政規章制度等，這些都屬於行政事業性；②國資委與其他政府部門協調合作中體現行政性，國有資產運行遍及國民經濟各個領域的開放市場，而不限於一個孤立、封閉的系統內部。為了國有資產的整體利益，國資委必然和計劃、財政、稅收、金融等其他部門發生聯繫，從而為國有資產的管理提供宏觀指導、協調和信息服務。國資委還必須協調與各個部門之間的關係，使之出抬優惠的

配套政策支持國資委制定規劃和提供產業政策。顯然，這些工作在一定程度上突破了國資委作為國有資產出資人的職能範圍，具有公共管理職能的權屬。

目前國資委的主要職責也存在一定程度的缺位、越位和錯位。《企業國有資產監督管理暫行條例》（簡稱《條例》）規定國資委的監管範圍為中央所屬企業（不含金融類企業）的國有資產。具體來說，國有資產監督管理機構的主要職責概括為6項：依照《公司法》等法律法規，對所出資企業履行出資人職責，維護所有者權益；指導推進國有及國有控股企業的改革和重組；依照規定向所出資企業派出監事會；依照法定程序對所出資企業的企業負責人進行任免、考核，並根據考核結果對其進行獎懲；通過統計、稽核等方式對企業國有資產的保值增值情況進行監管；履行出資人的其他職責和承辦本級政府交辦的其他事項。國務院國有資產監督管理機構除前款規定職責外，可以制定企業國有資產監督管理的規章制度。《條例》雖然明確規定了國資委作為出資人選擇管理者的權利，但對國資委重大決策權和決定資產收益分配方案的權利等未進行明確規定，同時去規定了一些按照《公司法》規定不屬於股東的權力。《條例》明確表示國資委應指導推進國有及國有控股企業的改革和重組，而由於國資委的行為帶有較強的行政性，故其指導決定的國有企業的併購重組行為也會具有較強的行政性和公共目的，這就直接影響到了國有企業併購重組的績效。

國有企業要提高併購效率，可以嘗試將國資委改造成專業化、職業化、市場化的投資主體。其成員必須由資產管理的專業管理者和專業團隊組成，使其逐漸迴歸為國家出資人，嚴格按照股東的權利義務來參與企業的併購重組活動。在這方面我們可以借鑑國外的經驗，嘗試將國資委打造成與巴菲特的伯克希爾公司相類似的公司，以市場作為其決策和行為的基礎，提高國資委的行為能力和決策水平。或者將國資委規範為純粹監督角色的機構，只當裁判員，不當運動員。主要功能為接受包括社會公眾在內對國有企業國有資產流失、行賄受賄等的舉報和查處；對國有企業各種費用的合理性、合法性的事後監督；對國有企業領導人薪酬合理性進行評估監督等。另外，成立國有資本運作總公司，對持有的國有資本進行管理，行使股東的各種權利，承擔股東的義務，成為虛擬資本的運作專家，發揮運動員的功能。

2. 鼓勵各企業共同參與併購，提高併購企業控股股東的行為能力

目前的國內企業併購，跨所有制的企業併購出現不多，更多的是同種所有制內部企業的併購。如國有控股企業之間的併購、民營控股企業之間的併購較多，而民企和國企之間的併購行為發生較少。目前，關於國有經濟佈局的領域還沒有系統的、能夠指導具體工作的規劃和政策，僅在若干文獻中對國有經濟覆蓋範圍的原則性作了說明和框架性描述。中國有必要明確國有經濟須保持控製力的領域，具體明確國有經濟「進」和「退」的領域。對國有經濟可以退出的領域，應盡量採取多種經濟成分共同參與的政策，使國有和民營企業之間進行更多的併購，並鼓勵民營企業併購國有企業，實現併購的市場化，提高民營企業在併購中的話語權，在政策上支持民營企業成為企業併購的主力軍。上海於2008年9月公布的《關於進一步推進上海國資國企改革發展的若干意見》中明確了要推行「開放式重組」，即上海國企的改革將吸引中央企業、全國地方企業及外資企業、民營企業等各方的參與，這將在一定程度上增加併購企業的民營控股股東數量，從整體上提高併購后控股股東的行為能力，並使得併購的動機逐漸以市場為基礎。

(二) 應注重併購前的企業評估，加強併購后企業整合

企業（尤其是國有企業）在併購前應對擬併購雙方企業進行評估。評估的內容包括雙方企業的決策機制、組織管理、人事制度、營利模式、核心能力以及企業文化等，評估雙方併購后是否會產生協同效應。以行政和財政思維進行企業併購，或者將併購作為實現政策目標，改進國資佈局和管理以及實現公共政策、產業政策等的手段，那麼在此種背景下進行的併購就失去了其作為資源調配手段的功能，與市場機制相去甚遠。故在實際操作中就會導致併購雙方缺乏良好溝通、積極性低，會出現併購企業之間的相互認同度低，甚至對併購本身不認同，從而導致併購后企業整合進展緩慢，難以進一步提升併購后企業的競爭力。

加強併購后企業的整合，可以對併購后的企業進行企業流程再造、具體包括企業業務流程再造、企業制度再造、企業財務流程再造、組織結構和人力資源再造、企業文化再造等。從而盡快實現併購后企業的有效整合，提升企業的

競爭力，提高併購績效。具體來說，企業業務流程再造包括企業供應鏈流程再造、生產流程再造、品牌的整合等。企業制度再造包括內部控製制度的重建，市場強制力和組織強制力融合的企業制度重建，組織學習與個體學習互動的企業制度基礎再造。國有企業併購后重點是要進行企業內部控製管理制度的重建，對企業進行全面的預算管理。國資委副主任孟建民指出：當前不少企業治理結構不健全，決策機制不完善；一些企業戰略不清晰，資源配置缺乏戰略導向；部分企業內控機制存在缺陷，授權與責任不清晰，有法不依、有章不循的情況仍然存在；部分企業風險意識淡薄，風險識別與防範能力不強，重大資產損失時有發生；少數企業財務基礎管理薄弱，重大財務事項管控不力；有的企業會計核算不規範，資產質量和經營成果嚴重不實，等等。因此國資委將制定下發《中央企業內部控製建設指導意見》，以指導今后併購企業的內部控製制度建設。企業財務流程再造是對財務管理過程和財務決策體制進行重塑，以提高財務運作效率的過程，具體就是將財務工作與業務流程緊密結合，使財務流程的運作滲透到企業整個業務流程當中，使財務的預測決策成為企業業務流程中的關鍵環節。在財務整合中，併購后的企業可以用內部銀行、財務公司等方法提高資金使用效率。組織結構和人力資源再造就是將傳統的金字塔式縱向組織轉變成橫向組織結構，各司其職能部門的責任；各部門經理直接向總經理負責，使管理更有效率，有利於資源的調配和共享，有利於信息的傳遞和流通，有利於企業的高效運作。企業併購后，併購企業雙方的管理人員和員工要進行合理的安排，根據企業新的組織結構把最合適的人安置在最合適的崗位上，如果出現人員的冗余，則應盡量以市場效率為原則，進行適當裁減和安排。企業文化再造是企業併購后成功整合的保證，是對併購后企業的「企業願景」、「企業理念」等企業文化進行再造。併購后的企業如果不將各種企業文化整合起來，必然造成企業願景不統一，職工價值觀差異大、信念比一、行為多樣，極不利於企業的發展。

(三) 改變「一股獨大」的股權結構，防止內部人控製

中國國有控股公司的最大特點是國家股或國有法人股占統治地位，其他經濟成分和民營企業的參股比例十分微弱，「一股獨大」現象比較明顯，股權結

構極不合理。中國股權分置改革前，上市公司第一大股東佔有絕對控股地位（擁有50%以上股權）的占63%，其中89%又是國有股東，同時75%的上市公司存在法人股股東。中國證監會於2005年頒布的《上市公司股權分置改革管理辦法》規定，改革后國有股減持，大小非解禁，這在一定程度上增加了社會流通股總數，但是這項改革並未真正扭轉上市公司「一股獨大」的現象，這便為上市公司的內部人控製提供了充足的條件。重要的是，國有股東很少真正具有公司的決策權，使得股東大會形同虛設，導致「強管理層、弱董事會」現象凸顯，使得併購的外部治理機制不能有效發揮作用。因此，改變「一股獨大」的股權結構，改善公司的治理結構，使國有股真正實現市場化的改革，才是解決國有控股公司併購績效不理想的最根本的途徑。首先應允許和鼓勵非國有性質的經濟成分加入國有企業的併購中來，逐漸改變國有企業所有者虛位的現狀；其次，證監會應堅持貫徹股權分置改革，使國家股和國家法人股真正在市場上實現全流通；再次，國資委要加強對所屬國有企業的監管，發揮其主觀能動性，在進行併購時，要做到對併購對象進行全面考察、物色、盡職調查，並進行可行性分析，盡量杜絕所有者虛位的現象出現，多方努力，盡量防止內部人控製現象的出現。

**(四) 優化對經營者的考核評價標準**

目前國資委對央企經營者的經營績效考核評價標準引入利潤經濟增加值（EVA）的評價方法，它是基於稅后營業淨利潤和產生這些利潤所需資本投入總成本的一種企業績效財務評價方法，公司每年創造的經濟增加值等於稅后淨營業利潤與全部資本成本之間的差額。其中資本成本包括債務資本的成本，也包括股本資本的成本。從定義上來說，EVA的可持續性增長將會帶來公司市場價值的增值，其是評估經營者業績的有效方法。但是，目前在對經濟增加值進行計算時，資本成本率的標準被簡化為三種情況：對於承擔國家政策性服務較重的、資產通用性較差的央企，資本成本率定為4.1%；對於資產負債率在75%以上的工業企業和80%以上的非工業企業，資本成本率上浮0.5個百分點，即為6%，以引導央企控製財務風險，盡可能穩健經營；其他大量的央企則按5.5%計算資本成本率。這樣，雖然簡化了國資委的工作繁瑣程度，但是淡化了

不同企業之間資本成本率的差異，從而忽略了個企業取得資本的成本所體現的差別，使得對經營者績效的評價等級過於簡單。筆者認為，國資委應該按照各個企業取得資本時的實際成本率來計算經濟附加值，從而對每家企業的經營者業績都有比較精確的判斷。經營者在這樣的背景下，才會真正重視資產負債的管理，控製好企業的資本成本，以提高企業的績效。

在經濟附加值評價方法的基礎上，對經營者的評價還要結合股東預期、市場預期以及競爭對手的業績進行綜合評價。首先通過市場調查估算出股東的預期利潤率、市場的平均利潤率水平，以及主要競爭對手的利潤水平，併購企業的經濟增加值所體現的利潤率須盡量超過股東、市場的預期，超過競爭對手的水平。

另外，在對經營者進行評價時還應結合其對資產負債與損益的管理水平，以及對現金流的管理水平。如併購后的國有控股企業其利潤增長率應該與同期銀行的貸款利率結合起來進行考慮，利潤率至少要高於利率；還要考慮企業的現金流量水平，盡量避免企業出現「高存款、高貸款、高資金成本」的現象。

因此，對經營者的考核評價標準應該多元化，避免一刀切，這樣才能對公司的經營者起到有效的約束作用，提高公司的業績。

(五) 構建完備的經理人激勵約束體系

國有控股公司經理層的激勵不是一項或幾項單一激勵措施的實施，而是一個整體激勵體系的構建。這其中既要包括激勵機制的構建還要包括約束機制的構建。針對上文對國有企業管理層激勵約束機制的現狀分析，筆者認為今后的改進策略為：

首先，根據企業的自身特點選擇適宜的激勵模式。如國有企業除了利潤目標之外還要兼顧國家戰略目標，因此，對其管理層不能僅僅用與企業業績掛勾的激勵機制，同時要注重非物質的激勵機制，如控製權激勵、政治前途、聲譽和社會影響力等。

其次，應該進行激勵手段的創新。截至 2002 年底，中國上市公司已經實施的股權激勵模式有近 10 種，主要包括業績股票、經理層購股、虛擬股票、股票增值權、管理層收購（MBO）、延期支付計劃、股票期權和混合模式等。但是這些股權激勵方式在國有企業的應用卻相對較少，今后可以借鑑這些方法，將

公司的長遠利益與經理層的利益結合起來；此外，激勵約束機制還可以與經濟增加值掛勾，設立獎金池和返還制度，實現激勵機制的創新。

最后，通過資本結構調整、破產機制強化債務資本的激勵約束機制。股權一般被認為是對管理者的「軟約束」，債權則被認為是「硬約束」。如果對併購后企業適當調高債務融資比例，可以強化債務對於管理層的「硬約束」。當然，就國有企業而言，債務的激勵作用還要依賴國有銀行市場化改革的程度。

(六) 完善獨立董事制度

獨立董事又稱獨立非執行董事。通俗來講，即不在公司任職、不參與具體事務、不持有公司股份，卻參與公司董事會重大決策的人。央企的獨立董事指國資委從企業外部聘請的董事。央企財產屬於全民所有，所以其獨立董事的使命就是保護公眾財產。獨立董事幾乎全由控股股東選拔和聘任。據調查，國有控股上市公司的獨立董事呈現出「高年齡、高職位、高薪酬」的「三高」現象。獨立董事「三高」現象很不正常，首先，有悖《公務員法》，該法規定：退休官員在離職3年內不得到與原工作業務直接相關的企業任職，不得從事與原工作業務直接相關的營利性活動。其次，有違設立獨立董事的宗旨。獨立董事是指獨立於公司股東且不在公司內部任職，與公司或公司經營管理者沒有重要的業務聯繫或專業聯繫，並對公司事務作出獨立判斷的董事。由此可見，獨立董事要獨立，就不能與上市公司有千絲萬縷的關係。也唯有如此，獨立董事方能確保其判斷問題的獨立性、公正性。但在上市公司的實際運作中，獨立董事卻毫無獨立性可言。獨立董事的酬金由上市公司發放，其勢必看上市公司的臉色行事，唯上市公司而是從，不敢說真話，為投上市公司所好，甚至還不得不說假話，所以獨立性無從談起。

完善獨立董事制度需從以下幾個方面入手：一是要確保獨立董事任職的獨立性。獨立董事要有獨立的利益，能夠獨立地行使職責，同時不宜兼職過多，以保證有足夠的時間和精力做到勤勉盡責。二是完善獨立董事的產生辦法和結構比例。要扭轉現在幾乎全由控股股東提名獨立董事的狀況，制定相應的法規，支持獨立董事由中小股東或多方股東同時提名，並經股東大會差額選舉，確保獨立董事從一開始就獨立於大股東。三是完善獨立董事的激勵約束機制。對獨

立董事的敗德行為應在經濟上給予制裁，並讓其承擔相應的法律後果。建議建立獨立董事協會制度，由獨立董事協會向公司推薦獨立董事，並對獨立董事進行評價和考評、激勵和約束。

(七) 強化監事會的監督約束作用

公司監事會的責任就是認真監督董事會和經理層的行為，制止內部人可能發生的侵害股東或其他利益相關者權益的行為。但在中國，尤其是國有控股公司，監事本身就可能是內部人，因此無法充分發揮其應有的監督作用。要強化監事會的監督約束作用，應做好以下幾個方面的工作：一是加強監事的制度建設，要在有關的法律、法規、規章和公司章程中，進一步明確監事會的職權，賦予其獨立行使職責的權利，逐步擴大其監督權限；二是建立監事資格認定制度，要促使公司股東大會推選有知識、有能力、懂經營、通財務的專業人士為監事，改變目前監事本身就是內部人的現狀；三是增加對監事監督不力的懲戒措施。通過監事會的監督，可以防止經理層通過做假帳或者進行關聯交易等舞弊行為，欺騙投資者，使投資者的利益受損。

## 五、本章總結

本章以控股股東特質、股權性質、所有者財務、終級控製人等理論為基礎，將2008年進行了併購的556家上市公司分為國有控股上市公司和民營控股上市公司，並對這兩大類上市公司的併購績效用Tobin's Q值法進行了對比分析。分析結果表明：無論是短期還是中期，國有企業的併購績效增長率都比民營企業的低，說明國有企業的併購績效比民營企業的併購績效差。出現這樣的結果，其原因在於：國有股東和民營股東的行為能力不同；國企和民企併購的動機不同；國企和民企控股股東的風險偏好不同；國企與民企併購後整合難度不同；公司的治理機制不完善；國有控股企業「一股獨大」現象明顯，內部人控製較嚴重；國有控股企業管理層激勵機制不盡合理等。本章針對上述原因，提出了相應的對策，以提高國有控股公司的併購績效。

## 主要參考文獻

【1】DAGGETT, STUART. the Decision on the Union Pacific Merger [M]. New York: Mew York University Press, 1913.

【2】RONALD, LEACH. Accounting for Acquisitions and Mergers [J]. Accountancy, 1971, 2.

【3】麥杰. 自由現金流量的代理成本、公司財務與收購 [J]. 美國經濟評論, 1986.

【4】陳善樸. 企業併購績效研究 [J]. 現代商貿工業, 2010 (1).

【5】陳小洪, 李兆熙. 中國企業併購重組 [M]. 北京: 中國發展出版社, 2010.

【6】董飛, 辛華, 王有為. 上市公司併購績效研究綜述 [J]. 經濟論叢, 2010 (7).

【7】干勝道, 黃本多.「獵食者」與中國上市公司資本結構優化 [J]. 會計師, 2009 (1).

【8】黃本多, 干勝道. 自由現金流量與中國上市公司併購績效關係的實證研究 [J]. 經濟經緯, 2008 (5).

【9】蔣少龍. 出讓國有股應兼顧各方利益 [J]. 證券時報, 2008 (4).

【10】李棟華, 邱嵐, 卞鷹. 基於數據包絡分析法的中國醫藥上市公司併購績效度量 [J]. 中國藥房, 2008 (34).

【11】李福來. 會計指標法分析企業併購績效——以百聯集團為例 [J]. 商業流通, 2009 (11).

【12】李明, 徐強, 徐化兵. 文化差異和行業相關度對併購績效的影響 [J]. 價值工程, 2010 (9).

【13】李善明, 朱滔, 等. 收購公司與目標公司配對組合績效的實證分析 [J]. 經濟研究, 2004 (6).

【14】李琛. 促進上海企業境外併購的對策研究 [J]. 財經縱橫, 2004 (12).

【15】李先瑞. 股東的同質性、異質性與公司治理理論［J］. 中國農業會計, 2009（11）.

【16】黎平海, 祝文娟, 李瑶. 基於因子分析的中國上市公跨國併購績效實證［J］. 產經評論, 2010（5）.

【17】劉雲鳳, 李江. 交易特徵對中國上市公司併購績效的影響［J］. 商業經濟, 2010（9）.

【18】毛道維, 任佩瑜. 基於管理熵和管理耗散的企業制度再造的理論框架［J］. 管理世界, 2005（2）.

【19】奇凡. 淺議併購在公司治理中的作用［J］. 現代經濟信息, 2009（4）.

【20】翟啓杰. 中國家族企業併購風險與防範研究［D］. 南京：南京工業大學, 2006.

【21】時評. 獨立董事三高現象何時休［N］. 上海金融報, 2011-06-17.

【22】汪冬華. 多元統計分析與SPSS應用［M］. 上海：華東理工大學出版社, 2010.

【23】王澤霞, 李珍珍. IT行業上市公司併購績效實證研究［J］. 經濟論壇, 2009（2）.

【24】葉學平. 基於湖北上市公司的併購重組戰略分析［J］. 湖北社會科學, 2011（1）.

【25】張薇. 論企業流程再造與組織結構變革［J］. 湖南財經高等專科學校學報, 2006（6）.

【26】朱乾宇. 中國上市公司併購績效的多元迴歸分析［J］. 中南民族大學學報：自然科學版, 2002（3）.

【27】何麗芬, 張旭蕾. 虛擬企業財務控製研究［M］. 成都：西南財經大學出版社, 2011.

國家圖書館出版品預行編目(CIP)資料

股東特質與企業財務行為研究 / 干勝道/領 著. -- 第二版.
-- 臺北市 : 崧博出版 : 財經錢線文化發行，2018.10

面 ； 公分

ISBN 978-957-735-588-1(平裝)

1.上市公司 2.財務管理

553.9 107017189

書　名：股東特質與企業財務行為研究
作　者：干勝道 /領 著
發行人：黃振庭
出版者：崧博出版事業有限公司
發行者：財經錢線文化事業有限公司
E-mail：sonbookservice@gmail.com
粉絲頁　　　　　　　網　址
地　址：台北市中正區延平南路六十一號五樓一室
8F.-815, No.61, Sec. 1, Chongqing S. Rd., Zhongzheng Dist., Taipei City 100, Taiwan (R.O.C.)
電　話：(02)2370-3310　傳　真：(02) 2370-3210
總經銷：紅螞蟻圖書有限公司
地　址：台北市內湖區舊宗路二段 121 巷 19 號
電　話：02-2795-3656　傳真：02-2795-4100　網址：
印　刷：京峯彩色印刷有限公司（京峰數位）

　　本書版權為西南財經大學出版社所有授權崧博出版事業有限公司獨家發行電子書及繁體書繁體版。若有其他相關權利及授權需求請與本公司聯繫。

定價：600元
發行日期：2018 年 10 月第二版
◎ 本書以POD印製發行